A DICTIONARY OF
MODERN FRENCH USAGE

A DICTIONARY OF
MODERN
FRENCH
USAGE

BONNARD, LEISINGER and TRAUB

SECOND EDITION

OLIVER & BOYD · EDINBURGH

© 1970 Verlag Lambert Lensing, Dortmund.

First published 1970
Second Edition 1973

Published under licence in Great Britain
by OLIVER & BOYD
Croythorn House,
23 Ravelston Terrace,
Edinburgh EH4 3TJ
a Division of Longman Group Limited.

ISBN 0 05 002676 3

Printed in Great Britain by
T. & A. Constable Ltd., Edinburgh.

PREFACE

Cette édition présente aux professeurs et aux étudiants de français un dictionnaire d'un nouveau genre. Ce n'est pas une grammaire, et ce n'est pas un répertoire de sens.

Supposons que vous ayez à apprécier cette phrase: *Ils défilent musique en tête*. Vous trouverez dans notre lexique le mot *tête*, dont les sens très nombreux sont liés à des constructions différentes que les cadres généraux d'une grammaire ne peuvent prévoir: *Il a mal à la tête* (et non **en tête*), *il n'a qu'une idée en tête* (et non **à la tête*), *il n'a rien dans la tête* (et non **en tête*), *une idée lui passe par la tête, il a sa photo en tête de l'article* (et non **à la tête*), *il est à la tête d'une société* (et non **en tête*), *il tient tête à son père* (il lui résiste), *elle me fait la tête* (elle me boude), *musique en tête*, etc.

Le professeur qui corrige des copies, ou l'étudiant qui rédige une dissertation, ont besoin d'un répertoire à la fois maniable et riche où ils puissent vérifier dans le minimum de temps la correction d'un tour. Beaucoup de constructions, parfaitement légitimes en elles-mêmes, sont en fait inusitées: une grammaire ne peut en donner la liste, qui est infinie. Un lexique comme le nôtre les exclut du seul fait qu'il ne les mentionne pas.

En revanche, vous ne trouverez pas, dans notre livre, le verbe *défiler*, le nom *musique*, dont la construction n'offre aucune particularité notable. Dans la phrase *Redresse la tête*, le verbe *redresser* peut avoir deux sens très différents (relever ou détordre) selon qu'il s'agit de la ‹tête› d'une personne ou d'un clou; pourtant notre lexique ne donne pas ce mot. Nous avons écarté les indications purement sémantiques, non dans la pensée qu'elles soient négligeables, mais parce qu'il faudrait pour les donner efficacement un ouvrage du volume du dictionnaire Littré, ou Robert. Notre livre a pour objectif limite de combattre les fautes *grammaticales*, qui sont à vrai dire les plus ‹voyantes› dans les rapports qu'on peut avoir oralement ou par lettre avec des Français, et de beaucoup les plus sévèrement sanctionnées aux examens.

Dans la présentation de chaque article, nous passons du simple au complexe tout en tenant compte de l'usage et de la fréquence. Nous avons considéré le *Dictionnaire du français contemporain* (Larousse) comme un témoin sûr du français commun. Conscients du fait que la ‹langue française› ne se réduit pas au français parlé, nous avons cependant mentionné (en les signalant comme tels) les tours littéraires du français moderne, appuyés de citations d'écrivains; nous avons indiqué aussi le caractère familier, voire populaire, de certains autres.

L'étude de quelques constructions met en jeu des facteurs complexes; c'est le cas, par exemple, pour l'emploi des modes dans les propositions compléments d'objet introduites par *que: je ne dis pas que ce soit laid* (ou: *que c'est laid*); comme l'inventaire de ces facteurs est long, et se retrouve, en principe, pour beaucoup de verbes de sens voisin, nous avons trouvé commode de le faire une fois pour toutes dans un APPEN-DICE, placé à la fin du livre, auquel il est renvoyé chaque fois que le cas se présente. Cet appendice n'est pas une Grammaire complète, il groupe un petit nombre de développements sur des points dont l'étude requiert un exposé théorique et nuancé, d'ailleurs souvent sacrifié dans les grammaires mêmes. En beaucoup de passages de l'Appendice ou des articles du Dictionnaire, les indications données vont sciemment à l'encontre d'erreurs traditionnellement perpétuées.

La conception de ce livre et sa rédaction ont donc été inspirées essentiellement par des vues pratiques. Deux professeurs allemands y ont apporté leur expérience de l'enseignement du français langue étrangère; un professeur français a garanti la correction des tours retenus. Souhaitant réaliser un livre adapté le mieux possible aux besoins de leurs collègues, ils seront heureux chaque fois que ceux-ci leur signaleront une lacune.

HENRI BONNARD · HANNO LEISINGER · WALTHER TRAUB

ABRÉVIATIONS ET SIGNES

abr., abréviation
abs., absolument
abstr., abstrait
adj., adjectif
adj. num., adjectif numéral
adv., adverbe
art., article
art. déf., article défini
art. indéf., article indéfini
art. part., article partitif
attr., attribut
auxil., auxiliaire

cert., certain(e)s
cf., comparer
comp., comparatif
compl., complément
cond., conditionnel
conj., conjonction
constr., construction
contr., contraire
coord., coordonné
cour., (langue) courante

démonstr., démonstratif
déterm., déterminant, déterminé
dev., devant
dir., direct

ellipt., elliptique
exclam., exclamation, exclamatif
expr., expression(s)

fam., familier
fém., féminin
fig., figuré

form., formule
fréq., fréquent
fut., futur
génér., généralement
géogr., géographique

imparf., imparfait
impér., impératif
impers., impersonnel
ind., indicatif
indéf., indéfini
indéterm., indéterminant,
    indéterminé
indir., indirect
inf., infinitif
interj., interjection
interr., interrogation,
    interrogatif
inv., inversion
invar., invariable
iron., ironique

jurid., juridique

lat., latin
litt., littéraire
loc., locution(s)
loc. adj., locution adjective
loc. adv., locution adverbiale
loc. conj., locution conjonctive
loc. interj., locution interjective
loc. prép., locution préposition-
    nelle
loc. verb., locution verbale

masc., masculin

n., nom

nég., négation, négatif

n.f., nom féminin

n.m., nom masculin

nom., nominal

norm., normal

obj., objet

p. adj., participe employé
  comme adj.

part., participe

passé ant., passé antérieur

p. ex., par exemple

p. pa., participe passé

p. pr., participe présent

péjor., péjoratif

pers., personnel, personne

pl., pluriel

plus-q.-p., plus-que-parfait

poét., poétique

polit., politique

pop., populaire

poss., possessif

préf., (de) préférence

prép., préposition

prés., présent

pron., pronom

prop., proposition

prov., proverbe

qualif., qualificatif

qc., quelque chose

qn., quelqu'un

rel., relatif

s.-e., sous-entendu

sg., singulier

subj., subjonctif

suborċ., subordonnée

tech., technique

tél., téléphone

var., variable

v. impers., verbe impersonnel

v. intr., verbe intransitif

v. pr., verbe pronominal

v. tr., verbe transitif

v. tr. ind., verbe transitif
  indirect

vulg., vulgaire

• remarque grammaticale propre aux mots en question

* met en garde contre les tours incorrects ou insolites

A

à prép.

1. LIEU

[lieu où l'on est]: Elle est née à Nice. Ma veste est trouée au coude.
[avec tous les noms de ville]: à Avignon; à Alger; au Havre; aux
Baux. [avec les noms de pays masc. et commençant par une consonne]: au Mexique; au Canada. Mais: en France; en Uruguay (cf.
en prép.); [avec les noms de petites îles]: à Malte; à Oléron. Mais: en
Corse; en Crète. [avec les noms d'îles lointaines]: à Cuba; à Madagascar; à la Réunion.
[lieu où l'on va]: Je vais à Nice. Mais: Je pars pour Nice. Nous allons à la mer. Courez au but. [appel]: «Au secours!» [exhortation]:
Au travail! Aux armes!
[limite spatiale]: Il m'a conduit de Marseille à Nice. Mais: De ville
en ville [sens général et répétition]. [approximation]: Elle semble
avoir de trente à trente-cinq ans.
[lieu où l'on prend qc]: puiser de l'eau à la source.

2. TEMPS

[temps où l'on est]: Je l'ai vu à onze heures. A sa mort, les journaux
ont parlé de lui. A sa vue, la foule a reculé.
• Distinguer: à ce moment (= au moment dont nous parlons) – en
ce moment (= au moment où nous parlons).
[temps où l'on va]: Remettons la suite à demain.
Expr.: A demain! A bientôt! Au revoir!
[limite temporelle]: Il reçoit de 4 à 6 heures. D'aujourd'hui à lundi.
Mais: D'aujourd'hui en huit (= dans 8 jours à partir d'aujourd'hui).
D'ici à demain/à lundi. [ou fam.: D'ici demain; d'ici lundi. Toujours:
D'ici peu; d'ici quelques minutes; d'ici quelque temps.]

3. DATIF

remplaçable par un pron. pers. à la forme indirecte: Je résiste à ce
mauvais conseilleur = Je *lui* résiste.
[obj. unique de certains verbes]: Résistons à l'envahisseur. La grêle
nuit aux arbres fruitiers. Je ne manque à personne.
[compl. second d'un v. tr.]: donner qc à qn; joindre l'utile à
l'agréable.
[objet-agent]: Je ferai recoudre cette bride au cordonnier. J'ai entendu dire cela à ton père (= par ton père). [cf. APPENDICE § 9]
• Certains compléments d'objet indirects introduits par *à* ne peuvent pas être remplacés par un pronom de forme indirecte; c'est le
cas après des verbes comme *penser*, *songer*, et les verbes pronominaux;
on dit: *Je pense à mon ami, à lui. Je me fie aux journalistes, à eux.*
Devant certains de ces verbes, au lieu de *lui* ou *leur*, on peut employer *y* (même pour les personnes): *J'y pense. Je m'y fie.*

4. APPARTENANCE

[avec le v. *être*] Ceci est à moi (mais non *Ceci m'est).
[reprenant un adj.poss.] Mon livre à moi; son livre à lui.
[avec un n. indéterm.] un livre à moi; une robe à ta mère.
[pop.] la robe à ta mère; le livre à Paul (Il faut: *de*).

5. DESTINATION

[après un verbe]: Avoir qc à faire. J'ai à faire la vaisselle. Ne reste
pas là à me regarder. Donner qc à lire à qn.
[après un nom]: une tasse à thé (= pour le thé. Ne pas confondre
avec: une tasse de thé = pleine de thé); une machine à calculer (sens
actif); une maison à démolir (sens passif).
[après un adj.]: bon à tout; propre à rien; apte aux études; prêt à
partir (sens actif); bon à cueillir (sens passif).

6. MOYEN, MANIÈRE

se chauffer au mazout; rouler au super; regarder à la loupe; rouler
à bicyclette (mais: en voiture/en wagon, parce qu'on est à l'intérieur); à cheval; descendre à skis (ou: en skis, comme: en sabots/en
pantoufles); manger à sa faim.
Expr.: *à son corps défendant* J'ai dû tuer le chien à mon corps défendant (= à contre-cœur, malgré moi).

7. QUALITÉ, PRIX

une robe à volants; une robe à (ou: de) trente francs.

8. CONDITION, CAUSE

à + *inf.* A regarder ce livre de plus près, on y découvre pas mal de
fautes. On se rend malade à fumer sans arrêt.

9. DISTRIBUTION

Il faisait du 100 à l'heure. Cent habitants au km carré. «Ce bon père
de famille . . . est tout prêt à écraser un piéton au kilomètre.» (Daninos). Une chambre louée au mois. Entrez deux à deux.

abaisser v. tr.

abaisser qc/qn [sens abstrait] Dieu abaisse la prétention des vaniteux.
Dieu abaisse les superbes. (Mais: Elle baissa les stores.)

s'abaisser à qc Il ne faut pas s'abaisser à des mensonges.

s'abaisser à + *inf./jusqu'à* + *inf.* Ne t'abaisse pas à mentir/jusqu'à
mentir.

abandonner v. tr.

abandonner qn/qc Nos amis ne nous ont pas abandonnés. L'équipage
abandonna le navire torpillé qui sombrait. Plusieurs coureurs ont
abandonné la course.

abandonner abs. Plusieurs coureurs ont abandonné.

abandonner qc à qn Nous avons abandonné cette pièce aux enfants.

s'abandonner à qn/à qc Il s'abandonna au désespoir.

s'abandonner abs. Pensez à vos enfants, et ne vous abandonnez pas ainsi.

abattre v. tr.

abattre qc/qn On a abattu les vieux murs. Il faudrait abattre ce monstre comme un chien enragé.

s'abattre Son cheval s'abattit sous lui. Le vent s'abat.

s'abattre sur qc/sur qn Le faucon s'abat sur sa proie. Un terrible malheur s'est abattu sur votre famille.

abdiquer v. tr.

abdiquer qc Le roi fut forcé à abdiquer son trône.

abdiquer v. intr. Le roi abdiqua.

abîmer v. tr.

abîmer qc La pluie a abîmé mon chapeau. Ce climat m'a abîmé la santé.

s'abîmer Cette étoffe s'abîme facilement. Le bateau torpillé s'est abîmé dans les flots.

abjurer v. tr.

abjurer qc Il a abjuré ses erreurs.

abomination n. f.

avoir qn/qc en abomination J'ai cette femme en abomination (= je la déteste). Elle a en abomination cette brutalité grossière.

abondance n. f.

avoir qc en abondance Il a de l'argent en abondance.

vivre dans l'abondance Est-il toujours agréable de vivre dans l'abondance?

abonder v. intr. Les vignobles abondent dans le Midi.

abonder en qc La France abonde en vins de qualité.

Expr.: *abonder dans le sens de qn* Il abonde dans le sens de son chef (= est de son avis).

abonnement n. m.

un abonnement à une revue/à un journal Il a pris un abonnement au «Canard Enchaîné».

abonner v. tr.

abonner qn à une revue/à un journal Il a essayé de m'abonner à sa revue.

être abonné/s'abonner à une revue/à un journal Il est abonné/s'est abonné au «Canard Enchaîné».

abord n. m. Cet homme a l'abord froid/est d'un abord froid. **Les**

abords des Halles sont embouteillés le matin. Il a un chalet aux abords de Grenoble.

d'abord loc. adv. Il a été d'abord éloquent, puis verbeux.

tout d'abord loc. adv. Tout d'abord, je ne l'ai pas reconnu.

au premier abord loc. adv. Au premier abord [litt.: De prime abord], l'entreprise paraît téméraire.

aborder v. intr. Le vent nous empêche d'aborder. Il nous empêche d'aborder au rivage/dans le port/à cette île.

aborder v. tr.

aborder qn/qc Abordez ce vieillard avec respect. Nous avons abordé (= attaqué bord à bord) le vaisseau ennemi.

aboutir v. intr.

aboutir à/dans/en/sur etc. Ce champ aboutit à un marais. Cette rue aboutit dans l'avenue Wilson.

aboutir à qc [fig.] A quoi cela aboutira-t-il?

aboutir abs. Mes démarches n'ont pas abouti (= n'ont abouti à rien).

aboyer v. intr. Les chiens aboyaient. Ils aboient de fureur.

aboyer après qn/contre qn Le chien aboie après/contre les passants.

abri n. m.

un abri contre qc Cette cabane sera un abri contre la tempête.

être à l'abri (de qc) Là nous serons à l'abri (de la pluie).

abriter v. tr.

abriter qn/qc Notre maison abrite cinq familles. Ce garage abrite dix voitures.

abriter qn/qc de/contre qc Il faut abriter ces plantes du vent/contre le vent. Il faut abriter notre table du soleil.

être abrité de qc C'est un port abrité des tempêtes.

s'abriter Abritons-nous sous ce porche.

absence n. f.

en l'absence de qn Nous avons fait cela en l'absence de M. Dupont/en son absence.

absent, e adj. Aujourd'hui, il y a eu 10 élèves (d')absents.

absent de Il a longtemps été absent de Paris.

s'absenter v. pr. Elle s'était absentée quelques instants [durée]/pour quelques instants [durée prévue].

s'absenter de Il s'était absenté de son bureau.

absorber v. tr.

absorber qc/qn Le buvard a complètement absorbé l'encre. Son travail l'absorbe.

être absorbé par qc Il est absorbé par son travail.

absoudre v. tr. [p. pa. absous, absoute]
absoudre qn Le prêtre à qui il s'était confessé l'a absous.
absoudre qn de qc Le prêtre l'a absous/l'a absoute de ses péchés.
• *absolu* est un adj. le pouvoir absolu; la majorité absolue.

s'abstenir v. pr. Dans le doute abstiens-toi.
s'abstenir de qc Si vous êtes malade, abstenez-vous de vin.
s'abstenir de + inf. Abstenez-vous de boire.

abstraction n. f. Il faut développer le don de l'abstraction chez les
enfants.
faire abstraction de qc Pour aimer ce roman, il faut faire abstraction de
ses maladresses de forme.
abstraction faite de qc loc. prép. Ce devoir est bon, abstraction faite de
deux barbarismes.

abuser v. tr. indir.
abuser de qn/de qc Il a abusé de moi/de ma bonté.
abuser abs. Il abuse!

abuser v. tr.
abuser qn/qc On ne m'abuse pas si facilement. Les sens abusent la
raison.
s'abuser Si je ne m'abuse (= me trompe) ...

accabler v. tr.
accabler qn La chaleur nous accablait. Ces témoignages suffiront pour
accabler l'accusé.
accabler qn de qc Il nous a accablés de reproches.

accéder v. tr. indir.
accéder à qc Le raccourci accède (= mène) à la Nationale No 34.
Louis XVI accéda au trône en 1774. Il y accéda en 1774. Le
Ministre a accédé à ma demande/il y a accédé (= il m'a donné
satisfaction).

accepter v. tr.
accepter qc J'accepte vos conditions.
accepter qc de qn Accepter un cadeau de mon rival? Jamais!
accepter qn pour/comme + nom On ne l'acceptera jamais pour/comme
arbitre.
accepter de + inf. J'accepte de lui demander pardon.
accepter que + subj. J'accepte qu'il vienne.

accommoder v. tr.
accommoder qc Maman sait très bien accommoder (= préparer) un
civet de lapin.
accommoder qc à qc Le docteur doit accommoder (= adapter) son
traitement aux exigences de ce cas spécial.

s'accommoder à qc Au bout de deux ans, elle s'était enfin accommodée (= s'était habituée) aux conditions de sa nouvelle existence.

s'accommoder de qc Le sage sait s'accommoder de beaucoup de choses (= s'y résigner).

accompagner v. tr.

accompagner qn Ma tante nous accompagnait à l'école. Mme Une telle accompagnera le chanteur.

accompagner abs. Cette pianiste accompagne bien.

accompagné de qn Accompagné d'un secrétaire d'Etat, le ministre fit son entrée sur la scène. [cf. APPENDICE § 8]

accompagné par qn Le chanteur, accompagné par Mme Une telle, ravit l'auditoire dès le début.

accord n. m. Le chef ne m'a pas donné son accord. Avant de chanter, le guitariste a gratté quelques accords.

accord avec qc l'accord du verbe avec le sujet.

accord entre l'accord entre le sujet et le verbe.

être/se mettre/tomber d'accord avec qn Je suis/Je me suis mis/Je suis tombé d'accord avec lui sur cette question.

Expr.: Je suis d'accord. J'en suis d'accord.

être d'accord pour + *inf.* Je suis tout à fait d'accord pour ajouter cet emploi.

d'accord loc. adv. Vous êtes plus calé que moi, d'accord (= j'en conviens). [fam. pour *oui*]: Tu viendras à six heures? – D'accord.

accorder v. tr.

accorder qc Il met dix minutes à (ou: pour) accorder son violon. Il faut accorder correctement les participes.

accorder qc à qn Le roi lui accorda une audience.

accorder qc à qc/avec qc J'ai accordé mes goûts à (ou: avec) ceux de ma femme.

accorder à qn de + *inf.* On lui accorda de voir sa femme.

accorder que + *subj.* Le directeur accorde (= consent) que le prisonnier voie sa femme.

accorder (à qn) que + *ind.* Il (m')accorda (= reconnut) que les enfants étaient très bien élevés.

accorder (à qn) que + *subj. après nég. ou interr.* [cf. APPENDICE § 11] On ne peut même pas lui accorder qu'il n'ait pas su ce qu'il faisait.

s'accorder Leurs goûts s'accordent bien.

s'accorder avec qn Il s'accorde bien avec sa femme.

s'accorder sur qc Toutes les sources s'accordent sur ce point.

s'accorder à + *inf.* Mes amis s'accordent (= sont unanimes) à me plaindre.

s'accorder pour + *inf.* Nous nous sommes accordés (= mis d'accord) pour lui conférer cette tâche.

accoucher v. intr. [auxil. >avoir<] Mme D. a accouché à/dans la clinique du Docteur S.

accoucher d'un enfant [litt.] Elle a accouché de jumeaux qui se portent bien.

accoucher v. tr. Le docteur Ruais a lui-même accouché sa femme (= l'a aidée à mettre son enfant au monde).

accourir [auxil. >être<: Ils sont accourus à notre secours. Admet aussi l'auxil. >avoir< qui marque l'action plus que le résultat: Ses amis ont accouru en entendant son appel.]

accourir à qc Ils accourent à notre aide.

accourir vers/jusqu'à qn Nous accourûmes vers lui/jusqu'à lui.

accourir pour + inf. Ils accourent pour m'aider.

accoutumer v. tr.

accoutumer qn à qc Il faut accoutumer les enfants à l'obéissance.

accoutumer qn à + inf. Il faut les accoutumer à obéir.

être accoutumé à qc Je n'étais pas accoutumé à un tel traitement.

être accoutumé à ce que + subj. Je n'étais pas accoutumé à ce qu'on me traitât ainsi.

avoir accoutumé de + inf. [litt.] Il avait accoutumé de se promener deux heures tous les soirs.

s'accoutumer à qn/à qc Je me suis accoutumé à elle/à son visage.

s'accoutumer à + inf. On s'accoutume à tout faire.

s'accoutumer à ce que + subj. Je ne pouvais m'accoutumer à ce qu'on me traitât ainsi.

accroire v. intr. [usité seulement dans l'expr.]:

en faire accroire à qn Ce n'est pas un homme à qui l'on puisse en faire accroire.

accueil n. m. une maison de bon accueil.

faire bon/mauvais accueil à qn On lui a fait bon/mauvais accueil.

accuser v. tr.

accuser qn Tout le monde l'accuse. Tous les indices l'accusent.

accuser qn de qc On l'a faussement accusé de vol.

accuser qn de + inf. On l'a accusé de voler/d'avoir volé la bague.

accuser qc Elle accuse trente ans (= Elle paraît, physiquement, les avoir). Le boxeur accuse le coup (= s'en ressent visiblement).

Expr.: *accuser réception de qc* J'accuse réception de votre lettre du 7 courant.

s'acharner v. pr.

s'acharner contre/sur/après qn On s'acharna contre/sur/après l'ennemi en fuite.

s'acharner à/sur qc Il s'acharna à/sur l'étude de ce problème.

s'acharner à + inf. Il s'acharna à trouver la solution de ce problème.

acheter v. tr.

acheter qc Il a acheté une voiture d'occasion.

acheter qc + nom ou adv. de prix Il a acheté la montre 100 F. Il l'a achetée cher/bon marché/très bon marché.

acheter qc à qn J'ai acheté une montre en or à ma fille (= pour elle). J'ai acheté cette montre à un bijoutier de Lyon (= il me l'a vendue). Je la lui ai achetée pour ma fille.

acquiescer v. tr. indir.

acquiescer à qc Andromaque finit par acquiescer à la demande en mariage de Pyrrhus.

acquiescer abs. Le vieillard acquiesça d'un geste las.

acquitter v. tr.

acquitter qn L'accusé fut acquitté.

acquitter qc Je n'ai pas encore acquitté ma dette.

s'acquitter de qc (envers qn) Comment m'acquitter de mes dettes/de mes obligations (envers mes parents)?

adieu interj. Adieu! Je vous reverrai l'année prochaine en Suisse. [renforcé]: Adieu pour toujours!

adieu + nom La voilà donc speakerine. Adieu les jours où elle pouvait disposer librement de son temps.

dire adieu à qn/à qc Il lui a dit adieu. En acceptant ce poste, il a dit adieu à son indépendance (= il l'a abandonnée).

adieu n. m.

faire ses adieux à qn Avant mon départ pour l'Extrême-Orient, je suis venu vous faire mes adieux.

adjurer v. tr.

adjurer qn de + inf. Je t'adjure de me dire la vérité.

admettre v. tr.

admettre qc J'admets les raisons que vous me donnez.

admettre qn Le jury ne les a pas admis comme témoins.

admettre qn à qc On ne m'a pas admis à ce concours. Il n'a pas été admis à l'Ecole Nationale d'Administration.

admettre que + subj. (= supposer) Admettons que j'aie tort.

admettre que + subj. (= permettre) Il n'admet pas qu'on lui réponde.

admettre que + ind. ou subj. [pour le mode cf. APPENDICE § 11] (= reconnaître) Il admet qu'il a eu tort. Il n'admet pas qu'il s'est/qu'il se soit trompé.

admiration n. f.

l'admiration de qn Elle avait (ou: était, ou: faisait) l'admiration de tous.

avoir de l'admiration pour qn/pour qc J'avais toujours beaucoup d'admiration pour les acrobates/pour leur endurance.

admirer v. tr.

admirer qn/qc J'admire votre père/votre courage.

admirer que + *subj.* [souvent iron.] J'admire que vous ayez eu le courage de l'approcher.

être admiré de qn Il est admiré et aimé de tous. [cf. APPENDICE § 8]

s'adonner v. pr.

s'adonner à qc De ce jour, il s'adonna à l'étude des langues.

adorer v. tr.

adorer qn/qc Je vous adore. Il adore la chasse.

adorer + *inf.* Elle adore monter à cheval.

être adoré de qn Il était adoré de son peuple. [cf. APPENDICE § 8]

adresser v. tr.

adresser qc à qn Il ne m'a même pas adressé la parole. J'ai une prière à vous adresser.

s'adresser à qn Pour plus amples renseignements s'adresser à M. Lefèvre. Je me suis adressé à lui/à elle.

affable adj.

affable avec qn/envers qn Il est affable avec/envers tout le monde.

affaire n. f.

connaître son affaire (= son travail) Il connaît bien son affaire.

Expr.: *c'est mon/ton etc. affaire* S'il ne vend pas ses fruits, c'est son affaire (= il en est seul responsable)!

avoir affaire à qn Je n'ai jamais eu affaire à un ministre. [menace]: Vous aurez affaire à moi!

avoir affaire avec qn J'ai eu affaire avec lui une fois.

tirer qn d'affaire/se tirer d'affaire Je vais vous tirer d'affaire. Il sait se tirer d'affaire.

faire l'affaire de qn L'échec du candidat de droite fait mon affaire.

[pl.] Un homme d'affaires. Les affaires sont les affaires.

Mêlez-vous de vos affaires. A la hâte, j'ai fourré mes affaires (= objets personnels) dans ma valise.

• Distinguer: J'ai *affaire* à lui. J'ai beaucoup *à faire*.

affamé, e adj.

affamé de qc C'est un homme affamé de savoir/de gloire.

affecter v. tr.

1) (= feindre qc, faire semblant de qc)

affecter qc Il affectait l'air distrait.

affecter de + *inf.* Il affecte de paraître savant.

2) (= donner, par la voie hiérarchique, un emploi à qn)

affecter qn/qc à qc Je vous demande de m'affecter à un autre service.

On affectera la salle à des usages divers.

3) (= être atteint, affligé)
être affecté de qc Il est affecté de cette perte.

affinité n. f.
une affinité entre Je ne sens aucune affinité entre ta mère et moi.
une affinité avec Il cherche une âme qui ait une affinité avec la sienne.
une affinité pour [chimie] L'hydrogène a de l'affinité pour l'oxygène.

affirmer v. tr.
affirmer qc (à qn) Il (nous) a affirmé exactement le contraire.
affirmer + inf. Il affirme avoir payé cette dette.
affirmer que + ind. Je vous affirme que j'ai payé toutes mes dettes.
[cf. APPENDICE § 13,2]
ne pas affirmer que + subj. [pour le mode cf. APPENDICE § 11] Il
n'affirme pas qu'il soit innocent.

affliger v. tr.
affliger qn Cette perte m'afflige profondément.
s'affliger/être affligé de qc Il s'afflige/est affligé de la perte de son ami.
s'affliger/être affligé de + inf. Nous nous affligeons/Nous sommes af-
fligés de les voir dans la misère.
s'affliger/être affligé que + subj. Nous nous affligeons/Nous sommes af-
fligés qu'ils soient dans la misère. [cf. APPENDICE § 13,2]

affranchir v. tr.
affranchir qn A Rome, un maître pouvait affranchir (= libérer) ses
esclaves.
affranchir qn de qc Qui affranchira notre peuple de cette tyrannie?
affranchir qc J'ai affranchi la lettre (= J'y ai mis le timbre nécessaire).

afin de loc. prép.
afin de + inf. Pierre marchait sur la pointe des pieds afin de ne pas
être entendu.

afin que loc. conj.
afin que + subj. Il marche sur la pointe des pieds afin qu'on ne l'entende pas.

âge n. m. Il est mort à l'âge de 80 ans.
être en âge de + inf. Elle est en âge de se marier.
être d'âge à + inf. Elle est d'âge à se marier.

âgé, e adj. Un enfant devrait offrir sa place aux personnes âgées.
âgé de + indication de temps un homme âgé de trente ans.
plus/moins âgé que qn de + nom marquant la différence Mon frère est
plus âgé/moins âgé que moi de quatre ans.

agir v. intr. Assez parlé, il faut agir. Vous avez agi en vrai ami.

agir sur qn/qc L'éloquence agit sur les esprits. Quels facteurs agissent sur la prononciation?

agir envers qn C'est une étrange manière d'agir envers moi.

il s'agit [impers.] *de qn/de qc* Il s'agit de mon ami/d'une affaire importante.

il s'agit de + inf. Il s'agit d'aller (= il faut aller) vite.

agrandir v. tr.

agrandir qc Ils vont agrandir leur maison.

s'agrandir Le cercle de nos relations s'agrandit de jour en jour.

agréable adj. un visage/une voix agréable.

agréable à + inf. Cette histoire est très agréable à lire.

il est agréable de + inf. Il est agréable de se reposer après le travail.

il m'est agréable de + inf. Il m'est agréable de vous servir.

il est agréable que + subj. Il est agréable qu'on vous serve rapidement.

agréer v. tr.

agréer qc Il a agréé ma demande. Veuillez agréer, Monsieur, l'expression de mes sentiments distingués.

agréer v. tr. indir.

agréer à qn Est-ce que mon projet vous agrée?

aide n. f. (= secours) Votre aide m'est précieuse.

à l'aide de qc Il marche à l'aide d'un bâton.

avec l'aide de qn Avec l'aide de Dieu vous réussirez.

venir en aide à qn/venir à l'aide de qn Je lui suis venu en aide. Venez vite à mon aide.

aide n. m. ou f. (= celui ou celle qui aide). Pierre est un aide consciencieux. Ma secrétaire est une aide dévouée.

aider v. tr. dir. et indir.

aider qn Pourquoi ne l'avez-vous pas aidée plus tôt?

aider à qc Ce succès a aidé à ses projets.

aider qn à + inf. Un passant l'a aidée à se relever.

aider qn de qc Peut-il l'aider de son avis?

s'aider de qc (pour + inf.) Il s'est aidé de son bâton (pour sortir du trou).

aïeul n. m. [pl. aïeuls = grands-parents, aïeux = ancêtres] nos aïeux les Gaulois.

aigle n. m. (= oiseau) Un aigle planait dans les airs.

aigles n. f. pl. (= enseignes militaires) les aigles romaines.

ailleurs adv. Allez vous faire pendre ailleurs. Il avait visiblement l'esprit ailleurs.

d'ailleurs loc. adv. Vous n'avez qu'à le lui demander vous-même; il arrivera d'ailleurs demain.

aimable adj. Fermez la porte, vous serez bien aimable.

aimable pour/avec/envers qn Ils ont été extrêmement aimables pour/avec/envers moi.

Expr.: C'est bien aimable à vous (= de votre part).

être aimable de + *inf.* Vous êtes bien aimables de m'avoir attendu. Vous seriez bien aimables de m'indiquer le chemin.

aimer v. tr.

aimer qn/qc Il aime ses enfants par-dessus tout. «Aimez-vous Brahms?» J'aime la lecture.

être aimé de qn Il est aimé de tous. Si j'étais aimé de vous . . . [cf. APPENDICE § 8]

aimer + *inf.* J'aime lire. J'aimerais entendre ce disque.

aimer à + *inf.* [litt.] Elle aime à écouter des disques.

aimer que + *subj.* Il aime qu'on l'applaudisse.

aimer autant + *subj.* J'aimerais autant (= Je préférerais) que vous n'applaudissiez pas.

aimer mieux J'aime mieux le vin que la bière.

aimer mieux + *inf. que (de)* + *inf.* J'aime mieux sortir que (de) rester chez moi.

aimer mieux que + *subj.* J'aimerais mieux que vous ne sortiez pas.

aimer mieux que + *subj. (plutôt) que de* + *inf.* J'aime mieux qu'il vienne (plutôt) que d'aller le chercher.

● (*Plutôt*) *que* ne peut pas introduire une proposition; on tourne la difficulté en recourant à des verbes comme *voir, savoir*: J'aimerais mieux qu'il me déteste (plutôt) que de savoir qu'il me méprise. J'aimerais mieux qu'ils rient (plutôt) que de les voir pleurer.

aîné, e adj. Paul, aîné de trois enfants.

aîné de + *nom marquant la différence* Il est mon aîné de trois ans.

ainsi adv. C'est ainsi qu'il faut dire.

ainsi + *inversion* Ainsi soit-il. Ainsi parlait-elle. Ainsi pensa-t-il. [le sujet est un pronom]

ainsi que + *prop. ellipt.* loc. conj. Il fut puni ainsi que son camarade.

air n. m.

avoir l'air + *adj.* [accord avec le sujet] (= sembler, paraître) Ces arbres ont l'air morts (= paraissent morts). Cette jeune fille a l'air sérieuse/l'air d'être sérieuse.

avoir l'air/un air + *adj.* [sans accord avec le sujet] Elle a l'air hautain de sa mère. Elle a un air hautain.

aise adj.

être bien aise de qc J'en suis bien aise.

être bien aise de + *inf.* Elle paraissait bien aise de nous voir.

être bien aise que + *subj.* Je suis bien aise que vous soyez venu. [cf. APPENDICE § 13,3]

aise n. f. [litt.] Elle rougit d'aise (= de contentement).
Expr.: *mettre qn à l'aise* J'ai tout fait pour le mettre à l'aise.
prendre ses aises (= s'installer confortablement) Prenez vos aises.
à l'aise, à mon/ton etc. aise loc. adv. Je ne me sens pas à l'aise/à mon aise dans ce pantalon. A ton aise! (= Comme tu voudras.)

ajouter v. tr.
ajouter qc Il n'ajouta pas un mot.
ajouter qc à qc J'ai ajouté dix lignes à mon paragraphe.
ajouter à qc abs. La pensée d'ajouter à l'honneur de son pays le soutenait.
ajouter que + *ind.* Il ajouta qu'il avait faim.

alentour adv. Le chien qui rôdait alentour s'était approché.
alentours n. m. pl. aux alentours de Paris.

aller v. intr. [tu vas; impér.: va; (devant *y*) vas-y]
• L'adv. *y* disparaît devant les formes en i-: Iras-tu en ville? – Oui, j'irai tout à l'heure. J'irais si je pouvais. Mais: J'y suis allé, j'y vais, j'y allais.

1. Je suis allé loin/à Paris/en France/au restaurant.

2. [avec adv, de manière]: Je vais bien (ma santé est bonne). Ma montre ne va pas bien (= fonctionne mal). [abs.]: Comment allez-vous? – Ça va. [prov.]: Quand le bâtiment va, tout va.

3. *aller à qn* Cette robe me va (= me convient). Ton costume ira à ton frère. Il lui va comme un gant.

4. *aller* + *inf.* Il est allé se promener. Va ouvrir la porte. Qu'il aille se faire pendre ailleurs!

5. *aller* + *inf.* [auxil. du futur proche] Le train va partir (= est sur le point de partir). Quand vous êtes entré, j'allais vous téléphoner.

6. *aller* + *part.* [langue litt.]/*gérondif* [langue ordin.] [auxil. de continuité] Les bruits allaient croissant. Les bruits allaient en augmentant. Sa santé va en empirant. La crise ira en s'aggravant.

7. *y aller* Allons-y (= Commençons).
y aller + *adv.* Allez-y doucement (= Comportez-vous avec douceur). Comme tu y vas! (= Tu vas trop vite, tu t'emballes.)
il y va [impers.] *de qc* Il faut l'opérer, il y va de sa vie (= sa vie en dépend).
Expr.: *ne pas y aller de main morte* Il n'y est pas allé de main morte (= s'est comporté avec énergie).

8. *il en va* [impers.] + *adv.* + *de qc* Il en va ainsi de notre affaire (= Telle est la situation).

il en va + *adv.* + *pour qn/pour qc* Il n'en va pas de même pour mon frère (= son cas est différent)/pour cette autre question.

9. Expr.: Cela va sans dire (= C'est évident). Il va sans dire que c'est vous qui avez raison.

10. *se laisser aller* Ne vous laissez pas aller comme ça.

se laisser aller à qc/à + *inf.* Ils se laissent aller à la joie (= Ils ne se retiennent plus). Il s'est laissé aller à tutoyer son colonel.

11. *s'en aller* Je m'en vais. Il s'en est allé.

s'en aller + *inf.* Il s'en alla [sens propre = s'éloigna pour] combattre les Maures. Je m'en vais [auxil. de futur = J'ai l'intention de] lui dire deux mots.

allier v. tr.
allier qc à qc Il faut allier la force à la prudence.
s'allier avec qn/avec qc Le vice ne peut s'allier avec la vertu.

allumer v. tr.
allumer qc Pourquoi as-tu allumé cette bougie?
s'allumer Ses yeux s'allumèrent à ces mots.

allusion n. f. Le public ne comprit pas les nombreuses allusions littéraires de la pièce.
faire allusion à qc A quel fait voulez-vous faire allusion?

alors adv. Nous étions heureux alors. C'est alors qu'il était content. Alors il partit. [valeur de conséquence]: La viande est trop chère, alors nous achetons du poisson.
alors que + *ind. ou cond.* loc. conj. Sa santé décline alors qu'on le croyait guéri. Vous économisez alors qu'il faudrait dépenser.

alterner v. intr. Les deux pilotes alternent (= se relayent) au gouvernail.
alterner avec qc Climat difficile: de longues périodes de sécheresse alternent avec des pluies torrentielles.
alterner v. tr.
alterner qc Les paysans de la région alternent (ou: font alterner) leurs cultures pour ménager le sol.

amateur n. m. Tu travailles en amateur.
amateur de qc C'est un grand amateur de choucroute.
amateur adj. [invar.] Elle est très amateur de choucroute.

amener v. tr.
amener qn Nos amis ont amené tous leurs enfants. Quel bon vent vous amène?
amener qc Des chalands amènent (= acheminent) le charbon jusqu'à Paris.

● On évitera d'employer *amener* pour *apporter :* >Amène ton dictionnaire.< [fam.] est remplacé dans la langue soignée par : >Apporte
ton dictionnaire.<

amener qn à qc Les faits nous amènent à cette conclusion.

amener qn à + *inf.* J'ai été amené par les faits à conclure que . . .

s'amener [pop.] Voilà nos amis qui s'amènent (= arrivent).

ami n. m. Les bons comptes font les bons amis.

l'ami de qn/de qc Marat s'appelait l'ami du peuple.

ami, e adj. Les peuples amis.

ami de qn/de qc Je ne suis pas très ami des dates.

ami avec qn Vous savez, il est très ami avec le Président.

amiable adj. Un arrangement amiable fut conclu entre mon voisin
et moi.

à l'amiable loc. adv. On a pu régler le différend à l'amiable (= par
un compromis mutuel, sans saisir le tribunal de l'affaire).

amical, e adj. [après ou avant le nom] un conseil amical ; mon
amical souvenir ; des conseils amicaux.

amitié n. f.

amitié pour qn Mon amitié pour lui augmentait.

avoir de l'amitié pour qn J'ai beaucoup d'amitié pour vous.

porter de l'amitié à qn Je lui porte beaucoup d'amitié.

lier amitié/se lier d'amitié avec qn J'ai lié amitié/Je me suis lié d'amitié
avec lui tout de suite.

[form. épistolaire] Mes/Nos meilleures amitiés à vous trois.

amont n. m.

en amont de loc. prép. [contr. : en aval de] Bonn est situé en amont de
Cologne.

amour sg. n. m. son grand amour.

amours pl. n. f. De nouvelles/de folles amours. Aussi : *amours* pl. n. m.
Il a eu deux grands amours.

amour de qn (*pour qn*) L'amour de Pyrrhus importune Andromaque.
L'amour d'Andromaque étouffe en Pyrrhus la haine des Troyens.
L'amour de Pyrrhus pour Andromaque.

s'éprendre d'amour pour qn Pyrrhus s'éprend d'amour pour Andromaque.

amuser v. tr.

amuser qn Il est difficile d'amuser les gens graves.

s'amuser »Le roi s'amuse.«

s'amuser de qc Elle s'amuse d'un rien. Nous nous amusons de ses ré-
ponses.

s'amuser à qc Il s'amuse à des bagatelles.

s'amuser à + inf. Il s'amuse à étudier la botanique.

an n. m. Ne peut être remplacé par *année* dans les cas suivants:

[âge] Il a quinze ans. Elle s'est mariée à (l'âge de) vingt ans.

[après >tous<] tous les ans.

[dans ces expressions] *par an/bon an mal an* Il gagne trente mille francs par an/bon an mal an.

en l'an de grâce en l'an de grâce 1492.

Dans tous les autres cas, il peut être remplacé par *année*: Il a passé dix ans/dix années à Londres. L'an nouveau/dernier/passé/prochain/ le nouvel an. Ou: L'année nouvelle/dernière/passée/prochaine/la nouvelle année.

On emploie *année* à l'exclusion de *an* dans les cas suivants:

[après >tout<, sg., et les autres adj. indéf.] toute l'année/quelques années/l'autre année/une autre année/chaque année.

[après un adj. ordinal] la première année/la dixième année.

[avec un adj. qualificatif] une bonne année/une longue année/une année excellente; souhaiter la bonne année.

[après >pendant< et >durant<] pendant/durant l'année 1970.

[dans l'expr.] les années 20 (= 1920, 1921, 22, etc.); une année-lumière.

analogie n. f.

une analogie entre deux choses Je vois une analogie entre le futur et le conditionnel.

une analogie avec qc Le conditionnel présente une analogie avec le futur.

par analogie avec qc La forme *nous amons* est devenue *nous aimons* par analogie avec *il aime*.

ancien, ne adj.

[avant le nom] Un ancien couvent (= qui n'est plus un couvent). Notre lycée se trouve dans un ancien couvent. Il a rencontré son ancien propriétaire/son ancienne femme. L'Ancien Régime. Les Anciens Combattants. C'est un ancien élève de l'École Normale Supérieure. L'Ancien Testament.

[après le nom] un couvent ancien (= qui est toujours un couvent); les langues anciennes.

ancien employé comme n. m. Il est mon ancien (= Il m'a précédé dans ma carrière/dans mes fonctions).

ancien n. neutre Ce marchand de meubles ne vend que de l'ancien.

année n. f. cf. **an.**

antérieur, e adj. [après le nom] Le passé antérieur/le futur antérieur.

antérieur à qc Son livre est antérieur au mien.

antérieurement à qc adv. Son livre a paru antérieurement au mien.

anticiper v. tr.
anticiper qc N'anticipons pas les conclusions de l'entrevue. Avec mes remerciements anticipés.

anticiper v. intr.
anticiper sur qc Il a anticipé sur ses revenus.

antipathie n. f.
une antipathie pour/contre qn/qc Il montre ouvertement son antipathie pour/contre notre ami/cette solution. J'éprouve/J'ai de l'antipathie pour/contre lui/pour (ou: contre) ce compromis.

anxieux, se adj. Sa mère était d'un naturel anxieux.
anxieux de qc Nous étions très anxieux (= inquiets) du retard inattendu de l'avion.
anxieux de + inf. Béline est anxieuse (= très désireuse) d'obtenir la fortune d'Argan.

apercevoir v. tr.
apercevoir qn/qc Enfin nous aperçûmes notre ami/un hôtel.
s'apercevoir de qc Elle s'est aperçue de son erreur. Nous nous en sommes aperçus aussi.
s'apercevoir que + ind. Je m'aperçois qu'il est temps de partir.

apparaître v. intr. [auxil. >être<] Un spectre lui était apparu.
apparaître + attr. Les mesures prises apparaissent insuffisantes.
il apparaît [impers.] *que + ind. ou subj.* [pour le mode cf. APPENDICE § 11] Il apparaît que des mesures insuffisantes ont été prises. Il n'apparaît pas que les mesures prises soient/sont insuffisantes.

apparence n. f. Il ne faut pas se fier à l'apparence/aux apparences.
en apparence Ce travail est plus facile en apparence qu'en réalité.
● Distinguer: Un homme en apparence chétif, et: Un homme d'apparence chétive.
Expr.: *selon toute apparence* Il s'est enfui selon toute apparence.
il y a (toute) apparence que + ind. Il y a (toute) apparence qu'il s'est enfui.

appartenir v. tr. indir.
appartenir à qn Cette maison lui appartient en propre (= est à lui). Elle lui a appartenu.
il appartient [impers.] *à qn de + inf.* Il ne lui appartient pas d'en juger. Il appartient à lui seul de le critiquer.

appeler v. tr.
appeler qn/qc Appelons vite un médecin. Il faut appeler les choses par leur nom.
appeler qn/qc + attr. «J'appelle un chat un chat.» (Boileau) Tu appelles cela nager?
en appeler à qc J'en appelle (= Je fais appel) à votre générosité.

en appeler de qc J'en appelle (= refuse d'admettre comme définitif) de votre jugement.

être appelé à qc Cet élève est appelé à un brillant avenir.

être appelé à + inf. Notre ami a été appelé à former le ministère.

s'appeler + attr. Comment t'appelles-tu? Je m'appelle Paul. Voilà qui s'appelle nager.

applaudir v. tr.

applaudir qn/qc On applaudit vivement tous les acteurs et la pièce.

applaudir v. tr. indir.

applaudir à qc [fig.] J'applaudis à votre projet.

appliquer v. tr.

appliquer qc les mathématiques appliquées [contr.: les mathématiques pures].

appliquer qc à qc/sur qc Appliquez soigneusement le papier au/sur le mur.

s'appliquer à qc Il s'appliqua à l'étude du français.

s'appliquer à + inf. Appliquez-vous à étudier les langues.

apporter v. tr.

apporter qc Il apporte tous ses livres.

apporter qc à qn Le facteur m'a apporté trois lettres.

apporter qc à qc Il a apporté une grande attention à l'examen de l'affaire.

apprendre v. tr.

apprendre qc Pourquoi n'apprenez-vous pas la grammaire?

apprendre à + inf. J'ai appris à lire à l'âge de cinq ans.

apprendre qc à qn Il apprend la grammaire aux élèves.

apprendre à qn à + inf. Je lui apprendrai à lire.

Expr. ellipt.: Ça lui apprendra (= Ce sera pour lui une bonne leçon).

apprendre qc avec qn J'ai appris la langue avec un professeur français.

apprendre qc dans qc Avez-vous appris cela dans un livre?

apprendre qc par qn/de qn/par qc J'ai appris cela par/d'un ami/par sa lettre.

apprendre à qn que + ind. On lui a appris que son ami était mort.

apprêter v. tr.

apprêter qc L'intendant a dû apprêter le repas.

s'apprêter à qc Ils s'apprêtent à la lutte.

s'apprêter à + inf. Ils s'apprêtent à lutter.

approcher v. intr. L'ennemi approche. Noël approche.

approcher v. tr.

approcher qn Je n'ose pas approcher mon patron. Ne m'approchez pas!

approcher qc de qn/de qc Il approcha la chaise de son invitée/du feu.

approcher v. tr. indir.

approcher de qc/de qn Nous approchons de la ville. N'approchez pas de moi.

s'approcher de qn/de qc Le monsieur s'approcha de moi/du guichet.

approprier v. tr.

approprier qc à qc Il faut que les mesures du gouvernement soient appropriées à la situation actuelle.

s'approprier qc La caissière s'est approprié une partie des bénéfices.

approuver v. tr.

approuver qn/qc J'approuve mon père/votre initiative.

approuver qn de + inf. Je vous approuve d'avoir tenté cela.

approuver que + subj. Vous approuvez qu'il agisse de la sorte? [cf. APPENDICE § 13,4]

appuyer v. tr.

appuyer qc Le voleur appuya l'échelle au mur/contre le mur. J'appuierai votre demande.

appuyer qc de qc Le savant appuya sa théorie de nombreux exemples.

appuyer v. tr. indir.

appuyer sur qc Il appuya sur le frein.

s'appuyer sur qc Il s'appuya sur mon bras.

après prép. Après la guerre. Il est arrivé après moi. Après vous, monsieur. [prov.]: Après la pluie le beau temps. Cet adjectif est toujours placé après le nom.

* Ne dites pas: après deux jours; mais: au bout de deux jours, deux jours plus tard.

après + inf. passé Après avoir déjeuné, il sortit.

après + inf. prés. [dans quelques tournures] Il est d'humeur gaie après boire (= après avoir bu). Après déjeuner/dîner/souper/manger.

après que + ind. loc. conj. Après que son ami fut sorti, il déchira la lettre.

* N'employez pas le subj. après la loc. conj. *après que.* Après que le ministre fut (et non: fût) entré, la distribution des prix commença.

après adv. Parlez d'abord, je parlerai après.

d'après loc. prép. Peindre d'après nature. D'après certains auteurs, les contes de Perrault seraient l'œuvre d'une nourrice illettrée.

après-midi n. m. ou f. cet/cette après-midi; un bel/une belle après-midi.

[pl. invar.] des après-midi d'automne.

apte adj.
apte à qc Cet homme aux mains grossières n'est pas apte à un travail de précision.
apte à + inf. Ces mineurs, âgés pour la plus grande partie, ne sont plus aptes à changer de métier.

arc-en-ciel n. m.
pl.: des arcs-en-ciel.

arguer v. tr. indir. et v. tr. [prononcer l'*u*]
arguer de qc Le maire argue des mérites du candidat Un tel pour faire retenir sa candidature.
arguer que + ind. L'avocat argua qu'il ne pouvait pas plaider à la fois deux causes opposées.

armer v. tr.
armer qn Faute de troupes régulières, on va armer la milice.
être armé de qc Les six bourgeois de Calais se rendent auprès du roi d'Angleterre, armés de leur seul courage.
être armé contre qc Les défenseurs de la Bastille étaient bien armés contre la faim.
s'armer de qc L'homme s'arma de sa massue pour pouvoir faire face aux loups.

arracher v. tr.
arracher qc Bientôt on commencera à arracher les pommes de terre.
arracher qc à qn On lui arracha le pain de la bouche. On ne put lui arracher son secret.
s'arracher qc/qn Elle s'arracha les cheveux. On se l'arrache (= C'est à qui l'invitera).
s'arracher à qc L'enfant s'arracha de force à mes bras.

arranger v. tr.
arranger qc Nous avons arrangé cette pièce en chambre d'ami. Pouvez-vous arranger [fam. = réparer] cette montre? Il y a un malentendu entre eux, je vais tâcher d'arranger les choses.
arranger qc à qn Je vais lui arranger la cravate. Un chirurgien lui a arrangé le nez.
arranger qn Gardez-les si cela vous arrange. Mon Dieu! il vous a bien arrangé (= il vous a mis dans un triste état)!
s'arranger Tout s'arrangera.
s'arranger avec qn C'est un homme avec qui on peut toujours s'arranger.
s'arranger pour/de manière à + inf. Arrangez-vous pour/de manière à être là à temps.
s'arranger pour que/de manière à ce que + subj. Arrangez-vous pour que/de manière à ce que nous partions à l'heure.

arrêter v. tr.

arrêter qn/qc Rien ne peut nous arrêter. J'ai arrêté ma voiture. La police a arrêté plusieurs suspects.

arrêter de + *inf.* Ils n'arrêtaient pas de fumer.

arrêter que + *ind.* (souvent *fut.* ou *cond.*) Il a été arrêté (= décidé) qu'on ne passerait plus par cette rue.

s'arrêter Brusquement l'épidémie s'arrêta.

s'arrêter de + *inf.* Elle s'arrêta de parler.

arriver v. intr. [auxil. >être<] Quand sont-ils arrivés à Paris?

arriver à qc Vous n'arriverez pas à votre but. Vous n'y arriverez pas.

arriver à + *inf.* Je n'arrivais pas à ouvrir la porte.

il arrive [impers.] Il arrive souvent des accidents à ce carrefour.

il arrive à qn Il lui est arrivé un accident.

il arrive à qn de + *inf.* Il m'arrive de me tromper.

il arrive que + *ind.* [fait réel, généralement unique] Il arriva que son frère mourut.

il arrive que + *subj.* [fait répété] Il arrive souvent qu'une brebis perde son agneau. [après un tour restrictif]: S'il arrive/Arrive-t-il/Il n'arrive jamais qu'une brebis se perde.

arrivé, e p. pa. adj. Après 5 ans passés au Canada, le voilà un homme arrivé (= qui a fait fortune).

s'arroger v. pr.

s'arroger qc La Directrice s'est arrogé des pouvoirs auxquels elle n'avait pas droit. Les pouvoirs qu'elle s'est arrogés ne sont pas réglementaires.

aspirer v. tr.

aspirer qc On peut aspirer de l'eau avec/au moyen d'une paille.

aspirer v. tr. indir.

aspirer à qc Il aspirait aux biens et aux honneurs.

aspirer à + *inf.* Il aspirait à être nommé directeur.

assassin n. m. [sans fém.] Cette femme est un assassin.

assaut n. m. L'assaut de l'ennemi ne s'est pas fait attendre.

à l'assaut de qc «A l'assaut de (= en s'attaquant à) l'Annapurna ...»

prendre qc d'assaut Les paras ont pris d'assaut la position ennemie.

Expr.: *faire assaut de qc* Pendant mon séjour, ces deux familles ont fait assaut (= ont rivalisé) d'hospitalité.

s'asseoir v. pr. [Les formes *assois, assoit, asseyons, asseyez* sont plus couramment employées que *assieds, assied, assoyons, assoyez*.]

Je me suis assis sur une chaise/dans un fauteuil.

asseoir v. tr.

asseoir qc (sur qc) Comment ébranler une théorie que son auteur assied sur de si nombreuses expériences?

assez adv. Il n'est pas assez grand. La maison est assez confortable.

assez de qc As-tu assez d'argent?

assez . . . pour + *inf.* Je n'étais pas assez près pour voir.

assez . . . pour que + *subj.* Leur enfant n'était pas assez grand pour qu'on pût le laisser seul.

Expr.: *en avoir assez de qc* J'en ai assez de vos jérémiades!

assez! [excl. d'impatience] C'est assez! En voilà assez! Assez! Assez parlé, il faut agir!

assister v. tr.

assister qn Deux avocats assistaient l'accusé.

assister qn de qc Assistez ces malheureux de vos conseils.

assister v. tr. ind.

assister à qc Mon frère refuse d'assister au mariage de sa fille.

associer v. tr.

associer qn/qc Ce n'est que la haine de l'ordre qui associe (= réunit) ces groupes hétérogènes.

associer qn à qc Depuis que son fils est d'âge à cela, le patron l'associe à la gestion des affaires.

associer qc à qc Ce savant associe une abnégation remarquable à une rare intelligence.

s'associer à qn/à qc J'aimerais beaucoup m'associer au travail de l'Institut (= y prendre part).

assurer v. tr.

assurer qc Ce traité assurera la paix de toutes les nations.

assurer qn de qc Je puis vous assurer de ma reconnaissance.

assurer qc à qn Mais si je vous assurais le contraire!

assurer qn/qc contre qc On l'a assuré contre les accidents de travail. La maison a été assurée contre l'incendie.

assurer à qn + *inf.* Je lui assurai avoir vu le monstre de mes propres yeux.

assurer à qn que + *ind. ou subj.* [pour le mode cf. APPENDICE § 11] Elle m'a assuré que son amie n'a que vingt ans. Je vous assure que vous avez tort. Si je vous assurais qu'il ait dit cela?

s'assurer de qc Nous nous sommes tous assurés (= rendus certains) du parfait état de la voiture.

s'assurer que + *ind.* Assure-toi que la portière est fermée.

s'assurer qc Elle s'est assuré (= garanti) une vieillesse heureuse, en gardant une poire pour la soif.

s'assurer contre qc Nous nous sommes assurés contre les accidents du travail.

être assuré contre qc La maison est assurée contre l'incendie.

être assuré de qc Nous sommes assurés du succès.

astreindre v. tr.

astreindre qn à qc Les circonstances l'astreignirent (= l'obligèrent) à un régime sec (= sans boisson).

astreindre qn à + inf. Depuis sa nouvelle nomination, le voilà astreint à mener une vie très agitée.

s'astreindre à qc Il s'est astreint à un régime sévère.

s'astreindre à + inf. Il s'est astreint à suivre minutieusement les prescriptions des médecins.

attacher v. tr.

attacher qn/qc (à qc/sur qc, etc.) Le soldat attacha son cheval (à un arbre). Ils attachèrent Jean Valjean (à sa chaise). J'attache beaucoup d'importance à la question de la forme. Il attacha les yeux sur la porte.

s'attacher à qn Le chien s'est vite attaché à nous.

s'attacher à qc La poix s'attache aux doigts.

s'attacher à + inf. Ils s'attachent avant tout à remplir leur devoir.

attaque n. f.

une attaque contre qn/contre qc Ils se signalent surtout par de violentes attaques contre le gouvernement.

l'attaque de qc [qc = objet de l'action] L'attaque du moulin commença à cinq heures. L'attaque de la voyelle française ne se fait pas comme dans les langues germaniques.

l'attaque de qn/de qc [qn/qc = agent] L'attaque des Romains/de l'artillerie fut subite.

attaquer v. tr.

attaquer qn/qc Tout à coup, la bête m'a attaqué. Le pianiste attaqua le scherzo.

attaquer abs. Tout à coup, la bête attaque.

s'attaquer à qn Ils s'attaquent souvent au chef du gouvernement.

s'attaquer à qc Je me suis attaqué à la troisième sonate de Brahms.

s'attarder v. pr. Je me suis un peu attardé chez mon cousin.

s'attarder à qc Il s'attarde au jeu/à l'étude d'un livre.

s'attarder sur qc Ne nous attardons pas sur des détails.

s'attarder à + inf. Je me suis attardé à ranger mes affaires.

atteindre v. tr.

atteindre qc Qui sait quand il atteindra son but? Il avait atteint un des plus hauts sommets de la gloire.

atteindre qn Le coup de feu l'a atteint à la jambe.

être atteint par qc/de qc Il fut atteint par/d'une pierre. [emprise d'un sentiment, d'une maladie, cf. APPENDICE § 8]: Il fut atteint d'un remords/de la fièvre typhoïde.

atteindre v. tr. indir.

atteindre à qc [souligne l'effort] Tu sais combien il est difficile d'atteindre à la perfection.

attendre v. tr.

attendre qn/qc J'attendais mon ami. J'attends de vos nouvelles.

attendre de + inf. Attendez de voir le résultat.

attendre que + subj. Nous attendons toujours qu'on nous serve.

attendre jusqu'à ce que + subj. [plus rare que *attendre que*] Nous attendrons jusqu'à ce qu'il revienne.

attendre abs. Ces réformes attendent depuis un siècle.

s'attendre à qc Je m'attendais à tout, sauf à cela. Je ne m'y attendais pas.

s'attendre à + inf. Il ne s'attendait pas à me voir arriver si tôt.

s'attendre à ce que + subj. Je m'attendais à ce que tu viennes en retard comme toujours.

s'attendre que + ind., cond. ou subj. [litt.] Je m'attends qu'il viendra. Je m'attendais qu'il viendrait. Il ne s'attend pas que nous allions le voir. [pour le mode, cf. APPENDICE § 11]

en attendant loc. adv. La soupe chauffe; en attendant, buvons un verre. [valeur d'opposition]: Il nous fait tous travailler et, en attendant (= cependant), il se repose.

en attendant de + inf. loc. prép. En attendant de déjeuner, nous allons boire un apéritif.

en attendant que + subj. loc. conj. En attendant qu'il revienne, asseyez-vous là.

attendrir v. tr.

attendrir qn/qc Cela attendrirait un cœur de pierre.

s'attendrir sur qn/qc Ne vous attendrissez pas sur son sort.

attentat n. m.

un attentat contre qn Un attentat contre le chef du gouvernement aurait été commis par des extrémistes.

un attentat contre qc/à qc C'est un attentat contre la sûreté de l'Etat. Un attentat à la pudeur.

attenter v. tr. indir.

attenter à qc Il fut accusé d'avoir attenté à la sûreté de l'Etat. Il a attenté à ma vie.

attentif, ve adj. des auditeurs attentifs.

attentif à qc Elle était très attentive à mes paroles.

attention n. f.

faire attention Tu aurais pu faire attention, au moins.

faire attention à qn/à qc Un policier doit faire attention à tout.

faire attention à/de + *inf.* Faites attention à/de ne pas tomber.

faire attention que + *subj.* Faites attention que (= Veillez à ce que) le chien ne sorte pas. [cf. APPENDICE § 13,3]

faire attention que + *ind.* (= remarquer) Tu n'as pas fait attention que j'avais une robe neuve. [cf. APPENDICE § 13,2]

avoir des attentions pour qn Il a toujours eu beaucoup d'attentions pour ma mère.

attitude n. f.

une attitude envers/vis-à-vis de qn Son attitude envers/vis-à-vis de moi me déplaît.

attraper v. tr.

attraper qn/qc On a attrapé un renard au piège. J'ai attrapé un mauvais rhume.

attraper qn à + *inf.* Je l'ai attrapé à (me) voler des fruits.

attribuer v. tr.

attribuer qc à qc Tout le monde attribue son échec au manque de préparation.

attribuer qc à qn Quelques spécialistes attribuent ce tableau à Leonardo.

aucun adj. et pron. indéf.

sens négatif [avec *ne*] Aucun client n'est venu. Aucun n'est venu. Je n'en ai vu aucun.

[sans *ne* s'il n'y a pas de verbe] As-tu vu des clients? – Aucun.

sens positif [dans un contexte restrictif] Tous sans aucune exception. Défense de déplacer aucun des objets exposés. Il travaille mieux qu'aucun de ses frères.

d'aucuns pl. [litt. = quelques-uns] D'aucuns disent qu'il est encore en vie.

au-delà loc. adv. J'ai ce qu'il me faut et au-delà.

au-delà de loc. prép. Au-delà de la mer.

au-delà n. m. Il parlait avec une voix de l'au-delà.

au-dessous, au-dessus cf. **dessous, dessus.**

augmenter v. tr.

augmenter qc/qn On a dû augmenter le prix du pain. Les fonctionnaires n'ont pas été augmentés.

augmenter v. intr. Il faut absolument empêcher les prix d'augmenter.

augmenter de qc Ses tableaux ont beaucoup augmenté de prix.

auparavant adv. un mois auparavant (= un mois avant).

auprès adv. Voilà l'église, la maison est tout auprès.

auprès de loc. prép. Il se tenait auprès de (= près de) la porte. Ambassadeur de France auprès du roi de Suède. La fortune n'est rien auprès de la santé. Il a bonne réputation auprès de ses chefs.

aussi adv. 1. [sans idée de quantité] «J'ai faim. – Moi aussi.» [contr.:
Je n'ai pas faim. – Moi non plus.] Je veux ce journal, et celui-là aussi.
[avec idée de quantité] *aussi* + *adv./adj./p. pa. adj.* + *que* Le ciel est
aussi gris qu'hier.
[après nég.] Le ciel n'est pas aussi/si gris qu'hier. cf. **si**.

2. conj. [marquant la conséquence – souvent avec inversion] La
vie est chère, aussi devons-nous (ou: nous devons) économiser.

3. *aussi bien que* loc. conj. Le paysan, aussi bien que sa femme, se
frottaient (ou: se frottait [cf. APPENDICE § 6]) les mains.

aussitôt adv. Il a répondu aussitôt.
aussitôt + *part.* Aussitôt levé, il partit.
aussitôt + *nom* + *part.* Aussitôt votre lettre reçue, je partis.
aussitôt que + *ind.* loc. conj. Il se repentit de ses paroles aussitôt qu'il
les eut prononcées.

autant adv. de comparaison [se rapporte à un verbe] Le travail
et le jeu lui plaisent autant. Il s'assit, j'en fis autant. Ton frère
mangerait deux fois autant.
autant . . . que Le travail lui plaît autant que le jeu. [après nég.]: Le
travail ne lui plaît pas autant/tant que le jeu. cf. **tant**.
Expr.: *autant vaut* + *inf.* Autant vaudrait tout recommencer.
autant [avec ellipse de *valoir*] + *inf.* Autant tout recommencer.
autant dire que + *ind.* Autant dire qu'il est perdu.
d'autant loc. adv. Si vous augmentez les salaires, les prix augmen-
teront d'autant.
d'autant plus/mieux/moins loc. adv. Les prix diminueront d'autant
moins.
autant de + *nom* [ou: *en . . . autant*] J'ai toujours autant de travail. J'en
ai toujours autant.
Expr.: *être autant de* + *nom* Les chiffres qu'ils donnent sont autant de
mensonges.
autant . . . autant adv. corrélatifs Autant vous lui offrez, autant il accepte. Autant de toiles, autant de styles.
autant que + *ind.* Mange autant que tu veux. [+ prop. ellipt.]: Mange
autant que lui. Il pleut autant qu'hier.
autant que + *ind.* Autant que je pourrai, je travaillerai.
autant que + *subj.* [sens concessif] Autant que je m'en souvienne, il
était blond. Autant que je sache/que tu saches, etc.
d'autant plus (. . .) *que* + *ind.* J'admire d'autant plus mon patron qu'il
est un savant modeste.
d'autant plus que loc. conj. Je lui fais confiance, d'autant plus qu'il est
le seul médecin du quartier.
d'autant plus/moins . . . que . . . plus/moins . . . J'admire d'autant plus
un homme qu'il se vante moins de sa valeur.

pour autant loc. adv. Le coût de la vie a augmenté, mais les fonctionnaires n'ont pas été augmentés pour autant.

pour autant que + *subj.* loc. conj. Pour autant qu'il m'en souvienne, il
était blond. Pour autant que je sache/que tu saches, etc.

auteur n. m. l'auteur d'un livre/d'un crime.
[fém.] Un auteur. Une femme auteur. Mme Une telle est l'auteur
de ce charmant livre.

autoriser v. tr.
autoriser qc Le conseil municipal a autorisé ce projet.
autoriser qn à + *inf.* Jean a été autorisé par le médecin à faire demain
sa première sortie.
s'autoriser de qn/de qc Je m'autorise de votre père/de son exemple.

autorité n. f. Même aux mauvais jours, l'autorité de ce chef n'a
jamais été contestée. Les autorités ont interdit toute circulation à
partir de 9 heures.
faire autorité Le Traité de prononciation française de P. Fouché fait
autorité (= on s'en recommande volontiers).

autour adv. une ville avec des murs tout autour.
autour de loc. prép. La terre tourne autour du soleil.

autre adj. et pron. un autre livre; un autre que moi.
d'autres D'autres vous diront que vous avez tort. J'en ai encore bien
d'autres.
l'un l'autre Ils se regardent l'un l'autre. Ils se sont pardonné l'un à
l'autre. L'un et l'autre/L'une et l'autre sont là. Les uns et les autres/
Les unes et les autres. [pour l'accord, cf. APPENDICE § 6]
Expr.: *de temps à autre* Je le vois de temps à autre (= de temps en
temps).

autre chose pron. indéf. [invar.] Y a-t-il autre chose de nouveau?

autrefois adv. C'était l'usage autrefois. Les mœurs d'autrefois ne
sont plus.

autrement adv. Traduisez autrement.
[valeur de conj. de coordination]: Venez demain, autrement (=
sans cela) il sera trop tard.
autrement que + *ne explétif* + *ind.* loc. conj. L'histoire finit autrement
qu'on ne s'y attendait. [+ prop. ellipt.]: Il voit la chose autrement
que moi. Tâche de conduire autrement qu'hier.
autrement que de + *inf.* Je ne pus faire autrement que de céder.

autrui pron. indéf. [toujours compl.] Il faut traiter autrui comme
on désire être traité. Ne faites pas à autrui ce que vous ne voudriez
pas qu'on vous fasse. Il vit toujours aux dépens d'autrui.

aval

en aval de loc. prép. [contr.: en amont de] Orléans est situé en aval de Gien.

avance n. f. J'ai une avance de dix minutes/J'ai dix minutes d'avance.

une/de l'avance sur qn J'ai de l'avance sur tous mes concurrents.

d'avance loc. adv. Payez-moi d'avance. Je m'en réjouis d'avance. Il faut louer les places quinze jours d'avance.

à l'avance loc. adv. [mêmes emplois que *d'avance*] Elle veut être payée à l'avance. Retenez vos places au moins quinze jours à l'avance.

être en avance Vous êtes en avance. Vous êtes de 10 minutes en avance.

par avance loc. adv. [emploi plus rare et plus restreint que *d'avance* et *à l'avance*] Je connais par avance la réponse qu'il me fera.

avancer v. tr.

avancer qc La réunion a été avancée du 14 au 7.

avancer v. intr. Ma montre avance; elle avance d'une minute par jour. Il avança de quelques pieds.

avant prép. Il est arrivé avant nous. Il se lève quelquefois avant le jour/avant cinq heures.

avant adv. Qu'est-ce que vous avez fait avant?

en avant loc. adv. Il a fait un pas en avant.

avant de + inf. Venez nous voir avant de partir.

avant que + (ne) + subj. loc. conj. Venez nous voir avant que nous (ne) partions.

avantage n. m.

avoir l'avantage de qc sur qn Ils ont l'avantage du nombre/de l'âge sur nous.

avoir avantage à + inf. Vous auriez avantage à louer une voiture.

à l'avantage loc. adj. [fam.] Cette robe est à l'avantage (= un peu grande).

avare adj. [prov.] A père avare fils prodigue.

avare de qc Vous êtes très avare de vos paroles/de votre temps.

avec prép.

1. ACCOMPAGNEMENT

verbe + avec qn/qc Je suis allé en France avec mon frère. Liez ces marguerites avec ces bleuets. [au magasin, à un client]: Et avec ça, Monsieur? [abs.]: As-tu ta carte d'identité? – Je sors toujours avec.

nom + avec qc une robe avec des volants.

avec + terme intercalé + compl. Il avait un grand jardin avec au milieu un vieux sapin.

2. CONCOMITANCE Je me lève avec le soleil. La pluie a pris avec la marée.

3. RELATION (de qn avec qn/qc) L'Empereur était familier avec les femmes de chambre. Nous faisons du commerce avec cette maison. [fam.: point de vue]: Avec toi (= selon toi), tout le monde agit par intérêt.

4. MOYEN Liez ces marguerites avec de la ficelle. Le voleur a ouvert la porte avec une fausse clef. Il a réussi avec des protections.

5. MANIÈRE Il faut agir avec prudence. J'accepte avec plaisir.

6. CAUSE [fam.] Elle fait l'importante, maintenant, avec son mari général. L'étang a gelé avec le froid.

7. OPPOSITION (= contre) En 1894, le Japon entrait en guerre avec la Chine. Ma brouille avec Henri ne fut pas longue.
(= malgré) Avec tous ces indices à l'appui, le tribunal n'a pas trouvé moyen de confondre l'accusé.
d'avec loc. prép. Cet acteur a divorcé avec/d'avec sa troisième femme (mais seulement: a rompu avec etc.).

avenant, e adj. Au pavillon tricolore, une jeune fille avenante (= aux manières agréables) offrait des échantillons de fromage français.
à l'avenant loc. adv. La première partie du roman ennuie le lecteur, et la seconde est à l'avenant (= produit le même effet).

avenir n. m. Ce parti lutte pour un avenir meilleur. Cette science toute moderne a de l'avenir.
à l'avenir loc. adv. A l'avenir (= désormais), vous passerez toujours vos vacances avec nous, n'est-ce pas?
dans un avenir + adj. Dans un avenir très proche, vous verrez les conséquences de cette faute.
d'avenir loc. adj. Voilà un jeune homme d'avenir (= qui ira loin).

• Ne pas confondre avec *à venir*: les jours à venir.

s'avérer v. pr. (= se révéler vrai, du lat. *verum*) La nouvelle s'est bientôt avérée.
s'avérer + adj. [souvent pris au sens de *se montrer*] L'entreprise s'avère difficile. La médecine s'est avérée impuissante dans ce cas.

* On évitera l'emploi de ce verbe suivi de *vrai* (pléonasme), de *faux* (contradiction) ou d'adjectifs de sens voisin.

aversion n. f.
avoir de l'aversion pour qn/pour qc Il sait très bien cacher l'aversion qu'il a pour sa belle-sœur/pour ces mensonges.

avertir v. tr.
avertir qn Le jour de sa mort, un inconnu avait averti César en route pour le Capitole.
avertir qn de qc [sens déclaratif] Je vous en avais averti.
avertir qn de + inf. [sens impératif] Avertissez-le de venir.

aveu n. m. Croyez-moi, cet aveu me coûte.

de l'aveu de qn De l'aveu (= d'après l'aveu) de l'accusé lui-même, il a tué volontairement.

aveugle adj. [aveuglément adv.] Elle est aveugle des deux yeux/ aveugle de naissance.

aveugle envers qn/à l'égard de qn Elle est aveugle envers son fils/à son égard.

aveugle pour qc/sur qc Elle est complètement aveugle pour/sur les défauts de son fils.

avis n. m. Notre ami change d'avis deux fois en deux minutes.

un avis sur qc Quel est votre avis sur l'état des choses?

demander son avis à qn Pourquoi ne nous avez-vous pas demandé notre avis plus tôt?

être d'avis que + *ind.* Je suis d'avis (= crois) qu'il a raison.

être d'avis de + *inf.* Je suis d'avis (= pense que le mieux serait) de tuer ce chien.

être d'avis que + *subj.* Je suis d'avis (= pense que le mieux serait) qu'il s'en aille demain.

donner avis à qn de + *inf.* Je lui donnerais avis (= conseillerais) de s'adresser à un homme compétent.

donner avis à qn que + *subj.* On va lui donner avis (= conseiller) qu'il s'en aille au plus tôt.

à mon/ton etc. avis A mon avis, il a raison.

de l'avis de qn De l'avis de tous, le mieux serait de le renvoyer.

aviser v. tr.

aviser qn/qc Je l'aï avisé (= aperçu tout à coup) au coin d'une rue. Soudain, il avisa un taxi.

aviser qn de qc Le général fut avisé (= informé) de l'approche de l'ennemi.

aviser qn que + *ind.* La banque m'a avisé que (= m'a informé de ce que) le chèque était sans provision.

aviser v. tr. indir.

aviser à qc Vous ferez bien d'y aviser (= d'y pourvoir).

aviser à + *inf.* Il faudra qu'il avise (= réfléchisse) à partir le plus vite possible.

aviser abs. Si les vivres manquent, nous aviserons.

s'aviser de qc Ne vous en avisez pas (= Ne vous mettez pas ça en tête).

s'aviser de + *inf.* Ne vous avisez pas de recommencer.

s'aviser que + *ind.* Il s'avisa (= Il s'aperçut) que sa porte n'était pas fermée.

avocat n. m.

[fém.] Une avocate (ou: une femme avocat). On compte maintenant de nombreuses avocates au Palais.

avoir v. auxil. [temps composés des v. tr. et de certains v. intr.]
J'ai dormi. Je les avais déjà (bien/souvent/toujours/vite/encore, etc.)
vus. Je ne les avais pas vus. Les as-tu vus? Ton père les a-t-il vus?

avoir v. tr.

A. Sens plein (= posséder) J'ai une maison à la campagne.
Expr. : *en avoir pour son argent* Allez voir cette pièce, vous en aurez pour
votre argent (= cela vaut la peine).
[emploi vulgaire = tromper] Vous m'avez eu. Je me suis fait avoir.
J'ai été eu [seul emploi passif du v. *avoir*].

B. Suivi d'un mot contenant le sens
avoir + *adj.* J'ai chaud/J'ai froid.
avoir + *nom sans art.* J'ai faim/soif/peur/envie/mal/raison.
avoir + *art.* + *nom* Elle a l'air bête.
[introduisant un nom complément] Il a eu un accident. Il a deux
frères. J'ai une faim de loup. Il a de l'initiative.

C. *avoir* + *nom* + *attr.* Il a les cheveux roux. Elle a les jambes courtes.
Vous avez pour ami un de mes maîtres. Je l'ai eu comme compagnon
de voyage.

D. *avoir à* + *inf.* J'ai à (= Je dois) travailler.
avoir qc/qn à + *inf.* J'ai des comptes à revoir. J'ai quelqu'un à voir.
[compl. temporel] Il a un an à attendre.
n'avoir qu'à + *inf.* Tu n'as qu'à te tenir bien, tu ne seras pas puni.

E. *il y a* loc. impers. Il y a eu plusieurs blessés. Qu'y a-t-il/Qu'est-ce
qu'il y a dans cette lettre? Qu'est-ce qu'il peut y avoir?
il y en a Y a-t-il des blessés? — Il y en a (un, deux, etc.).
il n'y a pas de + *nom* [sg. ou pl.] Il n'y a pas eu de blessé/de blessés.
si + *nom sans art.* + *il y a* [pour exprimer le doute] Si erreur il y a
(ou: S'il y a erreur), ce n'est pas ma faute.
il y a + *indic. de durée* (+ *indic. de date*) + *que* Il y a longtemps/dix
ans qu'il est parti. Il y avait un an ce jour-là que nous nous connais-
sions. Il y aura un mois lundi qu'il est/sera parti.
il y a . . . de cela Il y a 10 ans de cela (= que cela s'est passé).
il y a (temporel, sans *que* ni *de*) loc. prép. Il est parti il y a longtemps/
dix ans. Une robe d'il y a dix ans.

avoir n. m. Son avoir (= son bien, sa fortune) est maigre.

avouer v. tr.
avouer qc Après avoir nié d'abord, l'accusé a fini par avouer son crime.
avouer abs. Il a fini par avouer.
avouer + *inf. passé* Il avoue avoir tué la vieille femme.
avouer que + *ind.* Il avoue qu'il a tué la vieille femme.
s'avouer + *adj.* Il s'avoua enfin coupable de ce crime atroce.

B

bâbord n. m. [s'emploie surtout après prép.]
à bâbord loc. adv. La barre toute à bâbord (= à gauche)!
de bâbord loc. adv. Faire feu de bâbord. Les chaloupes de bâbord.

badiner v. intr. Cet homme ne fait que badiner (= parler ou agir sans prendre les choses au sérieux).
badiner avec qc «On ne badine pas avec l'amour» (Musset)
badiner sur qc Le médecin en chef ne badine pas (= est strict) sur la discrétion.

bagage n. m. [pl. plus fréq. que sg.] J'ai fait enregistrer mes bagages.
Expr.: *partir avec armes et bagages* Les romanichels sont partis avec armes et bagages (= sans rien laisser).
Expr.: *plier bagage* Dépêchez-vous de plier bagage (= de partir).
[au fig.: sg.] Il a quitté l'école avec un mince bagage (= savoir).

baigner v. tr.
baigner qn/qc On baigne un bébé tous les jours. La Loire baigne les murs de nombreux châteaux.
baigné de qc Elle eut les yeux baignés de larmes.

baigner v. intr. Il baignait dans son sang.

se baigner Vous êtes-vous déjà baigné dans la rivière?

bain n. m. Voulez-vous prendre un bain? J'ai pris un bain de pieds. Un caleçon de bain. La salle de bains.
Expr. [pop.]: Nous sommes dans le bain! (= Nous sommes mêlés à l'affaire, nous ne pouvons pas nous dérober).

baisser v. tr.
baisser qc S'il fait chaud, baissez le store. Quand il comprit qu'il avait perdu, le joueur baissa tristement la tête.

baisser v. intr. La température a baissé.
baisser de + indication de prix Le prix a baissé de dix pour cent.

se baisser Il se baissa pour examiner les traces que le voleur avait laissées.

balance n. f. les plateaux de la balance; [fig.]: la balance des comptes.
Expr.: *mettre/jeter qc dans la balance* Il a mis/Il a jeté son prestige dans la balance.
mettre qc en balance Je mets en balance les deux arguments.
rester en balance La décision reste en balance.
peser dans la balance Votre opinion pèsera lourd dans la balance.

ballotter v. tr.

ballotter qc Notre scooter a été rudement ballotté par le vent.

ballotter qn [fig.; surtout au passif] Le prisonnier fut ballotté entre l'espoir et la peur.

ballotter v. intr. Le flacon, mal fixé, ballottait dans ma valise.

ban n. m. [seulement dans des locutions]:

mettre qn au ban de (= l'exclure pour indignité) Cette agression mettra votre pays au ban des nations.

convoquer le ban et l'arrière-ban Pour l'applaudir au concours de chant, il avait réuni le ban et l'arrière-ban de ses amis.

publier les bans (= annoncer un mariage à la mairie) Nos bans sont publiés, il est difficile de revenir sur la décision.

banal, e adj. [pl.: banals, banales] Pourquoi ne faites-vous que des compliments banals?

baptiser v. tr.

baptiser qn/qc (de) Le pasteur baptisa le bébé (du nom de sa grand-mère). L'équateur atteint, les mousses ont été baptisés d'eau de mer. Nous avons baptisé le vin (d'eau).

baptiser qn + nom On le baptisa Paul.

barbe n. f.

à la barbe de qn Les élèves rient à la barbe de leur professeur de musique (= se moquent ouvertement de lui). Les gangsters se promènent dans nos rues à la barbe des gendarmes.

Expr.: *rire dans sa barbe* Les élèves riaient dans leur barbe (= éprouvaient une joie secrète).

la barbe! exclam. [fam.] (= tu me rases, tu m'ennuies).

barre n. f.

1. (= pièce allongée d'une matière quelconque) une barre de fer/de bois/de chocolat.

Expr.: C'est de l'or en barre (= C'est une valeur qui ne peut se déprécier).

2. (= trait d'écriture droit) Faites une barre sur la lettre que vous voulez supprimer.

3. (= barrière qui, dans un tribunal, sépare les juges du public) *à la barre* loc. adv. Il a dû paraître à la barre (= devant ses juges).

4. (= partie du gouvernail d'un bateau)

avoir/prendre barre sur qn Tartuffe a barre (= exerce une forte influence) sur Orgon. Il a pris barre sur lui.

barrer v. tr.

barrer qc La route entre les deux villages est barrée à cause des travaux.

Expr.: *barrer la route à qn* En votant pour Hindenburg, beaucoup d'Allemands ont voulu barrer la route à Hitler.

bas, se adj. [au sens propre généralement après le nom] Une branche basse. Un front bas. Il marche la tête basse. Il parle à voix basse. Les Pays-Bas.
[au sens figuré avant ou après le nom] une âme basse; une basse vengeance; le bas peuple; le Bas-Empire; un enfant en bas âge; une messe basse.

bas adv. [invar.] Il vole bas. Il parle bas/tout bas. Le malade est bien bas. (Mettez) bas les armes! Notre chatte a mis bas cette nuit (= elle a eu des petits).

à bas/à bas de qc loc. adv. et prép. (chute) Il est tombé à bas de son cheval. Nous mettrons le tyran à bas. [ellipt.] : A bas le tyran!

en bas loc. adv. [contr. : en haut] Il dormait la tête en bas. Regarde en bas. Il m'a regardé de haut en bas. Il loge en bas (= au rez-de-chaussée). Passez par en bas, le chemin est meilleur.

au/en bas de qc loc. prép. Il habite au/en bas de la colline.

base n. f.
à la base de qc Ce qu'il y a à la base de cette émeute, c'est le mécontentement général.

à base de qc Tous ces produits sont à base de charbon (= faits à partir du charbon).

basse n. f. Chaliapine était une basse extraordinaire.

bâtir v. tr.
bâtir qc La maison a été bâtie en 1958.
bâtir (qc) en/avec/à qc La maison est bâtie en briques. Bâtir avec des pierres/à chaux et à ciment.
bâtir sur qc [fig.] Gardez-vous de bâtir sur le sable.
bâtir abs. Sur ce terrain, vous pouvez bâtir. Un terrain à bâtir.
bien/mal bâti loc. adj. un homme bien/mal bâti.

battre v. tr.
battre qn/qc L'ivrogne battait sa femme. Il faut battre le fer pendant qu'il est chaud. Il m'a battu aux échecs. Reims bat Nîmes par 1 à 0.
Expr. : *battre son plein* La fête battait son plein (= était en pleine activité).

battre v. intr. Le cœur lui battit. Les enfants, heureux, battirent des mains. Elle battit des cils. Battre de l'aile.
Expr. : *battre en retraite* A Moscou, Napoléon fut forcé de battre en retraite.

se battre L'équipe tricolore s'est bien battue. Elle s'est battue vaillamment. Nous devons nous battre en même temps sur plusieurs fronts. Clémenceau se battit plusieurs fois en duel.

se battre contre qn/avec qn L'agent dut se battre contre trois assaillants à la fois. Je me suis battu avec mon cousin.

battant p. pr. A deux heures battantes (ou: battant). Il est venu par une pluie battante. Une maison battant neuve.

battu p. pa. Il suit toujours les sentiers battus. Des œufs battus en neige.

être battu de/par qc une côte battue des flots et des vents.

beau, bel, belle adj. [*beau* épithète se place avant le nom] un beau livre; un bel arbre; une belle armoire.

Mais: un enfant beau et charmant; Philippe le Bel.

mon beau-fils; ma belle-fille; mes beaux-fils; mes belles-sœurs.

il fait beau [impers.] Hier, il a plu, mais aujourd'hui il fait beau.

il fait beau [impers.] + *inf.* Il fait beau (= Il est agréable de) voyager quand on n'a pas d'enfants.

avoir beau + *inf.* [exprime la vanité d'une action, d'un effort] J'ai beau fouiller mes poches, je ne trouve pas mon ticket.

Expr.: *l'échapper belle* (= échapper de justesse à un danger) Vous l'avez échappé belle.

bel et bien loc. adv. Je l'ai bel et bien congédié.

de plus belle loc. adv. Le bruit a recommencé de plus belle.

beau n. m. Le temps s'est remis au beau. C'est du beau! (= C'est du propre!) [exclam. d'irritation]

beaucoup adv.

beaucoup + *verbe* Il travaille beaucoup. Il a beaucoup travaillé. Il faut travailler beaucoup/beaucoup travailler.

beaucoup + *moins/plus/trop/mieux* Elle est beaucoup (ou: bien) moins/plus/trop forte. Elle travaille beaucoup (ou: bien) mieux. Mais: Elle est bien meilleure/bien pire/bien assez forte.

beaucoup de + *nom* [sg. ou pl.] Il fait beaucoup de bruit. Il a beaucoup d'amis. Beaucoup de gens viendront.

beaucoup de + *art.* +*nom* (*déterm.*) Beaucoup des candidats de juin ont été reçus.

beaucoup [sujet, avec ellipse] Beaucoup viendront.

beaucoup [précédé de *en*] J'en connais beaucoup. J'en ai beaucoup bu. Il y en a beaucoup.

de beaucoup loc. adv. Il est le plus grand de beaucoup. Il est de beaucoup le plus grand. Il me dépasse de beaucoup. Il est l'aîné de beaucoup. Il s'en faut (de) beaucoup qu'il me vaille.

beaucoup [remplaçant *très* avec *le* neutre] Il est très aimable. Il l'est beaucoup.

Expr.: Merci beaucoup.

à beaucoup près loc. adv. Il n'est pas à beaucoup près aussi grand que vous (= Il est loin d'être aussi grand que vous).

être beaucoup pour qn 30 km. à pied, c'est beaucoup pour un enfant.

c'est beaucoup de + *inf.* Je n'ai pas gagné au jeu, mais c'est déjà beaucoup d'avoir pu y participer.

c'est beaucoup que + *subj.* C'est déjà beaucoup qu'il veuille bien vous parler.

c'est beaucoup si + *ind.* C'est déjà beaucoup s'il veut bien vous parler.

bercer v. tr.

bercer qn/qc La femme berçait doucement son bébé. Les vagues berçaient le canot.

bercer qn de qc On l'a bercé de promesses.

se bercer de qc Il s'est bercé d'illusions.

besoin n. m.

le/un besoin de qc J'éprouve un besoin de repos.

le besoin de + *inf.* J'éprouve le besoin de manger, de me reposer.

avoir besoin/bien besoin de qn/de qc J'ai (bien) besoin de toi/de ton aide. Je n'ai besoin de rien. Un livre dont j'ai (bien) besoin.

avoir besoin/bien besoin de + *inf.* Il a (bien) besoin de se reposer. Il n'a pas besoin de venir.

avoir besoin/bien besoin que + *subj.* J'ai (bien) besoin que vous me disiez toute la vérité.

il n'est pas besoin/est-il besoin [impers.] *de* + *inf.* Il n'est pas besoin d'y aller. Est-il besoin d'insister?

il n'est pas besoin/est-il besoin [impers.] *que* + *subj.* Il n'est pas besoin que je vous dise ... Est-il besoin que je vous dise ...?

au besoin loc. adv. Téléphonez-moi au besoin.

Expr.: *si besoin est/s'il est besoin* Téléphonez-moi si besoin est.

dans le besoin loc. adv. Cet homme se ruine, il sera bientôt dans le besoin.

bicyclette n. f. Je suis allé à (ou: en) bicyclette.

bien adv. [comp.: mieux]

bien + *verbe* [manière]: Il danse bien. On est bien ici. Je me trouve bien ici. [quantité]: Cette pièce m'a bien (ou: beaucoup) plu.

bien [appuyant une affirmation, une interrogation, un ordre] J'avais pourtant bien mis la clef dans le tiroir. As-tu bien pris ton portefeuille? Voulez-vous bien vous taire?

bien + *adj. ou adv.* Il est bien content. Vous arrivez bien tard! Elle n'habite pas bien loin.

bien + *mot de comparaison* Il est bien plus/moins content que moi. Je vais bien mieux. C'est bien assez/bien trop.

bien de + *art.* + *nom* J'ai bien du mal à suivre. Vous me donnez bien du souci. J'ai bien des ennuis. Bien des gens le font.

bien d'autres C'est une solution, j'en connais bien d'autres.

Expr.: *vouloir bien* (= consentir) Je veux bien que vous partiez.

être bien avec qn Il faut être bien avec sa concierge.

Expr.: *(C'est) bien fait (pour qn)* On l'a sifflé, bien fait pour lui (= il l'a mérité)!

tant bien que mal loc. adv. Il s'est tiré d'affaire tant bien que mal.

bien [employé comme adj.; invar.] Cette femme est bien. J'ai des amis très bien.

eh bien! loc. interj. Vous êtes curieux; eh bien, vous allez tout savoir.

bien que + *subj.* loc. conj. On le respecte, bien qu'il soit encore très jeune.

bien n. m. Le mieux est l'ennemi du bien. Notre séjour à La Bourboule nous a fait du bien à tous. Tout son bien (= sa richesse) consiste en terrains. Le gouvernement révolutionnaire a confisqué les biens du souverain en fuite.

bientôt adv. Il reviendra bientôt. Il sera bientôt revenu.

très bientôt [fam.] On se reverra très bientôt.

à bientôt [formule de salutation] Je vous quitte: à bientôt.

bienvenu, e adj. et n.

être le bienvenu Soyez les bienvenus. Elle comprit par ces marques délicates qu'elle était la bienvenue.

• Ne pas confondre avec *bien venu:* Le professeur en charge du groupe anglais exprima sa joie en quelques mots bien venus (= bien tournés).

bienvenue n. f. Nous lui avons souhaité la bienvenue.

bifurquer v. intr. Au bout de 2 kms, la route bifurque; vous prendrez à droite.

bifurquer sur/vers A Dijon, le train bifurque sur/vers Dôle.

bifurquer vers qc [fig.] Après avoir commencé par l'étude des langues, il a bifurqué (= s'est orienté) vers la musique.

blâmer v. tr.

blâmer qn Tout le monde blâme le comptable malhonnête.

blâmer qn de qc/pour qc Le professeur a blâmé cet élève de/pour sa paresse.

blâmer qc Il a blâmé la paresse de cet élève.

blâmer qn de + *inf.* Il fut blâmé d'avoir abandonné sa famille.

blanc, blanche adj. [après le nom] Un cheval blanc. Une robe blanche. La houille blanche. La Maison Blanche. On lui a donné carte blanche. Mais: C'est un blanc-bec (= jeune homme sans expérience).

Expr.: C'est blanc bonnet et bonnet blanc (= cela revient au même).

Expr.: *dire tantôt blanc, tantôt noir* Il ne faut pas dire tantôt blanc, tantôt noir (= changer souvent d'opinion).

à blanc loc. adv. Il a chauffé le métal à blanc. Il a tiré à blanc (= une charge de poudre sans balle).

au blanc loc. adj. un poulet au blanc (= à la sauce blanche).

en blanc loc. adj. un chèque en blanc (= sans nombres écrits).

blesser v. tr.

blesser qn/qc Le géant a blessé Guillaume au visage d'un coup de masse. Il fut blessé d'un éclat d'obus [cf. APPENDICE § 8]. Cette note blesse l'oreille. Ce reproche blesse votre orgueil.

blesser qn dans qc Cela vous blesse dans votre orgueil.

se blesser Elle s'est blessée en tombant.

se blesser de qc Ce garçon se blesse (= s'offense) de peu.

blessé n. m. On mit le blessé sur la civière.

blessé + adj. un grand blessé; un blessé grave; un blessé léger. [Mais forme verbale: L'enfant a été grièvement/légèrement blessé.]

bleu, e, bleu(e)s adj. une robe bleue, des manteaux bleus. Des manteaux bleu foncé.

bleu de + nom Il est bleu de froid/de colère.

bleu n. m. Le bleu passe au soleil. Il a des bleus sur tout le corps. Expr.: Il n'y a vu que du bleu (= Il n'a pas compris qu'on le trompait). C'est un bleu en la matière (= Il est inexpérimenté comme un jeune soldat).

bloc n. m. un bloc de granit.

faire bloc (contre qn/qc) Les syndicats ont fait bloc (contre le patronat).

à bloc loc. adv. Le jouet est remonté à bloc (= à fond).

d'un bloc loc. adv. Le mur tomba d'un bloc (= tout d'un coup).

en bloc loc. adv. L'assemblée a rejeté en bloc le projet.

boire v. tr.

boire qc Buvez du vin. Il a bu son verre jusqu'à la dernière goutte. [fig.]: Vous êtes là à boire mes paroles. Le pneu M. boit l'obstacle.

boire abs. Il a bu dans un verre/à une source/à même la bouteille. Il a l'habitude de boire.

boire à qc Je bois à votre réussite.

à boire (= de la boisson) Donne-lui à boire. C'est à boire qu'il nous faut. Nous n'avons pas apporté à boire.

bon, ne adj. [comp.: meilleur] Mon vin est bon, le vôtre est meilleur. Mais: Il est plus bon que fort. Il est très bon. C'est le meilleur. [placé norm. avant le nom] Un bon lit. Une bonne histoire. Il a bon cœur. Un bon professeur (= qui enseigne bien). Un bon remède (= efficace).

[après le nom pour souligner un sens particulier] un professeur bon (= qui a bon cœur); un remède bon (= qui a bon goût).

bon pour qn/envers qn Soyez bon pour/envers votre prochain.

bon pour qn/pour qc Une herbe bonne pour les lapins. Le théâtre Guignol, c'est bon pour les gosses!

bon contre qc un produit bon contre les mites.

bon à qc Bon à tout, propre à rien [prov.]. A quoi bon?
A quoi bon + *nom* A quoi bon la richesse?
A quoi bon + *inf.* A quoi bon partir?
bon à + *inf.* [sens actif]: Bon à tout faire. [sens passif]: Bon à jeter.
il fait bon [impers.] Il fait bon sur la terrasse.
il fait bon [impers.] + *inf.* Il fait bon se baigner par ce temps.
être/sembler/paraître bon à qn Tout leur est bon. Le repas me semble bon.
il est/semble/paraît bon [impers.] *de* + *inf.* Il est bon d'ouvrir l'œil.
il est bon [impers.] *que* + *subj.* Il est bon que vous l'ayez prévenu.
Expr.: *être bon premier* Nous sommes bons premiers (= largement les premiers).
bon adv. [invar.] Tenez bon! Cette fleur sent bon.
tout de bon loc. adv. Ils se sont battus tout de bon.
pour de bon loc. adv. (= tout de bon) Il pleut pour de bon. Si tu continues, tu seras puni pour de bon (et non seulement menacé).
Interj.: Bon! Ah bon! Allons bon! Bon Dieu!

bon n. m. un bon pour un tour de manège; un bon de caisse.
Expr.: *avoir du bon* Le mariage a du bon.

bonnement adv. [ne s'emploie qu'avec *tout*] Cet homme est tout bonnement (= vraiment) impossible.

bonheur n. m.
avoir le bonheur de + *inf.* J'ai eu le bonheur de le revoir.
porter bonheur à qn Cela vous portera bonheur.
au petit bonheur loc. adv. Nous sommes partis le chercher au petit bonheur (= au hasard).
par bonheur loc. adv. Par bonheur (= Heureusement), nous l'avons rencontré dans la rue.

bonhomme n. m. [pl.: des bonshommes]
bonhomme adj. Il m'a pardonné d'un sourire bonhomme.

bonté n. f.
bonté envers qn/pour qn Il a de la bonté envers/pour les animaux.
avoir des bontés pour qn Le patron a eu pour moi des bontés.
bonté divine! interj.

bord n. m. Je suis à bord. Je suis monté/allé à bord. (Mais: **Le** capitaine nous a invités à monter à son bord.)
prendre qn à bord Deux survivants ont été pris à bord.
Expr.: *virer de bord* Nous avons viré de bord (= fait demi-tour).
au bord/sur le bord de qc La maison est au bord/sur le bord de la route. Il est au bord de la ruine.
Expr.: *être du bord de qn* Nous sommes de votre bord (= de votre opinion).

borner v. tr.

borner qc La mer et les Alpes bornent l'Italie.

borner qc à qc Il borne son ambition au baccalauréat.

borner qc à + inf. Il borne ses efforts à gagner sa vie.

se borner à qc Je me borne au strict nécessaire.

se borner à + inf. Il s'est borné à nous regarder.

bosse n. f.

Expr.: *rouler sa bosse* Notre ami a roulé sa bosse un peu partout (= a beaucoup voyagé).

Expr.: *avoir la bosse de qc* Gérard a la bosse des (= est très doué pour les) mathématiques.

bouche n. f.

à la bouche loc. adv. Il avait une cigarette à la bouche. Il a toujours ce mot à la bouche.

dans la bouche loc. adv. On lui a mis cette parole dans la bouche.

de la bouche de qn loc. prép. Je tiens cette nouvelle de la bouche du ministre.

de bouche en bouche loc. adv. La nouvelle vole de bouche en bouche.

de bouche à oreille loc. adv. La nouvelle se répand de bouche à oreille.

par la bouche de qn loc. prép. Il parle par la bouche de son secrétaire.

sur la bouche loc. adv. Il l'a embrassée sur la bouche.

dans toutes les bouches loc. adv. Son nom est dans toutes les bouches.

bouche bée/bouche close loc. adv. Je suis resté bouche bée/bouche close.

Expr.: *garder qc pour la bonne bouche* (= réserver pour la fin qc de très bon) Je garderai du Debussy pour la bonne bouche.

faire venir l'eau à la bouche Ça m'a fait venir l'eau à la bouche (= Cela m'a alléché).

faire la fine bouche Elle fait la fine bouche (= Elle se montre difficile).

bouger v. intr. Pour l'instant, rien ne bouge. Ne bougez pas de là!

bouger v. tr. [fam.] Attention, ne bouge pas la tête.

bouillir v. intr. L'eau bout à 100° C.

faire/mettre bouillir qc As-tu fait/mis bouillir l'eau?

bouillir de qc Je bouillais d'impatience.

bouillir de + inf. Il bouillait de s'en aller.

bouilli, e p. pa. En période d'épidémie, ne buvez que de l'eau bouillie (= qu'on a fait bouillir).

bout n. m.

être à bout Je suis complètement à bout (= épuisé).

être à bout de qc Je suis à bout de patience/de forces.

venir à bout de qc Il viendra à bout de son travail (= réussira à le terminer).

au bout loc. adv. Il va au bout/jusqu'au bout.

au bout de loc. prép. Au bout de quelque temps, un calme nouveau s'établit.

Expr.: *mener qn par le bout du nez* Elle mène son mari par le bout du nez.

du bout de loc. adv. Il mange du bout des dents/répond du bout des lèvres.

sur le bout du doigt loc. adv. Je sais ma leçon sur le bout du doigt.

à bout portant loc. adv. Il a tiré un coup de feu à bout portant.

à tout bout de champ loc. adv. Elle éclate de rire à tout bout de champ (= à tout instant).

d'un bout à l'autre loc. adv. L'histoire est inventée d'un bout à l'autre.

Expr.: *joindre les deux bouts* Ils parviennent difficilement à joindre les deux bouts (= boucler le budget de la famille).

boutonner v. tr.

boutonner qc Boutonne ta veste.

boutonner v. intr. (= se boutonner) Ce manteau (se) boutonne à gauche.

brancher v. tr.

brancher qc sur qc J'ai branché mon poste de télévision sur l'antenne collective.

braquer v. tr.

braquer qc vers/sur/contre qn/qc Braquez la lunette vers le sommet. Le fusil était braqué sur moi.

braquer qn contre qn [fig.]: Vous risquez de braquer votre fils contre vous.

braquer abs. Braque à gauche (= les roues). Cette voiture braque bien.

se braquer contre qn Il se braquera contre vous.

bras n. m. Il m'a portée dans ses bras. Je l'ai transporté à bras. Serrez-moi dans/entre vos bras. Elle s'est jetée/est tombée dans les bras de son ami. J'ai tout cela/six personnes sur les bras (= j'en ai la charge). Il lui donne le bras. Elle s'appuyait/Elle était au bras du jeune homme.

Expr.: *accueillir qn à bras ouverts* On l'a accueilli à bras ouverts.

à bras raccourcis loc. adv. Ils ont tapé à bras raccourcis (= très fort).

à tour de bras loc. adv. Ils l'ont frappé/salué/complimenté à tour de bras.

en bras de chemise loc. adj. Il était en bras de chemise.

bras dessus bras dessous loc. adv. Ils se promènent bras dessus bras dessous.

à bras-le-corps loc. adv. Il m'avait saisi à bras-le-corps (= en m'entourant de ses bras).

brave adj.

[avant le nom] un brave homme (= un homme honnête et bon).

[après le nom] un homme brave (= courageux).

braver v. tr.
braver qn/qc On le savait toujours prêt à braver un ennemi/un danger.

bref, brève adj. Un discours bref. La vie est brève.
bref adv. [de coordination; placé en tête] Bref (= En un mot), je refuse votre offre.
brièvement adv. [de manière] Il a répondu brièvement (= en peu de mots) à ma demande.

bricoler v. intr. Cet enfant aime bricoler des journées entières.
bricoler v. tr.
bricoler qc Mon mari a bricolé (= construit ou réparé) ce poste de radio lui-même.

bride n. f.
tenir un cheval par la bride/en bride/[fig.] *qn en bride* Sa mère l'a assez longtemps tenu en bride.
tenir la bride haute à un cheval/[fig.] *à qn* Elle lui tient la bride haute.
lâcher la bride à un cheval/[fig.] *à qn/à qc* Il ne faut pas lâcher la bride à ses instincts.
Expr.: *tourner bride* Il a tourné bride (= a rebroussé chemin, changé de conduite).
Expr.: *courir à bride abattue* Les enfants couraient à bride abattue (= à toute vitesse).
la bride sur le cou loc. adv. Il élève ses enfants la bride sur le cou (= librement).

briller v. intr. Le soleil brille de tout son éclat. Ses yeux brillaient de plaisir. Il ne brille pas par l'éloquence.

briser v. tr.
briser qc/qn Rien ne put briser le courage de cet homme. Un homme brisé.
briser qc à qn Leur détresse me brisait le cœur.
briser abs. Brisons là!
briser avec qn Il essayait toujours de briser avec elle (= de mettre fin à leurs relations).

brouiller v. tr.
brouiller qc Les rebelles brouillent nos émissions. Le lièvre court en zigzag pour brouiller les pistes.
brouiller qn Cette affaire a brouillé les deux familles (= les a rendues ennemies).
brouiller qn avec qn Vous m'avez brouillé avec ma cousine.
se brouiller Au-delà de mon entrée au lycée, mes souvenirs se brouillent. Ces jeunes gens se sont brouillés dix fois.
se brouiller avec qn Elle se brouille avec toutes ses amies.

brûler v. tr.

brûler qc/qn Je ne brûle que du bois. Jeanne a été brûlée vive. Ce train brûle (= passe, sans s'arrêter) toutes les petites stations. Le chauffard a brûlé un feu rouge.

brûler v. intr. Sa maison brûle.

brûler de qc Il brûle d'ambition. Je brûle d'envie de vous revoir.

brûler de + inf. Je brûle de vous revoir.

se brûler Un moine s'est brûlé vif.

se brûler qc Elle s'est brûlé les doigts.

brutal, e adj. [pl.: brutaux, brutales] un vent brutal; des coups brutaux.

être brutal avec qn/pour qn Tu as été très brutal avec lui/pour lui.

buter v. intr. Il buta de la tête contre un arbre.

buter v. tr.

buter qn Une punition trop sévère risque toujours de buter un enfant.

se buter à qc Nous sous sommes toujours butés à la même difficulté.

● Ne pas confondre avec *butter* (p. ex. butter les pommes de terre).

C

ça pron. [fam. = cela] Si ça (= cela) te fait plaisir. Ça va? (= Vous allez bien?) Comment allez-vous? – Ça va mieux.
[peut représenter, dans la langue parlée familière, des personnes] Les enfants, ça donne du souci.

çà adv. Çà et là. Les obus tombèrent çà et là.

cacher v. tr.

cacher qc/qn La bête, effrayée, cache sa tête. L'aubergiste avait caché deux prisonniers évadés.

cacher qc à qn Nous lui avons caché la vérité sur son état.

cacher (à qn) que + ind. Il m'a caché/Il ne m'a pas caché qu'il vous avait écrit.

se cacher Cachez-vous sous le lit.

se cacher de qn Je ne me suis pas caché de lui.

se cacher de + inf. Il ne se cache pas d'avoir voté «Non»! J'ai voté «Non» et je ne m'en cache pas.

cadeau n. m.

faire un cadeau à qn Nous lui avons fait un beau cadeau.

faire cadeau de qc à qn Nous lui avons fait cadeau d'un beau livre.

cadet, ette adj. et n. Pierre est mon frère cadet. Ma sœur cadette. Il est mon cadet/Elle est ma cadette (= plus jeune que moi) de trois ans. C'est le cadet (= le moindre) de mes soucis.

calculer v. tr.

calculer qc Un astronome peut calculer la distance des étoiles à la terre.

Expr.: *calculer de tête* Il est incapable de calculer de tête combien font sept fois treize.

calculer abs. Paul calcule plus vite que sa sœur. Vu la forte concurrence étrangère, nous sommes obligés de calculer sévèrement.

calculer + prop. interr. Perrette calcule combien elle vendra le lait.

calculer que + ind. Il calcule que le train arrivera à neuf heures.

capable adj. Il est très capable (dans son métier).

capable de qc Elle est capable de tout.

capable de + inf. Il est capable d'apprendre les mathématiques.

cas n. m. C'est un cas urgent. En ce cas, appelez-moi.

le cas de + inf. C'est le cas de le dire.

faire cas/faire grand (peu de/un tel/plus de/etc.) cas de qn/qc Ce livre, dont vous faisiez si grand cas, ne m'a pas intéressé. Je ne fais aucun cas de ce camarade. J'en fais beaucoup de cas.

en tout cas/[fam.] dans tous les cas loc. adv. Je ne sais s'il réussira, en tout cas/dans tous les cas il essaie.

en aucun cas loc. adv. Je ne le reverrai en aucun cas.

en cas de qc loc. prép. En cas de danger, tirez l'anneau.

au cas où + cond. Au cas où une complication se produirait, téléphonez-moi.

casser v. tr.

casser qc En cassant la coque, vous aurez la noix.

casser qn Ce magistrat a été cassé (= destitué de ses fonctions).

casser qc à qn Vous lui cassez la tête avec toutes vos questions.

se casser La corde s'est cassée.

se casser qc Ma fille s'est cassé une dent.

cause n. f.

1. (= raison de qc) L'oisiveté est une cause de vices.

être cause de qc L'oisiveté est cause de bien des vices.

être cause que + ind. Un accident est cause que je n'ai pu venir.

à cause de qn/de qc loc. prép. J'ai été puni à cause de toi/de ta négligence.

pour cause de qc loc. prép. Le magasin est fermé pour cause de décès.

et pour cause! loc. interj. Je ne suis pas venu, et pour cause! j'étais au lit.

2. (= affaire traitée devant un tribunal)

être/ne pas être en cause A l'heure actuelle, c'est le prestige et l'honneur du Président lui-même qui sont en cause. L'honnêteté du comptable n'est pas en cause (= n'est pas contestée).

mettre qc en cause L'honnêteté du comptable n'est pas mise en cause.

causer 1. v. tr. (= provoquer, produire)
causer qc L'inondation a causé d'importants dégâts.
causer qc à qn Cette voix faible et rauque lui causait une impression désagréable.

causer 2. v. intr. (= parler, bavarder)
causer de qc Nous avons causé de la pluie et du bon temps.
causer avec qn Il s'arrêtait en route pour causer avec les paysans.
[Ne dites pas: On vous cause.]

ce pron. démonstr. neutre
[antécédent d'une prop. rel.] Fais ce que tu veux. Ramasse ce qui est tombé. Voilà ce dont je me souviens le mieux. «La proximité de ce à quoi j'avais fini par ne plus croire – la terre . . .» (Bombard)
[sujet du verbe *être*]: C'est vrai. Ce sera tard. Ce doit être lui. [le verbe s'accorde avec le nom qui suit]: Ce sont des enfants.
[usages litt.] Nous allions manger; sur ce, la pluie tomba. Vous m'avez parlé insolemment, et ce devant le Directeur. Il a gagné sa place; ce faisant, il a renversé une chaise.
ce qui/ce que [en subord. interr.] Sais-tu ce qui est tombé? Dis-moi ce que tu veux.
c'est . . . qui/c'est . . . que loc. de renforcement C'est toi qui commenceras. C'est demain que je le verrai.
c'est à moi/toi/lui etc. de/à + inf. C'est à vous de/à jouer (= c'est votre tour de jouer).
Expr.: *c'est à (celui/celle etc.) qui + futur* [idée de compétition, de rivalité] C'est à qui parlera le plus fort. C'est à celle qui empêchera l'autre de parler (deux bavardes ensemble).
[au passé] *c'était à (celui . . .) qui + cond.* «C'était à qui solliciterait son appui, à qui lui demanderait un conseil.» (Vallery-Radot)
à ce que/de ce que loc. conj. Je m'attends à ce qu'on m'appelle. Elle se plaint de ce que nous faisons du bruit.

ceci pron. Ceci est un livre, cela est un cahier.

cela pron. Ceci est à moi, cela est à vous. Cela ne vous regarde pas. Racontez-moi tout, cela vous soulagera.
• La langue parlée remplace *ceci* et *cela* par *ça*.
cela + p. pa. Il ferma les volets; cela fait, il se coucha.
cela dit [formule de concession] Vos croissants sont petits et mal cuits; cela dit (= malgré cela), vous m'en donnerez douze.

célèbre adj. [après ou avant le nom selon que le sens est distinctif ou impliqué; cf. APPENDICE § 15] Un écrivain célèbre peut se permettre d'être aussi exigeant. Un jour, le célèbre Vaucanson se présenta à l'Académie.

célèbre par/pour qc Voltaire est célèbre par/pour la limpidité de son style.

celui, celle, ceux, celles pron. démonstr.

celui-ci, celui-là Regarde ces autos: celle-ci est une Renault, celle-là est une Peugeot.

celui qui/que/dont/où/auquel, etc. Ne fais pas celui qui ne comprend pas. C'est celle où nous habiterons.

celui + prép. Ce n'est pas mon vélo, c'est celui de mon frère. Je ne veux pas ce modèle, je veux celui avec un pied doré.

celui + part. [rare] Je ne veux pas cette chambre, je veux celle donnant sur la mer.

cendre n. f. la cendre d'une cigarette.

cendres [pl.] mettre/réduire une ville en cendres; les cendres de Napoléon.

cent n. et adj.

[une fois cent]: Voici tes cent francs. C'est cent fois mieux. Cinq pour cent. Faire les cent pas.

[plusieurs fois cent]: deux cents; onze cents. [suivi d'un nombre]: deux cent mille; onze cent un.

cependant conj. On m'a dit qu'il était sorti; (et) cependant, je l'avais vu à la fenêtre (ou: Je l'avais cependant vu à la fenêtre; ou: je l'avais vu à la fenêtre, cependant).

certain, e

1. adj. qualif. (= sûr) Mes renseignements sont certains.

[épithète, après le nom] J'ai des renseignements certains.

certain de qc Je ne suis pas certain de ses capacités.

certain de + inf. Elle n'est pas certaine de venir.

être certain que + ind. Je suis certain qu'il viendra. Il est certain [impers.] que vous avez raison. [pour le mode cf. APPENDICE § 11]

2. adj. indéf. [avant le nom] Un certain désordre a suivi la séance. [sans art. au pl.] Certaines personnes ont été appréhendées.

3. pron. indéf. [seulem. pl.] Plusieurs spectateurs ont été appréhendés; certains ont été aussitôt relâchés.

certainement adv. Il viendra certainement.

certainement que + ind. Certainement qu'il viendra.

cesser v. intr. La pluie a cessé.

• Accord du p. pr. dans la loc.: Toutes affaires cessantes.

cesser v. tr.

cesser qc Cessez vos discussions.

cesser de + inf. Cessez de discuter.

ne (pas) cesser de + inf. Vous ne cessez pas de discuter. Il ne cesse de pleuvoir.

chacun, e pron. indéf. Chacun pense à soi.

chacun de Chacune de ces dames avait une parure différente. Chacun de nous/d'entre nous payera sa part.

Nous avons pris chacun notre chapeau. Ils entreront chacun à leur tour.

Il vend ses tableaux 50 F chacun.

chance n. f.

chance de qc Ce projet offre des chances de succès.

chance de + inf. Il a des chances de réussir.

chance que + subj. C'est une chance/Il a de la chance/Quelle chance que tu l'aies rattrapé.

il y a des chances/peu de chances que + subj. Il y a des chances/peu de chances qu'il réussisse.

Expr.: [souhait]: Bonne chance! [plainte]: Pas de chance!

changer v. intr. Le temps va changer. Le temps a changé.

changer de qc Pourquoi a-t-il changé d'avis/de couleur?

changer v. tr.

changer qc Il faut changer votre manière de vivre.

changer qn Partez en vacances, ça vous changera un peu.

changer qn/qc en Daphné fut changée en laurier. Les pluies ont changé le chemin en bourbier.

changer qc à qc Il n'avait rien voulu changer à ses habitudes.

se changer Elle se change (= elle change de vêtements) dix fois par jour.

se changer en qc La pluie s'est changée en neige.

chanter v. tr.

chanter qc Il se mit à chanter un air d'opéra.

chanter juste/faux Notre voisine chante faux.

chanter v. intr. On entendit chanter les oiseaux.

chanteur n. m.

[fém.: chanteuse] une excellente chanteuse; une chanteuse des rues; une chanteuse d'opéra.

[fém.: cantatrice] (= chanteuse d'opéra) Dans quelques années, elle sera une des premières cantatrices du monde.

chaque adj. Chez lui, chaque objet a sa place.

charge n. f. Cette seconde résidence est maintenant une charge trop lourde pour nous. Le commandant du bateau a la charge de ses passagers.

à charge loc. adj. un témoin à charge (= qui dépose contre l'accusé; contr.: un témoin à décharge).

à charge de + inf. Je vous prête ma villa pour les vacances, à charge pour vous de l'entretenir.

être à la charge de qn Les réparations de moins de 100 F sont à la charge de l'assuré.

être à charge à qn Il travaille encore pour ne pas être à charge à ses enfants.

prendre qc/qn en charge Les lycées ont pris en charge la fourniture des livres. Ils ont pris en charge un enfant trouvé.

charger v. tr.

charger qc On chargea d'abord l'un des navires.

charger qc de qc On chargea le camion des bagages.

charger qn de qc Mon ami fut chargé de cette mission délicate.

charger qn de + inf. On le chargea d'aller voir le directeur.

être chargé de qc Je partis avec un noir chargé de plusieurs fusils.

se charger de qc Je me charge de cette affaire.

charger v. intr. (= attaquer violemment) La cavalerie chargea.

charitable adj.

être charitable pour/envers/avec/à l'égard de qn [rare et litt.: *être charitable à qn*] Il faut être charitable pour/envers/(etc.) tout le monde. Elle était charitable avec/pour/(etc.) les infirmes.

charmer v. tr.

charmer qn Sa grâce charmait les dames.

être charmé de + inf. Je suis charmé de vous voir.

être charmé que + subj. Je suis charmé que vous soyez venu.

chasse n. f. la chasse à tir; la chasse à courre (= chasse à courre du cerf, du sanglier); la chasse aux papillons; la chasse au faucon; la chasse sous-marine; la chasse au bonheur.

faire la chasse à qn/qc Le chien fait la chasse aux mendiants.

se mettre en chasse Nous nous sommes mis en chasse pour trouver son portefeuille.

prendre qc/qn en chasse Les avions ont pris le sous-marin en chasse. Les policiers ont pris le prisonnier évadé en chasse.

donner la chasse à qn Ils lui ont donné la chasse.

chasser v. tr.

chasser qn/qc (un animal) Avez-vous jamais chassé la grosse bête?

chasser qn/qc Le vent chasse les nuages. On a chassé (= congédié) le caissier.

chasser qn/qc d'un endroit Il fut chassé du pays par l'indignation publique. Nos troupes ont chassé de ses positions une garnison ennemie.

chasseur n. m.

[fém: chasseuse]: Elle était habillée en chasseuse. [fém. (poét.): chasseresse]: Diane chasseresse.

châtain adj. des cheveux châtains.

[le fém. *châtaine* s'emploie parfois] une femme châtain (ou: châtaine).
[invar. dans: *châtain clair/foncé* etc.] des cheveux/une barbe châtain clair.

chaud, e adj.
PLACE: 1. sens concrets [en général placé après le nom]: Un climat chaud. Les pays chauds. Un repas chaud. [par analogie]: Le rouge foncé donne un ton chaud à la pièce. Mais: Elle pleure à chaudes larmes. Un chaud soleil d'été [sens impliqué, cf. APPENDICE § 15].

2. sens abstraits [en général placé avant le nom]: Je ne suis pas un chaud partisan (= partisan enthousiaste) de cette méthode. L'ennemi nous a réservé une chaude réception.
avoir chaud J'ai eu chaud.
boire/manger chaud Il ne faut pas boire/manger trop chaud.
opérer qn à chaud (= en crise) Il a fallu l'opérer à chaud.
chaud n. m. Il ne craint ni le chaud ni le froid.
Expr.: Cela ne me fait ni froid ni chaud (= cela m'est indifférent).

chavirer v. intr. Le navire a chaviré.
chavirer v. tr. [rare]: La tempête a chaviré notre barque. [métaphoriquement]: Evitez, en dansant, de chavirer les tables!

chemin n. m. Sur le chemin du retour, nous nous sommes heurtés à de nombreux obstacles.
le chemin de Pourriez-vous m'indiquer le chemin de la gare?
Expr.: *chemin faisant* (= en route) Chemin faisant, ma voisine m'a raconté sa terrible aventure.

cher, chère adj.
PLACE: 1. [après le nom quand il s'agit du prix] un immeuble cher; une propriété chère [contr.: bon marché].

2. [avant le nom quand il s'agit de sentiment] Cher Monsieur, chère Madame.
être cher à qn Cette vieille maison est chère à mes parents.
cher adv. [invar.]
coûter cher, vendre/acheter cher Ces livres sont rares, je les ai achetés/vendus cher. Ils coûtent cher.
chèrement adv. [fig., surtout dans l'expr.]:
vendre chèrement sa vie Les assiégés vont vendre chèrement leur vie.

chercher v. tr.
chercher qn/qc On vous cherche partout. Elle le cherchait des yeux. Qu'est-ce qu'il cherche? Il cherche son stylo.

Expr.: *chercher querelle/* [litt.] *noise/*[fam.] *des histoires à qn* Je ne lui chercherai pas querelle pour si peu.

chercher à + *inf.* Elle cherche à vous nuire.

aller/venir/envoyer chercher J'irai le chercher à la gare. Ils sont venus me chercher. Ayez la bonté d'envoyer chercher le médecin/de l'envoyer chercher.

cheval n. m. [pl.: chevaux]

aller/monter à cheval Le paysan alla/monta à cheval.

Expr.: *être à cheval sur qc* Il était à cheval sur le mur. [fig. = respecter fermement]: Cet homme est à cheval sur les principes.

Expr.: *monter sur ses grands chevaux* (= se fâcher) Dès qu'on parle de peinture abstraite, il monte sur ses grands chevaux.

chevalier n. m. [sans fém.] Madame X a été nommée chevalier de la Légion d'honneur.

chez prép. [+ nom de personne]

1. (= à la maison/au foyer de) Faites comme chez vous. Elle est rentrée chez elle.

prép. ou loc. prép. + *chez* Il est sorti de chez elle. J'habite vers chez lui/au-dessous de chez lui. «Du côté de chez Swann» (Proust).

2. [direction] Va chez le boulanger. (Mais: Va au diable.) J'ai téléphoné chez Hatier pour savoir si le livre est paru.

3. (= dans l'ouvrage de) J'ai trouvé cet exemple chez Racine.

4. (= dans les traits physiques ou moraux d'une personne) Ma tante a peur des moustiques, c'est une hantise chez elle.

chic n. m. Cette robe a du chic.

de chic loc. adv. (= sans préparation) Il a prononcé cette allocution de chic.

chic! interj. (= quel plaisir!) Gérard va venir, chic alors!

chic adj. [invar.] une robe chic; les gens chic.

chiffre n. m. les chiffres romains; les chiffres arabes.

à mon/ton etc. chiffre loc. adv. Tous les couverts sont gravés à notre chiffre (= à nos initiales).

chiffrer v. tr.

chiffrer qc Le trésorier a chiffré toutes les pages du registre. Le 2e Bureau chiffre les messages secrets.

chiffrer v. intr. Nos consommations commencent à chiffrer! (= la note s'élève).

se chiffrer à Nos consommations se chiffraient à 35 F.

choisir v. tr.

choisir qn/qc Il a choisi un autre partenaire. Nous avons choisi la liberté.

choisir qn/qc entre/parmi Choisissez entre/parmi ces bagues celle qui vous plaît. Ils ont choisi leur représentant entre/parmi plusieurs candidats.

choisir de + inf. Il faut choisir de partir ou de rester.

choisir si + ind. Vous devez choisir si vous partez ou si vous restez.

choisir qn/qc pour + compl. de but Elle a choisi sa robe pour le mariage.

choisir qn pour + attr. [sans art.] On l'a choisi pour juge dans cette affaire.

choix n. m. Faites votre choix.

le choix de qc Vous avez le choix des armes. Je vous laisse le choix de l'heure.

au choix loc. adv. Prenez de la bière brune ou de la blonde, au choix.

de choix loc. adj. Nous n'avons que des articles de choix (= supérieurs).

chose n. f. C'est une chose qui m'intéresse.

autre chose pron. neutre Ceci est (tout) autre chose. [Mais: Ceci est une autre chose. = n. f.]

quelque chose pron. neutre Il m'est arrivé quelque chose de très fâcheux. C'est quelque chose à quoi je tiens beaucoup.

chou n. m. J'aime le chou de Bruxelles.

Expr.: *être bête comme chou* (= facile) Ce travail est bête comme chou.

choux pl. La soupe aux choux.

Expr.: *être dans les choux* (= en très mauvaise posture) Notre entreprise est dans les choux.

ci pron. [contraction de *ceci*] [seulement dans *comme ci comme ça*, et *ci et ça*] Comment allez-vous? – Comme ci comme ça.

ci particule adv. toujours en association. [associé à un verbe]: *ci-gît* [inscr. funéraire]. [associé à un participe]: *ci-joint, ci-inclus, ci-annexé.* [invar. avant le nom]: Ci-joint deux chèques. Vous trouverez ci-inclus la photo. Mais: Les deux chèques ci-joints. La photo ci-incluse. [associé à *ce, celui*, etc.]: cet homme-ci, celui-ci. [loc. adv.]: ci-après, ci-contre, ci-dessus, ci-dessous, ci-devant; de-ci, de-là; par-ci par-là.

ciel n. m.

cieux pl. [collectif emphatique] Gloire à Dieu au plus haut des cieux.

ciels pl. [désigne plusieurs choses appelées >ciel<] les ciels du peintre Corot (= les représentations du ciel dans ses tableaux).

ciel-de-lit n. m. [pl: des ciels-de-lit]

cigarette n. f.

fumer la cigarette [sens général] Je fume la cigarette [contr.: la pipe, etc.].

fumer une/sa cigarette [sens particulier] Pendant que je fumais une/ma cigarette, mon frère entra.

ciseau n. m. [pl.: des ciseaux] Le menuisier, le sculpteur ont un ciseau, la couturière a des ciseaux ou plusieurs paires de ciseaux.

citer v. tr.

citer qc Il a cité un texte de Cicéron.

citer qn Il a cité Cicéron à plusieurs reprises.

citer qn pour qc Il a été cité pour sa bravoure.

citer qn en exemple On l'a cité en exemple.

citer qn en justice On l'a cité en justice (= sommé de comparaître).

citer qn comme + nom On le cite toujours comme modèle. On l'a cité comme témoin.

clair, e adj. une explication peu claire. Mais: une robe bleu clair/gris clair.

il est clair que + ind. ou subj. [pour le mode cf. APPENDICE § 11] Il est clair qu'elle a tort. Il n'est pas clair qu'elle ait/qu'elle a tort.

clair adv. [invar.]

voir clair Je commence à (y) voir clair.

Expr.: *en clair* Le document est écrit en clair (= n'est pas chiffré).

tirer au clair Il faut tirer cette affaire au clair.

Expr.: *le plus clair de qc* Il passe le plus clair (= la plus grande partie) de son temps à écrire des vers.

clair-obscur n. m. [pl: des clairs-obscurs] les clairs-obscurs de Rembrandt.

claquer v. intr. On entendit la porte claquer.

claquer de qc Il avait tellement froid qu'il claquait des dents.

claquer v. tr.

claquer qc Il sortit en claquant la porte.

claquer qn Si tu continues, je vais te claquer (= gifler).

classe n. f.

1. (= les élèves d'une classe; cours, enseignement)
les classes primaires/secondaires.

la classe de Cette année, Pierre va entrer en classe de sixième/en sixième. «La classe de français».

en classe loc. adv. L'eau bout à 100°: tu n'as pas encore appris ça en classe?

avoir classe Le professeur X a classe de 8 à 10 heures.

faire la classe Leurs études finies, les futurs professeurs doivent apprendre à faire la classe.

faire ses classes à + nom de lycée Mon père a fait ses classes à Henri IV.

2. (= talent)
Ce peintre a de la classe.

de classe loc. adj. Le professeur X est un chirurgien de (grande) classe.

cligner v. tr.

cligner un œil/les yeux (à qn) Le soleil me faisait cligner les yeux.

cligner v. intr.

cligner de l'œil/des yeux (à qn) Il (m')a cligné de l'œil/des yeux.

clin n. m. un clin d'œil. [pl.: des clins d'œil/des clins d'yeux]

en un clin d'œil loc. adv. En un clin d'œil, il eut disparu.

cœur n. m. Barnard a réussi la greffe du cœur.

au cœur de loc. prép. Nous sommes au cœur de l'hiver.

de tout (mon/ton etc.) cœur loc. adv. Je l'aime de tout cœur/de tout mon cœur.

de bon cœur/de grand cœur loc. adv. Il a applaudi/accepté/consenti de bon cœur/de grand cœur.

par cœur loc. adv. J'ai appris/Je sais cette poésie par cœur.

sur mon/ton etc. cœur loc. adv. Il m'a serré sur son cœur.

prendre/avoir une chose à cœur J'ai pris à cœur/J'ai à cœur la réussite de ce mariage.

avoir à cœur de + *inf.* J'ai à cœur de vous remercier (= je m'en fais un devoir).

tenir au cœur Elle/Son avenir me tient au cœur.

Expr.: *s'en donner à cœur joie* Ils s'en sont donné à cœur joie (= Ils se sont donné tout le plaisir possible).

avoir mal au cœur/un haut-le-cœur Quand je vois la mer, j'ai mal au cœur/j'ai un haut-le-cœur (= une nausée).

cogner v. intr.

cogner sur qc/contre qc/à qc J'ai cogné sur le clou/contre le mur/à la porte.

cogner v. tr.

cogner qn [fam.] Il m'a cogné du coude.

se cogner à qc Elle s'est cognée à cette poutre.

se cogner qc Elle s'est cogné le front.

colère n. f.

être/se mettre en colère contre qn Elle est/s'est mise en colère contre moi.

coller v. tr.

coller qc sur/dans/à qc Il a collé une affiche sur le mur. Elle colla son visage à la vitre.

coller qn [fam.] Le jury a collé ce candidat au bachot (= il n'a pas été reçu).

coller v. intr. La terre colle aux semelles. Ce maillot ne colle pas assez.

collet n. m.

Expr.: *collet monté* [valeur d'adj.] Je me sens mal à l'aise avec des femmes aussi collet monté (= cérémonieuses, à cheval sur l'étiquette).

combien adv. interr. Combien pèse ce colis?

<small>ACCORD ET ORDRE DES MOTS</small>

Combien de livres avez-vous achetés? Combien avez-vous acheté de livres? Combien en avez-vous achetés (ou: acheté)? [cf. APPENDICE § 7 E]

combien [seul]: Combien sont déjà partis?

combien [avec valeur d'adj.]: Combien êtes-vous? [fam.]: Vous êtes combien?

[marquant l'intensité]: Vous savez combien je regrette de n'avoir pu venir.

combler v. tr.

combler qc/qn Les candidats ont dû combler les lacunes du texte. Nos hôtes ne savent que faire pour nous être agréables; ils nous comblent (= ils contentent tous nos désirs).

combler qn de qc Trahir cet homme qui l'avait comblée de bienfaits!

commander v. tr.

commander qc/qn Il faut commander dès maintenant vos pommes de terre. Cette conduite commande le respect. Le général X commande l'armée territoriale.

commander qc à qn Le docteur avait commandé aux parents un silence absolu.

commander à qn de + *inf.* Je commande à mon fils de laver la voiture.

commander à qn que + *subj.* Je commande à mon fils qu'il fasse son travail.

commander abs. Chez les Dupont, c'est Madame qui commande (= qui donne les ordres).

commander v. tr. indir.

commander à qn Elle commande à son mari. Il prétend commander à ses maîtres.

commander à qc Le sage commande à (= domine, contrôle) ses passions.

comme adv. de quantité

[en tête d'une principale] Comme (= Que) je suis heureux! Comme te voilà grandi!

[en tête d'une subordonnée] Je sais comme (= à quel point) vous souffrez. Vous allez voir comme il est savant.

Expr.: *Dieu sait comme* [sens vieilli de *comment*] Elle s'est procuré cet argent Dieu sait comme (= par des moyens dont elle ne se vante pas).

comme conj. de subordination [+ ind.]

<small>I. COMPARAISON</small>

[après la principale] C'est arrivé comme nous l'avions prévu. Il me parlait comme on parle à un chien.

[avant la principale] Comme je vous l'ai déjà dit, je n'ai pas l'intention de céder.

[souvent avec ellipse] C'est arrivé comme prévu. Il me parlait comme à un chien. Il agitait les bras comme pour appeler. Faites comme chez vous. Il a la bosse des maths, comme son frère. Comme elle, j'ai protesté.

[accord] Le français comme l'espagnol vient (ou : viennent) du latin.

[devant un part. ou adj. ; = pour ainsi dire] Il s'est arrêté, comme paralysé. Son regard était calme et fier, comme dominateur.

[introduisant un compl. d'adj.] Malade comme un chien, têtu comme un âne. Elle est méchante comme tout (= tout à fait). Ce travail est bête comme chou (= très facile).

[introduisant un attr.] Il me regarde comme son ami. Je considère cette garantie comme suffisante. Elle n'est pas notre fille, mais nous la traitons comme telle.

comme + nom sans art. [indiquant le point de vue] Comme dessert, que prendrez-vous? Il est très bon comme acteur, mais non comme chanteur. Rome, comme capitale, est plus ancienne que Paris.

• La construction «Cicéron comme philosophe» est le plus souvent remplacée en français par l'apposition directe : Cicéron philosophe est moins connu que Cicéron avocat.

comme si + ind. imparf. [irréel] Ils me traitent comme si j'étais leur fille.

comme si + ind. plus-q.-p. [irréel] Il est parti comme si une mouche l'avait piqué.

Expr. : *comme si de rien n'était* Allons, oubliez votre querelle, et serrez-vous la main comme si de rien n'était.

comme si ... loc. exclam. Viens boire un verre. – Comme si j'avais le temps! (= Vous savez bien que je n'ai pas le temps.)

2. CAUSE

[le plus souvent avant la principale] Comme vous avez dit la vérité, on ne vous punira pas. Comme il ne parle pas français, nous nous exprimons devant lui en allemand.

Avec ellipse :

comme + nom Comme chef de l'expédition, c'est à lui de décider.

comme + adj. Le jury lui a décerné le prix comme au plus digne de cette exceptionnelle distinction.

comme + part. «En 1802, Lucien donna une fête; j'y fus invité, comme ayant rallié les forces chrétiennes.» (Chateaubriand)

adj./part. + comme + prop. à l'ind. Paresseux comme il était, il bâclait le travail. Sourd comme nous le savons, il n'entendra rien.

3. TEMPS

[le plus souvent suivi d'un imparf.] La lettre arriva comme nous étions au jardin.

commencer v. tr.
commencer qc J'ai commencé ma lecture jeudi dernier.
commencer abs. Assez bavardé, il faut commencer.
commencer v. tr. indir.
commencer à + inf. /[moins fréquent] *de + inf.* Veux-tu enfin commencer à/de repasser ta leçon?
commencer v. intr. Les difficultés commencent.
commencer par + inf. Les deux garçons ont commencé par goûter; après, ils ont joué aux échecs.

comment adv. de manière
comment est-ce que . . . Comment est-ce qu'il a pu entrer?
comment + inversion [moins fréquent] Comment (le cambrioleur) a-t-il pu entrer?
comment [dans l'interr. indir.] Vous allez m'expliquer comment vous avez réussi ce coup, n'est-ce pas?
comment conj. de subordination (= que, comme quoi) Alexandre Dumas raconte comment il a été reçu par le général Foy, qui lui a procuré du travail.
comment interj. Comment! Il n'a pas été reçu?
et comment! Mon ami a accepté l'invitation, et comment (= avec quel empressement)! Vous préférez le théâtre au cinéma? – Et comment! (forte affirmation)
n'importe comment loc. adv. Il travaille n'importe comment.

commettre v. tr.
commettre qc Ce jeune voyou a commis le délit de fuite.
se commettre avec qn Il a dû démissionner pour s'être commis (= pour avoir frayé) avec une femme du demi-monde.

commode adj. Cette porte à coulisse n'est pas commode. Un patron peu commode.
commode pour qn/qc Ce fauteuil est commode pour les malades. Un classeur commode pour la correspondance.
commode à + inf. [sens passif] Cette porte est commode à ouvrir.
commode pour + inf. [sens actif] Ce balcon est commode pour assister à la fête.
commodément adv. De ce balcon, je filmerai commodément le cortège.

commuer v. tr.
commuer une peine en une peine moins sévère La peine de mort fut commuée en détention perpétuelle.

commun, e adj. [en général après le nom] [adv.: communément] Elaborer un projet commun. La grammaire distingue entre les noms communs (>chat, jardin<) et les noms propres (>Dupont, Orléans<). Les hommes de génie manquent quelquefois de sens commun.

[exceptionnellement avant le nom]:

Expr.: *d'un commun accord* D'un commun accord (= Après s'être consultés et concertés), les patrons et le syndicat déclarent que . . . D'une commune voix, les peuples libres ont protesté contre cet acte de violence.

[formules mathématiques] plus petit commun multiple, plus grand commun diviseur [abrégé ordinairement en P.P.C.M. et P.G.C.D.]

commun à qn/qc Cette tendance est commune à presque tous les candidats.

Expr.: *faire cause commune avec qn* Les ouvriers vont-ils toujours faire cause commune avec les étudiants?

avoir qc (de) commun/en commun avec qn Les hommes ont plusieurs traits (de) communs/en commun avec les singes.

commun n. m.

Expr.: *le commun des mortels* Le commun des mortels entrer dans ce palais? Impossible!

communiquer v. tr.
communiquer qc à qn J'ai communiqué votre lettre à mon associé.

communiquer v. intr. Les deux pièces communiquent (ensemble, ou: entre elles). Sans aucun doute, les deux élèves ont communiqué pendant leur composition (= ils ont échangé des renseignements).

communiquer v. tr. indir.
communiquer avec qn/qc J'ai communiqué par téléphone avec mon père. Cette pièce communique avec la cuisine.

communicant(s), *e(s)* adj./*communiquant* part. les vases communicants; deux pièces communiquant. [cf. APPENDICE § 3]

comparer v. tr.
comparer deux choses/deux personnes Comparez les deux écritures, et vous verrez une grande similitude. Il ne veut pas comparer les deux frères.
comparer qc/qn à (avec) qc/qn Compare son talent au mien. Osez-vous bien vous comparer à un si grand homme? Comparez la traduction avec l'original.
comparer deux choses/deux personnes entre elles/ensemble. Comparez les deux écritures entre elles. Comparez-les ensemble. On peut bien comparer ces deux écrivains entre eux.

compétent, e adj. Druot est un professeur très compétent (= qui connaît bien ce qu'il enseigne).
compétent en qc Il est très compétent en cette matière.

complaire v. tr. ind.
complaire à qn Ne cherchez pas à lui complaire. Il veut complaire aux uns et aux autres.

se complaire dans qc/en qc Elle se complaît dans une attitude de réserve/en son erreur.

se complaire à + inf. Vous semblez vous complaire à contredire.

comporter v. tr.

comporter qc Cette action ne comporte aucun risque.

se comporter en/comme + nom attr. Ils se sont comportés en lâches/comme des lâches.

composer v. tr.

composer qc Il a composé sa première symphonie à l'âge de douze ans. Quatre strophes composent un sonnet.

composer v. intr. Les élèves doivent composer aujourd'hui.

composer avec qn «On ne compose (= pactise, transige) pas avec les tyrans.» (Danton)

se composer de qc L'édifice se compose de trois bâtiments principaux.

comprendre v. tr.

comprendre qn Personne ne me comprend.

comprendre qc Comprenez-vous son attitude?

comprendre qc à qc Je n'y comprends rien.

comprendre que + ind. Vous comprenez (= Vous saisissez) que cela doit m'inquiéter. Tout à coup, le major Thompson comprit que c'était le Tour de France.

comprendre que + subj. Je comprends (= Je ne m'étonne pas) que vous ayez cherché à vous en débarrasser.

se comprendre Chacun pense à soi, cela se comprend.

compris [placé devant: invar.] y compris cette somme. Mais: cette somme (y) comprise.

comptant adj. masc. Les commerçants préfèrent en général l'argent comptant.

comptant adv. J'ai payé/acheté la voiture comptant.

au comptant loc. adv. Je l'ai achetée/vendue au comptant.

Expr.: *prendre qc pour argent comptant* Il ne faut pas prendre pour argent comptant tout ce qu'il dit.

compte n. m. J'ai fait le compte de mes livres; il en manque plusieurs. Le compte y est/n'y est pas (= le compte est exact/n'est pas exact).

à bon compte loc. adv. J'ai eu la voiture à bon compte (= à bon marché).

pour le compte/au compte de qn J'ai acheté les marchandises pour le compte de mon patron.

sur le compte de qn/de qc Il faut mettre ce mauvais résultat sur son compte/à son compte/sur le compte de la négligence.

rendre compte (de qc) à qn Elle n'a pas à vous rendre compte de ses actions.

rendre compte (à qn) de ce que + *ind.* Vous ne m'avez pas rendu compte de ce que les stocks s'épuisaient.

rendre des comptes à qn Je n'ai pas de comptes à vous rendre.

se rendre compte de qc Elle s'est rendu compte de mes intentions.

se rendre compte que + *ind.* Ils se sont rendu compte qu'on les trompait.

tenir compte à qn de qc Vous m'avez averti à temps; je vous en tiendrai compte.

faire le compte rendu d'un livre Il a fait le compte rendu de la nouvelle grammaire.

au bout du compte/en fin de compte/tout compte fait loc. adv. On l'a sévèrement critiqué, mais au bout du compte/en fin de compte/tout compte fait, il faut dire qu'il n'a pas toujours eu tort.

compter v. tr.

compter qc/qn Il m'a surpris lorsque j'étais en train de compter mon argent. Le maître comptait ses élèves.

compter qc à qn Comptez-lui cent francs (= donnez-les-lui).

compter qn parmi Je ne le compte pas parmi mes amis.

compter v. tr. indir.

compter avec qn/avec qc Il faut compter aussi avec ma tante qui a beaucoup d'autorité dans la maison/avec la résistance de ma tante.

compter sur qn/sur qc Vous pouvez compter sur moi/sur ma reconnaissance.

compter là-dessus/y compter Il m'a promis de m'aider, mais je ne compte pas trop là-dessus/je n'y compte pas trop.

compter sur qn pour + *inf.* J'ai compté sur vous pour veiller sur mes enfants (= Je croyais que vous veilleriez sur eux).

compter + *inf.* Qu'est-ce que vous comptez faire maintenant?

compter que + *ind. ou subj.* [cf. APPENDICE § 11] Je compte qu'il viendra me prendre à la gare. Je ne compte pas que ton ami vienne nous voir.

concéder v. tr.

concéder qc C'est le roi qui concède ces privilèges.

concéder qc à qn Il m'a concédé le passage sur son domaine. La fourniture du pain à l'hôpital m'a été concédée pour 4 ans.

concéder que + *ind.* Je vous concède que les impôts n'ont pas augmenté (= J'en conviens).

concentrer v. tr.

concentrer qc L'ennemi a concentré des troupes autour de la ville.

être concentré (ou: *se concentrer*) *sur qc* L'attention de tous était concentrée (ou: se concentrait) sur ses gestes.

concevoir v. tr.

concevoir qc J'ai conçu un plan. On peut dire que nous concevons Dieu, mais non pas que nous le comprenons.

concevoir que + subj. Je conçois (= Je trouve naturel) qu'il n'ait pas été satisfait de votre conduite.

concevoir que + ind. Tu conçois bien (= Tu saisis bien) que je ne me laisserai pas faire.

concilier v. tr.

concilier qc Croyez-vous pouvoir concilier deux théories qui s'excluent l'une l'autre?

concilier qn/qc à qn Ses paroles lui ont concilié les auditeurs/la faveur des auditeurs.

concilier qc avec qc Il a su concilier son intérêt avec ses sentiments.

se concilier qn/qc Il a su se concilier ses auditeurs/la faveur de ses auditeurs dès ses premières paroles.

concourir v. tr. indir.

concourir à qc Tout concourt à sa ruine.

concourir à + inf. Tout concourt à le rendre malheureux.

condamner v. tr.

condamner qn Cette preuve vous condamne. Les médecins le condamnent (= disent qu'il est perdu).

condamner qc Le Pape a condamné la violence. Il va falloir condamner (= fermer) les ouvertures du mur.

condamner qn à qc Il fut condamné à mort/à la pendaison/à la roue.

condamner qn à + inf. Sisyphe fut condamné à rouler une grosse pierre au sommet d'une montagne d'où elle retombait sans cesse.

condescendre v. tr. indir.

condescendre à qc Jamais il ne condescendait à nos prières.

condescendre à + inf. Il a condescendu à écouter mes prières.

condition n. f. Il m'a fait savoir ses conditions.

à condition de + inf. Il viendra nous voir ce soir à condition d'être libre.

à condition que + subj. ou ind. fut. Je vous donne cet argent, à condition que vous partiez/partirez demain.

être en + adj. + condition Les athlètes sont tous en excellente condition.

dans ces conditions loc. adv. Dans ces conditions (= Dans ce cas), je n'insiste pas.

sans condition loc. adv. Le manque de vivres les a obligés à se rendre sans condition.

sous condition de + inf. Il a accepté provisoirement sous condition (= sous la réserve) de pouvoir démissionner plus tard.

conduire v. tr.

conduire qn Le chien conduisait partout son maître aveugle.

conduire abs. Quel est le chemin qui conduit à la gare?

conduire qn à qc Les faits m'ont conduit à cette conclusion.

conduire qn à + inf. Je fus conduit à conclure que l'on m'avait menti.

se bien/mal conduire avec/envers qn Vous vous êtes mal conduits avec/envers moi, mais je vous pardonne.

conduite n. f.

sous la conduite de qn Les élèves font une promenade sous la conduite de leur maître.

conférer v. tr.

conférer qc à qn/qc L'Association a conféré à M.H. le titre de président. La présence de l'ambassadeur a conféré à cette réunion une signification particulière.

conférer v. tr. indir.

conférer avec qn (sur qc/de qc) Le chef du gouvernement a longtemps conféré avec ses ministres sur les mesures à prendre/des mesures à prendre.

confesser v. tr.

confesser qc (à qn) J'ai confessé mes péchés (à un prêtre).

confesser (à qn) que + ind. Il (m')a confessé que c'était lui qui avait écrit le pamphlet.

confesser qn Le prêtre l'a confessée.

se confesser Elle se confesse toutes les semaines.

se confesser + attr. Il se confessa vaincu. Il s'est confessé l'auteur du pamphlet.

confiance n. f.

avoir confiance en/dans qn/qc J'ai grande confiance en vous/en votre secours. Je n'ai pas confiance dans l'avenir.

faire confiance à qn Inutile de m'offrir des garanties; je vous fais confiance.

confier v. tr.

confier qc à qn Je lui ai confié mon secret.

confier à qn que + ind. Il m'a confié qu'il l'aimait.

se confier à qn Il s'est confié à son ami.

se confier dans/en qn/qc Confiez-vous dans le Seigneur et en sa bonté.

confiner v. tr. indir.

confiner à qc La France confine à l'Allemagne. Cela confine à la folie.

confiner v. tr.

confiner qn dans qc/en qc Plusieurs manifestants furent confinés en diverses prisons de la capitale.

se confiner Il s'est confiné chez lui.

se confiner dans qc/en qc Il s'est confiné dans la philatélie.

confirmer v. tr.

confirmer qn (dans qc) Cela me confirme (dans mon opinion).

confirmer qc Le bruit n'a pas été confirmé.

confirmer qc à qn Le doyen a confirmé sa démission au ministre.

confirmer (à qn) que + ind. Le doyen (nous) a confirmé que les examens auraient lieu en juin.

se confirmer Le bruit ne s'est pas confirmé.

confluant p. pr. – **confluent** n. m. Des millions d'étrangers confluant à Paris. Lyon est au confluent de la Saône et du Rhône.

confluer v. intr.

confluer avec un cours d'eau La Saône conflue avec le Rhône.

confondre v. tr.

confondre qn/qc et/avec qn/qc Il ne faut pas confondre l'innocent et le coupable/l'innocent avec le coupable. J'ai confondu mon parapluie et/avec le sien.

confondre qn Cette preuve vous confond (= vous perd).

se confondre Ces couleurs se confondent.

se confondre en + nom au pl. Ce maladroit s'est confondu en excuses.

conformer v. tr.

conformer qc à qc Il a conformé sa vie à ses principes.

se conformer à qc A leur insu ils se conforment à des types littéraires ou autres. Il faut nous conformer à ses ordres.

confronter v. tr.

confronter qn/qc Il faudra confronter ces deux personnes/ces deux écritures (ensemble, entre elles).

confronter qn/qc avec/à qn/qc Nous confronterons les témoins avec le prévenu/la copie à l'original.

conjurer v. tr.

conjurer qn de + inf. Je le conjurai de me dire toute la vérité.

conjurer qc Que faire pour conjurer le danger/le fléau? Les proscrits conjurèrent (= complotèrent) la mort de l'empereur.

connaissance n. f. Georges est une vieille connaissance. Les études de français doivent comporter la connaissance de la France.

avoir/prendre connaissance de qc J'en ai eu/J'en ai pris connaissance.

en connaissance de cause loc. adv. Il parle en connaissance de cause.

perdre/reprendre connaissance Elle a perdu/Elle reprend connaissance.

faire la connaissance de qn/faire connaissance avec qn J'ai fait la connaissance de/J'ai fait connaissance avec ce monsieur. J'ai fait sa connaissance à Paris.

connaître v. tr.
connaître qn/qc Connaissez-vous ce monsieur/ce film?
connaître qn/qc de + *nom* Je le connais de vue/de réputation.
connaître qc/qn à qn Tu as fait preuve d'une sincérité que je ne te connaissais pas. On ne lui connaît pas d'amis.
connaître qn + *nom ou adj.* Je l'ai connue enfant. Je l'ai connue jeune.
connaître qn pour/comme + *nom attr.* Je connais le duc pour/comme un loyal gentilhomme.
être connu de qn Il est connu de tous.

se connaître à qc Il se connaît à tout cela. Il s'y connaît.
se connaître/s'y connaître en qc Il se connaît/Il s'y connaît en tableaux.

consacrer v. tr.
consacrer qn/qc On a consacré un prêtre/une église.
consacrer qc à qc/à qn Il consacre tout son temps à l'étude. Combien de temps pouvez-vous me consacrer?

se consacrer à qc Il se consacre tout entier à la tâche.

conscience n. f.
avoir conscience de qc Il n'a pas conscience de ses actes.
avoir conscience de + *inf. passé* J'ai conscience d'avoir commis une grave faute.
se faire conscience de + *inf.* Je me ferais conscience (= scrupule) d'interrompre ses méditations.
prendre conscience de qc Quand prendra-t-il conscience des conséquences de ses actes?
avoir bonne/mauvaise conscience Il se cache parce qu'il a mauvaise conscience à notre égard.
avoir qc sur la conscience Dites-moi ce que vous avez sur la conscience.
en conscience loc. adv. En conscience (= En toute bonne foi), vous paraissez avoir raison.
Expr.: *en mon âme et conscience* Je vous l'assure, en mon âme et conscience (= en toute sincérité).
Expr.: *par acquit de conscience* Je vais lui écrire par acquit de conscience (= pour n'avoir rien à me reprocher).

consécutif, ve adj. Le malade a eu deux accès consécutifs. Une subordonnée consécutive.
consécutif à qc Acquitté, le docteur a exigé une indemnisation pour les pertes consécutives à (= résultant de) son procès.

conseil n. m. La nuit porte conseil. [prov.]
demander conseil à qn Il m'a demandé conseil sur ce qu'il doit faire.

prendre conseil de qn Il a pris conseil de son ami.

de bon conseil loc. adj. C'est un homme de bon conseil (= qui vous conseille bien).

conseiller v. tr.

conseiller qn Il a été conseillé par un très bon avocat.

conseiller qc à qn On lui a conseillé la prudence.

conseiller à qn de + inf. On lui a conseillé de se taire.

consentir v. tr. indir.

consentir à qc Il a consenti à votre mariage. J'y consens.

consentir à + inf. Je consens à m'en aller.

consentir à ce que + subj. [ou, plus litt., *que + subj.*] Je consens à ce que vous le fassiez/que vous le fassiez.

consentir v. tr.

consentir qc à qn On nous a consenti un prix réduit.

conséquence n. f.

avoir des conséquences pour qn La grève aura de lourdes conséquences pour nous tous.

Expr.: *tirer à conséquence* Cette grève tirera à conséquence (= aura des suites). Cette grève ne tirera pas à conséquence.

en conséquence loc. adv. C'est lui qui commande ici; en conséquence vous aurez à céder.

conséquent, e adj. Son système me paraît conséquent (= cohérent, ayant de la suite).

conséquent à qc Cette conclusion n'est pas conséquente aux prémisses.

conséquent avec qn Vous n'êtes pas conséquent avec vous-même.

par conséquent loc. adv. Il le veut, par conséquent je n'ai pas le choix.

considérer v. tr.

considérer qn/qc Il m'a longuement considéré. Tout bien considéré, je pense que vous avez raison.

considérer qn Il était fort considéré (= estimé) dans son pays.

considérer qn/qc comme + nom ou adj. Je le considère comme mon ami. Je considère cela comme impossible.

considérer que + ind. ou subj. [pour le mode cf. APPENDICE § 11] Je considère que vous avez tort. Je ne considère pas que vous ayez tort.

consister v. tr. indir.

consister en + nom Sa fortune consiste en rentes.

consister dans + art. + nom Le bonheur consiste dans la vertu.

consister à + inf. Le bonheur consiste à rendre heureux les autres.

consoler v. tr.

consoler qn Pour consoler la petite, on lui a promis une glace.

consoler qn de qc On ne put le consoler de ce désastre.

se consoler (*de qc*) Mme Langlade ne pouvait se consoler (de la perte de ses dix-huit francs).

conspirer v. tr. indir.
conspirer contre qn Ils furent accusés d'avoir conspiré contre le roi.
conspirer à qc [litt.] Tout conspire (= contribue) à son bonheur.
conspirer à + inf. Tout conspire à le rendre heureux.

constater v. tr.
constater qc J'ai constaté plusieurs erreurs dans ce qu'il disait.
constater que + ind. ou subj. [pour le mode cf. APPENDICE § 11] J'ai pu constater qu'il s'est trompé plusieurs fois. Avez-vous constaté qu'il soit rentré chez lui?

constituer v. tr.
constituer qc Le virage inattendu après Nogent constitue un danger permanent. Le refus de priorité constitue une grave infraction au code de la route.
se constituer La commission financière s'est constituée hier.
se constituer + attr. Il faut vous constituer prisonnier.

consulter v. tr.
consulter qn/qc Est-il déjà allé consulter un médecin? Avez-vous consulté le Chaix?
consulter qn sur qc Il a consulté plusieurs avocats sur son cas.
se consulter Les membres du jury se sont consultés longuement.

consumer v. tr.
consumer qc Le feu finit par consumer presque la moitié du village.
être consumé/se consumer de qc Elle est consumée/Elle se consume d'orgueil.

contact n. m.
le contact de qn/de qc Fuyez le contact des méchants. Au contact de cette main froide, il tressaillit.
être/entrer/rester en contact avec qn/avec qc Le chef du gouvernement reste en contact avec tous les ministres.
mettre qn en contact avec qn/avec qc Je l'ai mis en contact avec notre chef.

content, e adj. Nous vivions contents.
content de qn/de qc Je suis content de vous et de votre travail.
content de + inf. Je suis content de vous voir guéri.
content que + subj. Je suis content que vous soyez venu.

contenter v. tr.
contenter qn Il est impossible de contenter tout le monde et son père.
se contenter de qc Je me contenterai du reste.
se contenter de + inf. Sa femme se contentait de sourire.

contestable adj.

il est contestable [impers.] *que* + *subj.* Il est contestable qu'il ait su ec qu'il faisait.

il n'est pas contestable [impers.] *que* + *ind. ou subj.* [pour le mode cf. APPENDICE § 11] Il n'est pas contestable qu'il sait/qu'il sache ce qu'il fait.

contester v. tr.

contester qc Ce point a été beaucoup contesté.

contester qc à qn Il nous a contesté le droit de dire ce que nous pensions.

contester que + *subj.* Je conteste qu'il ait joué un rôle quelconque dans cette affaire.

ne pas contester que + *subj. ou ind.* [pour le mode cf. APPENDICE § 11] Je ne conteste pas qu'il ait/qu'il a joué un rôle dans cette affaire.

continuer v. tr.

continuer qc Continuez votre travail sans hésiter.

continuer abs. Continuez toujours.

continuer à/de + *inf.* Nous continuerons à/de travailler.

continuer v. intr. Le beau temps continuera.

se continuer La route se continue (ou: continue) par un sentier.

contourner v. tr.

contourner qc La route contourne la ville. Il faut contourner les obstacles.

contradiction n. f.

en contradiction avec qc C'est en contradiction avec ce qu'il m'a dit.

contraindre v. tr.

contraindre qn à qc La grève a contraint le gouvernement à une réaction immédiate.

contraindre qn à/de + *inf.* On le contraignit à marcher/de marcher. Il fut contraint d'obéir. Il fut contraint par les circonstances à obéir.

contraire adj. La pièce a produit des échos contraires.

contraire à qn/à qc Le vin lui est contraire. Voilà qui est contraire à vos prédictions.

contraire n. m. Le silence est le contraire du bruit.

au contraire loc. adv. Voùs a-t-il menti? – Au contraire (Bien au contraire/Tout au contraire), il m'a dit toute la vérité.

au contraire de loc. prép. Il est extrêmement paresseux, au contraire de son frère, qui travaille beaucoup.

contrairement adv.

contrairement à qc Contrairement à vos prédictions, il a fait beau temps.

contrarier v. tr.

contrarier qn Cette nouvelle paraissait le contrarier.

contrarier qc Nous allons contrarier ses desseins.

cela me contrarie que + *subj.* Cela me contrarie que je n'aie pas pu la voir.

contre prép.

1. CONTACT, PROXIMITÉ
J'étais assis contre le mur. Sa maison est contre (= tout près de) la mienne.

2. OPPOSITION
Le chien allait donner de la tête contre un arbre. Je ne suis ni pour ni contre lui. Il a agi envers et contre tous. Ils marchent contre l'ennemi. Avez-vous un bon remède contre la toux?

3. ÉCHANGE
La banque échange des billets contre de l'or.

contre adv. Vous êtes pour l'autonomie? Moi, je suis contre.

par contre loc. adv. «Il consentait rarement à se mettre au piano devant moi; par contre, il ressortait volontiers son violon.» (Gide)

là contre loc. adv. Qu'avez-vous à dire là contre?

contre n. m. Il faudra peser le pour et le contre.

contredire v. tr. [nous contredisons, vous contredisez]
contredire qn/qc Ne me contredisez pas toujours. Ses actes contredisent ses paroles.

se contredire Vous vous êtes contredits plusieurs fois.

contrevenir v. tr. indir.
contrevenir à qc Si vous contrevenez au (= violez le) code de la route, l'agent vous donne/vous dresse une contravention.

contribuer v. tr. indir.
contribuer à qc Vous avez beaucoup contribué à notre bonheur.

contribuer à + *inf.* Ce succès a beaucoup contribué à la rendre heureuse.

contrôle n. m.
le contrôle de qc Le syndicat semble avoir perdu le contrôle de la grève.

convaincant(s), e(s) – convainquant [cf. APPENDICE § 3].

convaincre v. tr.

convaincre qn J'ai beau plaider, je n'arrive pas à le convaincre.

convaincre qn de qc Le procureur a convaincu le tribunal de la culpabilité de l'accusé.

convaincre qn de + *inf.* Ils nous ont convaincus d'abandonner notre projet.

convaincre qn que + *ind. ou subj.* Il m'a convaincu que mes recherches étaient inutiles. Je ne suis pas convaincu que mes recherches soient inutiles. [pour le mode cf. APPENDICE § 11] *se convaincre de qc* Elle s'est convaincue de la justesse de mes reproches.

se convaincre que + *ind.* Elle s'est convaincue que mes recherches étaient inutiles.

convenable adj. Il a choisi un moment peu convenable.

convenable à qc Il a trouvé des mots convenables (plutôt: convenant, appropriés) à la situation.

convenable pour qn/pour qc Ce sujet n'est pas convenable pour des enfants. Ce chemin est peu convenable pour une promenade.

convenir v. tr. indir.

1. (= plaire) [auxil. >avoir<]

convenir à qn Cette maison me convient. Cette maison m'a convenu au premier coup d'œil.

il convient [impers.] *de* + *inf.* Vous savez vous-même ce qu'il convient (= ce qu'il est nécessaire, souhaitable) de faire.

il convient [impers.] *que* + *subj.* Il convient (= Il faut) que vous aidiez votre frère.

2. (= tomber d'accord) [auxil. >avoir< ou >être<]

convenir de qc Nous avons convenu/sommes convenus du prix du terrain.

être convenu Le prix du terrain a été convenu.

convenir de + *inf.* Nous avons convenu/sommes convenus de partir.

convenir que + *ind.* (= tomber d'accord sur une constatation) Il a dû convenir que j'étais le plus adroit.

convenir que + *subj., ind. ou cond.* (= tomber d'accord sur une décision) Ils conviennent que chacun prenne/prendra sa part tout de suite. Ils convinrent que cela fût/serait fait.

3. (= reconnaître) [auxil. >avoir<]

convenir de qc Il a convenu lui-même de son erreur.

conversation n. f.

une conversation avec qn J'ai eu une longue conversation avec lui.

une conversation sur qc/au sujet de qc J'ai eu une longue conversation avec lui sur le droit de grève/au sujet de la grève.

convertir v. tr.

convertir qn à qc Un grand nombre de païens furent convertis alors au christianisme.

convertir qc en qc On peut convertir du sucre en alcool.

se convertir (à qc) Il s'est converti (à la religion chrétienne).

convier v. tr. [litt.]

convier qn [pl.] à qc L'ancien directeur a convié (= invité) ses vieux amis à cette réception.

convier qn à + *inf.* Le châtelain a convié les villageois à fêter la victoire dans son parc.

coopérer v. tr. indir.
coopérer avec qn Beaucoup de gens sont prêts à coopérer avec nous.
coopérer à qc Ils ont tous coopéré à l'amélioration des conditions de vie.
coopérer abs. Immédiatement après l'invasion, personne n'était prêt à coopérer.

copier v. tr.
copier qc Vous copierez ce texte.
copier qn Il copie son chef jusque dans les moindres gestes.
copier qc sur qn/sur qc Ne copiez pas votre devoir sur votre voisin/sur celui de votre voisin.
copier sur qn/sur qc Tu as vraiment eu tort de copier sur Pierre/sur les façons de Pierre.

correspondre v. tr. ind.
correspondre à qc La théorie ne correspond pas aux faits.
correspondre avec qn Je corresponds avec lui depuis deux ans.
correspondre abs. Séparés, ils correspondirent encore longtemps.

côte n. f. La voiture s'essouffle vite en côte.
côte à côte (avec qn) loc. adv. Les soldats marchaient côte à côte. Il marchait côte à côte avec moi.

côté n. m. La porte se trouve sur le côté de la maison.
à côté loc. adv. Il habite à côté.
à côté de loc. prép. Il habite à côté de nous.
à côté de + *terme de la même catégorie que le premier terme de la comparaison* Réussir votre examen, ce n'est rien à côté de trouver un poste.
au côté de/aux côtés de qn Sa femme était à son côté. Les cadets combattaient aux côtés du duc.
de ce/quel/mon etc. côté loc. adv. De quel côté allez-vous?
du côté de loc. prép. Il vient/Il est allé du côté de la gare. C'est un oncle du côté du son père/du côté paternel.
de l'autre côté (de) loc. adv. ou prép. Aide-moi à faire le lit: passe de l'autre côté. Ma voiture est stationnée de l'autre côté de la rue.
des deux côtés (de) loc. adv. ou prép. Il y a des torts des deux côtés. Ils se rangèrent des deux côtés du monument.

cou n. m.
Expr.: *prendre ses jambes à son cou* Quand il a vu qu'on le poursuivait, il a pris ses jambes à son cou.
Expr.: *laisser la bride sur le cou à qn* Son père lui laisse la bride sur le cou (= lui laisse entière liberté).

coucher v. tr.

coucher qn/qc Elle est rentrée coucher les enfants. Couchez-le par terre.

coucher v. intr. La première nuit j'ai couché dans un hôtel.

coucher avec qn [fam.] Cette fille couche (= a des rapports intimes) avec n'importe qui.

être couché [cf. APPENDICE § 4, 3] Les enfants devraient être couchés depuis longtemps.

se coucher Il est rentré se coucher. Le soleil s'est couché.

coude n. m. Sa chemise est trouée au(x) coude(s).

coude à coude (avec qn) Nous étions coude à coude. J'étais coude à coude avec lui.

couler v. intr. Le fleuve coule lentement. Le bateau a coulé (= s'est enfoncé dans l'eau).

couler v. tr.

couler qc J'ai coulé du plomb dans le moule. On coule une cloche. J'y ai coulé (= passé) des jours heureux. Il a coulé la maison (= ruiné la maison de commerce).

couler qc à qn Elle m'a coulé une œillade. Il nous coula un regard d'envie.

se couler Il se coula (= se glissa) le long du mur. Il s'est coulé (= s'est ruiné) par sa faute.

Expr.: *se la couler douce* Il se la coule douce (= Il se laisse vivre).

coup n. m. Il m'a jeté un coup d'œil. Un coup de poing. Un coup d'Etat. Elle a fait un coup de tête.

à tout coup/à tous les coups loc. adv. Il gagne à tout coup/à tous les coups (= toujours).

à coups de loc. prép. Ils se combattent à coups de Littré et de Robert (= en se servant de ces dictionnaires).

après coup loc. adv. Il s'en est repenti après coup.

du coup loc. adv. Il a eu peur et, du coup (= dès lors), s'est sauvé.

du premier coup loc. adv. Je n'ai pas accepté du premier coup (= tout de suite).

d'un (seul) coup loc. adv. Il but son verre d'un coup/d'un seul coup.

sous le coup de loc. adv. Il a fait cela sous le coup (= sous l'influence) de la peur.

sur le coup loc. adv. Il fut tué sur le coup.

coup sur coup loc. adv. Il a bu plusieurs verres coup sur coup.

tout à coup loc. adv. Tout à coup (= Subitement), on frappa à la porte.

tout d'un coup loc. adv. La maison s'effondra tout d'un coup (= subitement et en une seule fois).

avoir/prendre/attraper le coup Il a le coup/Il prendra vite/Il attrapera vite le coup (= le savoir-faire) pour se servir de la machine.

tenir le coup [fam.] Je me demande comment elle tiendra le coup (= résistera).

marquer le coup Il a encaissé cela, sans marquer le coup.

coupable adj. Je dois être bien coupable pour être puni de la sorte.

coupable de qc Qui est coupable de ce crime? Qui en est coupable?

coupable n. m. Je crois connaître le coupable.

couper v. tr.

couper qc Mon fils ne veut pas couper ses cheveux. Les grévistes ont coupé le courant.

couper qc à qn Je me suis fait couper les cheveux. Cette vue terrible m'a coupé le souffle. Je lui ai coupé la parole.

couper abs. Mon couteau ne coupe que trop bien. J'ai coupé (= pris un raccourci) à travers champs.

couper v. tr. ind.

couper à qc [fam.] En colonie de vacances, il savait toujours couper aux corvées (= les esquiver).

se couper Maman s'est coupée en préparant la salade. [fig.]: Le faux témoin s'est coupé (= contredit) plusieurs fois en répondant aux questions du commissaire.

courant n. m. Attention, les nageurs! Le courant est très fort.

être au courant/mettre qn au courant de qc Etes-vous/Vous a-t-il mis au courant de notre projet?

dans le courant de qc Nous attendons leur réponse dans le courant de la semaine.

courant, e adj. La chambre a-t-elle l'eau courante? En réponse à votre lettre du 7 courant (= du 7 de ce mois), ...

courir v. intr. [auxil. >avoir<] Si vous courez, vous pouvez encore attraper le train. Le fermage court jusqu'au 31 mars.

courir + inf. J'ai couru le prévenir.

courir à qc En mécontentant l'armée, le dictateur court à sa perte (= provoque sa propre perte, à brève échéance).

courir après qn/après qc Mon frère court après les femmes. Mon associé court après le succès (= le recherche sans répit).

courir v. tr.

courir qc Cette rumeur court les milieux militaires depuis longtemps. Voilà les risques que nous avons courus (= auxquels nous étions exposés). Les cent mètres qu'il a courus. Cent mètres courus en dix secondes! Mais: Les cinq minutes que nous avons couru. [compl. de temps, cf. APPENDICE § 7F]

courir qn Il ne fait que courir les filles (= rechercher leurs faveurs).

couronner v. tr.

couronner qn Napoléon se fit couronner à Notre-Dame.

couronner qn + attr. Louis fut couronné roi.

couronner qc Le succès couronnera vos efforts.

être couronné de qc Vos efforts seront couronnés de succès.

court, e adj. [souvent après le nom] des cheveux courts; une robe courte; les ondes courtes.

[quelquefois avant le nom] Il a écrit une courte préface. Mon frère m'a fait la courte échelle (= m'a servi d'appui pour grimper). Un court-circuit.

court adv. [invar.] Fâché, il coupa court à l'entretien. Les pourparlers entre les patrons et les syndicats ont tourné court (= n'ont abouti à aucun résultat tangible).

Expr.: *prendre qn de court* Le mieux serait que nous prenions nos adversaires de court (= sans leur laisser le temps de se former de nouveau).

à court de qc loc. prép. Elle est à court d'argent (= Elle n'en a plus). Les gens qui terrorisent les autres sont toujours à court d'arguments.

courtois, e adj. C'est un homme très courtois.

courtois avec/envers/pour/à l'égard de qn Il est toujours courtois avec/ envers, etc. ses visiteurs.

coûter v. intr. Ce tableau coûte cinq mille francs. Cette maison a dû coûter cher.

coûter à qn Ce tableau m'a coûté 5.000 F. [fig.]: Cette lettre d'excuse leur a beaucoup coûté (= leur a été très pénible à écrire).

il en coûte [impers.] *à qn de + inf* Il nous en coûte de vous faire ces reproches. Il en a coûté à mon père de tuer son chien malade.

coûté p. pa. [invar.] les 5.000 F que ce tableau m'a coûté. [cf. APPENDICE § 7 F]

coûter v. tr.

coûter qc à qn Aujourd'hui encore, je me ressens des efforts que ce travail m'a coûtés (= demandés). Sa témérité aurait pu nous coûter la vie à (nous) tous.

coûte que coûte loc. adv. Il faut que vous veniez coûte que coûte.

coutume n. f. Il se leva de bonne heure, selon sa coutume.

avoir coutume de + inf. J'ai coutume de faire une sieste après le déjeuner.

de coutume loc. adv. Je me suis levé plus tard que de coutume.

couvert n. m. Yvonne, il manque encore un couvert.

à couvert loc. adv. Son honneur est à couvert (= en sécurité).

à couvert de qc loc. prép. Même un homme de sa probité n'est pas à couvert de calomnies.

sous le couvert de qn/qc [fig.] Cette lettre m'est parvenue sous le couvert (en abrégé: s/c) des éditions Lensing. Il m'espionnait sous le couvert (= l'apparence) de l'amitié.

couvrir v. tr.

couvrir qc La neige couvre les toits. Ils sont ridicules de vouloir couvrir 400 km par jour en caravane.

couvrir qn Je suis couvert par mon assurance pour les risques d'incendie et de tempête. Si l'Inspecteur vous reproche cette dérogation charitable, je vous couvrirai (= je prendrai la responsabilité à mon compte).

couvrir qc/qn de qc Elle couvrit son visage de ses mains. Le chauffard couvrit (= accabla) l'agent d'injures.

être couvert de qc Le toit est couvert de neige.

se couvrir Le temps se couvre. Mais couvrez-vous donc, Monsieur.

se couvrir de qc Il ne s'est pas couvert de gloire.

craindre v. tr.

craindre qn/qc Je ne crains pas les voleurs. Nous craignons la tempête de neige/la dévaluation imminente.

craindre qc pour qn Elle craint le pire pour son neveu.

être craint de qn Ce surveillant est craint de tout le lycée.

craindre de + inf. Je crains de m'exposer au ridicule.

craindre que + ne + subj. Je crains qu'il ne vienne (= je voudrais qu'il ne vienne pas). [contr.]: Je crains qu'il ne vienne pas.

ne pas craindre + subj. Je ne crains pas qu'il vienne. [contr.]: Je ne crains pas qu'il ne vienne pas.

crainte n. f. «L'espérance et la crainte sont inséparables.» (La Rochefoucauld).

la crainte de qc La crainte du ridicule nous empêche souvent de faire de bonnes choses.

de crainte de + inf. Nous emportons nos imperméables de crainte d'être surpris par une averse.

de crainte que + (ne) + subj. Nous les emportons de crainte qu'une averse (ne) nous surprenne.

crever v. intr. Mon pneu a crevé, et j'ai dévié.

crever de qc On crève de chaleur ici. Nous avons crevé de rire.

crever v. tr.

crever qc L'inondation a crevé le mur de soutènement.

crever qn [fam.] Cette course m'a vraiment crevé (= m'a épuisé).

crever qc à qn Shakespeare ne craint pas de faire crever les yeux à la victime en plein théâtre. Cet attentat m'a crevé le cœur (= J'en ai ressenti une vive douleur).

crier v. intr. Il cria sans se faire entendre.

crier de qc [cause] Il criait de douleur/de peur.

crier après qn Le contremaître criait après les ouvriers.

crier v. tr.

crier qc Le pilote criait des ordres. Des camelots criaient leurs journaux.

crier qc à qn Il criait des ordres aux soldats. Antigone crie à Créon son mépris et son ‹Non›.

crier + propos au style direct Il m'a crié: ‹Avance!›, ou ‹Bravo!›, ‹Gare!›, ‹Grâce!› (= Faites-moi grâce). Ils ont crié: ‹Vengeance!› ‹Venez tous!› cria-t-il. Elle a crié: ‹Au secours!› (= Venez à mon secours), ‹A l'aide!›, ‹Au voleur!›.

Certains de ces propos peuvent constituer avec *crier* une locution verbale [sans guillemets]:

crier + nom sans art. crier gare/crier grâce/crier vengeance/crier misère (= se plaindre de sa misère).

crier à + art. + nom crier au secours/à l'aide/au feu/au voleur. Sur ce modèle:

crier à + art. + nom (= dénoncer ou proclamer à grands cris) Crier à l'injustice/au scandale/à la trahison/au miracle. «Une certaine librairie criait à l'industrialisation de la lit᠁᠁rature.» (H. Bazin)

crier à qn de + inf. [ordre] Il leur cria d'apporter une échelle.

crier que + ind [déclaration] Il criait qu'il était innocent.

crime n. m. C'est un crime contre l'humanité.

faire un crime à qn de qc Comment lui faire un crime de cet acte de charité?

critique n. m. Ce critique a coutume d'éreinter tous les livres.

critique n. f. La critique est aisée, et l'art est difficile.

croire v. tr.

croire qc Voilà des boniments que je ne crois pas.

croire qn Il ne croit pas ses amis. Le menteur n'est plus jamais cru.

croire qn + attr. Il me croit honnête/honnête homme. Il me croit son ami.

en croire qn Vous pouvez m'en croire (= me croire à ce sujet).

en croire qc Elle en croyait à peine ses oreilles/ses yeux.

croire qc à qn Je lui croyais une grosse fortune.

croire qc de qn Qu'allez-vous croire de moi?

croire + inf. Il croit avoir raison. Je crois avoir agi correctement.

croire + prop. inf. [seulement avec un sujet pron. rel.] J'ai pris le médecin que je croyais être le meilleur.

croire que + ind. Je crois qu'il a raison.

ne pas croire que + subj. [pour le mode cf. APPENDICE § 11] Je ne crois pas qu'il ait raison.

croire v. tr. indir.

croire à qc Je crois à l'existence de Dieu. Veuillez croire, Monsieur, à l'expression de mes sentiments distingués.

croire à qn Je ne crois pas aux revenants/au diable.

croire en qc Wallenstein croyait en son étoile.

croire en qn Je crois en Dieu.

croire abs. Ça fait cinq ans que je ne crois plus (= que j'ai perdu la foi). D'où:

croyant adj. et n. Sur tant de prétendus chrétiens, il n'y a qu'un certain pourcentage de croyants (= qui ont et qui pratiquent la foi).

se croire + attr. Il se croit intelligent.

se croire qc Elle se croit du talent (= elle croit en avoir).

se croire qc + attr. Elle se croit tout permis.

croître v. intr. [p. pa. crû, crus, crue] En quelques heures la rivière a crû de plusieurs pieds. Des joncs crus dans l'eau.

cruel, le adj. un roi cruel; un froid cruel.

cruel envers/avec qn/qc Ne soyez pas cruels envers/avec les animaux.

curieux, se adj. Elle est curieuse comme tout.

curieux de qc Il est très curieux de littérature.

curieux de + inf. Je suis curieux de voir s'il viendra.

il est curieux [impers.]/*c'est curieux que + subj.* Il est curieux/C'est curieux qu'un garçon aussi brillant ait échoué!

D

daigner v. tr.

daigner + inf. Elle n'a pas daigné me regarder.

[Mais: *dédaigner de + inf.*]

dame n. f. (= femme mariée) cette dame [contr.: cette demoiselle]. [terme de politesse pour >femme<] Ne dites pas ça devant les dames [contr.: devant les messieurs]! W.C. pour dames.

[au jeu de cartes] J'ai joué la dame de carreau.

[titre] *Dame Pluche* (Musset). *Dame belette* (La Fontaine).

* Ne dites pas: Comment va votre dame? [pop.] Mais: Comment va Madame/Madame Dupont? ou: Comment va votre femme?

Dame! interj. Si je l'ai vu! Dame!

damer v. tr.

damer qc 1. (= aplanir avec la dame, ou demoiselle, outil de paveur) Des militaires ont damé les pistes de ski de Chamrousse.

2. (= échanger un pion contre une dame)

Expr.: *damer le pion à qn* Périllat allait vaincre, quand Killy lui a damé le pion (= l'a emporté sur lui).

danger n. m. On court un danger/est en danger/est hors de danger. Une opération sans danger. Danger imminent. Ce garçon est un danger public.

danger pour C'est un danger pour tout le monde.

danger de + nom Danger de mort. Danger d'explosion.

danger de + inf. Le danger d'être rejoint me donnait des ailes. Vous êtes en danger/en grand danger de glisser.

il y a danger/du danger/quelque danger à + inf. Il y a danger/du danger/quelque danger à s'aventurer sur la glace.

il n'y a aucun danger/pas de danger à + inf. Il n'y a aucun/pas de danger à camper là.

il n'y a pas de danger que + subj. Il n'y a pas de danger que nous tombions. [souvent avec ironie]: Il n'y a pas de danger que je sois reçu (= je n'ai aucune chance de l'être).

pas de danger abs. Ne bois pas trop. – Pas de danger! (= Ce n'est pas à craindre.)

Expr.: *hors de danger* Notre malade est hors de danger.

dangereux, se adj. [avant ou après le nom] une dangereuse mission/une mission dangereuse.

il est dangereux [impers.] *de + inf.* Il est dangereux de s'arrêter ici.

dangereux à + inf. Ce sont des gens dangereux à fréquenter.

dangereux pour qn/pour qc Les mauvais exemples sont dangereux pour nous tous/pour les mœurs des jeunes.

* Ne dites pas: Cet homme pourrait nous être dangereux. Mais: Il pourrait être dangereux pour nous.

dans prép.

I. LIEU

dans la maison, dans la cour, dans le ciel; boire dans un verre; dans le monde entier; en vente dans toutes les bonnes pharmacies; lire qc dans un livre/dans le journal/dans Racine/dans la Bible.

dans + nom de ville [plus précis que *à*] Il habite dans Paris même. Je me promène dans Paris. «C'est assez payé pour que l'ordre règne dans Thèbes.» (Anouilh)

dans + nom de département dans le Var; dans les Bouches-du-Rhône.

dans + nom de région plus vaste dans le Midi; dans la Beauce; dans les Alpes; dans le Massif Central; dans le Wurtemberg.

● *en* est plus usuel avec les noms des anciennes provinces: en Normandie; en Provence; en Alsace.

dans + nom de ville, de province ou de pays accompagné d'un complément dans le Paris du XIXe siècle; dans la pluvieuse Bretagne; dans l'Allemagne du nord; dans la France d'aujourd'hui.

2. TEMPS

[date] Il est dans sa quinzième année. On vivait ainsi dans les siècles passés. Dans la journée; dans la nuit. Dans ma jeunesse, on travaillait. J'ai connu ce garçon dans le temps (= autrefois). Mais: pendant les vacances.

[délai] Il faut livrer ce travail *dans les huit* jours.

[terme d'un délai] Il faut livrer ce travail *dans huit* jours. Je vous verrai dans huit jours (= le huitième jour à partir d'aujourd'hui).

• Ne confondez pas: Si vous partez maintenant, vous arriverez au sommet *dans* 5 heures. Vous pouvez faire l'ascension *en* 5 heures (= c'est une affaire de 5 heures).

3. SITUATION

Je travaille dans le bruit. Nous sommes dans une situation difficile. Il vit dans le luxe. Etre dans le doute/dans l'attente/dans l'espoir/dans l'angoisse. Dans ces conditions. Dans ce cas. Dans de si pénibles circonstances, je ne sais que vous dire.

4. APPROXIMATION

dans les ... (= environ) Cette robe doit coûter dans les 300 F. Cette dame a dans les 30 ans.

date n. f. La lettre porte la date du 3 juillet.

Expr.: *de fraîche date/de longue date* Une perte de fraîche date (= qui est arrivée récemment).

en date de loc. adv. Son avocat m'a répondu en date du 31 mars.

dater v. tr.

dater qc Sa lettre est datée d'hier.

dater v. intr. La ligne de cette voiture commence à dater (= elle se démode).

dater de La première idée des ballons date du XVIIe siècle. Notre amitié date de loin.

à dater de loc. prép. A dater de ce jour, nous étions amis.

davantage adv. (= plus) [seulement avec un verbe] Pierre travaille davantage, il a davantage travaillé. Mais: Il est plus travailleur.

davantage de qc Cet enfant nous a donné davantage de soucis.

davantage que + *nom ou pron.* Il travaille davantage que son frère/que moi.

davantage (= plus longtemps) Je ne puis rester davantage.

de prép.

[se combine avec les formes *le* et *les* de l'article defini; *de le, de les* se contractent en *du, des*: le goût du pain/des noisettes. Même contraction quand *le/les* sont le début d'un nom propre de ville: Du Havre à Paris, il y a environ 230 km. Les 24 heures du Mans. Le

bourg des Abrets. Pas de contraction avec un nom de personne :
Le style de Le Corbusier. La syntaxe des Le Bidois.]

1. rapportant un mot à un verbe

DE + COMPLÉMENT CIRCONSTANCIEL

– de LIEU [point de départ, éloignement] Il vient de Paris/de l'école.
Il tira un couteau de sa poche. Il s'éloigne de moi. Il sort de la maison/
d'ici/de chez nous. Un homme sortit de derrière la haie.
de ... à ... Il va de la porte à la fenêtre/de Paris à Rouen. Comptez
de un à dix. Il passe du rire aux larmes. Je l'ai lu d'un bout à l'autre.
de ... en ... Il va de ville en ville. Sa santé va de mal en pis.
[marquant au contraire la direction] De quel côté allez-vous ? Nous
allons du même côté.
[origine] Je suis d'Avignon/du Midi. Ces berlingots sont de Carpen-
tras. Ils sont charcutiers de père en fils.

– de TEMPS [point de départ] Il sera là de deux heures à quatre
heures. [Mais : Il sera là à partir de deux heures.] Je vous verrai
d'ici quinze jours. Il vient de loin en loin. Il y a dix ans de cela (=
dix ans se sont passés depuis cela).
[date] de jour ; de nuit ; du temps de nos grands-parents ; de mon
temps (= quand j'avais votre âge) ; du vivant de Bach.
le journal de dimanche (= de dimanche dernier ou prochain) ; le
journal du dimanche (= de tous les dimanches).
[durée] Je ne suis pas sorti de dix jours (= pendant dix jours). Il n'a
rien dit de tout le repas. De ma vie, je n'ai été aussi heureux.

– de CAUSE *de* + *nom* Il tremble de froid. Il rougit de honte. De joie,
elle sauta au cou de sa mère.
de + *inf.* Vous êtes gentil de m'écrire. Tu m'agaces de remuer les
pieds comme cela. Vous êtes ridicule de vous fâcher pour si peu. Elle
est folle d'agir ainsi ! Il exagère, de m'offrir mes propres cigarettes !
«D'avoir écrit, Marc fut soulagé, pour une nuit.» (R. Rolland)
rien que de + *inf.* «Il frissonnait rien que d'y penser.» (Daudet)

– de MOYEN montrer du doigt ; pousser du coude ; vivre de son talent ;
tuer d'un coup de fusil ; franchir un fossé d'un bond ; orner une table
de fleurs.

– d'AGENT Ce livre est connu de tout le monde. Il était suivi de sa
femme. [cf. APPENDICE § 8].

– de MANIÈRE marcher d'un pas mal assuré/de travers ; écrire d'une
façon/d'une manière illisible ; boire d'un trait ; répondre de sang-
froid/d'un ton sec.

– de MESURE [dans la comparaison] Il est plus grand que moi de 10
centimètres. Il a vieilli de dix ans. Ma montre retarde de cinq minutes. Il s'éloigne de dix pas.

– de PROPOS Il parle de moi/de ses projets. Voilà ce qu'il pense/ce

DE

qu'il dit de vous/de votre aventure. «Ce qui est vrai des maux de ce monde est vrai aussi de la peste.» (Camus)

DE + COMPLÉMENT D'OBJET

[obj. unique] bénéficier de qc; jouir de qc; se moquer de qn/de qc; avoir besoin de qn/qc; etc.

[obj. second] accabler qn de qc; assurer qn de qc; etc.

de + inf. Je vous blâme d'avoir agi sans mon ordre. Je vous prie de passer à mon bureau.

faire qc/qn de qc/de qn Elle a fait un carrosse d'une citrouille.

de + inf. obj. recevant un attr. Je trouve utile de suivre ce cours. Il crut indispensable de me remercier. J'ai pour seul but de passer mon examen.

DE + ATTRIBUT

[du sujet] *avoir l'air de + nom* Il a l'air d'un artiste.

Expr.: *si j'étais de toi/de vous* Si j'étais de vous (ou: Si j'étais vous), je ferais couper mes cheveux.

de + inf. Mon intention est de partir.

[du compl. d'obj.] Il a traité son frère de lâche. Cet homme m'a traité d'espion.

de + inf. sujet Il est/C'est honteux de mentir.

2. rapportant un mot à un nom (ou pronom)

de + nom ou pronom

[possession] la maison de Paul.

[auteur de l'action] le retour d'Ulysse (Ulysse est revenu).

[objet de l'action] le meurtre d'Henri IV (on a tué Henri IV).

[lieu où l'on est] la bataille de Waterloo.

[lieu où l'on va] le train de Paris; la route du sud.

[lieu d'où l'on vient] le train de Paris; le vent du sud.

[date] le départ de mercredi.

[durée] un voyage de dix jours.

[cause] un mariage d'amour.

[matière] une robe de soie.

[contenu] une bouteille de vin.

[qualité] un homme de talent/d'une rare adresse.

[apposition] la ville de Paris; le mois de mai; le fleuve du Rhône; les montagnes des Alpes. Ce vieil avare de père Grandet. Cet imbécile de Sganarelle. Un saint homme de chat (La Fontaine).

de + prép. + nom ou pron. des nouvelles de chez moi; un succès d'avant la guerre.

de + adv. la journée d'hier; les roues de devant.

de + adj. ou p. quelqu'un de grand. Je ne connais personne de plus adroit. Quoi de neuf? Il n'y a rien d'impossible à cela. Cette chambre a cela d'agréable qu'elle donne sur le quai.

[avec *il n'y a . . . que*] Il n'y a de beau que le vrai.

[facultativement] Il y a deux hommes (de) blessés. Je n'ai qu'un jour (de) libre. Il n'y a pas une fiche (de) remplie. Encore une journée (de) perdue.

[après *lequel, qui, aucun*] Qui de vous deux commencera? Lequel a raison, (de) Paul ou (de) moi? De Socrate ou de son bourreau, lequel est aujourd'hui déshonoré?

un/deux/quelques-uns etc. + *des* + *plus/moins* + *adj.* Ce melon est un des plus mûrs. Prenez-en quatre des plus mûrs. Plusieurs des moins gros ont été vendus. [sans comparaison]: Celui-ci est un des mûrs. [de là le tour superlatif]: *des plus* + *adj.* Ce melon n'est pas des plus mûr(s). La traversée fut des plus agitée(s). Un travail des plus délicat(s). [Seulement le sg. avec un sujet neutre]: Cela n'est pas des plus simple.

3. rapportant un mot à un adjectif

fier d'un succès; las des honneurs; rouge de colère; plein de courage.

[après un superlatif] le plus fort des quatre/de nous tous.

[pour renforcer] Mon ami Fernand est un dur, un vrai de vrai. On m'a traité comme le dernier des derniers.

4. préposition se rapportant à un adverbe

[lieu] loin de nous; près de nous; au-dessous du toit.

[quantité] beaucoup de bruit; autant de personnes; moins d'argent. Que vous m'avez donné de plaisir! [après *ce que*]: Vous ne savez pas ce que (= combien) vous m'avez donné de plaisir.

5. indice partitif

[En ce sens, *de* indique seulement que l'on désigne une quantité indéfinie de la chose désignée par le nom; dans cet emploi, *de* ne joue pas le rôle de préposition] Elle avait perdu de son charme [comparer: Elle avait perdu son charme]. Je connais de vos amis. Versez de ce vin dans la sauce.

[Combiné avec l'article, *de* partitif a formé *du, de la,* art. partitif, et *des,* art. indéf. pl.] Versez du vin dans la sauce. Je connais des amis à vous. De la bière a été renversée. Il est tombé de la neige. Il y a du brouillard.

[Mais ces articles sont remplacés par *de* seul après *ne . . . pas, ne . . . plus,* etc. et après *sans*]: Ne versez pas de vin. Il n'a plus d'amis. Il n'est pas encore tombé de neige. Ecrivez sans faire de fautes.

[observer la portée de la négation]: Je n'ai pas fait des économies pour les laisser à ces ingrats (= J'ai fait des économies, mais ce n'était pas pour les laisser à ces ingrats).

[article obligatoire après *c'est, ce sont*]: Ce n'est pas du vin. Ce ne sont pas des amis.

6. Marque de l'infinitif de narration.

Ainsi dit le Renard, et flatteurs d'applaudir (La Fontaine). Enfin, il termina sa valise; et de courir à la gare.

7. *de ce que* + *ind. ou subj.* loc. conj.
Elles se plaignirent de ce que ces filles enlevaient les plus belles choses (Zola). Ma mère se montra touchée de ce qu'il eût songé à rapporter le panier (A. France). Elle souriait, heureuse de ce qu'on faisait/fît attention à elle. [pour le mode cf. APPENDICE § 11]

débarquer v. tr.
débarquer qn/qc Le car a débarqué plusieurs voyageurs/des marchandises.
débarquer v. intr. Voici l'endroit où les troupes alliées ont débarqué en 1944.

déborder v. intr. Le verre est plein à déborder. [auxil. >avoir<]: La rivière a débordé la nuit dernière. [auxil. >être<]: Elle est maintenant débordée.
déborder v. tr.
déborder qc/qn Cette pierre déborde le mur de deux centimètres. [fig.]: Les événements nous débordent (= dépassent).
être débordé de qc Je suis débordé (= submergé) de travail.
déborder v. tr. indir.
déborder de + *nom* Cet homme déborde de santé. La foule débordait d'enthousiasme. La cuve déborde de raisin.

déboucher v. tr.
déboucher qc Nous déboucherons une bonne bouteille.
déboucher v. intr.
déboucher de Une automobile a débouché d'une route transversale/a débouché de droite.
déboucher sur qc/dans qc Six avenues en étoile débouchent sur la place. Nous avons bientôt débouché dans l'artère principale. [fig.]: Cette longue enquête débouche sur une vaste théorie.

debout adv. [invar.]
[épithète] trois personnes debout et quatre assises; des places debout et des places assises.
[attr.] Nous sommes debout depuis deux heures. Ils restèrent debout à se regarder.

débuter v. intr. Ce professeur a débuté à Rouen.
débuter par qc La séance a débuté par un film documentaire. Mais: Un film documentaire a commencé la séance. Nous commencerons la séance par un documentaire.

deçà adv. [en corrélation avec *delà*] «Je m'en vais deçà delà, pareil à la feuille morte.» (Verlaine). Jambe deçà, jambe delà (= à califourchon).

en deçà loc. adv. Trois chevaux ont sauté l'obstacle, les autres sont restés en deçà.

en deçà de loc. prép. Jusqu'au coup de pistolet, tenez-vous en deçà de cette ligne.

décéder v. intr. [auxil. >être<] Elle est décédée le vingt janvier.

décevoir v. tr.

décevoir qn/qc Votre refus nous a déçus. Notre champion a déçu tous nos espoirs.

être déçu par qn Il est déçu par ses enfants.

être déçu de qc Je suis déçu de votre refus.

être déçu de + inf. Le champion est déçu d'avoir manqué cette épreuve.

être déçu que + subj. Je suis déçu que vous ayez refusé.

être déçu de ce que + ind. Je suis déçu de ce que vous avez refusé.

décider v. tr.

décider qn Il faut arriver à décider ton père.

décider qn à + inf. Nous l'avons décidé (= déterminé) à partir.

décider qc Nous avons décidé une promenade.

décider abs. Le juge décida en faveur de l'accusé.

décider de + inf. J'ai décidé de m'en aller au plus tôt.

décider que + subj. Je décide que nous partions.

décider que + ind. ou cond. Je décide que nous partirons (ou: partons) dimanche. Il décida que nous partirions dimanche.

décider si/ce que/quel etc. + ind. ou cond. Je n'ai pas encore décidé si je partirai/ce que je ferai/quel train je vais prendre.

décider v. tr. indir.

décider de qc Ce point a décidé de la partie. Votre conseil a décidé de ma carrière.

se décider Son sort va bientôt se décider.

se décider à + inf. Nous nous sommes décidés à nous enfuir ensemble.

se décider abs. Vous êtes-vous décidé?

se décider pour qn/pour qc Nous nous sommes tous décidés pour le premier candidat. Elle s'est décidée pour la robe blanche.

être décidé à + inf. Il était décidé à désobéir à son père.

déclamer v. tr.

déclamer qc Il déclama des vers.

déclamer v. intr.

déclamer contre qc Il déclama contre les crimes des tyrans.

déclarer v. tr.

déclarer qc Il a déclaré son amour/ses revenus/des marchandises à la douane. L'Italie déclara la guerre.

déclarer qc à qn Il ne m'a pas encore déclaré ses sentiments. L'Italie déclara la guerre à la France.

déclarer qn/qc + *attr.* Le jury l'a déclaré coupable. Il fut déclaré roi. Le président a déclaré la séance ouverte.

déclarer + *inf. passé* Le témoin déclara avoir observé tous les détails de l'accident.

déclarer que + *ind.* Il déclara qu'il avait tout observé/qu'il reconnaissait les faits.

se déclarer Un incendie s'est déclaré à l'hôpital. Ce jeune homme ne s'est pas encore déclaré (= il n'a pas fait savoir ses sentiments).

se déclarer pour/contre qn/qc Le peuple s'est déclaré pour/contre lui. Le professeur s'est déclaré pour/contre la nouvelle méthode.

se déclarer + *attr.* Ils se déclaraient prêts à suivre M. Roux.

décliner v. tr.
1. (= refuser) Il a décliné l'offre/le titre.
2. (= faire varier la forme d'un mot) Comment décline-t-on ce nom en latin?

décliner v. intr. (= baisser) Mes forces déclinent. Sa popularité décline.

décoller v. tr.
décoller qc Pourquoi as-tu décollé le timbre?

décoller v. intr. L'avion a décollé à 8 heures.

décomposer v. tr.
décomposer qc La chaleur décompose les matières animales. [fig.]: La terreur décomposait son visage.

décomposer qc en qc Comment décomposer la substance en ses éléments?

se décomposer Les matières animales se décomposent. [fig.]: A la vue de cette atrocité, son visage se décomposa.

décourager v. tr.
décourager qn Le mauvais résultat de ses démarches ne l'a-t-il pas découragé?

se laisser décourager Ne vous laissez pas décourager pour si peu de chose.

décourager qn de qc Il m'a complètement découragé de ce travail.

décourager qn de + *inf.* Il m'a découragé de poursuivre ce travail.

se décourager Il se décourage facilement.

se décourager pour qc Ne vous découragez pas pour un échec.

découvrir v. tr.
découvrir qc (= enlever ce qui couvre) Elle n'osa pas découvrir le pot. [fig.]: Finalement il a découvert son jeu.

découvrir qn/qc On découvrit la victime dans la voiture abandonnée. Du haut de la colline, il découvrit le village dans le lointain.

découvrir que + *ind.* J'ai découvert que vous aviez raison.

84 DÉCRÉPIT—DÉFAIRE

découvrir qui/quand/ce qui/ce que etc. + *nom ou pronom* + *verbe* Je n'ai pas pu découvrir qui il était/quand il était arrivé/ce qu'il a fait, etc.

se découvrir Le ciel s'est découvert.

se découvrir (devant qn) On se découvre devant une dame pour la saluer. «En avril, ne te découvre pas d'un fil.» [prov.]

se découvrir qc Ma femme s'est découvert un talent pour la peinture.

décrépit, e adj. (= physiquement très usé) Ma grand-mère n'est pas décrépite malgré son âge.

• A distinguer de: *décrépi, e,* p. pa. de *(se) décrépir :* un mur décrépi, une façade décrépie.

décréter v. tr.
décréter que + *ind. ou cond.* Nous décrétons que vous partirez demain. Il décréta qu'ils ne partiraient pas.

décrier v. tr.
décrier qn/qc Pourquoi ne cesses-tu de décrier (= dire du mal de) tes amis? Elle décriait la conduite de chacun.

décrier qn pour qc Elle est très décriée pour sa conduite. (ou: Sa conduite est très décriée.)

dédaigner v. tr.
dédaigner qc/qn Il dédaigna tout ce que nous lui offrions. Bernard dédaigne son oncle.

dédaigner de + *inf.* Il dédaigna de leur répondre.

dedans adv. Mes poches sont vides, il n'y a rien dedans. On le cherchait dehors (= hors de la maison), il était dedans.

Expr.: *mettre qn dedans* [fam. 1. = le mettre en prison; 2. = le tromper] Si j'ai les cheveux longs, l'adjudant va me mettre dedans. Les témoins nous ont mis dedans.

de dedans loc. adv. Ce portail ne peut être ouvert que de dedans (ou: de l'intérieur).

au dedans loc. adv. Voici l'écrin, le collier est au dedans (ou: est dedans).

en dedans loc. adv. Elle souffre en dedans.

en dedans de/au dedans de loc. prép. Il condamne notre action en dedans/au dedans de lui-même.

dedans n. m. Le dedans du sac est doublé de satin.

dédommager v. tr.
dédommager qn Comment pourrez-vous jamais le dédommager?

dédommager de qc/dédommager qn de qc Rien ne peut (nous) dédommager de la perte d'un véritable ami.

défaire v. tr.
défaire qc Elle défait sa malle/un nœud/ses cheveux, etc.

défaire qn [sens militaire = vaincre] Nos troupes ont été défaites par les Espagnols.

défaire qn de qn/de qc Défaites-moi (= Débarrassez-moi) de cet importun. On ne peut pas le défaire de cette mauvaise habitude.

se défaire de qc On ne se défait guère de ses mauvaises habitudes.

défaut n. m.

un défaut de qc On peut attribuer son manque apparent de logique à un défaut d'éducation.

faire défaut (à qn) Le temps (me) fait défaut (= me manque).

être en défaut Sa mémoire est souvent en défaut.

à défaut de loc. prép. Nous avons bu de l'eau, à défaut de vin.

défendre v. tr.

défendre qn/qc La lionne défend ses petits. Il sait défendre son opinion.

défendre qn/qc contre qn/qc Nous avons défendu nos familles/notre village contre les ennemis. Il a défendu son ami contre les calomnies.

défendre qc à qn Le docteur lui a défendu l'alcool/les bains.

défendre à qn de + inf. Son père lui a défendu de sortir.

défendre que + subj. Il défend qu'on aille le voir pendant ces semaines.

il est défendu [impers.] *de + inf.* Il est défendu de traverser les voies.

il est défendu [impers.] *à qn de + inf.* Il lui est défendu de fumer.

se défendre Il sait très bien se défendre.

se défendre de qc Je portais un manteau pour me défendre du froid.

se défendre de + inf. Il ne put se défendre de penser souvent à elle.

Expr.: *à son corps défendant* Le manifestant fut conduit, à son corps défendant (= malgré lui), au commissariat.

se défendre contre qn/qc. Les colons devaient se défendre contre les moustiques.

déférer v. tr.

déférer qn/qc à qc Il faut le déférer à la justice (= remettre son sort aux tribunaux).

déférer qn/qc devant qc On a déféré mon procès devant ce tribunal.

déférer v. tr. indir.

déférer à qc Je dois déférer (= m'en remettre, me plier) à votre avis.

défi n. m. «Le défi américain» (Servan-Schreiber)

lancer un défi à qn Il nous a lancé un défi.

mettre qn au défi de + inf. Je vous mets au défi de faire cela en moins de temps que lui.

défier v. tr.

défier qn/qc Il défia son ennemi. Il a défié cent fois la mort.

défier qn à qc Je vous défie aux échecs/au pistolet/à la course.

défier qn de + inf. Je vous défie de courir les cent mètres en 12 secondes (= je parie que vous n'en êtes pas capable).

se défier de qn/de qc Je me défie de moi-même. C'est un homme dont il faut se défier. Défiez-vous de ses promesses.

dégager v. tr.
dégager qc Elle dégagea sa main. Ces fleurs dégagent une forte odeur.
dégager qc de qc Elle dégagea sa main de la mienne.
dégager qn de qc Je vous dégage de votre parole.
se dégager Je voulais la retenir, mais elle se dégagea.
se dégager de qc Le chien se dégagea de son collier.

dégénérer v. intr. «Tout est bien en sortant des mains de l'Auteur des choses, tout dégénère entre les mains de l'homme.» (Rousseau) [auxil. >avoir< = action] Cette race a bien dégénéré.
[auxil. >être< = état] Elle est bien dégénérée.
dégénérer en qc Son rhume a dégénéré en bronchite.

dégoûter v. tr.
dégoûter qn Vous me dégoûtez; allez-vous-en.
dégoûter qn de qc Mes propres amis m'ont dégoûté de la vie. Je suis dégoûté de la vie.
dégoûter qn de + inf. Ils m'ont dégoûté de continuer mes recherches.
se dégoûter de qn/de qc Jamais je ne m'en dégoûterai.

déguiser v. tr.
déguiser qn/qc Les enfants déguisèrent leur frère cadet. Le loup essaya de déguiser sa voix. Il a parlé sans rien déguiser.
déguiser qn en + nom Nous l'avons déguisée en bergère.
se déguiser (en) Je me suis déguisé (en pirate).

dehors adv. Allez coucher dehors. Il fait un temps à ne pas mettre un chien dehors.
de dehors loc. adv. Quand on vient de dehors, la maison semble chaude.
au dehors loc. adv. Il faisait au dehors un temps affreux.
au dehors de loc. prép. Ils ont placé des capitaux au dehors de la France.
en dehors loc. adv. La porte ouvre en dehors.
en dehors de loc. prép. Il habite en dehors de la ville. Il n'a pas de parent en dehors de sa cousine.
dehors n.m. Le dehors vaut mieux que le dedans. Il vient du dehors.

delà adv. [en corrélation avec *deçà*] Le papillon se pose deçà delà. Jambe deçà, jambe delà (= à califourchon).
au-delà adv. et nom, *au-delà de* loc. prép. cf. **au-delà**.
par delà loc. prép. Par delà les mers, par delà les montagnes.
● Ne pas confondre avec *de là* et *de-là* : Je viens de là. Il se pose de-ci de-là.

délibérer v. intr.

délibérer (sur qc) Ils ont longtemps délibéré (sur la question/sur ce qu'ils devaient faire).

délibérer si + ind. ou cond. On délibéra si l'on voyagerait de jour ou de nuit.

délice n. [sg. n. m.; pl. n. f.] un pur délice; des délices infinies.

délier v. tr.

délier qc Le vin délie les langues.

délier qn de qc Je ne puis vous délier de votre serment.

délivrer v. tr.

1. (= libérer)

délivrer qn On a délivré le prisonnier.

délivrer qn/qc de qn/de qc Jeanne d'Arc délivra la ville d'Orléans des Anglais. Délivrez-nous du mal.

2. (= remettre)

délivrer qc à qn Délivrez-moi un permis de chasse/un certificat.

demain adv. Je partirai demain. Il sera parti demain. Demain matin; demain soir; jusqu'à demain. [salutation]: à demain; après-demain; après-demain matin/soir.

demande n. f.

demande de + nom une demande d'emploi/d'augmentation

demande en + nom une demande en mariage

à/sur la demande de qn Nous l'avons fait à sa/sur sa demande.

faire la demande de qc Vous n'avez qu'à en faire la demande, et ils vous enverront le livre.

demander v. tr.

demander qn On demande M. Roux au téléphone.

demander qc Je vais demander des dommages-intérêts.

demander qc à qn Nous lui demanderons son avis.

demander à qn si/quand etc. Demandez-lui s'il peut venir/quand il viendra/ce qu'il fait.

demander + indication de prix + de qc Il demande 10000 francs de sa voiture.

demander que + subj. Je demande que vous m'écoutiez.

demander à + inf. Il demande à entrer. Je demande à être entendu. Ce vin demande à être bu frais.

ne demander qu'à + inf. Il ne demande qu'à rester ici.

ne pas demander mieux que de + inf. Il ne demande pas mieux que de rester avec nous.

demander à qn de + inf. Sa famille lui a demandé de refuser.

demander après qn [fam.] On a demandé après toi.

démarche n. f. Il a fait/tenté une démarche auprès du ministre.

démentir v. tr.

démentir qn/qc Tu ne dois pas démentir ta mère. La nouvelle a été aussitôt démentie. Le résultat a démenti (= déçu) nos espérances.

se démentir Sa fidélité au régime ne s'est jamais démentie.

demeure n. f.

1. (= habitation) Votre demeure est princière.

à demeure loc. adv. Le poste de radio est sur mon bureau à demeure (= il n'en bouge pas).

2. (sens ancien = retard, délai)

Expr.: Il n'y a pas péril en la demeure (= il n'y a pas de risque à attendre).

Expr.: *mettre qn en demeure de + inf*. On l'a mis en demeure d'évacuer son appartement.

demeurer v. intr.

1. (= rester) [auxil. >être<] Je reprends mon discours où j'en étais demeuré.

demeurer + attr. Il est demeuré muet.

2. (= habiter) [auxil. >avoir<] J'ai demeuré à Paris.

demi

1. *demi, e* adj. [toujours sg.]

[s'accorde en genre après le nom] deux litres et demi; deux heures et demie; midi/minuit et demi.

[invar. devant le nom (trait d'union)] Deux demi-litres. Une demi-heure. Ils se comprennent à demi-mots.

2. *demi* adv. [devant adj. ou part.; invar.] demi-folle; demi-mortes.

à demi loc. adv. des maisons à demi construites.

3. *demi* n. m. (= grand verre de bière) Garçon, un demi, s.v.p.

4. *demie* n. f. La demie est-elle sonnée? L'horloge sonne les quarts et les demies.

dent n. f.

Expr.: *avoir une dent contre qn* Le professeur a une dent contre moi, il baisse toutes mes notes.

avoir la dent dure Ce critique a la dent dure (= des jugements mordants): on le redoute.

avoir les dents longues Méfiez-vous de votre associé: il semble avoir les dents longues (= C'est un requin, il a de l'appétit).

prendre le mors aux dents (= partir d'un élan effréné) Mis au défi d'achever son travail, il a pris le mors aux dents.

n'avoir plus rien à se mettre sous la dent Au bout de quinze jours, nous n'avions plus rien à nous mettre sous la dent.

être sur les dents Les dimanches soir, mon père, pâtissier, était sur les dents (= harassé de fatigue).

départ n. m. Il est sur son départ. Je vous écris avant notre départ en vacances.
faire le départ de qc Il faut savoir faire le départ du bien et du mal.

départir v. tr. [seulement au passif]
départir qc à qn En vertu des fonctions qui me sont départies . . .
se départir de qc Il ne s'est jamais départi de son calme.

dépasser v. tr.
dépasser qn/qc Aucun général ne dépasse Alexandre. Cela dépasse les limites. Ce travail dépasse mes forces. Dépasser une voiture.
Expr.: Cela me dépasse (= c'est trop compliqué pour moi). Il est dépassé par les événements.

dépasser v. intr. Le bonhomme portait un panier d'où dépassait une bouteille.

dépêcher v. tr. [vieux: envoyer vivement]
dépêcher qn Le roi dépêcha un messager auprès du pape.
se dépêcher Dépêche-toi. Je me dépêche pour pouvoir sortir.
se dépêcher de + *inf.* Dépêche-toi de guérir.

dépendre v. tr. indir.
dépendre de qn/de qc Le succès dépend de toi/du temps qu'il fera.
dépendre de qn/de qc pour qc Nous dépendons de Paris pour l'entretien des routes.
dépendre abs. Viendrez-vous? – Cela dépend.
il dépend [impers.] *de qn de* + *inf.* Il ne dépend que de lui d'apaiser le conflit.
il dépend [impers.] *de qn que* + *subj.* Il dépend de vous que cela se fasse.

dépendre v. tr. [contr.: pendre, suspendre]
dépendre qn/qc Le tyran défendit sous peine de mort de dépendre les cadavres.

dépit n. m. Elle pleurait de dépit. Un mariage de dépit.
en dépit de loc. prép. Je réussirai en dépit de tous ces obstacles.
Expr.: *en dépit du bon sens.* Vous avez répondu en dépit du bon sens (= sottement).

déplaire v. tr. indir.
déplaire à qn Ils se sont immédiatement déplu l'un à l'autre.
cela me déplaît de + *inf.* Cela me déplaît de vous interrompre.
cela me déplaît que + *subj.* Cela me déplaît que vous m'interrompiez.
n'en déplaise à qn Je demanderai de l'eau minérale, n'en déplaise au maître d'hôtel. Ne vous en déplaise.

déposer v. tr.

déposer qc/qn Déposez ces valises dans ma chambre. Déposer une plainte en justice. Déposez ce client à l'hôtel. Déposer (= destituer) un roi/un empereur/un pape.

déposer abs. Ce liquide a déposé dans la bouteille.

déposer v. intr. Plusieurs témoins ont déposé en ma faveur.

dépouiller v. tr.

dépouiller qc Les arbres ont dépouillé leurs feuilles. [fig.] : Nous avons commencé à dépouiller les résultats de notre enquête.

dépouiller qn/qc de qc Il dépouillait les prêtres de leurs biens/les temples de leurs statues.

être dépouillé de qc Les arbres sont dépouillés de leurs feuilles.

se dépouiller de qc Les arbres se dépouillent de leurs feuilles.

dépourvu, e adj.

dépourvu de qc Nous étions complètement dépourvus de vivres.

Expr. : *prendre qn au dépourvu* Ce témoignage écrasant a pris l'avocat au dépourvu (= il ne l'avait pas prévu).

depuis prép.

TEMPS Depuis le matin jusqu'au soir (= du matin au soir). Je vous attends depuis une heure. Depuis lors. Depuis longtemps.

LIEU On cherchait depuis la ferme jusqu'à la rivière. Notre reporter vous parle depuis Bordeaux. [*de* Bordeaux prêterait à équivoque]

[sens analogique] Victor Hugo a pratiqué tous les genres poétiques, depuis l'épigramme jusqu'à l'épopée.

depuis adv. Il assista encore à l'enterrement, mais on ne l'a pas revu depuis.

depuis que + *ind.* loc. conj. Nous ne l'avons plus revu depuis qu'il est marié.

déranger v. tr.

déranger qc Mes enfants dérangent toujours mes papiers.

déranger qn J'aimerais mieux vous voir tout de suite, si cela ne vous dérange pas.

se déranger Ne vous dérangez pas, je vous prie. Il ne se dérange jamais pour si peu de chose.

dériver v. tr.

dériver qc On va dériver ce cours d'eau (= en détourner le cours).

dériver v. tr. indir.

dériver de qc Ce mot dérive du grec.

dériver v. intr. Notre bateau a dérivé toute la journée (= s'est écarté de sa direction).

dernier, ère adj.

1. (= qui met fin à une série) [avant le nom] Décembre est le dernier mois de l'année. La dernière semaine de notre séjour en France. La dernière offre que je vous fais. Je vous le dis pour la dernière fois. [Mais: Le Jugement dernier.]
le dernier-né; la dernière-née; les derniers-nés.

2. (= qui termine une série passée) [après le nom] Je l'ai vu le mois dernier/la semaine dernière. L'été dernier. L'année dernière.
Expr.: *le dernier des derniers* Il m'a traité comme le dernier des derniers (= comme si je ne valais rien du tout).
Expr.: *la der des der* [fam.] (= la dernière des dernières, qu'il s'agisse d'une partie de cartes ou d'une guerre, avec l'idée qu'il n'y en aura plus).
le dernier à + inf. Le mari est toujours le dernier à le savoir.
le dernier + subj. Mon oncle est le dernier à qui je puisse m'adresser.
le dernier + ind. Mon oncle est la dernière personne que j'ai consultée.

dérober v. tr.
dérober qc (à qn) Il prétend qu'on (lui) a dérobé son argent.
dérober qc à qc Pourriez-vous dérober quelques heures à vos études?

se dérober à qn/à qc Il réussit à se dérober à ses créanciers/à leurs mains.
se dérober abs. Ses jambes se dérobèrent sous elle.

derrière prép. Il marchait derrière les autres. Il est passé par derrière la maison. Voici une bouteille de derrière les fagots.

derrière adv. Il marchait derrière. Il est entré par la porte de derrière. Il est passé par derrière.

derrière n. m. 1. (= partie du corps) Il est tombé sur le derrière.

2. (= partie arrière d'un objet) Le derrière de la maison n'est pas repeint.

des art. déf. contracté ou art. indéf. pl. cf. **de.**

dès prép. Je vous verrai dès mon retour. Dès maintenant je sais à quoi m'en tenir. Dès lors, nous nous sommes vus tous les jours.
dès avant loc. prép. Soyez prêt dès avant huit heures.
dès que + ind. loc. conj. Il est parti en courant dès qu'il nous a vus.
dès lors que/dès l'instant que + ind. Dès lors que/Dès l'instant que vous lui parlez, vous êtes suspect. [valeur causale]

désapprouver v. tr.
désapprouver qc/qn Dites-lui que tout le monde désapprouve sa conduite. Même si vous le désapprouvez, vous avez de l'estime pour lui.
désapprouver que + subj. Je désapprouve qu'il se conduise de cette façon.

descendre v. intr. [auxil. >être<] Les flocons de neige descendent en voltigeant. Le baromètre descend/est descendu. Je descends à la prochaine (station).

descendre de qc Je suis descendu de cheval/de la voiture/du train.

descendre de qn Il descend d'Henri IV.

descendre + inf. Il est descendu chercher son journal comme d'habitude, et on ne l'a pas revu depuis.

descendre v. tr. [auxil. >avoir<]

descendre qc Avez-vous déjà descendu mes bagages? J'ai descendu l'escalier en moins de 10 secondes.

descendre qn/qc (= abattre) Il a descendu son adversaire d'un coup de revolver. Ils ont descendu deux avions ennemis.

désespérer v. tr.

désespérer qn La conduite de mon frère me désespère.

désespérer v. tr. indir.

désespérer de qn/de qc Ils finissent par désespérer du général/de la victoire.

désespérer de + inf. Il ne faut pas désespérer de guérir.

se désespérer Les assiégés se désespéraient.

désigner v. tr.

désigner qn/qc (à qn) Pouvez-vous (me) désigner l'agresseur? Il a désigné lui-même son successeur. On (lui) a désigné l'heure et le lieu du rendez-vous.

désigner qn pour qc Il a été désigné pour le poste de premier ministre.

désigner qn à l'attention de qn Ses travaux sur le cancer l'ont désigné à l'attention du grand public.

se désintéresser v. pr.

se désintéresser de qc Il m'a dit qu'il se désintéresse complètement de l'affaire.

désirer v. tr.

désirer qc Qu'est-ce que vous désirez? Un monsieur m'a demandé ce que je désirais.

désirer qc de qn Il désire une réponse claire de vous.

désirer + inf. Il faudra travailler si vous désirez réussir.

désirer que + subj. Il désire que tout le monde fasse ce qu'il veut. Il est à désirer qu'il réussisse.

laisser à désirer La clarté de sa réponse ne laisse rien à désirer. Cela laisse à désirer. Cela laisse beaucoup/un peu à désirer.

désireux, se adj.

désireux de + inf. Je suis désireux de vous satisfaire. Mais: Les personnes désirant se renseigner davantage sont priées de s'adresser au secrétariat.

se désister v. pr.

se désister en faveur de qn Le candidat radical s'est désisté au second tour des élections en faveur du candidat indépendant.

se désister abs. Le candidat radical s'est désisté.

désobéir v. tr. indir.

désobéir à qn/à qc Cet officier a osé désobéir à son général. Il a désobéi à ses ordres.

être désobéi [passif; rare] Il n'admettait pas d'être désobéi.

désobliger v. tr.

désobliger qn J'ai accepté son cadeau pour ne pas le désobliger (= l'offenser, lui causer de la peine).

désoler v. tr.

désoler qn La paresse de son fils le désolait.

désoler qc La peste désolait la Provence.

être désolé de qc Je suis désolé de ce contretemps.

être désolé de + *inf.* Je suis désolé de vous avoir fait attendre.

être désolé que + *subj.* Je suis désolé qu'il y ait eu ce malentendu entre nous.

se désoler Ne vous désolez pas, vous le retrouverez quelque part.

se désoler que + *subj.* Elle se désolait que son fils ne marchât pas encore.

dessein n. m. Il ne m'a pas caché son dessein.

le dessein de + *inf.* Ses amis avaient le dessein de le mettre au courant.

à dessein loc. adv. Je ne l'ai pas fait à dessein.

dans le dessein/à dessein de + *inf.* Il est allé chez vous dans le dessein/à dessein de vous parler.

dessous – dessus

1. adv. Prenez le paquet et mettez votre carte dessous/dessus. Prenez la carte de dessous/de dessus.

• Dans l'emploi prépositionnel, ces mots sont remplacés par *sous/sur* : Mettez votre carte sous/sur le paquet.

Exceptions : *dessous* et *dessus* peuvent être prépositions

– s'ils s'opposent : Mettez votre carte dessus et non dessous le paquet.

– s'ils sont précédés d'une prép. : Tirez deux cartes de dessous le paquet. Enlevez ces livres de dessus la table.

Expr. : *bras dessus bras dessous* : Paul et Virginie se promenaient bras dessus bras dessous. Sens dessus dessous. cf. **sens**.

2. loc. adv. *en dessous/en dessus* (= dans la partie inférieure/supérieure) Ce pain est brûlé en dessous. Ma tarte est brûlée (par) en dessus/en dessous.

au-dessous/au-dessus (= plus bas/plus haut) Voici le rayon des classiques, les modernes sont au-dessous/au-dessus.

ci-dessous/ci-dessus (= dans la partie suivante/précédente du texte). Se reporter à la bibliographie ci-dessous/ci-dessus.

là-dessous/là-dessus Cache le billet là-dessous/là-dessus.

là-dessus (= après cela) Là-dessus, il m'a quitté.

par-dessous/par-dessus Attention à la branche, passe par-dessous/par-dessus.

Expr.: rire en dessous; agir en dessous (= en se cachant)

3. loc. prép. *au-dessous de/au-dessus de* Il y a cinq degrés au-dessous de zéro. Au-dessus du lieutenant, il y a le capitaine. Ce film est au-dessous de tout (= très mauvais).

par-dessous/par-dessus Passe par-dessous la branche. J'aime Mozart par-dessus tout.

Expr.: *par-dessus le marché* Le marchand de lunettes m'a donné un étui par-dessus le marché.

Expr.: *par-dessus la tête* Ne me parle pas de ski, j'en ai par-dessus la tête.

4. noms Le dessous/le dessus d'une table. Les agresseurs ont eu le dessous/le dessus. Les voisins du dessous/dessus. Le dessous des cartes (= les facteurs secrets).

des dessous pl. (= vêtements de dessous féminins) Elle porte des dessous en dentelle.

destiner v. tr.
destiner qc à qn/à qc Je destine cette chambre à ma fille. Elle destine cette somme à l'achat d'un aspirateur.

destiner qn à qc Son père l'avait destiné aux armes/à une carrière médicale.

être destiné à qn/à qc Ce manuel est destiné aux étudiants étrangers/à l'enseignement secondaire.

être destiné à + *inf.* Cet officier était destiné à gouverner la France.
se destiner à qc Il se destine à la magistrature.
se destiner à + *inf.* Il se destine à enseigner les langues.

détail n. m. Je vais raconter l'histoire sans entrer dans le détail. Voici l'histoire dans tous ses détails.

au détail loc. adv. Notre maison ne vend pas au détail, mais seulement en gros.

en détail loc. adv. Racontez-moi vos vacances en détail.

déterminer v. tr.
déterminer qc Le mot est quelquefois déterminé par celui qui le précède.

déterminer qn à + *inf.* Qu'est-ce qui le déterminera à agir?
être déterminé à + *inf.* Il est déterminé à agir enfin.
se déterminer à + *inf.* Il s'est déterminé à agir enfin.

détester v. tr.

détester qn Il déteste son frère. Les deux frères se détestent l'un l'autre.

détester qc Il n'y a rien que je déteste comme les calomnies.

détester (de) + inf. Je déteste (de) me lever tôt. Je déteste (d')être dérangé.

détester que + subj. Il déteste qu'on vienne le déranger.

deuil n. m. Solange portait encore le deuil de sa mère.

être en deuil (de qn) Elle est en deuil (de sa mère).

Expr.: *faire son deuil de qc* Nous avons dû faire notre deuil de la crème fraîche (= nous n'en avons pas eu).

deux mot numéral

deux adj. deux élèves.

deux pron. Deux sont reçus.

deux nom Deux et deux font quatre.

accord du nom propre:

1. [accord] les Deux-Sèvres (= département arrosé par la Sèvre Nantaise et la Sèvre Niortaise); les deux Amériques (= celle du nord et celle du sud).

2. [usage flottant quand la distinction est abstraite] les deux France(s), les deux Allemagne(s).

3. [pas d'accord des noms de personnes] les deux Corneille (= Pierre et Thomas Corneille); les deux Goncourt.

devant prép. Il marchait devant les autres. [fig.]: Devant cette générosité, j'abandonne ma plainte.

devant adv. Il marchait devant. Il est entré par la porte de devant. Il est passé par devant. Il est là devant.

au-devant de loc. prép. Pourquoi courir au-devant du danger?

par-devant loc. prép. [terme jurid.] Contrat passé par-devant Maître Grapazzi, notaire.

ci-devant loc. adv. (= précédemment) les ci-devant nobles.

D'où: *ci-devant* n. m. un ci-devant (= un citoyen précédemment noble).

devant n. m. Le devant de ma veste est taché d'huile. Il voulait nous inviter, j'ai pris les devants (= je l'ai devancé).

devenir v. intr. [auxil. >être<] Il est devenu mon ami. Ces enfants deviennent insupportables.

de + nom sans art. + devenir + nom attr. De simple chasseur d'hôtel, il est devenu, en quelques lustres, propriétaire d'usines.

devenir n. m. «Le devenir est infiniment varié.» (Bergson). «L'intuition du devenir» (Renan). Un monde en devenir.

devoir n. m. les devoirs de ma charge.

un devoir envers qn/envers qc Tel est notre devoir envers la patrie.

devoir v. tr.

devoir qc à qn C'est à vous que je dois tout.

devoir + inf. Le train doit arriver dans dix minutes. Il aurait dû m'en avertir. J'ai dû me tromper [plus fréquent que : Je dois m'être trompé]. J'ai dû vieillir.

devoir à qn de + inf. «Les peuples d'Afrique devaient à la France pour une grande part d'être devenus capables d'assumer eux-mêmes leur destin.» (Mauriac). Je me devais de faire de mon mieux pour l'aider.

être dû à qn/à qc Cet argent lui est dû. L'accident est dû à votre imprudence.

dévouer v. tr.

dévouer qc à qn/à qc Il a dévoué toute son énergie à sa famille. Vous avez dévoué votre énergie à une mauvaise cause.

se dévouer à qn/qc Il s'est dévoué à sa famille/à la patrie.

se dévouer pour qn/qc Il s'est dévoué pour sa famille/pour la patrie.

se dévouer pour + inf. Il a trouvé la mort en se dévouant pour sauver ses enfants.

diable n. m. [fém. : diablesse] Sa femme est une diablesse. Mais : C'est un diable d'homme/une diable de femme.

Expr. :

Allez au diable. Il habite au diable (= très loin). Je l'ai envoyé au diable. Les enfants font un bruit de tous les diables. Du diable si je m'en souviens!

Qui diable . . .? Pourquoi diable . . .? Que diable!

dieu n. m. [fém. : déesse] Le bon Dieu (= le Dieu des chrétiens) l'en punira. Mais : Les dieux des Romains.

Expr. : Il a juré ses grands dieux. A la grâce de Dieu. Dieu sait quoi. Bon Dieu! Grand Dieu! Dieu merci . . .

Plaise/Plût à Dieu que + subj. Plaise à Dieu qu'il vienne à temps! Plût à Dieu qu'il fût venu à temps!

différence n. f. Une différence d'âge/de poids/de talent.

une différence entre des êtres ou des choses Il n'y a pas de différence entre les frères/les deux livres.

à la différence de + nom A la différence de son frère, il adore le sport.

différent, e

1. adj. qualificatif (= qui n'est pas pareil) [après le nom] J'ai consulté des sources différentes.

différent de Mon frère est très différent de moi.

● Ne pas confondre avec *différant*, cf. APPENDICE § 3.

2. adj. indéf. (= plusieurs) [touj. pl.; avant le nom] Je me suis adressé à différentes personnes. Les différentes personnes à qui je me suis adressé.

différemment adv. Ils ont réagi différemment.

différemment de Il se conduit toujours différemment des autres.

différer v. tr. (= remettre à plus tard)

différer qc Il a différé son départ.

différer de + inf. Ne différez pas de lui écrire.

différer v. intr. (= être différent) Nos opinions diffèrent souvent.

différer de qn/de qc Il diffère beaucoup de son frère.

différer de qc (= sous le rapport de qc) Ils diffèrent d'opinion.

difficile adj. [après le nom] Un exercice difficile. Il est d'humeur difficile.

difficile pour qn Cet exercice est difficile pour les débutants.

difficile à + inf. Mon père est difficile à contenter. Ces premières semaines furent difficiles à passer. Cette notion est difficile à faire saisir aux élèves.

il est difficile [impers.] *(à qn) de + inf.* Il (m')est difficile de vous contenter. Il est difficile à un enfant de faire mieux.

il est difficile [impers.] *que + subj.* Il est difficile qu'un enfant fasse mieux.

difficulté n. f.

avoir/éprouver de la difficulté/beaucoup de difficulté à + inf. J'ai eu/éprouvé beaucoup de difficulté à le trouver.

être en difficulté Ma voiture était en difficulté.

avoir des difficultés (à + inf.) Elle a eu des difficultés (à partir).

faire des difficultés (pour + inf.) Ils ont fait des difficultés (pour délivrer le certificat).

digne adj. [après le nom] un air digne.

[avant le nom] un digne vieillard.

digne de qc Lequel des trois est le plus digne d'intérêt?

digne de + inf. Vous êtes digne d'entrer dans notre club.

digne que + subj. Il est digne que nous l'admettions.

diminuer v. tr.

diminuer qc Il faudra diminuer les dépenses et augmenter la production.

diminuer qc de + indication de mesure Il faut diminuer cette jupe de 10 centimètres.

diminuer qn Elle essayait de diminuer son mari aux yeux des enfants. Le patron m'a diminué (= a réduit mon salaire) ce mois-ci.

diminuer v. intr. [auxil. >avoir< = action] La chaleur a brusquement diminué.

[auxil. >être< = état] Sa clientèle est diminuée. [cf. APPENDICE § 2 C]

diminuer de qc A l'entrée du village, il faudra diminuer de vitesse.

dire v. tr.

1. sens déclaratif

dire qc Voulez-vous que je vous dise mon avis?

dire qc à qn Je lui ai dit ses quatre vérités. Que voulez-vous que je vous dise?

dire qc de qn/de qc Je dirai cela de vous. Il dit du mal de tout.

que dis-je? loc. de renforcement C'est un camarade, que dis-je? un ami.

pour ainsi dire loc. adv. (= en quelque sorte) Nous étions pour ainsi dire inséparables.

Expr.: Qu'est-ce à dire? [exclam. de surprise].

Expr.: *en dire long sur* ... Ses traits tirés en disaient long sur ses souffrances.

dire qc (= réciter) L'auteur dira lui-même ses œuvres.

dire à qn (= plaire) Cela me dit quelque chose. Ce ragoût ne lui disait rien.

si le cœur vous en dit Prenez-en si le cœur vous en dit.

dire (= nommer, au p. pa.) le chanteur Georges Milton, dit Bouboule.

dire + *nom/pron.* + *attr.* Vous dites ce tableau superbe?

dire abs. «Bien faire et laisser dire» [prov.]. Cela va sans dire (= c'est évident). [fam.]: Ce n'est pas pour dire, mais ...

dis (donc), dites (donc) interj. Dites donc, parlez moins fort.

dire + *inf.* Il dit souffrir de la gorge (= Il dit qu'il souffre ...)

dire que + *ind. ou subj.* [pour le mode cf. APPENDICE § 11] Dans votre dernière lettre, vous disiez que votre père était malade. Je ne dis pas que ce ragoût soit extraordinaire, mais il faut manger.

on dirait qn/qc De loin, on dirait sa mère, tellement elle lui ressemble. «Regarde ce coin-là! Est-ce qu'on ne dirait pas Bruges?» (Daninos).

on dirait que + *ind.* On dirait que le malade va mieux.

dire que + *ind. ou cond.* loc. exclam. Dire que je lui faisais confiance! Et dire qu'il aurait pu me blesser!

cela dit loc. adv. Ce buffet ne vaut pas le prix que vous en demandez; cela dit (= en dépit de ces réserves), je vous l'achète.

se dire Cela ne se dit plus.

se dire + *attr.* Il se dit votre ami.

2. sens impératif

dire à qn de + *inf.* Ils m'ont dit de revenir vers quatre heures.

dire que + *subj.* Ils m'ont dit que je revienne vers quatre heures.

dire n. m. Vous pouvez vérifier mes dires (= ce que je dis).

au dire de qn Au dire de ta mère, je ne suis bon à rien.

diriger v. tr.

diriger qn/qc Il dirige cette entreprise depuis longtemps. Il veut **diriger l'orchestre** de notre école.

diriger qn/qc vers qn/qc Il dirige ses regards vers moi. Les généraux dirigèrent des troupes vers la frontière.

se diriger vers qc/qn Il se dirigea lentement vers la maison/sa mère.

discerner v. tr.
discerner qc On discernait au lointain une ferme.
discerner qc de qc Il faut savoir discerner le bien du mal.

disconvenir v. tr. ind.
disconvenir à qn [= ne pas convenir; sens rare] [auxil. ›avoir‹] Cette mesure a disconvenu à bien des gens.
ne pas disconvenir de qc (= reconnaître qc) [auxil. ›être‹] Je ne disconviens pas de cela. Je n'en disconviens pas.
ne pas disconvenir que + *ind.* / *(ne)* + *subj.* [cf. APPENDICE § 11] Je ne disconviens pas que ce mot est / (ne) soit un peu fort.

disparaître v. intr. [auxil. ›avoir‹; = action] Tous ses amis avaient subitement disparu.
[quelquefois auxil. ›être‹ pour insister sur l'état] Ses amis étaient disparus depuis longtemps.

dispenser v. tr.
dispenser qc à qn (= accorder largement) L'inspecteur nous a dispensé des compliments.
dispenser qn de qc (= décharger d'une obligation) Le médecin major m'a dispensée de corvée.
dispenser qn de + *inf.* Je vous dispense de m'accompagner.
se dispenser de qc Je me dispenserai de cette formalité.
se dispenser de + *inf.* Je me dispenserai de le saluer.

disposé, e adj.
bien/mal disposé pour qn/envers qn Il est bien disposé/mal disposé pour/envers mon neveu.
disposé à + *inf.* Etes-vous disposé à m'accompagner?

disposer v. tr.
disposer qc Elle disposa les livres soigneusement sur le bureau.
disposer abs. L'homme propose et Dieu dispose.
disposer à + *inf.* Rien ne dispose mieux le corps à supporter la fatigue qu'un entraînement régulier.
disposer v. tr. indir.
disposer de qn/de qc Vous pouvez disposer de moi. Il dispose d'une grosse somme.
se disposer à qc Ils se disposèrent à la résistance.
se disposer à + *inf.* Ils se disposèrent à résister.

disputer v. tr.
disputer qc à qn Ils ont essayé de lui disputer son droit. Les deux ri-

verains se sont disputé l'un à l'autre le droit d'emprunter le raccourci.

disputer qn [= réprimander; fam.] Nous allons nous faire disputer
par maman.

se disputer Ces jeunes mariés ne cessent pas de se disputer (= se
quereller).

se disputer qc Les deux pays se sont longtemps disputé la maîtrise de
la Méditerranée.

dissimuler v. tr.
dissimuler qc Il ne dissimule pas son inquiétude.
dissimuler que + subj. ou ind. [pour le mode cf. APPENDICE § 11] Il
dissimula qu'il eût (ou: qu'il avait) eu part à l'affaire.
ne pas dissimuler que + ind. Le docteur ne lui dissimule pas que son
cas est très grave.

dissuader v. tr.
dissuader qn de qc Nous avons voulu la dissuader de cette folie.
dissuader qn de + inf. Nous avons voulu la dissuader d'aller revoir ses
amies d'autrefois.

distance n. f.
distance de qc à qc la distance de la Terre à la Lune.
à distance loc. adv. Le problème est de le tenir à distance.
à une grande/à peu de distance de qc La maison est à une grande distance/
à peu de distance de la nôtre.

distinct, e adj. J'aperçus la silhouette distincte d'un bateau.
distinct de qc Ce sentiment était distinct de ce qu'il avait éprouvé
auparavant.

distinction n. f.
la distinction de qc et de qc La distinction de ses intérêts et des miens
est illusoire.
la distinction de qc d'avec qc La distinction de ses intérêts d'avec les
miens est illusoire. Leur distinction d'avec les miens est illusoire.

distinguer v. tr.
distinguer qn/qc Comment pourrait-on distinguer un pickpocket parmi
cette foule? La nuit on ne distingue plus les maisons.
distinguer qn/qc et qn/qc Sais-tu distinguer le blé et l'orge?
distinguer qn/qc de qn/qc La raison distingue l'homme des animaux. Il
ne peut pas distinguer le blé de l'orge.
distinguer qn/qc d'avec qn/qc On peut toujours distinguer un honnête
homme d'avec un menteur. Distingues-tu le blé d'avec l'orge?
se distinguer (par qc) Dans la guerre, il s'est distingué (par sa bravoure).

se distinguer de qn (*par qc*) Il se distingue de ses camarades (par son intelligence).

distraire v. tr.
distraire qn Ses amis ont essayé de le distraire.
distraire qn de qc Ils ont essayé de le distraire de sa douleur.
distraire qc de qc Cet employé a distrait de notre caisse des sommes importantes. Pourriez-vous distraire pour nous quelques heures de votre week-end?

divers, e 1. adj. qualificatif (= varié) [après le nom] Un spectacle très divers. Des fruits divers. Une des sections du journal est intitulée «Faits divers».
2. adj. indéf. [= plusieurs; touj. pl.] [avant le nom] J'ai comparé divers enregistrements de cette sonate. Il s'est informé aux diverses sources que je lui avais indiquées.

divorcer v. intr. [auxil. >avoir<] Elle a divorcé, il y a trois ans.
divorcer avec qn/d'avec qn M. Lebel a divorcé avec/d'avec sa seconde femme. J'ai divorcé avec/d'avec la société.
divorcé, e p. pa. adj. Une femme divorcée. Elle est divorcée depuis trois ans.

docteur n. m. Mme Panigel est un bon docteur. Une femme docteur. Madame le docteur Panigel. Bonjour, docteur. Merci, docteur.
docteur en + *nom au sg.* Docteur en droit.
docteur ès + *nom au pl.* Docteur ès lettres.
doctoresse n. f. [correct, mais peu usité] Cette doctoresse est très habile.

dodeliner v. tr.
dodeliner qc Le vieillard dodelinait la tête.
dodeliner v. intr.
dodeliner de qc Le vieillard dodelinait de la tête.

dominer v. intr. Le vert domine dans ce tableau. Ma femme aime dominer partout où elle se trouve.
dominer v. tr.
dominer qn/qc Sa femme le domine complètement. Le château domine la ville. Il faut dominer ses passions.

dommage n. m. La grêle a causé un grand dommage dans la région. La voisine me demande des dommages-intérêts pour ses poules que tu as empoisonnées.
(C'est) dommage; c'est grand dommage; c'est bien dommage.
dommage que [fam.]/*c'est dommage que* (ou: *il est dommage que*) + *subj.* (C'est) dommage qu'il soit arrivé en retard. C'est/Il est dommage que vous vous soyez trompés.

donc 1. conj. [lien logique; conséquence] Je pense, donc je suis.
2. adv. [soulignant un ordre ou une exclamation] Entrez donc. Que
c'est donc drôle! Allons donc!

donner v. tr.
donner qc On ne donne rien si libéralement que ses conseils. Cette
traduction ne donne pas de sens.
donner abs. Mes poiriers ont beaucoup donné cette année.
donner qc à qn Donnez-lui votre main.
donner + *nom sans art.* Les événements vous donnent tort/raison. Il
demande qu'on lui donne réponse/qu'on lui donne une réponse
immédiate.
Expr.: Je lui donne trente ans (= je pense qu'il/elle a trente ans).
Cela lui donnera du fil à retordre (= lui causera des ennuis).
donner à qn Qui donne aux pauvres, prête à Dieu.
donner qc/qn pour qn/pour qc [compl.] Il donnerait sa vie pour ses
enfants/la patrie.
donner qn/qc pour qn/qc [attr.] On nous l'a donné pour un génie.
donner qn/qc pour + *adj. attr.* Je ne vous donne pas cette information
pour certaine.
Expr.: Je vous donne cette information pour ce qu'elle vaut.
donner + *indication de prix* + *de qc* Je vous en donne mille francs.
donner à + *inf.* Ces mots nous ont donné à penser.
se donner qc Il remporta le prix sans se donner trop de peine. Elle
s'est donné beaucoup de mal pour passer dans la classe supérieure.
donner v. intr.
donner dans qc Ce peintre donne dans le cubisme. Tu donnes dans tous
les ridicules de ta génération.
donner sur qc Cette fenêtre donne sur le jardin.
étant donné loc. prép. Etant donné (= En raison de) l'heure tardive/
Etant donné les événements, le spectacle est remis.
• *donné* est généralement invariable dans ce cas, mais son accord est
permis: Etant donnée l'heure tardive . . .
étant donné que + *ind.* loc. conj. Etant donné qu'il pleut, remettons le
spectacle à demain.

dont pron. rel. [a touj. un antécédent, qui peut être un nom de personne ou de chose, ou un pronom; a les fonctions marquées par *de*]
L'homme dont (= de qui/duquel) je parle. La table dont (= de laquelle) j'ai cassé le pied. Ce dont (= de quoi) je m'occupe. Les jeunes
ont pratiqué des contacts dont nous jugeons qu'ils peuvent être utiles.
Un homme dont je connais le nom [et non pas: son nom]. Pasteur,
dont les découvertes ont rendu le nom immortel [dont = compl. de
découvertes et de *nom*].
[avec ellipse du verbe] Les invités, dont (ou: parmi lesquels) le

chancelier et sa fille, furent pilotés à travers l'exposition par l'ambassadeur de France.

* *Dont* ne peut être compl. d'un nom précédé d'une prép. On dit: Pasteur, à l'œuvre de qui (ou: duquel) nous rendons hommage (et non pas: dont nous rendons hommage à l'œuvre).

Dont ne peut pas remplacer *de* marquant le lieu. On dit: La ville d'où nous venons (et non pas: dont nous venons).

double adj. [placé en général avant le nom] Une double fenêtre. Le double toit d'une tente. Un double sens. Fermer une porte à double tour. Exceptions: Faire coup double (= réussir deux choses à la fois). Mettre les bouchées doubles (= exécuter hâtivement un travail urgent; *doubles* est attr.). Un agent double.

en double loc. adv. Tapez-moi cette lettre en double.

double n. m. Il a deux enfants, j'en ai le double. Hier, l'Angleterre nous a battus au double (= match par équipes de deux).

double adv. Je vous paierai double (= deux fois plus). Avec ces lunettes, je vois double.

doubler v. tr.
doubler qc/qn Dans l'espoir de compenser sa perte, il doubla sa mise. Il essaye de doubler une autre voiture. Mais: Il redoubla d'efforts. Un cascadeur a doublé le héros du film dans la scène de l'accident.

doubler v. intr. Cette année, le prix de mon garage a doublé.

se doubler de + *nom* Un bon chauffeur se double ordinairement d'un bon mécanicien (= est en même temps un . . .).

doute n. m. Dans le doute, abstiens-toi. J'ai des doutes à ce sujet. Expr.: *mettre qc en doute* Je ne mets pas en doute votre bonne foi.

il ne fait pas de doute/il ne fait aucun doute/il n'y a pas de doute [impers.] *que* + *ind. ou cond.* Il n'y a pas de doute qu'il réussira/qu'il réussirait s'il travaillait.

nul doute/point de doute que + *ind.* ou [plus souvent] + *(ne)* + *subj.* Nul doute qu'il a/(n')ait raison.

sans doute loc. adv. (= probablement) Il a sans doute raison. [avec inversion; litt.]: Sans doute a-t-il raison.

sans doute que + *ind.* [fam.] Sans doute qu'il a raison.

douter v. intr. et tr. indir.
douter de qc Tes amis commencent à douter de ta sincérité.
douter de qn Ils commencent à douter de toi.
douter que + *subj.* Je doute fort que vous ayez raison.
ne pas douter que + *(ne)* + *subj. ou ind.* [pour le mode cf. APPENDICE § 11] Je ne doute pas qu'il (ne) vienne bientôt. Je ne doute pas que notre ami est un honnête homme.
douter de + *inf.* Je ne doute pas de le voir bientôt.

se douter de qc (= avoir le soupçon de qc) Je me doute de ses sentiments à mon égard (= je les devine). Il ne se doute pas de ce qui
l'attend.

se douter que + *ind. ou cond.* Je me doute que vous êtes au courant. Je
me doutais que vous seriez au courant. Je ne me doutais pas qu'il
nous avait menti.

douteux, se adj. [après le nom] un succès douteux; un homme
d'une probité douteuse.

il est douteux [impers.] *que* + *subj.* Il est douteux que cela se fasse

il n'est pas douteux [impers.] *que* + *ind./cond.* Il n'est pas douteux
qu'il s'est trompé.

droit

1. adj. (= rectiligne) [après le nom] une ligne droite; un chemin
droit.
[sens moral; avant le nom] le droit chemin.
en droite ligne loc. adv. Ce meuble ancien venait en droite ligne des
Galeries Lafayette.
(= qui est à droite) Partez du pied droit.

2. *droit* adv. [invar.] Elle marche droit. Ce chemin conduit droit à
la ville. Mais: Elle se tient droite, elle marche droite (= position du
corps).

3. *droit* n. m. Il étudie le droit. Si je veux chanter sur la route, c'est
mon droit. Il se sentait parfaitement dans son droit. Le père Gaspard
a des droits sur ce terrain.
Expr.: *à qui de droit* Adressez-vous à qui de droit (= à la personne
compétente).
avoir droit à qc Un père a droit au respect de ses enfants.
avoir droit de qc Le père de famille avait droit de vie et de mort sur
ses enfants.
avoir le droit de + *inf.* Vous avez le droit de chanter.
être en droit de + *inf.* Vous êtes en droit de réclamer une indemnité.

4. *droite* n. f. Tenez votre droite. Elle connaît déjà sa droite et sa
gauche.
sur la droite loc. adv. Vous apercevrez sur la droite le château de
Rosny.
à droite loc. adv. En France comme en Allemagne, on roule à droite.
Les numéros pairs sont à droite.

drôle adj. une histoire drôle; un drôle de garçon; une drôle
d'histoire; des drôles de gens.

drôle n. m. [péjor.] Conduisez ce drôle au poste de police.

drôlesse n. f. Tu n'épouseras pas cette drôlesse.

du art. déf. contracté ou art. part., cf. **de.**

dur, e adj. [avant ou après le nom] un siège dur; des œufs durs; un hiver dur; un dur travail.

dur pour/envers/à l'égard de qn Vous êtes trop dur pour/envers vos enfants. Vous êtes dur à leur égard.

dur de qc Elle est dure d'oreille.

dur à qc Il est dur à la tâche.

dur à + inf. Ces enfants sont durs à tenir.

Expr.: [fam.] *dur à cuire* (= difficile à manœuvrer) L'agent était (un) dur à cuire, il ne m'a pas laissé stationner là.

à la dure loc. adv. Autrefois, les soldats étaient menés à la dure.

dur adv. [invar.] Elle a travaillé dur pour avoir son baccalauréat.

dur n. m. [fam.] (= un garçon énergique, ou un bagarreur) Mon ami Fernand est un dur, un vrai de vrai.

durant prép. Elle travailla durant (= pendant) toute sa vie. Elle travailla sa vie durant.

durer v. intr.

durer + indication de temps La guerre dura cent ans. La grève durera une heure/jusqu'à midi.

durer à qn + indication de temps Ce veston m'a duré sept ans.

Expr.: *le temps me/te etc. dure* Le temps ne m'a pas duré pendant ce voyage (= Je ne me suis pas ennuyé).

le temps me/te etc. dure de + inf. Le temps lui durait (= Il était impatient) de partir.

E

écart n. m.

un écart entre deux choses Il y a beaucoup d'écart entre les deux opinions.

à l'écart loc. adv. Il préfère se tenir à l'écart. Il habite à l'écart.

à l'écart de qc loc. prép. Il se tient à l'écart de la politique.

écarter v. tr.

écarter qn/qc Il écarta la foule. Il écarta ses bras.

écarter qn/qc de qc Ne l'écartez pas du droit chemin. Ecarte le divan du mur.

s'écarter La foule s'écarta pour lui livrer passage.

s'écarter de qc Ecarte-toi du cheval. [fig.]: Le candidat s'est écarté de la question.

échange n. m. De nombreux échanges ont eu lieu entre nos deux pays.

en échange loc. adv. Passe-moi ton ‹Match›; en échange, tu peux lire mon ‹Elle›.

en échange de qc loc. prép. Passe-moi ton <Match> en échange de mon <Elle>.

échapper v. tr. indir.
échapper à qn [auxil. >avoir<] Le prisonnier a échappé à leur surveillance. Il leur a échappé. Ces fautes ont échappé aux deux correcteurs de la copie (= ils ne les ont pas remarquées).
[quelquefois auxil. >être<, soulignant le résultat atteint par l'accomplissement de l'action] Deux fautes graves me sont échappées (= Je les ai commises par étourderie). Deux prisonniers dangereux sont échappés (= Ils courent en liberté; p. pa. adj.). [cf. APPENDICE § 2]
il ne m'échappe pas [impers.] *que* + *ind.* Il ne m'échappe pas (= Je m'aperçois bien) que mon frère ne fait pas tout ce qu'il pourrait pour aider nos parents.

s'échapper Deux prisonniers se sont échappés ce matin.
s'échapper de qc On ne s'échappe pas de cette île.
Expr.: *l'échapper belle* (= se tirer par chance d'un danger) [p. pa. toujours masc.] La foudre est tombée à cent mètres, nous l'avons échappé belle.

échec n. m. Notre expérience est un échec.
subir/éprouver/essuyer un échec Cet étudiant a subi/éprouvé/essuyé une série d'échecs.
faire échec à qn/à qc Les démocrates ont fait échec à la politique du chef d'Etat.
tenir qn en échec Jusqu'ici on a tenu les révolutionnaires en échec.
échecs n. m. pl. J'ai acheté un jeu d'échecs (= le matériel pour y jouer). Le jeu des échecs est d'origine persane. C'est un champion d'échecs. Il me bat toujours aux échecs.

échelle n. f. L'enfant commença à grimper sur l'échelle. [fig.]: En voilà une singulière échelle des valeurs!
à l'échelle de qc loc. adj. Les moyens à notre disposition ne sont pas à l'échelle de (= ne sont pas adaptés à) notre but.
sur une grande échelle loc. adv. Le savant va continuer, mais sur une plus grande échelle, ses recherches en Afrique.

échoir v. tr. indir. [seulement: il échoit, ils échoient, il échut, ils échurent, il échoira, ils échoiront et 3e pers. sg. et pl. des temps composés]
échoir à qn [auxil. >être<] l'honneur qui m'est échu; les honneurs qui t'échoiront.
le cas échéant loc. adv. Vous pouvez compter sur moi, le cas échéant.
à terme échu loc. adv. Le loyer se paye à terme échu (= à la fin du terme, c'est-à-dire du mois ou du trimestre).

échouer v. intr. [auxil. >avoir<] Hier, un navire a échoué sur un banc de sable.

échoué p. pa. adj. Le navire est échoué là depuis une semaine.

échouer v. tr. indir.

échouer à qc [sens fig.] L'élève a échoué à son examen.

échouer abs. Pourquoi notre meilleur élève a-t-il échoué? Le débarquement a échoué complètement.

échouer v. tr.

échouer qc Le capitaine a échoué son bateau (= il l'a fait échouer).

s'échouer Le navire s'est échoué.

éclairer v. tr.

éclairer qn/qc Le soleil éclaire la terre. [fig.]: Ce livre contribua beaucoup à éclairer les esprits.

éclairer qn Attendez, je vais vous éclairer avec ma lampe de poche.

éclairer abs. Cette lampe éclaire mal.

il éclaire [impers.] Avant l'orage, il avait déjà éclairé (= fait des éclairs) plusieurs fois.

s'éclairer L'obscurité de la chambre le força à s'éclairer dès l'après-midi.

s'éclairer à qc Nous nous sommes éclairés au gaz/à l'électricité.

s'éclairer de qc [fig.] Son visage s'éclaira d'un sourire.

éclater v. intr. Le bracelet de diamants éclate. La bombe n'a pas éclaté. [fig.]: Des applaudissements éclatèrent. La colère éclata dans ses yeux.

éclater en qc La fillette éclata en sanglots. La salle éclata en applaudissements.

Expr.: *éclater de rire* Je ne pus m'empêcher d'éclater de rire.

économiser v. tr.

économiser qc Il avait économisé 5 000 francs. Vous feriez mieux d'économiser vos forces.

économiser sur qc Ma mère économisait sur tout.

économiser abs. Il faut économiser pour l'avenir.

écouter v. tr.

écouter qn/qc Parlez, je vous écoute. Je suis las d'écouter ses conseils.

écouter abs. Parlez, j'écoute. Il n'écoute que d'une oreille.

écouter + prop. inf. Nous avons écouté chanter le coucou. Nous l'écoutons chanter.

écouté p. pa. Monsieur X est l'un des conseillers les plus écoutés du Président.

s'écouter Cette dame s'écoute trop, elle est la proie des médecins (= elle est trop attentive à sa petite santé). Notre ami s'écoute parler (= Il est content d'avoir la parole et fier de s'exprimer bien).

écraser v. tr.

écraser qn/qc Il fut écrasé par une voiture. Il a écrasé un fruit (avec son pied).

écraser qn de qc Il nous écrase de travail.

être écrasé de qc Nous sommes littéralement écrasés de travail.

s'écraser Une Caravelle s'écrasa à l'atterrissage.

s'écrier v. pr. Elle s'est écriée: <Traître!>

s'écrier que + ind. Elle s'est écriée qu'on la trahissait.

écrire v. tr.

écrire qc Comment écrivez-vous ce mot?

écrire abs. Ecrirons-nous au crayon ou à l'encre?

écrire qc à qn Je lui ai écrit une longue lettre.

écrire de + inf. Je lui ai écrit de venir passer ses vacances chez nous.

écrire que + ind. (information) Il m'a écrit qu'il avait assez de nous et qu'il ne reviendrait jamais. [cf. APPENDICE § 11]

écrire que + subj. (volonté) Je lui écris qu'il parte.

écrit p. pa. C'était écrit. [devise du fatalisme arabe]

par écrit loc. adv. Expliquez-moi cette affaire par écrit.

écrit n. m. Un écrit autographe de Charlemagne. Les écrits d'Apollinaire comportent plus de prose que de vers.

écrivain n. m. [fém: un écrivain] Cette femme est un remarquable écrivain.

s'écrouler v. pr. Les murs menacent de s'écrouler.

effacer v. tr.

effacer qc Il faut effacer ce trait. [fig.]: Ce beau geste efface votre incorrection.

effacer qn Cette péronelle croit effacer (= éclipser) son mari.

s'effacer Cette encre ne s'efface pas. Au passage de la sentinelle, je m'effaçais (= je me dissimulais) dans l'angle de la porte.

effarer v. tr.

effarer qn La nouvelle de l'attentat a effaré le monde entier.

s'effarer de qc Elle s'effare du moindre bruit.

effet n. m. Un effet de scène. Cette rougeur est l'effet du froid. Des effets de lumière. Mes effets (= vêtements) sont inondés de boue. Expr.: *faire de l'effet* Ta robe fait de l'effet.

faire bon/mauvais effet Ta remarque a fait (très) bon/mauvais effet.

faire/produire un effet sur qn/sur qc La fermeté du gouvernement a fait/produit un grand effet sur les électeurs.

faire l'effet de qn/de qc Il me fait l'effet d'un incapable.

faire effet Les mesures feront effet dans peu de temps.

prendre effet Le nouveau règlement prendra effet le 1er juin.

en effet loc. adv. Oui, je me souviens de cette remarque, en effet.

à cet effet loc. adv. Je me souviens qu'il a dit quelque chose à cet effet.

sous l'effet de qc loc. prép. Il a fait cela sous l'effet des drogues.

s'efforcer v. pr.

s'efforcer vers qc Tous ces jeunes gens s'efforcent vers la gloire.

s'efforcer de + inf. Mon amie s'est efforcée de paraître calme.

s'efforcer à + inf. [plus rare] Il s'est efforcé à courir.

égal, e adj. [m. pl.: égaux] Nous sommes tous égaux.

égal à qn/à qc Il est toujours égal à lui-même. Rien n'est égal à cette splendeur. Cela m'est égal (= indifférent). Cela nous est bien égal. Expr.: *être l'égal de qn* Vous n'êtes pas mon égal.

n'avoir pas d'égal/pas son égal pour + inf. Il n'avait pas d'égal/son égal pour nous expliquer le fonctionnement des machines.

n'avoir d'égal que + nom Sa sottise n'a d'égal (ou: d'égale) que sa vanité. Son talent n'a d'égal (ou: d'égale) que sa modestie.

sans égal loc. adj. Une habileté sans égal. C'est un peintre sans égal.

à l'égal de qn/qc loc. prép. Je hais les menteurs à l'égal de (= tout autant que) la peste.

égaler v. tr.

égaler qn Personne ne pouvait l'égaler.

égalent/égale [signe d'équation] $2 + 2 = 4$ Deux plus (ou: et) deux égalent (ou: égale) quatre.

égard n. m. [au sg. seulement dans cert. loc.]

Expr.: *avoir égard à qc* Ayons égard à son âge. Ils n'ont eu aucun égard à mes titres.

eu égard à loc. prép. Eu égard à son âge, il fut gracié.

à l'égard de loc. prép. Il est très aimable à mon égard. Ne vous inquiétez pas à cet égard (= à ce sujet).

à tous égards/à tous les égards loc. adv. Ce domestique est parfait à tous (les) égards.

par égard pour qc loc. adv. On l'a gracié par égard pour son âge.

sans égard pour qc loc. adv. On l'a fusillé sans égard pour son âge.

égards pl. (= marques de considération) Ayez des égards pour les délégués syndicaux.

égarer v. tr.

égarer qc J'ai égaré mon portefeuille.

égarer qn La passion t'égare (= te fait perdre la raison). Cette ruse a égaré les policiers (= les a trompés).

s'égarer Notre enfant s'est égaré dans le magasin. [fig.]: Mesurez vos paroles, vous vous égarez (= vous perdez votre contrôle).

égayer v. tr.

égayer qn par qc Il égaie toute la table par ses histoires cocasses.

s'égayer de qc Toute la table s'égayait des histoires de notre hôte.
s'égayer aux dépens de qn Ils se sont égayés à mes dépens.

élancer v. tr.
élancer qn 1. (= donner de l'élan à qn qui se balance) Elance ton frère, mais pas trop fort.

2. (= causer une douleur intermittente) Ma dent cariée m'élance continuellement.

s'élancer Le pompier s'est élancé dans le brasier.

élancé p. pa. adj. une taille élancée (= haute et mince); un clocher élancé.

élargir v. tr.
élargir qc Il faudrait élargir ce chemin.
élargir qn Le prisonnier a été élargi (= libéré, mis au large).
s'élargir Le chemin s'élargit brusquement.

élever v. tr.
élever qc Ce mur est trop bas, il faut l'élever de deux mètres. Personne n'a osé élever la voix.
élever qn Elle avait trois enfants à élever.
élever qn dans qc J'ai été élevé dans le respect de la vieillesse.
s'élever Soudain, un vent violent s'éleva.
s'élever contre qc Beaucoup de voix se sont élevées contre cette proposition.
(une somme) s'élève à tant Le montant de la facture s'élève finalement à 3000 francs.
élevé p. pa. adj. Bien/mal élevé. Ce garçon est très mal élevé. Un mur très élevé (= haut).

élire v. tr.
élire qn «Ils s'empressent d'élire un député pourvu qu'il leur promette la lune.» (Daninos)
élire qn + attr. On a élu M. Dupont président de la société.
être élu + attr. Il a été élu président à la majorité de dix.

éloge n. m.
digne d'éloge loc. adj. Votre conduite a été en tout point digne d'éloge.
faire l'éloge de qn/de qc Pour commencer la cérémonie, le Président fit l'éloge des hommes morts pour la patrie.
Expr.: *être à l'éloge de qn* Ce résultat est à l'éloge de vos élèves.

éloigner v. tr.
éloigner qn/qc Ce chèque a éloigné pour quelque temps nos soucis. Il faut éloigner les enfants.

éloigner qn/qc de qn/de qc Essayez de l'éloigner des autres enfants, si vous aimez la tranquillité.

s'éloigner de qn/de qc Eloigne-toi d'ici.

émanciper v. tr.

émanciper qn Le mariage émancipe un jeune homme, même mineur (= il lui donne les droits de la majorité).

s'émanciper (= acquérir de l'indépendance) La jeunesse s'émancipe beaucoup dans cette ville.

emballer v. tr.

emballer qc Emballe bien soigneusement ces tasses pour le voyage. Cessez d'appuyer sur la pédale, vous emballez le moteur à vide.

emballer qn [fam.] Le style de ce peintre ne m'emballe pas (= ne m'enthousiasme pas).

s'emballer Un cheval, affolé par la détonation, s'est emballé.

s'emballer pour qn/pour qc [fam.] Ma femme s'emballe facilement pour les tissus.

embarquer v. tr.

embarquer qn Les soldats ont été embarqués sur plusieurs navires.

embarquer abs. Dans cette tempête, notre canot embarquait (= se remplissait d'eau) dangereusement.

embarquer v. intr. Nous avons embarqué (= Nous sommes montés dans le bateau) à midi.

s'embarquer Il s'est embarqué hier.

s'embarquer pour un endroit/pour qc Il s'est embarqué pour l'Amérique. A Sète, Saint Louis s'est embarqué pour la septième croisade.

s'embarquer dans qc [fig.] Vous vous êtes embarqué dans une mauvaise affaire.

embaumer v. tr.

embaumer qn Les Egyptiens embaumaient tous leurs morts.

embaumer qc Ces lis embaument notre jardin.

être embaumé de qc L'air est embaumé de romarin.

embaumer v. intr. Ces lis embaument (= sentent très bon).

embaumer + nom indiquant le parfum Ce linge embaume la lavande (= sent agréablement la lavande).

embellir v. tr.

embellir qc Les arbres en fleurs embellissent la campagne.

embellir v. intr. [auxil. >avoir< ou >être<; cf. APPENDICE § 2 C] Jacqueline a embelli depuis quelques mois. Elle est bien embellie.

embêter v. tr. [très fam.]

embêter qn Ce nouvel échec m'embête (= me contrarie) beaucoup. Ce roman embête (= ennuie) tous ceux qui tentent de le lire.

s'embêter Mon petit frère dit qu'il s'embête chez tante Agathe.

embrasser v. tr.

embrasser qn Embrasse (= Donne un baiser à) ta sœur.

embrasser qn à qc/sur qc Il embrasse la jeune fille au front/sur le front.

embrasser qc La patrie de la science embrasse l'humanité toute entière. L'espèce <rat> n'embrasse (= ne comprend, n'inclut) pas les <souris>.

Expr.: *embrasser un métier/une carrière* Mon fils embrasse la carrière médicale.

émerveiller v. tr.

émerveiller qn Son assurance m'a émerveillé.

être émerveillé de qc J'étais émerveillé de son talent. [cf. APPENDICE § 8]

s'émerveiller de qc Il n'y a pas là de quoi s'émerveiller.

émettre v. tr.

émettre qc Le gouvernement a récemment émis des billets de 1000 F. Le navire en détresse émit un message urgent.

émettre abs. Notre poste émettra tous les soirs sur onde moyenne.

emmener v. tr.

emmener qn Emmenez le prévenu. Il a pris la voiture pour emmener sa mère chez le médecin.

emmener qc [emploi fam. avec un nom de chose] Emmène tes jouets chez ton ami. [Dire: Emporte . . .]

s'emparer v. pr.

s'emparer de qc Il s'est emparé du couteau et s'est élancé sur ceux qui le poursuivaient.

empêcher v. tr.

empêcher qc Il voulait à tout prix empêcher le mariage de sa fille.

empêcher qn/qc de + *inf.* Il voulait empêcher sa fille d'épouser ce voyou. Il faut empêcher cet arbre de crever.

s'empêcher de + *inf.* A la vue de cet homme, on ne peut s'empêcher de sourire.

empêcher que + *(ne)* + *subj.* Le mauvais temps empêche toujours que nous (ne) sortions.

ne pas empêcher que + *subj.* Le mauvais temps n'empêche pas que nous sortions.

ne pas empêcher que + *ind.* [affirmant la réalité de l'action] Ta mauvaise conduite n'empêche pas que tu es notre fils (= Malgré ta mauvaise conduite, nous n'oublions pas que tu es notre fils).

n'empêche que/il n'empêche que/cela n'empêche (pas) que + *ind.* (formule d'opposition) N'empêche que (= Malgré tout) cette victoire nous a coûté trop cher. Cela n'empêche pas que c'est un homme très malade.

empereur n. m. [fém: impératrice] l'empereur Napoléon; l'impératrice Joséphine.

empiéter v. tr. indir.

empiéter sur qc N'empiétez pas sur le terrain de votre voisin. La mer empiète sur les côtes. [fig.] : Le pouvoir législatif ne doit pas empiéter sur l'exécutif.

empirer v. intr. Son état a empiré depuis hier.

empirer v. tr.

empirer qc [rare] Ce remède de bonne femme ne fera qu'empirer le mal.

emplir v. tr.

emplir qc/qn de qc [recherché, pour : remplir] Il faut emplir le biberon de lait. Ces éloges m'ont empli d'orgueil.

s'emplir La salle ne s'est pas encore emplie.

employer v. tr.

employer qc S'il le faut, nous emploierons la ruse.

employer qc à qc Nous emploierons notre temps à quelque chose de plus intéressant.

employer qc à + inf. Il emploie tout son argent à soutenir ses vieux parents.

employer qn (comme) Je peux vous employer (comme secrétaire).

employer qn à + inf. Je peux vous employer à faire la cuisine.

s'employer Ce mot ne s'emploie plus.

s'employer pour qn Tous les professeurs se sont employés pour cet élève (= sont intervenus en sa faveur).

s'employer à qc Tous les élèves s'employaient à la préparation de la fête.

s'employer à + inf. Il s'employait à repeindre toute la maison.

emporter v. tr.

emporter qc Emportez-moi tout cela. L'inondation a emporté le pont. Qui a emporté (plutôt : remporté) le Tour de France cette année?

emporter qn Le choléra l'a emporté.

l'emporter On discuta longuement, mais ce fut l'avis de Charles qui l'emporta (= qui prévalut).

l'emporter sur qn Killy l'emporta sur tous ses concurrents.

s'emporter contre qn Il s'est emporté contre ses conseillers.

s'empresser v. pr. Tous s'empressent autour du roi.

s'empresser à + inf. La foule des courtisans s'empresse à (= fait preuve de zèle pour) le saluer.

s'empresser de + inf. Il s'empressa (= Il se hâta) de décamper.

emprunter v. tr.

emprunter qc Défense de traverser les voies. Empruntez les passages souterrains.

emprunter qc à qn/à qc A qui as-tu emprunté cette somme? Nos auditeurs peuvent emprunter des livres à la bibliothèque de l'institut.

en prép.

[difficilement suivi de l'art. déf.: *en le, en les* n'appartiennent qu'à une langue litt. artificielle; *en la* et *en l'* + *nom* ne s'emploient que dans certaines expr.: *en l'honneur de; en l'absence de; en l'air; en l'espèce*, etc.]

1. LIEU

en + *nom commun* en mer (mais: sur un lac); en classe (mais: dans la cour); en province (mais: dans la capitale); en ville (mais: à la campagne); en enfer (mais: au ciel); en terre, en l'air (mais: dans l'eau). J'ai de l'argent en poche (mais: dans mon sac, dans mon porte-monnaie).

en + *nom propre de lieu*

[nom de pays ou de région fém., ou nom masc. commençant par une voyelle]: en Suède; en Iran (mais: au Danemark, dans le Midi). [nom de province fém.]: en Bretagne; en Auvergne. [*en* ou *dans* au masculin]: en Poitou/dans le Poitou;

[*en* ou *dans* dev. certains noms de département composés fém.]: en (ou: dans la) Meurthe-et-Moselle; en (ou: dans la) Seine-Inférieure. [seulement *dans* dev. les noms simples ou les composés masc.] dans la Seine; dans l'Oise; dans le Rhône; dans l'Ain; dans le Jura. [noms fém. de grandes îles] en Corse; en Crète (mais: à Madagascar; à l'île d'Elbe).

● La langue litt. emploie *en* pour *à* devant les noms de ville commençant par *A* comme Avignon, Arles, Alger; mais l'usage ordinaire ne connaît pas cet emploi, et dit toujours: à Avignon, à Alger, etc.

2. TEMPS

J'ai écrit ma composition en trois heures. (Mais: Je partirai dans trois heures.) Il est né en 1940. En été. En automne. En hiver (mais: au printemps). En semaine (= un jour de semaine). En ce temps-là.

3. MATIÈRE

Son bracelet est en or. Une montre en or (ou: d'or). Mais [au fig.]: Une santé de fer.

4. MOYEN, MANIÈRE

Je suis allé en avion. Il l'a dit en anglais.

5. COMPLÉMENT DE CERTAINS ADJECTIFS

un pays riche/pauvre en produits agricoles; un esprit fertile en découvertes; un garçon fort en mathématiques.

6. EN + PARTICIPE PRÉSENT = GÉRONDIF

[Le gérondif exprime la concomitance]: Je l'ai vu en partant (= quand je suis parti); [le moyen]: C'est en forgeant qu'on devient forgeron; [la manière]: Il a répondu en tremblant; [la concession (souvent précédé de *tout*)]: Il a refusé tout en tendant la main.

7. DANS CERTAINES LOCUTIONS

en général; en particulier; en un clin d'œil; etc.

loc. prép:

en deçà de cf. **deçà**; *en dépit de* cf. **dépit**; *en face de* cf. **face**.

en pron. et adv.

en adv. de lieu (= de là) Est-il dans son bureau? – Non, il vient d'en sortir. Maintenant que tu l'as mis dans la bouteille, il faut l'en retirer. [figure dans plusieurs loc. ver.] *s'en aller; s'en retourner.* Je m'en vais acheter du pain. Il s'en retourne chez lui.

en pron. pers. (= de cela) [antécédent nom ou pron. de chose ou de personne] Prends un marteau, tu pourras t'en servir. Laissez tout cela, je m'en occuperai. C'était un brave homme, personne n'en disait de mal. Nous avons un nouveau voisin, je vous en parlerai.
[compl. d'un v. tr. dir.]: La cave est pleine de rats, nous en voyons souvent (= nous voyons des rats). Le beurre a été livré, vous en voulez? (= vous voulez du beurre?) Mais: Je n'ai pas de dictionnaire, en as-tu un? (= as-tu un dictionnaire?) [L'épithète se construit avec *de*]: «L'Ecole Normale Supérieure devait fabriquer des fonctionnaires. Elle en fabrique. Elle en fabrique même d'irrespectueux.» (François-Poncet). – Des dictionnaires, j'en ai trois (= J'ai trois dictionnaires). «Un train peut en cacher un autre.» (plaque d'avertissement de la S.N.C.F.)
[remplaçant un poss. quand le possesseur est un nom de chose] Je n'ai pas encore été à Poitiers, mais j'en connais les monuments (= ses monuments; les monuments de Poitiers).
● Distinguer: Elle prit la poupée et en pencha la tête (= la tête de la poupée) et: et pencha sa tête (= sa propre tête).
[représentant un verbe à l'inf., une prop.]: Faire du mal, il en est incapable. Revenez souvent, nous en serons enchantés.

enchérir v. intr. Le poisson a enchéri (= est devenu plus cher) à cause des tempêtes. La mise à prix était de deux cents francs, et personne n'a enchéri (= n'a fait une offre d'achat supérieure).
enchérir sur qn/sur qc Personne n'a enchéri sur moi. Je ne peux enchérir sur une pareille somme.

enchanter, v. tr.
enchanter qn Cette bonne nouvelle nous a enchantés.
être enchanté de qc Ils étaient enchantés de leur séjour en Suisse.
être enchanté de + *inf.* Je suis enchanté d'apprendre que vous avez l'intention de venir nous voir.
être enchanté que + *subj.* Il est enchanté qu'on l'ait reconnu du premier coup.

enchanteur n. et adj. [fém.: enchanteresse] un séjour enchanteur; une beauté enchanteresse.

enclin, e adj.
enclin à qc Je ne suis pas enclin à l'indulgence.
enclin à + inf. Il est enclin à faire le contraire de ce qu'on lui dit.

à l'encontre de qc loc. prép. Il va toujours à l'encontre de ce que je dis.

encore adv.
1. Elle dort encore (= son sommeil n'est pas terminé). Elle vient encore (= une nouvelle fois). Elle est encore venue. Elle n'est pas encore venue.
[avec une précision temporelle] Elle est venue encore aujourd'hui, encore une fois. Encore une fois, elle n'est pas venue.

2. [adv. d'intensité devant un mot de sens comparatif] [verbe]: Mes impôts ont encore augmenté. [adj.]: Ce vin est encore meilleur. [adv.]: Il faut travailler encore plus.

3. *non seulement ... mais encore ...* loc. adv. de coord. Non seulement il est paresseux, mais encore il est menteur.

4. [adv. de sens restrictif (= pourtant, du moins) avec inversion du sujet] Nous roulons à 140; encore n'ai-je pas donné toute la puissance. Le temps était maussade; encore ne pleuvait-il pas.
si encore (ou *encore si*) *+ ind. imparf. ou plus-q.-p.* Que faire dans cette prison? Si encore j'avais des livres! [idée de regret]
et encore! [loc. de renchérissement] Comme il fait jeune! On lui donnerait vingt ans, et encore! (= et même pas vingt ans)

5. *encore que + subj.* loc. conj. de subord. Il est sérieux, encore qu'il soit (= bien qu'il soit) très jeune. [elliptiquement]: Encore que très jeune, il travaille impeccablement.

encourager v. tr.
encourager qn/qc Les concurrents furent encouragés par la foule. Louis XIV a encouragé les arts.
encourager qn à + inf. Ses amis l'ont encouragé à se défendre hardiment.

endormir v. tr.
endormir qn/qc Vous essayez de m'endormir avec de belles paroles. Avant l'opération, il fut endormi. Il faut essayer d'endormir ses soupçons.
s'endormir Je dois m'être endormi en quelques secondes.

endroit n. m.
1. (= lieu, place) A quel endroit as-tu mis le pain? Je cherche un endroit pour dormir à l'ombre.

2. (= côté destiné à être vu; contr.: envers) L'endroit de ce tapis n'est pas plus beau que l'envers.

à l'endroit loc. adv. Remets ta chaussette à l'endroit (= du bon côté).

à l'endroit de qn loc. prép. Tu connais mes sentiments à l'endroit (= à l'égard) de ce garçon. Il a été très correct à mon endroit.

endurcir v. tr.

endurcir qn/qc Les sports nous endurcissent. Ils endurcissent le corps.

endurcir qn à qc Le service militaire m'a endurci à la marche. Ce séjour en Afrique vous endurcira à la chaleur.

s'endurcir (à qc) Quand vous souffrez longtemps, vous finissez par vous endurcir (à la douleur).

endurer v. tr.

endurer qc J'ai enduré (= supporté) la chaleur et les moustiques. Je ne veux plus endurer tes insolences.

endurer de + inf. J'ai enduré d'habiter ce taudis.

endurer que + subj. Je n'endurerai plus que tu reviennes si tard.

enfant, n. m. et f. un bel enfant; une belle enfant.
Venez, les enfants. La mère dit: Où êtes-vous, mes (ou: les) enfants?
bon enfant loc. adj. invar. Elle est vraiment bon enfant.

enfler v. intr. Ma cheville enfle quand je marche trop.

enfler v. tr.

enfler qc Le vent enfle les voiles. Ce cornet enfle les sons.

s'enfler Les voiles s'enflent.

enflé p. pa. J'ai la cheville enflée. Ma cheville est enflée. Un style enflé.

enfoncer v. tr.

enfoncer qc Si vous n'ouvrez pas, j'enfoncerai la porte. J'enfonçai mes mains dans mes poches.

enfoncer v. intr. Le navire enfonçait dans l'eau.

s'enfoncer Le navire s'enfonçait lentement dans les eaux.

s'enfuir v. pr. Il s'est enfui de la maison paternelle, parce qu'il n'y tenait plus.

engager v. tr.

engager qc/qn J'ai engagé ma parole. Ma promesse m'engage.

engager qn à qc Je vous engage à la prudence. Cette signature ne vous engage à rien. [abs.]: Cette signature n'engage à rien.

engager qn à + inf. Un mécène l'a engagé (= invité) à pousser ses recherches.

s'engager dans qc Son pied s'engagea dans la corde, il tomba.

s'engager à qc Je ne me suis engagé à rien.

s'engager à + inf. Je m'engage à vous servir fidèlement.

enjamber v. tr.
enjamber qc Le pont enjambe la rivière.
enjamber v. intr.
enjamber sur qc La phrase enjambe d'un vers sur l'autre.

enjoindre v. tr. indir.
enjoindre à qn de + inf. [litt.] L'agent de police lui a enjoint de quitter immédiatement ce stationnement interdit.

enlever v. tr.
enlever qc Enlève tes affaires de mon bureau. Le beurre n'a pas enlevé la tache de cambouis.
enlever qc à qn Le professeur lui a enlevé un point pour cette incorrection. Je vais me faire enlever un kyste.
enlever qn C'est eux qui ont enlevé le fils du metteur en scène. Le choléra l'enleva à l'âge de trente ans.

ennuyer v. tr.
ennuyer qn Toute cette affaire commence à m'ennuyer.
s'ennuyer Si vous venez avec nous, vous ne vous ennuierez pas.
s'ennuyer à + inf./de + inf. Je m'ennuie à attendre/d'attendre.
s'ennuyer de qn/de qc En vacances, elle ne tarde pas à s'ennuyer de ses parents/de sa maison (= à regretter leur absence).

énorme adj. [adv.: énormément] Votre lettre m'a fait un bien énorme. Votre avis m'intéresse énormément.

s'enquérir v. pr.
s'enquérir de qc Il ne s'est pas enquis de votre santé (= Il n'a pas demandé comment vous alliez). Dès son arrivée, il s'est enquis d'un appartement (= il s'est mis en quête, à la recherche d'un appartement).
s'enquérir + prop. interr. Il ne s'est pas enquis si vous étiez remis. Enquérez-vous à quelle heure passe le train.

enrager v. intr. En pensant qu'on aurait pu partir hier, j'enrage.
faire enrager qn Cet enfant ne cesse de nous faire enrager.
enrager de + inf. J'enrage d'avoir perdu la clef de mon coffre.

enseigner v. tr.
enseigner qc Il enseigne le français/la chimie/l'instruction civique, etc.
enseigner qc à qn Il enseigne beaucoup de locutions à sa classe.
enseigner à qn que + ind. On m'a enseigné que le catalan est une langue romane.
enseigner à qn à + inf. Ils lui ont enseigné à se défendre.
enseigner qn [rare] Allez et enseignez toutes les nations.

ensemble adv. [invar.] Nous sommes partis ensemble.
Expr.: *aller bien/mal ensemble* Les deux couleurs vont bien/mal ensemble.

ensemble n. m. Ils se sont levés avec ensemble (= d'un seul mouvement). La grève se poursuit sur l'ensemble du territoire. Cette veste et ce corsage ne font pas un ensemble heureux. La théorie des ensembles (ou: des groupes).

dans l'ensemble loc. adv. On peut dire que, dans l'ensemble, il a fait beaucoup de bien à son pays.

ensuite adv. Il a claqué la porte; ensuite, il est revenu/il est revenu ensuite/il est ensuite revenu.

s'ensuivre v. pr. [il s'ensuit, il s'ensuivra, il s'ensuivait, mais: il s'en est suivi que, il s'en était suivi que . . .] De grands périls s'ensuivront.

il s'ensuit [impers.] *que + ind.* Il s'ensuit que vous avez raison.

il ne s'ensuit pas que + subj. Il ne s'ensuit pas que vous ayez raison. [cf. APPENDICE § 11]

entendre v. tr.

1. (= percevoir par l'oreille)

entendre qn/qc J'entends les enfants/les voitures.

entendre abs. Laisse le chien tranquille. Tu entends?

être entendu de qn Les cris du bébé ne furent entendus de personne. [cf. APPENDICE § 8]

entendre + prop. inf. J'entends les voisins rentrer/rentrer les voisins. Je les ai entendu rentrer. [cf. APPENDICE § 7]

entendre avec obj.-agent indir. J'ai entendu dire cela à mon père (ou: par mon père). Je lui ai entendu dire cela. (On dit aussi bien: J'ai entendu mon père dire cela; je l'ai entendu dire cela.) [cf. APPENDICE § 9]

entendre qn/qc qui . . . J'entends les voisins qui rentrent. Je les ai entendus qui rentraient.

entendre que + ind. J'ai entendu que les voisins rentraient.

2. (= comprendre) Comment faut-il entendre ce mot?

entendre que + ind. J'entends bien qu'on veut m'éloigner.

Expr.: *entendre raison* En le menaçant, je lui ferai entendre raison (= adopter la conduite que commande la raison).

entendre qc à qc Je n'entends pas grand-chose aux mathématiques. Elle n'entend rien à la politique. Elle n'y entend rien.

faire entendre/donner à entendre à qn que + ind. Il m'a fait entendre/donné à entendre que j'étais de trop.

Expr.: *s'y entendre dans qc* Il s'y entend (= s'y connaît, est compétent) dans la pêche aux écrevisses.

s'entendre à + inf. Il s'entend à berner les gens.

s'entendre bien/mal (avec qn) Ces jeunes époux s'entendent bien/mal (= sont en bons/en mauvais termes). Je m'entends bien avec ma concierge.

s'entendre pour + inf. Ils se sont entendus pour me tromper.

Expr.: *cela s'entend* (= se comprend aisément). Nous partagerons les bénéfices, cela s'entend.

Expr.: *(c'est) entendu* (= convenu) Livrez-nous la glace à six heures. – (C'est) entendu.

il est entendu [impers.] *que* + *ind.* Il est entendu que vous viendrez.

Expr.: *bien entendu* (= évidemment) Il pleut, bien entendu!

3. (= vouloir)

entendre + *inf.* J'entends être obéi (= Je veux qu'on m'obéisse).

entendre que + *subj.* J'entends qu'on m'obéisse.

entêter v. tr.

entêter qn Le parfum de ces fleurs m'entête (= me monte à la tête).

s'entêter Ne t'entête (= t'obstine) pas dans ce refus.

s'entêter à + *inf.* Le malade s'est entêté à rester couché.

s'enticher v. pr.

s'enticher de qn/de qc Elle s'entiche de (= se passionne pour) toutes les nouvelles vedettes/de tous les nouveaux succès.

être entiché de qn/de qc Elle est entichée d'un acteur américain. Elle est très entichée de sa noblesse.

entier, ère adj. [après le nom] J'ai lu le livre entier. Dans le monde entier. J'y ai passé une semaine entière.

[parfois avant le nom, quand il s'agit d'une qualité sans restriction] Il m'a répondu avec une entière bonne foi. Vous agirez avec une entière liberté.

Pas une maison ne restait entière. J'ai lu le livre tout entier. Elle se livre tout(e) entière à son travail.

en entier loc. adv. J'ai lu le livre en entier.

entourer v. tr.

entourer qn/qc La foule entourait le vainqueur.

entourer qc/qn de qc On décida d'entourer la cité de murailles.

s'entourer de qc/qn Elle s'entourait toujours de beaucoup d'amis.

être entouré de qn/qc (= état permanent) Il est entouré d'amis/d'une bonne équipe. Le champ est entouré de peupliers.

être entouré par qn (= action) La maison est bientôt entourée par un cordon de policiers.

être entouré de qc par qn Il fut entouré de soins par sa mère.

entraîner v. tr.

entraîner qn/qc Il entraîne la nappe.

entraîner qn/qc dans qc Ils m'entraînent dans leur tourbillon.

entraîner qn à qc Il m'entraîne (= me pousse) à des dépenses folles. Il m'entraîne (= m'exerce) à la natation.

entraîner qn à + *inf.* Il a entraîné son camarade à voler. Il a entraîné son équipe à jouer vite.

s'entraîner à qc Il s'entraîne au plongeon.
s'entraîner à + inf. Il s'entraîne à plonger.

entre prép. Sa màison se trouve entre l'église et l'école. Vous êtes entre amis. Nous allons comparer les deux villes entre elles.
entre tous Il est généreux entre tous (= particulièrement généreux).
entre autres Il s'est vendu plusieurs tableaux précieux, entre autres un Renoir et un Degas.
d'entre loc. prép. [remplace *de* devant des pron. pers.] Beaucoup d'entre eux (mieux que: beaucoup d'eux) furent mécontents.
entre préfixe
[verbes anciens écrits en un seul mot] s'entraider, s'entrecroiser.
[verbes occasionnels, avec trait d'union (ou apostrophe)] s'entre-déchirer, s'entre-soutenir, s'entr'aimer, s'entr'avertir, s'entre-heurter.
[noms] entracte, entrecôte, entrefilet, l'entre-deux-guerres.
[valeurs: réciprocité: s'entr'aimer; demi-accomplissement: entrouvrir.]

entrée n. f.
l'entrée de qc Le phare est à l'entrée du port.
faire une/son entrée (dans) Elle fit son/une entrée dans le monde lors du bal de la Cour.

s'entremettre v. pr.
s'entremettre dans qc Pourquoi s'est-elle entremise dans notre querelle?

entremise n. f. Le Président a offert son entremise pour régler le différend entre les deux Etats.
par l'entremise de qn loc. adv. Un accord a pu être conclu par son entremise.

entreprendre v. tr.
entreprendre qc Nous avons entrepris un nouveau projet de construction.
entreprendre qn S'il vous entreprend sur ses souvenirs de pêche (= S'il vous assaille de bavardages), vous n'en sortirez pas!
entreprendre de + inf. Je vais entreprendre de lui expliquer comment tout s'est passé.
entreprendre v. intr.
entreprendre sur qc [rare] Les sanctions prises par le Directeur de l'usine entreprennent sur (= portent atteinte à) nos libertés syndicales.

entrer v. intr. [auxil. >être<]
entrer dans qc Je suis entré dans le salon. La pointe du couteau lui est entrée dans le bras. Le bateau entre dans le port. [fig.]: Je n'entre pas dans vos arguments/dans vos idées (= je ne les partage pas).
entrer à qc Il est entré au régiment/à l'Académie/à la caserne. Elle va entrer au couvent.

entrer en qc Elle est entrée en religion/en scène/en prison. Je vais entrer en service/en activité/en fonctions. J'entre en lutte avec lui. L'eau entre en ébullition.

entretenir v. tr.

entretenir qc La route est entretenue (= en bon état) par la municipalité. [fig.] : Ses lettres entretiennent l'espoir de la famille.

entretenir qn Cette femme se fait entretenir par un industriel (= il assure son existence). Dis à notre fils que je refuse de l'entretenir indéfiniment à ne rien faire.

entretenir qn de qc Je l'ai entretenu de vos problèmes.

entretenir qn dans qc Les médecins entretiennent Argan dans l'illusion qu'il est malade.

s'entretenir avec qn (de qc) Nous nous sommes longtemps entretenus avec lui (de vos problèmes).

envahir v. tr.

envahir qc Les Gaulois envahirent l'Italie. Les eaux ont envahi la plus grande partie de la région.

envahir qn La terreur envahit bientôt la foule.

être envahi par qc La région a été envahie par les eaux. Il se sentait envahi par le découragement.

envers n. m. l'envers (ou : le revers) de la médaille.

à l'envers loc. adv. Ne tenez pas la boîte à l'envers.

envers prép. Il a mal agi envers vous. Soyez respectueux envers (ou : pour) vos parents. Il a fait plus que son devoir envers ses parents.

envers et contre tous loc. prép. Je soutiendrai mon opinion envers et contre tous.

à l'envi loc. adv. (= à qui mieux mieux [litt.]) Les marchands forains criaient à l'envi pour attirer l'attention des clients.

envie n. f.

avoir envie de + inf. J'ai envie de dormir. J'ai grande/bonne envie/ bien/tellement envie [fam. aussi : très envie/si envie] de partir n'importe où. Je n'ai nulle envie/aucune envie de rester.

avoir envie que + subj. J'ai envie que nous allions au théâtre.

faire envie à qn Sa collection de pièces d'or me fait envie.

avec envie loc. adv. Nous avons regardé sa collection avec envie.

Expr. : L'envie lui est venue de ... Il me vient (ou : prend) envie de ... L'envie lui passera. Je lui ferai passer cette envie.

envier v. tr.

envier qn Tous ses amis l'envient.

envier qc à qn Tous lui envient ses richesses.

Expr. : *n'avoir rien à envier à qn* Pour la mémoire, il n'a rien à envier à son frère (= il en a autant).

envieux, se adj. et n. Avec cette aubaine, les Dupont vont faire bien des envieux.

envieux de qc Ne soyez pas envieux du bien d'autrui.

environ adv. Elle a environ trente ans. Elle a trente ans environ.

environs n. m. pl. Il habite aux environs. Sa maison est aux environs/ dans les environs de Paris. [temps] : Aux environs de (la) Noël.

environner v. tr.

environner qn/qc Une foule environne le vainqueur.

être environné de qn/de qc Il se sentait environné d'ennemis. Nous sommes environnés d'eau.

s'environner de qn/qc Il a su s'environner d'amis.

envisager v. tr.

envisager qc Les Guichard envisagent la construction d'une maison.

envisager de + inf. Ils envisagent de construire une maison.

s'envoler v. pr. Le temps s'envole.

s'envoler de L'oiseau s'était envolé de sa cage.

envoyer v. tr. [futur : j'enverrai]

envoyer qn/qc On l'envoya/La lettre fut envoyée à Paris.

envoyer qc à qn Nous lui avons envoyé une lettre d'excuses.

envoyer + inf. Il faut l'envoyer chercher. Nous les avons envoyés promener (= chassés). Nous les avons envoyés se promener [sans idée péjorative].

envoyer qn (comme) + attr. On l'a envoyé comme ambassadeur/On l'a envoyé ambassadeur à Paris.

envoyer qn pour + inf. Il a envoyé un messager pour avertir sa femme.

envoyer qc à + inf. [plus rare: *envoyer qn à + inf.*] [sens passif] Voilà la bague que j'avais envoyée à réparer. Je vous envoie un élève à interroger.

épais, se adj. un livre épais; une couche épaisse de suie; une épaisse couche de suie.

épais de + nom de mesure un mur épais d'un mètre.

épancher v. tr. [sens fig. seulement]

épancher qc Il a épanché son cœur/ses sentiments. Mon oncle épanchait sa bile aux dépens de son entourage.

s'épancher [sens propre: = se répandre] : Le fleuve s'épanchait dans les sables du delta. [fig. : = confier ses sentiments] : Vivant seule, elle s'épanchait dans des lettres à ses parents dispersés.

épargner v. tr.

épargner qn Sa répression n'épargna pas les femmes.

épargner qc Ils sont réduits à épargner leur pain.

épargner sur qc Ils épargnent sur les frais de table.

épargner qc à qn Je vous épargnerai le soin de le prévenir.

épargner à qn de + *inf.* «Un sage oriental demandait toujours, dans ses prières, que la divinité voulût bien lui épargner de vivre une époque intéressante.» (Camus)

épargner abs. Sa veuve est obligée d'épargner.

s'éprendre v. pr.

s'éprendre de qn/[plus rare] *de qc* Il s'est épris d'une jeune fille pauvre/ de la liberté.

épreuve n. f. Avez-vous jamais participé à une épreuve sportive? J'ai déjà corrigé les épreuves que l'imprimerie m'a envoyées.

mettre qn/qc à l'épreuve Sa patience fut mise à une rude épreuve.

à l'épreuve de qc loc. prép. Nous avons utilisé des matériaux à l'épreuve du feu.

à toute épreuve loc. adv. C'est un ami à toute épreuve.

éprouver v. tr.

éprouver qc N'avez-vous pas éprouvé du regret?

éprouver qn Il fut cruellement éprouvé par la guerre (= il en souffrit beaucoup).

épuiser v. tr.

épuiser qc Les naufragés avaient épuisé leurs vivres.

épuiser qn Cette course m'a épuisé (= a épuisé mes forces). Je suis épuisé par cette course.

s'épuiser La source s'épuise. Nos provisions s'épuisent.

s'épuiser à qc Il s'épuise à la tâche.

s'épuiser en qc Il s'épuise en tentatives inutiles.

s'épuiser à + *inf.* Je m'épuise à t'expliquer la raison de mon retard.

équilibre n. m. L'acrobate a perdu l'équilibre.

en équilibre loc. adv. Le saladier est en équilibre au bord de la table. Je me sentais en équilibre instable sur les skis.

équiper v. tr.

équiper qn/qc A l'exposition de Bruxelles, la moitié des caravanes ont été équipées par la maison X.

équiper qn/qc de qc On équipera la compagnie de masques à gaz. Ma voiture est équipée de pneus antidérapants.

s'équiper Avant d'affronter les sommets, il faut s'équiper.

équivalent, e adj. Cherchez une solution équivalente moins onéreuse.

équivalent à qc Donnez-moi une somme équivalente aux dommages subis. cf. **équivaloir.**

équivalent n. m.

l'équivalent de qc Donnez-moi l'équivalent en espèces des dommages subis.

équivaloir v. tr. indir.

équivaloir à qc Cela équivaut à un suicide.

équivaloir à + inf. Cela équivaut à saborder notre entreprise.

équivalant à qc p. pr. Donnez-moi une somme équivalant aux dommages subis. [cf. APPENDICE § 3] cf. **équivalent.**

ériger v. tr.

ériger qc (à qn) Je ne demande pas qu'on (m') érige (= élève) une statue.

ériger qn/qc en + nom Les mécontents sont prêts à ériger tout agitateur en héros. Il ne faut pas ériger vos désirs en lois.

s'ériger en + nom attr. Je n'ose m'ériger en juge (= m'attribuer les fonctions d'un juge).

erreur n. f. une erreur de calcul/de langage.

faire erreur Vous faites erreur (= vous vous trompez).

faire/commettre une erreur Vous avez fait/commis une grave erreur.

il y a erreur Quel numéro demandez-vous? Il y a certainement erreur.

être dans l'erreur C'est vous qui êtes dans l'erreur.

par erreur loc. adv. J'ai fait ce numéro par erreur.

sauf erreur loc. adv. La statue se trouve, sauf erreur (= si je ne me trompe), à Florence.

ès prép. [= contraction de *en les*] Il est bachelier/docteur ès lettres [mais au sg.: bachelier/docteur en philosophie].

espèce n. f. Ton ami est une espèce de fou. Cela n'a aucune espèce d'importance (mieux: aucune importance).

• accord: Une espèce de charlatan est *venu* ici. Des espèces de ballons *dorés* encombrent le fond du ciel.

de toute espèce loc. adj. Aux courses de Longchamp on voyait des gens de toute espèce.

en espèces loc. adv. Vous pouvez me payer en espèces (= en monnaie) ou par chèque.

espérer v. tr.

espérer qc Il restait là parce qu'il espérait un cadeau.

espérer + inf. J'espère recevoir bientôt de vos nouvelles.

espérer que + ind./cond. J'espère que tu vas bien/que notre ami arrivera bientôt/que notre ami est bien arrivé/que tu m'aiderais si je le demandais.

ne pas espérer que + subj. Je n'espère pas qu'il vienne. Ces vices ne permettent pas d'espérer que l'œuvre puisse être améliorée par des retouches.

espérer + subj. ou ind./cond. [dans une question] Espérez-vous vraiment qu'il vienne (ou: qu'il viendra)? [pour le mode cf. APPENDICE § 11]

espoir n. m.

espoir de qc Il brûla ses vaisseaux pour ôter aux siens tout espoir de retour.

espoir de + inf. Dans l'espoir de vous revoir bientôt.

espoir que + ind. L'espoir que notre fils réussira nous encourage à payer ses études.

dans l'espoir que + ind. Dans l'espoir que vous prendrez ma demande en considération, je vous présente, monsieur le Directeur, mes respectueuses salutations.

avoir bon espoir que + ind. J'ai bon espoir que nous nous reverrons bientôt.

mettre son espoir en qn Mettez tout votre espoir en Dieu.

essai n. m. Les essais de greffe de cœur ont donné d'étonnants résultats. [étude écrite sur diverses questions]: «Essai sur les données immédiates de la conscience.» (Bergson)

à l'essai loc. adv. Je ne vous engage pas définitivement, vous serez à l'essai pendant quinze jours.

essayer v. tr.

essayer qc Essayez cette robe-là.

essayer de + inf. Il a toujours essayé de nous nuire.

essayer si + ind. Ton frère ne peut plus mettre ce costume: essaie s'il te va.

essayer v. tr. indir.

essayer de qc Il veut essayer de tout. Essayez (de) ce médicament.

s'essayer à qc Il s'essaie au bridge.

s'essayer à + inf. Elle s'essaie à conduire un camion.

est n. m. [écrit *est* si c'est le point cardinal, la direction, et *Est* si le mot désigne un ensemble d'Etats ou une région, sans complément] Nancy est situé dans l'est de la France/dans l'Est. Le vent d'est. Le vent vient de l'est. Ce journaliste s'est spécialisé dans la politique de l'Est.

à l'est loc. adv. Par rapport à Vitry-le-François, Nancy est situé à l'est.

à l'est d'un lieu loc. prép. Nancy est situé à l'est de Vitry-le-François.

est-ce que [marque d'interr. préférée à l'inversion dans la langue parlée principalement à la 1e pers. sg.; jamais suivi d'inversion.] Est-ce que je prends ma part? Est-ce que je l'aime? Est-ce que tu viens? (ou: Viens-tu?) Quand est-ce qu'il arrive? (ou: Quand arrive-t-il?) Pourquoi est-ce que ton père a dit cela? (ou: Pourquoi ton père a-t-il dit cela?) Comment est-ce que ... Où est-ce que ... etc.

estimer v. tr.

estimer qn/qc J'estime beaucoup votre frère/votre opinion.

estimer qc + adj. J'estime (= Je juge) cette maison trop chère pour mes moyens.

estimer qc + adv. La commission a estimé (= évalué) ma maison plus cher que je ne pensais.

être estimé de qn Il n'est estimé de personne.

estimer + inf. J'estime avoir suffisamment fait pour lui. J'estime avoir droit à la plus grosse part. [cf. APPENDICE § 13,2]

estimer que + ind. J'estime qu'il réussira. «Il y a des gens assez heureux pour estimer, à chaque nouvelle catastrophe, qu'ils l'ont prévue depuis longtemps.» (Duhamel)

estimer que + subj. Estimes-tu que nous ayons (ou: avons) raison? [pour le mode cf. APPENDICE § 11]

s'estimer + adj. Vous pouvez vous estimer heureux.

et conj.

[joignant deux termes coordonnés, mots ou prop.]: Toi et moi. Il pleut et il vente.

[joignant plus de deux termes, exprimé seulement devant le dernier]: Paul, toi et moi. Il pleut, il vente et il fait froid.

[joignant des termes de nature différente]: un livre énorme et sans intérêt; une étude prétentieuse et qui n'apporte rien. [avec ellipse]: Il parle anglais, et couramment.

[répété pour souligner une accumulation]: «On égorge à la fois les enfants, les vieillards, et la sœur, et le frère, et la fille, et la mère.» (Racine)

[dans les groupes numéraux]: vingt et un, trente et un ... (mais: quatre-vingt-un, cent un, mille un ou mille et un), soixante et onze (mais: soixante-douze ...; quatre-vingt-onze, cent onze); [devant les fractions d'heure]: deux heures et quart, deux heures et demie (mais: deux heures trois quarts).

[avec nuance exclamative]: «Tu t'es bien régalé? – Et comment!». «Elle a trouvé la bague affreuse. Et moi qui croyais lui faire plaisir!» «Notre billet gagne un million. Et dire que je ne voulais pas l'acheter!»

état n. m.

à l'état de + nom L'eau est ici à l'état de glace. Cet homme réduit sa femme à l'état d'esclave. A cet état, le soufre est une matière brunâtre, élastique.

en bon/mauvais état un appareil en bon/en mauvais état.

en état de + nom/en état Un appareil en état de marche (ou simplement: en état). Remettez-moi ce poste en état.

en l'état où L'usager est tenu de rendre l'appareil en l'état où il l'a reçu.

en quel état En quel état l'avez-vous mis!

en tout état de cause En tout état de cause (= Quoi qu'on puisse penser sur l'affaire en cause), je m'en remettrai à la décision de mon associé *en état de* + *inf.* Il n'est pas en état de fournir la commande. Mettez-vous en état de partir au lever du jour.

dans un état Change de costume, tu ne peux pas entrer au salon dans cet état. Le château est dans un état de délabrement total. Je l'ai retrouvé dans le même état qu'en partant.

Expr.: *être dans tous ses états* Elle est dans tous ses états (= hors d'elle).

hors d'état Ce costume est hors d'état (= hors d'usage).

hors d'état de + *inf.* Je suis hors d'état (= Il m'est impossible) de satisfaire votre demande.

faire état de qc Je ne fais aucun état (= Je ne tiens aucun compte) des plaintes de cette femme. J'en fais grand état.

Etat n. m. (= nation organisée) un Etat totalitaire; un homme d'Etat; un coup d'Etat; les Etats-Unis.

éteindre v. tr.

éteindre qc Eteignez la lumière avant d'aller vous coucher.

s'éteindre Le jour s'est éteint. Le malade s'est éteint dans son lit.

éteint p. pa. adj. Un volcan éteint. «L'enfant acheva la litanie d'une voix éteinte.» (Mérimée)

étendre v. tr.

étendre qc Mon frère s'est cassé le bras au coude; il ne pourra plus l'étendre. Le cuisinier a un peu trop étendu (= diminué la concentration de) la sauce. Le biberon doit être étendu d'un quart d'eau minérale.

s'étendre Le Lac Léman s'étend de Genève à Montreux. La plaine s'étend à perte de vue.

étonnement n. m.

étonnement de + *inf.* Son étonnement de nous voir n'était pas feint.

étonner v. tr.

étonner qn Il n'est pas encore arrivé; cela m'étonne.

cela m'étonne que + *subj.* Cela m'étonne (ou: Il est étonnant) qu'il ne soit pas encore arrivé.

s'étonner/être étonné de qc Pourquoi vous étonnez-vous/Pourquoi êtes-vous étonné de cette nouvelle?

s'étonner/être étonné de + *inf.* Je m'étonne/Je suis étonné de vous voir ici.

s'étonner/être étonné que + *subj.* Il s'étonne/Il est étonné que vous ne soyez pas au courant [cf. APPENDICE § 13,3]

s'étonner/être étonné de ce que + *ind.* (ou: *subj.*) Je m'étonne/Je suis étonné de ce que vous osez (ou: de ce que vous osiez) paraître devant moi.

étranger, ère adj. La connaissance d'une langue étrangère est très utile.

étranger à qc Entrée interdite à toute personne étrangère au service.
Il est étranger à l'affaire.

étranger à qn Les doutes auxquels vous êtes en proie ne me sont pas
étrangers.

être 1. v. auxil.

[TEMPS] Je suis venu. Il s'est coupé le doigt. [cf. APPENDICE §§ 1
et 2]

[VOIX] Il est aimé. Il fut blessé. [cf. APPENDICE § 4]

[ASPECT]

être à + inf. Elle est toujours à (= toujours en train de) se plaindre.

être pour + inf. Nous sommes pour partir (= Nous allons partir) dans
quelques jours.

être 2. v. intr.

A. Sens pleins

a. (= exister) «Je pense, donc je suis.» (Descartes) «Qui sait si nous
serons demain?» (Racine) Je pense à ceux qui ne sont plus (= les
morts). Cela étant (= dans ces conditions) . . . Que la lumière soit.
Ainsi soit-il [formule terminant les prières]. Soit un triangle ABC.
Soit (ou: soient) deux triangles ABC et DEF.

il est [impers.] (= il existe, il y a; litt.) Il était (une fois) un roi qui
n'avait pas d'enfant. Il n'est pas de remède à cette maladie.

s'il en est [valeur superlative] Albin est un mécanicien adroit s'il
en est.

b. (= aller) [aux temps composés]: J'ai été (= Je suis allé) au
marché. Nous avons été en Italie au mois d'août. [au passé simple
(litt.)]: Il fut/Il s'en fut au fond du parc.

être + inf. Nous avons été cueillir des violettes.

B. Suivi d'un mot contenant le sens

a. ATTRIBUT

[adj.]: La terre est ronde. [part.]: Mon stylo est cassé. [nom]: Tu
seras notaire. Elle est ma cousine. [pron.]: Qui êtes-vous? Un homme heureux comme je le suis. [+ groupe nom.]: Il est sans scru-
pules. Ta robe est à la mode. [adv.]: Elle est bien. Il est mieux.

c'est + attr. C'est facile. C'est un notaire. Ce sont mes frères. C'est moi.
C'est/Ce sont eux.

est-ce que [loc. d'interr.] Est-ce que tu viendras? cf. **est-ce que.**

si ce n'est + attr. [loc. d'exception] Je ne veux/Je ne voulais pas de
fleurs, si ce n'est des roses.

n'est-ce pas [loc. interr., réponse positive attendue] Tu viendras,
n'est-ce pas?

c'est-à-dire + attr. Il commandait un groupe, c'est-à-dire 27 hommes.

c'est-à-dire que C'est un bleu, c'est-à-dire qu'il n'a pas d'expérience.

b. COMPLÉMENT DE RELATION

[compl. de lieu] Il est ici/ailleurs/en ville/chez lui. La voiture est au garage. Je suis à la moitié du chemin; j'en suis à la moitié. Où en sommes-nous? Où en sont les études de français?

en être à + *inf.* J'en suis à regretter ce que j'ai fait pour vous (= vous m'avez déçu à ce point).

Expr.: *y être* (= comprendre, deviner) J'y suis! Vous n'y êtes pas du tout.

[compl. de temps]: On était en hiver. Nous sommes le deux février.
[impers.]: Il est midi/deux heures.

être à qn/qc Cette montre est à moi (= m'appartient). Je suis (tout) à vous [formule de dévouement]. Il était tout à ses pensées (= plongé dans ses pensées).

être à + *inf.* [obligation] Cet homme est à admirer. Ce récit est à croire.

il est à croire [impers.] *que* + *ind.* Il est à croire que tu l'as fait exprès.

être de qc/qn (= faire partie de) Je suis du Club des Boulistes Lyonnais. Vous êtes des nôtres (= Nous vous admettons dans notre groupe).

en être Nous fondons une société: voulez-vous en être?

être de + *nom* Cette nuit, le docteur C. est de service à l'hôpital. Au moment de l'explosion, M. Dupont, instituteur, était de surveillance dans la cour. Chez ces gens-là, le patriotisme n'est plus de mise (= n'est plus à la mode).

être pour/contre qn/qc Je suis pour la paix. Le vent est contre nous.

Expr.: *en être pour/de qc* Mon billet n'a pas gagné, j'en suis pour/de mes 10 francs (= je les ai perdus). J'en suis de 10 francs.

Expr.: *être pour qc dans qc* Son physique est pour beaucoup dans son succès. Je n'y suis pour rien.

être en qc [indication vestimentaire] Elle est en noir; elle est en tailleur. Il était en souliers vernis.

être 3. n. m. (= l'essence, l'existence) «L'être d'un existant, c'est précisément ce qu'il paraît.» (Sartre)
(= ce qui vit, ce qui existe) L'homme est un être pensant. Ce romancier imagine des êtres simples. Emu jusqu'au fond de son être.

étude n. f. Il a consacré deux ans à cette étude. Il a fait de très bonnes études.

étude de qc Il se livrait à une étude approfondie de tous les exemples soutenant sa théorie.

étude sur qc Reportez-vous à l'étude d'Alf Lombard sur les constructions nominales en français.

à l'étude Un nouveau procédé d'impression est à l'étude.

s'évader v. pr. Deux hommes se sont évadés de prison. Je pouvais le faire évader. Un forçat évadé.

s'évanouir v. pr. A la vue des agents qui ramenaient son fils, elle s'évanouit. La vue du sang me fait évanouir. Une femme évanouie.

éveil n. m. l'éveil de la nature/de l'intelligence. Mais: le réveil des pensionnaires/de la caserne.
Expr.: *donner l'éveil* (= alerter) La présence d'une camionnette dans la cour à cette heure a donné l'éveil.
Expr.: *être en éveil* (= épier) La police est en éveil dans tout le quartier.

éveiller v. tr. Ce geste éveilla mes soupçons.
s'éveiller Je m'éveillai en sursaut.

s'évertuer v. pr.
s'évertuer + à + inf. Il s'évertue à (= il fait tous ses efforts pour) parler bien.

évident, e adj. Face à ce manque évident de bonne volonté, qu'allons-nous faire?
il est évident que + ind. ou subj. Il est évident que notre équipe est la meilleure. Il n'est pas évident que notre équipe soit (ou: est) la meilleure. Trouvez-vous évident que notre équipe gagnera (ou: doive gagner)? [pour le mode cf. APPENDICE § 11]

éviter v. tr.
éviter qc/qn Un conducteur prudent évite les manœuvres dangereuses. Cet ami m'évite depuis qu'il m'a emprunté de l'argent.
éviter qc à qn J'ai voulu vous éviter un dérangement.
éviter de + inf. Il faut éviter de le rencontrer.
éviter à qn de + inf. En donnant sa démission, il m'évite de le renvoyer.
éviter que + (ne) + subj. Evitez qu'il (ne) s'adresse à un agent de police. Je ne puis éviter qu'il me parle.

exact, e adj. Voici l'heure exacte.
exact dans qc La météorologie n'est pas toujours exacte dans ses prévisions.
exact à qc Soyez exact au rendez-vous.
exact à + inf. Il était toujours exact à payer son loyer.
il est exact [impers.] *que + ind. ou subj.* Il est exact qu'il est venu chez moi. Il n'est pas exact qu'il soit (ou: est) venu à 10 heures. [pour le mode cf. APPENDICE § 11]

exaspérer v. tr.
exaspérer qn/qc Sa réponse m'exaspéra. Ses paroles ne faisaient qu'exaspérer ma douleur.
être exaspéré de qc J'étais exaspéré de cette réponse.

excellent, e adj.

● Ne pas confondre avec *excellant* p. pr. [cf. APPENDICE § 3]

exceller v. intr.

exceller dans/en/à qc Cette actrice excelle dans la comédie. Il excelle en latin/au billard.

exceller à + *inf.* Racine excelle à peindre les caractères de femmes.

excepté prép. [invar.] Toutes ses filles sont mariées, excepté la plus jeune.

[placé après le nom: var.] Ils ont tous péri, cinq ou six personnes exceptées.

excepté que + *ind. ou cond.* loc. conj. Ils se ressemblent parfaitement excepté que l'un est plus grand que l'autre.

exception n. f. Pas de règle sans exception.

exception à qc C'est l'exception à la règle.

à l'exception de loc. prép. Tous, à l'exception de son ami, furent sauvés.

Expr.: *exception faite de qc* Exception faite d'une semaine de pluie au début, nous avons été gâtés par le beau temps.

excès n. m. Un excès de joie peut faire pleurer. Ce magistrat peut être condamné pour excès de pouvoir.

par excès de qc loc. prép. Vous m'avez retardé par excès de zèle.

à l'excès (= trop) loc. adv. Elle cire à l'excès. Il est poli à l'excès.

avec excès loc. adv. (= sans mesure) Vous fumez avec excès.

excès pl. Il fait des excès (de boisson/de nourriture) qui ruinent sa santé. Les délégués regrettent les excès (= actes de violence exagérés) de quelques grévistes.

exciter v. tr.

exciter qn/qc Cette vue l'excitait. Cette vue excitait notre pitié.

exciter qn à qc La mort de leur camarade les excitera à la révolte.

exciter qn à + *inf.* Cela les excitera à se révolter.

exclure v. tr.

exclure qc «Si une parfaite connaissance réciproque n'est pas nécessairement sympathie, elle exclut du moins la haine.» (Bergson)

exclure qn de qc Il fut exclu du club.

exclure que + *subj.* L'âge du malade exclut/n'exclut pas qu'une opération soit tentée.

excuser v. tr.

excuser qn/qc Rien ne peut vous excuser. Rien n'excuse votre conduite.

excuser qn de + *inf.* Excusez-moi d'arriver si tard/d'être arrivé si tard.

excuser qn pour + *inf. passé* Veuillez m'excuser pour n'avoir pas répondu immédiatement à votre lettre.

s'excuser Qui s'excuse, s'accuse.

s'excuser auprès de qn Il s'est excusé auprès de ses hôtes.

s'excuser de qc Il s'est excusé de l'erreur qu'il avait faite.

s'excuser de + inf. Je m'excuse de vous avoir fait attendre.

exemple n. m. J'ai suivi l'exemple de mon frère.

prendre exemple sur qn Prenez exemple sur votre ami.

donner l'exemple de qc Il nous a donné un grand exemple d'endurance.

à l'exemple de loc. prép. Je me suis engagé dans l'armée à l'exemple de mon frère.

par exemple loc. adv. Sur une côte jeune, par exemple en Bretagne du nord, le dessin de la côte reflète exactement le relief du continent.

par exemple interj. Ça, par exemple, c'est vraiment trop fort [sert à exprimer la surprise, l'indignation]!

exempt, e adj.

exempt de qc Cet emprunt d'Etat est exempt d'impôts. Mon mari n'est pas exempt de défauts.

exercer v. tr.

exercer qc Le patron exerce une surveillance sévère.

exercer abs. Avant d'être nommé à un poste à Paris, le professeur F. exerça (= exerça son métier) à Moulins.

exercer qn à qc Il m'exerce à la course de fond.

exercer qn à + inf. Il exerce son fils à s'exprimer en anglais.

exercer qc sur qn/sur qc J'ai exercé toute mon influence sur lui. L'air exerce une pression sur cette surface.

s'exercer Il s'exerça pendant de longues années dans les Calanques.

s'exercer à qc Je m'exerce à la course de fond.

s'exercer à + inf. Dans ces réunions, il s'exerça à soutenir son opinion.

s'exercer sur qc Le savoir de l'ingénieur peut s'exercer sur les objets les plus divers. La pression s'exerce sur toute la surface.

exhorter v. tr.

exhorter qn César exhorta ses troupes avant le combat.

exhorter qn à qc Nos amis nous ont exhortés à la patience.

exhorter qn à + inf. Ils nous ont exhortés à patienter.

exiger v. tr.

exiger qc Son état exige beaucoup de soins.

exiger que + subj. J'exige que vous m'obéissiez.

exiger qc de qn Il exige de ses ouvriers la propreté.

exiger de qn que + subj. Son père exige de lui qu'il termine ses études avant de se marier.

exonérer v. tr.

exonérer qn/qc de qc Avant la Révolution, beaucoup de nobles étaient exonérés d'impôts. Les intérêts de certaines obligations sont exonérés de l'impôt sur le revenu.

expérience n. f. Le professeur a fait une expérience d'optique sur la réfraction. Ce médecin a déjà de l'expérience.

à l'expérience loc. adv. A l'expérience, la méthode s'est révélée excellente.

par expérience loc. adv. Je sais par expérience que les chats sont très fidèles.

expérimenter v. tr.

expérimenter qc Il faut expérimenter d'abord cette nouvelle méthode de greffe.

expérimenter qc sur qn/qc Tous les médicaments nouveaux sont expérimentés sur l'animal vivant.

expérimenté p. pa. une méthode expérimentée (= qui a fait l'objet d'une expérimentation) sur des chiens. [adj.] : un mécanicien très expérimenté (= qui a de l'expérience).

expert, e adj.

expert en qc une jeune fille très experte en musique classique ; une femme experte en intrigues.

expert à + inf. Mon mari est expert à faire sauter les crêpes.

expert n. m. Le tribunal a recouru à un expert pour identifier cette écriture.

expirer v. intr. [auxil. >avoir< ou >être<] Le bail a expiré hier. Le bail est expiré depuis longtemps. [cf. APPENDICE § 2 C]

expliquer v. tr.

expliquer qc Comment expliquez-vous votre conduite?

expliquer (à qn) que + ind. (= déclarer, dire pour expliquer qc) Le médecin (m')a expliqué que la chaleur déshydratait le foie.

expliquer que + subj. (= faire comprendre les raisons d'un fait) Le médecin (m')a expliqué que (= pourquoi) la station assise me soit si pénible.

s'expliquer Vous verrez que tout s'expliquera. Je ne sais si je m'explique bien (= si je dis de façon claire ce que je veux dire).

s'expliquer avec qn Je me suis expliqué avec mon voisin.

s'expliquer que + subj. (= comprendre pourquoi) Je m'explique qu'il dorme tant dans la journée.

exposer v. tr.

exposer qc Le photographe a dû exposer le film trop longtemps. Le conférencier a exposé les causes de la guerre de Cent Ans.

exposer qc à qn/à qc Je lui ai exposé mes projets. Nous avons exposé le papier au soleil. Le papier avait été longtemps exposé au soleil.

exposer qn à + inf. Vous ne voulez pas exposer le prisonnier à périr d'inanition?

s'exposer J'admire le docteur de s'être exposé de la sorte (= d'avoir couru ce risque).

s'exposer à qc/qn Vous savez que vous vous exposez à un grand danger?

s'exposer à + inf. Il s'expose à être critiqué.

s'exposer à ce que + subj. Vous vous exposez à ce que tout le monde vous voie sous un mauvais jour.

exprès, esse adj. [var.] un ordre exprès; défense expresse de fumer.

exprès adj. [invar.] un colis exprès; une lettre exprès (= portés rapidement au destinataire).

exprès n. m. (= messager rapide ou envoi rapide).

exprès adv. [invar.] Je ne l'ai pas cassé exprès. Un fait exprès (= un hasard fâcheux). Comme un fait exprès, mon train avait du retard.

expressément adv. On lui avait défendu expressément de sortir.

express adj. [invar.] un train express.

express n. m. un express (= un train express); l'express de Lille.

extérieur, e adj. Il sait s'isoler du monde extérieur.

extérieur à qc Le point P est extérieur au triangle ABC.

extérieur n. m. L'extérieur de la maison est moins imposant que l'intérieur. S'il fait beau demain, nous tournerons les extérieurs de notre film. Les relations avec l'extérieur (= les pays étrangers) sont très tendues.

à l'extérieur loc. adv. Les cris de la victime ont été entendus à l'extérieur.

à l'extérieur de qc loc. prép. Prenez un point à l'extérieur du cercle.

extorquer v. tr.

extorquer qc à qn Cette bonne femme m'a extorqué 100 F pour l'œuvre des chiens malades.

extra préf. [invar.] (= extérieur à) grossesse extra-utérine; mesure extra-légale (= en dehors de la légalité). [valeur superlative]: café extra-fin; beurre extra-frais; champagne extra-dry.

extra adj. [invar.] un vin extra; une liqueur extra; des bonbons extra.

extra n. m. [invar.] Nous allons faire un extra pour ton anniversaire (= Nous allons offrir un repas ou un spectacle exceptionnel). Ce maçon augmente son salaire en faisant des extra en fin de semaine (= du travail supplémentaire). Pour la communion d'Odile, nous engagerons un extra (= un domestique supplémentaire).

extraire v. tr.

extraire qc de qc Nous avons extrait le passage d'un livre bien connu. On peut encore extraire beaucoup de charbon de ces gisements.

extraire qc à qn Le dentiste lui a extrait une dent cariée.

extrême adj. [avant le nom] L'extrême droite. L'Extrême-Orient. Les sentiments trop poussés sont propres à l'extrême jeunesse (= à ceux qui sont très jeunes).

[après le nom] Notre pays n'a pas un climat extrême.

extrême n. m. Les extrêmes se touchent [prov.].

à l'extrême loc. adv. Votre ami est sensible à l'extrême.

F

face n. f.

de face loc. adv. Cet édifice est imposant lorsqu'on le voit de face.

en face loc. adv. Il me regardait en face. Je le lui ai dit en face. Les gens d'en face. Il habite en face.

en face de qn/de qc loc. prép. Sa maison est en face de la gare.

face à face loc. adv. Les deux hommes étaient face à face.

face à face avec qn Il se trouva face à face avec son ennemi.

faire face à qn/qc Il fit face à son adversaire. Sa maison fait face à la mienne.

fâcher v. tr.

fâcher qn S'il ne vous regarde plus, c'est que vous l'avez sûrement fâché.

se fâcher Il se fâche vite (= se met vite en colère).

se fâcher contre qn Si vous lui dites ce qui s'est passé, il va commencer par se fâcher contre vous.

se fâcher avec qn Depuis qu'il s'est fâché (= brouillé) avec moi, il ne me salue plus.

fâché p. pa. adj. Elle paraît fâchée.

être fâché contre qn Il ne m'a pas regardé parce qu'il est fâché contre moi.

être fâché avec qn Il ne me salue plus parce qu'il est fâché (= brouillé) avec moi.

être fâché de qc Je suis fâché de votre conduite. J'en suis fâché.

être fâché de + *inf.* Je suis fâché d'avoir dit ce mensonge.

être fâché que + *subj.* Je ne suis pas fâché que ce trimestre finisse dans peu de jours.

être fâché de ce que + *ind.* Je suis fâché de ce qu'il a été puni. [moins élégant que : Je suis fâché qu'il ait été puni.]

fâcheux, se adj. [avant ou après le nom] Un précédent fâcheux/Un fâcheux précédent. Cette rencontre était fâcheuse.

fâcheux pour qn Ce scandale est fâcheux pour le parti.

il est fâcheux [impers.] *de* + *inf.* Il est fâcheux d'être trompé de la sorte.

il est fâcheux [impers.] *que* + *subj.* Il est fâcheux qu'elle soit partie avant que j'aie pu la voir.

facile adj. [après le nom] Un exercice facile. Le ministre est d'un abord facile.

facile pour qn Cet exercice est facile pour un élève de cet âge.

facile pour qc L'exercice est facile pour cet âge.

facile à qn Cela m'est facile. Tout lui est facile. Cette démarche est plus facile à mon frère qu'à moi.

facile de + *nom* La paroi nord est facile d'accès (ou: d'accès facile).

facile (à qn) à + *inf.* Ce texte est facile à traduire. Cela (lui) sera facile à faire. C'est un homme qui n'est pas facile à contenter.

Expr.: *facile à vivre* Ma belle-mère n'est pas facile à vivre (= d'humeur souple).

il est facile [impers.] *de* + *inf.* Il n'est pas facile de contenter tout le monde et son père [prov].

facilité n. f. Cet exercice est d'une grande facilité. Il est devenu médecin parce qu'il avait des facilités (= des dons naturels ou des conditions favorables).

facilité de + *nom* La facilité de maniement de cet appareil en fait le succès.

facilité de + *inf.* La facilité de s'exprimer est une force. Ils ont eu la facilité de faire de longues études.

facilité à + *inf.* La facilité de Paul/Sa facilité à s'exprimer.

faciliter v. tr.

faciliter qc Ce médicament facilite la digestion.

faciliter qc à qn Ce médicament vous facilitera la digestion. Vous ne me facilitez pas la tâche.

façon n. f.

1. (= manière)

façon de + *inf.* Sa façon de conduire est dangereuse. C'est ma façon de voir. C'est une façon de parler.

à ma/ta etc. façon Il se fait comprendre à sa façon.

à la façon de qn Il parle à la façon d'un orateur.

de cette/la même/une autre/quelle/toute/telle façon Il a parlé de telle ou telle façon. Il nous contrarie de toutes les façons.

d'une façon + *qualificatif* Il s'exprime d'une façon prétentieuse/d'une étrange façon/d'une drôle de façon. La façon dont il s'exprime est prétentieuse. De quelque façon que vous fassiez, on vous critiquera.

de toute façon loc. adv. De toute façon (= En tout cas), je prendrai son parti.

de façon à + *inf.* Il parle clairement de façon à être entendu.

de façon/de telle façon que + *ind.* [conséquence réelle] Tout s'est passé de façon/de telle façon que chacun a été content.

de façon/de telle façon que + *subj.* [sens fin.'] Faites les choses de façon/
de telle façon que chacun soit content.

2. (= fabrication) Voici un cake de ma façon. Il nous a joué un
tour de sa façon.

à façon loc. adv. ou adj. Cette couturière travaille à façon (= sans
fournir le tissu). Elle ne fait que le travail à façon.

3. (= manière affectée) Il a accepté sans façon notre invitation.
[génér. au pl.] : Elle a des façons désinvoltes/de drôles de façons.

faculté n. f.

1. (= organisme d'études supérieures) La faculté de médecine s'est
réunie.

2. (= aptitude, possibilité) Le malade a maintenant recouvré toutes
ses facultés.

la faculté de + *inf.* Les singes ont la faculté de se suspendre par les
pieds. Vous aurez toute faculté de prendre un bain.

faible adj. [après le nom] Charles VII était un roi faible (= sans
volonté). Des verbes faibles. J'ai trouvé le point faible de votre
raisonnement.
[avant le nom] A la Bourse, on constate une faible (= légère) tendance à la hausse.

faible de qc Il est faible de corps et d'esprit.

faible avec qn/pour qn On peut lui reprocher d'avoir été trop faible
avec/pour son fils.

faible en qc Elle est forte en français, mais faible en mathématiques.

faible n. m. (= personne sans fermeté) Mon oncle est un faible.
(= penchant) Il aime l'alcool, c'est son faible.

avoir un faible pour qn/pour qc Le marquis avait un faible pour le beau
sexe/pour les bijoux d'autrui.

faillir v. intr. Venez sans faillir (= sans y manquer).

faillir à qc Il a failli à sa promesse.

faillir + *inf.* J'ai failli tomber (= J'ai manqué de tomber).

faim n. f. J'ai faim. Je n'ai plus faim. J'ai bien faim. [vieilli] : J'ai
grand-faim. [fam.] : J'ai très faim. J'ai tellement faim! [fam.] : J'ai
si faim! J'ai une faim de loup. Avez-vous mangé à votre faim (=
suffisamment) ?

avoir faim de qc Il a faim/une faim insatiable de gloire.

Expr. : *rester sur sa faim* Ceux qui sont venus pour entendre des explications sont restés sur leur faim (= ont été déçus).

faire v. tr.

A. Sens plein (= fabriquer, produire, engendrer) On fait un
meuble/du pain/une poésie/une loi. Mon fils a fait sa première dent.

Faire un enfant à une femme [fam. = la rendre enceinte].
Deux et deux font quatre.

B. Suivi d'un mot contenant le sens
faire du ski/de la bicyclette; faire de l'anglais (= étudier l'anglais);
faire le ménage; faire un lit; faire le/son marché/la classe/la navette;
faire une faute/un excès. Faire de la température (= avoir la fièvre).
Faire ses études à Paris; faire ses classes (= être élève)/*son* droit/*sa*
médecine (= les études de droit, de médecine). Que faites-vous
dans la vie (= quel est votre métier)? Faire une grimace/un croc-
en-jambe etc à qn.

C. *faire* intr. [avec adv.] Restez ici, vous ferez bien.
faire bien/mal/mieux de + *inf.* Vous avez bien fait de m'appeler. Vous
feriez mieux de vous éloigner.

D. Verbe substitut
Il m'a aidé comme j'avais fait pour lui (= comme je l'avais aidé).
«Françoise employait le verbe plaindre dans le même sens que fait La
Bruyère.» (Proust) Si tu ne peux pas y aller, je le ferai pour toi. [par
euphémisme]: Bébé est constipé, il n'a pas encore fait aujourd'hui.

E. Locutions diverses
faire peur/envie/pitié/honte; faire fortune/faire mouche (= atteindre le but
en plein centre)
faire qc à qn Cela ne me fait rien (= cela m'est égal). Qu'est-ce que
cela te fait? Qu'est-ce que ça peut te faire?
faire les yeux doux à qn L'agent nous a sifflés: fais-lui les yeux doux.
en faire à sa tête Ce garçon n'en fait qu'à sa tête (= agit selon sa propre
volonté).
faire part cf. **part.**
n'avoir rien à faire/n'avoir que faire de qc Je n'ai rien à faire/Je n'ai que
faire de vos conseils (= ils me sont inutiles).
ne rien faire à qc Cela ne fait rien à la chose/Cela n'y fait rien. Nous ne
pouvons rien y faire (= nous ne pouvons pas nous y opposer).

F. Suivi d'un attribut du sujet
• Distinguer: Cet homme fait jeune (= a l'air jeune). Et: Cet homme
fait le jeune (= il affecte des airs de jeune homme). Ce chapeau fait
élégant. Mon fils a fait (= est devenu) un bon avocat.

G. Suivi d'un attribut du complément d'objet
faire qn + *attr.* Je vous ferai riche/chef de bureau. «Qui t'a fait roi?»
faire qc + *adj. attr.* Vous ferez la maison propre pour notre arrivée.
faire sien qc C'est une opinion que j'ai faite mienne (= que j'ai
adoptée).
faire qc de qc/de qn Je ferai un jardin de ce terrain. Nous ferons un
avocat de ce garçon/Nous en ferons un avocat.

H. Verbe auxiliaire

1. sens causatif

faire + *inf.* + *qn/qc* J'ai fait tomber ma sœur/ma poupée.

faire + *inf.* + *qn/qc à qn* Je fais réparer ma poupée à mon père. Je la lui fais réparer. [cf. APPENDICE § 9]

2. aspect de l'action

ne faire que + *inf.* [prolongement ou répétition] Il ne fait que dormir. Il ne fait que demander à boire.

ne faire que de + *inf.* [action immédiate antérieure] Il ne fait que de sortir (= il vient juste de sortir).

I. *faire que* + *subj.* Faites qu'il guérisse vite. Je ne peux faire qu'il soit là. [litt.]: Fasse le ciel qu'il guérisse vite!

faire que + *ind.* Cette panne a fait que nous sommes en retard.

J. Verbe impersonnel

il fait beau/bon/froid/clair/soleil/jour/nuit Il fait un peu (de) soleil. Il fait une chaleur intolérable. Il fait du brouillard.

il fait bon + *inf.* Il fait bon se promener sous ces arbres.

cela/ça fait + *indication de temps* + *que* + *ind.* Cela/Ça fait deux ans que je ne l'ai pas vu/que je l'ai vu pour la dernière fois.

K. *se faire* Cette voiture ne se fait plus. La jupe longue se fera (= sera à la mode) cet hiver.

se faire qc Je me suis fait des œufs au plat. Elle se fait de la bile (= du souci)/du mauvais sang (= du souci)/des illusions. Je me suis fait beaucoup d'amis.

se faire + *attr.* Il se fait (= devient) vieux. Il s'est fait avocat. Elle s'est faite belle. Mais: Elle s'est fait mal.

se faire à qc/à qn Je me suis fait au régime sans sel (= Je m'y suis habitué). Vous vous ferez vite à vos voisins.

se faire + *inf.* Il se fait inviter. Il s'est fait écraser (= a été écrasé).

il se fait [impers.] *tard* (= il commence à être tard).

s'en faire (fam.= se faire du souci) Cette femme s'en fait trop, elle se rend malade. Ne t'en fais pas, tout va s'arranger.

fait, e p. pa. adj. Je n'ai pas de tailleur, j'achète des vêtements tout faits. Ce fromage est trop fait (= Il coule et sent mauvais). Un homme fait (= adulte).

c'est bien fait (*pour* + *pron.*) C'est bien fait (pour toi) (= Tu as mérité cette punition). [interj.]: Bien fait!

fait n. m. Assez de promesses, nous attendons des faits. Un fait divers. Ne surveillez pas tous mes faits et gestes (= mes actes).

mettre qn au fait Il ne m'a pas mis au fait (= au courant).

au fait loc. adv. J'ai dépensé 20 F au marché ce matin; au fait (= à ce propos), les œufs ont encore augmenté.

de fait loc. adv. Mon patron a dit qu'il ne viendrait pas aujourd'hui ; de fait (= en effet), sa voiture n'est pas au parking.

de ce fait loc. adv. Votre revenu n'a pas atteint 1.000 F ; de ce fait (= pour cette raison), vous n'êtes pas assujetti à l'impôt.

en fait loc. adv. Il passait pour un riche propriétaire ; en fait (= en réalité), tous ses biens étaient hypothéqués.

du fait de qc loc. prép. Du fait de sa myopie, il ne peut être aviateur.

le (seul) fait de + *inf.* Le (seul) fait de ne pas dire oui peut être tenu pour un refus.

le fait que + *subj. ou ind.* Le fait qu'il n'ait pas/qu'il n'a pas dit oui peut être tenu pour un refus.

le fait est/il est de fait + *que* + *ind.* Il est de fait que vous n'avez aucun accent étranger.

c'est un fait (+ *adj.*) + *que* + *ind. ou subj.* C'est un fait connu que vous êtes amis. C'est un fait regrettable que vous soyez amis.

du fait que + *ind.* Du fait qu'il est myope, il ne peut pas être aviateur.

falloir v. intr. impers.

il faut qc Ce qu'il faudra d'abord c'est de l'argent. Il faudrait la force d'Hercule pour soulever cette pierre.

il me/te/lui etc. faut qc Ce qu'il lui faut surtout c'est de l'argent.

fallu p. pa. [invar.] Il n'a pas pu trouver les sommes qu'il lui a fallu.

il me/te etc. faut + *régime* + *attr.* Il te faut un style vif (= il faut que ton style soit vif). Donnez-moi un camembert ; il me le faut très fait (= il me faut qu'il soit très fait).

il faut + *inf.* Il faut agir vite, si nous voulons le sauver.

il faut que + *subj.* Il faut que je lui écrive bientôt. Qu'est-ce qu'il faut que je fasse ? Il faut absolument que j'y aille.

il me/te/lui faut + *inf.* [langue écrite] Il me fallut y aller.

il s'en faut de qc Il s'en faut de beaucoup/de peu.

il s'en faut de beaucoup/de peu que + *subj.* Il s'en faut de beaucoup que nous soyons heureux.

familier, ère adj. *Partir à Paris* est de la langue familière.

familier à qn Le nom de Rimbaud est familier à tous les adolescents de la classe bourgeoise. Sa silhouette m'est familière.

familier avec qn L'empereur était familier [contr. : distant] avec les femmes de chambre.

farcir v. tr.

farcir qc Je n'ai pas de marrons pour farcir la dinde.

farcir qc de qc On farcit une dinde de marrons. [fig.] : Il a farci son devoir de citations.

se farcir qc (de qc) Il s'est farci la mémoire de dates. [pop.] : Il faudra se farcir le discours (= l'écouter patiemment). Je me suis farci le reste du travail (= J'ai été seul à le faire).

fatal, ale, [pl. fatals, fatales] adj. Son échec était fatal (= inévitable). Une femme fatale (= d'une séduction irrésistible).
fatal à qn/à qc Cette dernière tentative fut fatale à Lachenal. Cette ascension lui fut fatale. Le mauvais temps fut fatal à notre entreprise.

fatigant – fatiguant [cf. APPENDICE § 3]

fatiguer v. tr.
fatiguer qn Ce long travail nous a fatigués.
être fatigué de qc Nous sommes fatigués de ce long travail.
être fatigué de + inf. Je suis fatigué de rester debout.
se fatiguer Sa voix se fatigue.
se fatiguer de qc/de qn On se fatiguera vite de cette mode.
se fatiguer à + inf. Il se fatigue inutilement à nous expliquer cela.
fatiguer v. intr. Mon moteur fatigue beaucoup dans les montées. Ce coureur est très rapide, mais il fatigue/se fatigue vite.

faute n. f.
une faute de + nom Cette plaisanterie est une faute de goût.
une faute contre qc C'est une faute contre le bon goût.
faire faute à qn La main-d'œuvre nous fait faute (= nous fait défaut, nous manque).
sans faute Je lui écrirai sans faute (= à coup sûr) avant la fin du mois.
faute de loc. prép.
faute de qc Faute de temps, je n'ai pas pu lui écrire.
faute de + inf. passé Faute de connaître l'anglais, je n'ai pas compris le film. Faute d'avoir écouté, je ne comprends pas.
Expr.: *c'est ma/ta etc. faute/c'est de ma/ta etc. faute* C'est de sa faute.
c'est (de) ma faute si/par ma faute que C'est (de) sa faute s'ils ont eu un accident/C'est par sa faute qu'ils ont eu un accident.

faux, sse adj. [avant le nom] : un faux pas ; un faux jour ; un faux pli ; de faux papiers ; un faux nez. [après le nom] : un calcul faux. [implique souvent l'intention de tromper] : une perle fausse ; un homme faux ; un billet faux ; une pièce fausse.
faux adv. [invar.] Il chante faux.
à faux loc. adv. Le coup a porté à faux (contr. : d'aplomb).
faux n. m. Le faux est souvent plus beau que le vrai.
Expr.: *plaider le faux pour savoir le vrai*

faveur n. m. La Fontaine ne cherchait pas la faveur du Roi. On m'a donné un billet de faveur (= une place gratuite ou à tarif réduit). Elle ne m'a pas accordé ses faveurs [= sens galant].
à la faveur de qc Il s'est sauvé à la faveur de l'obscurité.
en faveur de qn/de qc loc. prép. Il a fait son testament en faveur de son neveu. On lui pardonna en faveur de sa jeunesse.

favori, te adj. mon auteur favori; son occupation favorite.

feindre v. tr.
feindre qc Il feignait le plus profond étonnement.
feindre de + inf. Il feignait de ne rien voir.

féliciter v. tr.
féliciter qn Tout le monde s'empressait de le féliciter.
féliciter qn de [parfois: *pour*] *qc* On le félicita de/pour son succès.
féliciter qn de + inf. On le félicita d'avoir gagné la course.
se féliciter de qc Il se félicite de l'issue de son procès.
se féliciter de + inf. Il se félicite d'avoir gagné son procès.
se féliciter que + subj. Je me félicite que Paul ne soit pas venu.

fendre v. tr.
fendre qc Va au hangar fendre du bois.
Expr.: *à pierre fendre* Il gelait à pierre fendre (= Il faisait très froid).
fendre qc à qn Le criminel lui a fendu le crâne avec une hache. Cela m'a fendu le cœur (= J'ai été désolé) de voir ces malades.
se fendre Dès les premières secousses, le sol se fendit.
se fendre de qc [fam.] Il s'est fendu de 10 F pour les sinistrés (= Il a consenti à donner la maigre aumône de 10 F).

ferme adj. La terre ferme. Nous l'avons attendu de pied ferme.
ferme dans qc C'est un homme ferme dans ses résolutions.
ferme adv. L'arbre tient ferme. Il y croit ferme. Il y travaille ferme.

fermer v. tr.
fermer qc Fermez les fenêtres. Il faut que tu fermes la porte à clef.
fermer qc à qn Je lui ai fermé ma porte.
fermer qc à qc [fig.] Ne fermez pas votre cœur à la pitié.
se fermer La porte se ferma silencieusement.
se fermer sur qn La porte se ferma sur lui.
se fermer à qn/à qc Le port s'est fermé aux navires étrangers.
être fermé à qc Ce cœur est fermé à la pitié.

fertile adj. [après le nom] une terre fertile.
fertile en qc [pl.; fig.] Ces vieux livres sont fertiles en renseignements.

féru, e adj. [p. pa. de >férir<; mot recherché]
féru de qc/de qn Il est féru de science. Il est féru d'amour pour elle/féru d'elle.

fête n. f.
faire fête à qn Le chien fait fête à son maître qui rentre.
faire la fête Nous allons faire la fête (= mener joyeuse vie).
se faire une fête de qc Nous nous faisons une fête de ce voyage. Je m'en fais une fête.
se faire une fête de + inf. Nous nous faisons une fête d'aller en France.

feu n. m.

prendre feu L'essence prend feu très rapidement.

faire feu sur qn Nous fîmes feu sur l'ennemi qui s'approchait.

mettre au feu Je vais mettre au feu ce vieux livre/cette lettre.

mettre sur le feu J'ai mis la casserole sur le feu.

Expr.: *faire long feu* Son intrigue a fait long feu (= a échoué), il en est pour ses frais.

en feu loc. adv. et adj. La maison est en feu (= elle brûle). Elle a les joues en feu (= chaudes).

Expr.: Un coup de feu (= un coup d'arme à feu). Nous avons ouvert le feu (= commencé à tirer).

Expr.: *donner le feu vert à qn* Il nous a donné le feu vert (= nous a donné l'autorisation).

feu, e adj. [litt. ou administratif; invar. avant l'art. ou l'adj. poss.] feu la reine; feu ma mère (= ma défunte mère). Mais: la feue reine.

fiançailles n. f. pl. Une bague de fiançailles. A quand vos fiançailles?

fiancer v. tr.

fiancer qn à/avec qn Ils ont fiancé leur fille avec le contrôleur. Elle est fiancée au/avec le contrôleur.

se fiancer à/avec qn Il s'est fiancé à/avec la fille du notaire.

fiche v. tr. [fam.] [plus rarement: *ficher;* conjugué comme >aimer<, mais: *fichu* p. pa.]

Expr.: *fiche la paix à qn* Vas-tu nous fiche la paix?

se fiche dedans J'ai dû me fiche dedans (= me tromper).

se fiche de qn/de qc Il s'est fichu de moi. Je m'en fiche.

fidèle adj. un chien fidèle; un fidèle serviteur.

fidèle à qn/à qc Il leur est resté fidèle. Restez fidèle à votre parole.

fidèle n. m. Le prêtre a béni les fidèles (= ceux qui pratiquent le culte).

fidélité n. f.

fidélité à qc Il montre une rare fidélité à ses principes.

se fier v. pr.

se fier à qn/à qc Vous pouvez vous fier à lui. Cet homme est faux, ne vous y fiez pas (cf. **à** 3, Datif). Ne vous fiez pas trop à sa discrétion. Ce rocher est friable, ne vous y fiez pas.

fier, ère adj. [après le nom]: un homme fier; une âme fière. [avant le nom]: Un fier courage. [fam.; haut degré]: Un fier imbécile. Tu m'as fait une fière peur.

fier de qn/de qc Il est très fier de son fils/du succès de son fils.

fier de + inf. Vous pouvez être fier d'avoir réussi.

fièvre n. f.

avoir la fièvre/de la fièvre Jean doit garder le lit; il a (de) la fièvre. Il a beaucoup de fièvre (ou: une forte fièvre). Il n'a plus de fièvre (ou: il n'a plus la fièvre).

la fièvre de qc La fièvre de l'or divise les familles.

figure n. f.

faire figure de + nom attr. [sans art.] Debout dans sa charrette, il faisait figure de triomphateur.

faire bonne/triste figure Dans ses nouvelles fonctions de gardien de square, M. Durand fait bonne figure.

figurer v. tr.

figurer qc On figure la fidélité sous la forme d'un chien.

figurer v. intr. Son nom figure en tête de la liste.

se figurer qc Figurez-vous ma situation.

se figurer que + ind. [fait affirmé] Figurez-vous qu'on m'a volé.

se figurer que + subj. [fait imaginé] Figurez-vous que ce soit vous qu'on ait volé.

se figurer + prop. exclam. Vous ne pouvez pas vous figurer comme il a grandi/comme je suis heureux/quelle était ma surprise.

filer v. tr.

filer qc L'araignée file sa toile. On a réussi à filer le verre.

Expr.: *filer un mauvais coton* [fam.] Le pauvre homme file un mauvais coton (= sa santé est très compromise).

filer qn Un policier filera (= prendra en filature) le suspect relâché.

filer v. intr. Le gruyère file (= s'étire en fils) dans la soupe au fromage. Les maraudeurs surpris ont filé (= sont partis rapidement).

filer + compl. de vitesse Ce bateau file dix-huit nœuds.

Expr.: *filer doux* Quand son père lui parle, il file doux (= il obéit sans discussion).

fin n. f. à la fin de mai (ou: fin mai).

prendre fin/toucher à sa fin L'année prend fin/touche à sa fin.

mettre fin à qc Qui mettra fin à ces querelles?

mener une chose à bonne fin Il a fallu trois hommes pour mener cette entreprise à bonne fin.

à la fin loc. adv. A la fin, il a cédé.

à quelle fin [litt.] A quelle fin (= dans quel but) avez-vous fait cela?

en fin de qc loc. prép. en fin de convoi/de liste/de semaine/de journée.

en fin de compte loc. adv. En fin de compte, nous en sommes au même point.

sans fin loc. adv. Le lion tournait sans fin dans sa cage.

fin, fine adj. [génér. après le nom] une écriture fine; un vin fin; une plume fine; une allusion fine.

[quelquefois avant le nom] une fine bouche (= un amateur de bonne cuisine); un fin limier (= un policier perspicace); une fine mouche (= une personne très clairvoyante).

Expr.: *le fin du fin* A ce public, il ne faut pas donner le fin du fin (= ce qu'il y a de plus délicat).

Expr.: *le fin mot de qc* Nous finirons bien par connaître le fin mot (= l'explication) de toute cette affaire.

fin adv. Nous sommes fin (ou: fins) prêts (= tout à fait prêts).

finir v. intr. Je crains que ça ne finisse mal.

finir par qc Ce mot finit par une voyelle.

finir en qc Le clocher finit en pointe. Ça a fini en queue de poisson (= s'est terminé d'une manière inconséquente).

finir   attr. Musset finit alcoolique.

finir de + *inf.* (= cesser de) Quand finirez-vous de faire le pitre? Quand aurez-vous fini de vous plaindre?

finir par + *inf.* (= en arriver à) Naturellement il a refusé d'abord, mais il a fini par céder.

en finir Il faut en finir vite. Il m'a raconté des histoires à n'en plus finir.

en finir avec qn/avec qc Il faut en finir avec tous ces malentendus.

en finir de + *inf.* On n'en finirait pas de visiter toutes les usines de cette région.

finir v. tr. Quand finirez-vous votre apprentissage?

finir abs. J'aurai bientôt fini.

fixer v. tr.

fixer qc/qn Mon mari a fixé ce clou/la serrure. Le mariage fixera-t-il ce coureur de filles? Mateo Falcone fixa (= regarda) longtemps son fils.

fixer qc à + *indication de prix* Le patron a fixé mon salaire à 1200 F.

fixer qc à + *indication de date* Le mariage a été fixé au 15 avril.

fixer qn sur qc L'Inspecteur fixera (= renseigner) les deux stagiaires sur leur affectation imminente à un lycée de Nantes.

être fixé Mon avocat n'est pas encore très fixé (= il n'a pas encore arrêté son choix quant aux mesures à prendre).

être fixé sur qn Vous voilà fixé sur lui (= Vous savez à quoi vous attendre de sa part).

flatter v. tr.

flatter qn/qc Il se croit obligé de flatter son maître/mes caprices.

se flatter de qc Elle se flatte de notre approbation.

se flatter de + *inf.* Elle se flattait de réussir.

· *se flatter que* + *ind. ou subj.* Elle se flatte que nous ne pouvons la remplacer. Je ne me flatte pas qu'on ne puisse me remplacer. Vous flattez-vous qu'il vienne/qu'il viendra? [pour le mode cf. APPENDICE § 11]

fléchir v. tr.

fléchir qn Je vais essayer de fléchir mon père.

fléchir qc [seulement au sens figuré] Comment fléchir sa colère?

fléchir v. intr. La branche fléchit sous les fruits. Comment faire fléchir cette branche? Je ne fléchirai pas devant mon fils.

fleur n. f.

Expr.: *à la fleur de l'âge* Ils ont été tués à la fleur de l'âge (= tout jeunes).

en fleur/en fleurs un arbre en fleur/en fleurs.

fleur bleue loc. adj. (= sentimental) Un film fleur bleue. Cette jeune fille est très fleur bleue.

à fleur de + nom loc. prép. Il y avait des rochers à fleur d'eau (= près de la surface de l'eau). Elle avait les nerfs à fleur de peau (= Elle était irritable).

fleurir v. intr. [au sens de «prospérer», p. pr. et adj. verbal *florissant* et le plus souvent imparf. *florissait*] Une santé florissante. Mais: Des arbres fleurissants. Des arbres fleurissant en mai. Les arbres fleurissaient. Les sciences et les lettres fleurissaient/florissaient sous le règne de ce prince.

flot n. m. [au pl. = vagues, remous]: Les flots de la mer. Il disparut dans les flots. [au sg. surtout au sens fig.]: Le flot de visiteurs/des réclamations.

à flots loc. adv. La bière coulait à flots.

à flot loc. adv. Le navire est enfin à flot (= il a assez d'eau pour flotter). Cet emprunt remettra à flot notre société (= il lui permettra de fonctionner de nouveau, il la renflouera).

flotter v. intr. Le liège flotte sur l'eau. Les drapeaux ont flotté au vent.

foi n. f. Elle est de bonne foi/de mauvaise foi. Il est digne de foi.

avoir foi en qc/dans qc J'ai foi en l'avenir/dans tes paroles.

ajouter foi à qc J'ajoute foi à ce que tu dis.

sur la foi de qc Il a été accusé sur la foi de certains documents compromettants qu'on a trouvés sur lui.

ma foi loc. interj. Tu n'aimes pas ce livre? Ma foi (= En vérité), tu as raison.

Expr.: *avoir la foi* (= croire qc sans le mettre en question) Pour admirer cette peinture abstraite, il faut avoir la foi.

fois n. f. Il mange de bon appétit cinq fois par jour.

chaque fois que + ind. Chaque fois qu'il venait, il nous apportait des bonbons et des jouets.

une fois adv. [fam.] Une fois (= Un jour), je suis allé à pied de la Nation à l'Etoile.

Expr.: *une fois pour toutes* Il nous a dit une fois pour toutes de ne pas nous lever à son entrée.

une fois que + *ind*. Une fois que (= Lorsque) vous serez mort, on vous oubliera.

une fois + *p. pa*. Une fois mort, vous serez oublié.

une fois + *nom* + *p. pa*. Une fois la ville prise, la guerre sera décidée.

des fois loc. adv. [pop.] Des fois (= Quelquefois), quand il passe, il frappe chez nous.

à la fois loc. adv. Il ne faut pas courir deux lièvres à la fois (= en même temps).

foncé, e adj. une robe gris foncé/vert foncé; une robe foncée.

foncer v. tr.
foncer qc Elle a foncé [contr.: éclairci] ses cheveux.
foncer v. intr. Ses cheveux ont foncé.
foncer sur qn/sur qc Une voiture noire fonçait sur nous et faillit nous écraser.

fonction n. f. [au pl. = devoirs d'une charge, d'un emploi]: J'exerce les fonctions d'adjoint au maire. [au sg. quand on parle d'une fonction particulière]: Le maire a la fonction d'établir les listes électorales.

Expr.: *faire fonction de* L'adjoint fera fonction de maire jusqu'aux prochaines élections. Cette caisse fera fonction de table.

en fonction de loc. prép. Les prix varient en fonction de la demande.

être fonction de Les prix sont fonction de (= varient en proportion de) la demande.

fond n. m. Mon sac avait un trou dans le/au fond.

Expr.: *de fond en comble* Il faut changer la société de fond en comble.

faire fond sur qn/sur qc C'est un employé spirituel, mais on ne peut faire fond sur lui. Je ne fais guère fond sur les promesses de mon député.

à fond loc. adv. Il connaît son métier à fond (= entièrement).

au fond loc. adv. [fig.] Au fond, ce n'est pas un méchant garçon.

au fond de qc loc. prép. Au fond du sac, il y avait un trou.

dans le fond loc. adv. [fig.] Dans le fond (= Tout bien considéré), ta mère avait raison.

de fond loc. adj. Le Figaro a publié un article de fond (= fondamental) sur le problème du logement. [sport]: C'est un bon coureur de fond (= de longues distances).

fonder v. tr.
fonder qc Qui a fondé la ville de Rome?
fonder qc sur qc/sur qn Je fonde cette thèse sur une statistique irréfutable. Je ne fonde aucun espoir sur ce politicien.

être fondé à + *inf.* Je suis fondé à (= en droit de) vous demander le remplacement de la vaisselle cassée.

se fonder sur qc Sur quelles preuves vous fondez-vous pour m'accuser?

fondre v. tr.
fondre qc On fond du métal.
fondre v. intr. Le beurre fond au soleil.
Expr.: *fondre en larmes* Lorsqu'on la découvrit, elle fondit en larmes.
fondre sur qn/sur qc L'ennemi fondit sur nous. Le milan fond sur sa proie.

fonds n. m. (= domaine ou boutique dont on tire profit, ou terrain qu'on cultive) Il est propriétaire d'un fonds de terre. Il a acheté un fonds de commerce/un fonds de librairie.

une mise de fonds Il me faudrait un million de mise de fonds pour créer cette industrie.

à fonds perdu loc. adv. J'ai placé toutes mes économies à fonds perdu (= en abandonnant le capital pour un intérêt plus fort).

force n. f. 1. [au sg.] Il est doué d'une force extraordinaire. Il a cogné de toute sa force. Nous entrerons par la force.
de force loc. adv. Nous entrerons de force.
la force de + *inf.* Je n'ai pas la force de soulever ce sac/de tenir tête à ma femme.
de force à + *inf.* Il n'est pas de force à battre notre champion.
Expr.: *force m'est/lui est de* + *inf.* [litt.] «Force nous est donc d'en prendre notre parti» (= il le faut). (Bergson)
à toute force loc. adv. [exprimant l'intensité] Il veut réussir à toute force.
à force de + *nom* loc. prép. A force de réflexion, il a trouvé la solution.
à force de + *inf.* loc. prép. A force de réfléchir, il a trouvé la solution.
en force loc. adv. Ils vont attaquer en force (= en nombre).
force [inv.] + *nom* adv. [litt.] «J'ai dévoré force (= beaucoup de) moutons.» (La Fontaine)

2. [au pl. = capacités surtout physiques]: Avec du repos, vous retrouverez vos forces. Il a cogné de toutes ses forces. Il est à bout de forces. [potentiel militaire]: Les forces ennemies sont supérieures en nombre.

forcer v. tr.
forcer qc Ne forcez pas votre moteur (= ne lui demandez pas un rendement trop élevé). La probité de ce député a forcé même le respect de ses adversaires.
forcer qn à qc On l'a forcé (= obligé, réduit) à l'obéissance.
forcer qn à + *inf.* On nous a forcés à rester.

être forcé de + *inf.* Nous étions forcés de rester.

se forcer à + *inf.* Je me suis forcé à manger ce gâteau (= je l'ai mangé à contre-cœur).

se formaliser v. pr.

se formaliser pour qc Ne vous formalisez pas pour si peu de chose.

se formaliser de qc Ne vous formalisez pas de son refus.

se formaliser que + *subj.* Il se formalise que tu aies refusé.

se formaliser de ce que + *ind.* Il se formalise de ce que tu as refusé.

se formaliser si Ne vous formalisez pas si je refuse votre offre.

forme n. f. La forme de cet avion est triangulaire. Ce pull-over dessinait ses formes (= contours du corps). Rédigez votre demande dans les formes (= selon les règles établies).

prendre forme Mon tableau/article/roman prend forme.

être en forme Notre champion n'était pas en forme (= dans une bonne condition physique) ce matin.

pour la forme loc. adv. Je l'ai invité pour la forme, mais il ne viendra pas.

de pure forme C'est une invitation de pure forme.

en forme de + *nom sans art.* Connaissez-vous les Trois morceaux en forme de poire, de Satie?

sous la forme de + *nom avec art.* Jupiter apparut à Léda sous la forme d'un cygne.

former v. tr.

former qc/qn Formez des phrases avec les mots suivants. Je forme des vœux pour votre santé. Ses nombreux voyages l'ont formée.

se former en qc Les grévistes se sont formés en cortège.

fort, e adj. Un homme fort. Il est fort comme un Turc. Il m'a pris une forte (= grosse) somme.

fort en qc Il est fort en géographie.

fort de qc Fort de (= Sûr de pouvoir s'appuyer sur) sa popularité, il osa s'attaquer au pouvoir.

se faire fort [invar.] *de* + *inf.* Nos champions se font fort de regagner la coupe Davis.

fort n. m. La logique n'est pas son fort (= son point fort). Mon oncle est un fort des Halles (= employé qui charge et décharge de lourdes marchandises). Tous les forts (= ouvrages fortifiés) sont en alerte.

fortement adv. Appuyez fortement sur le bouton.

fort adv. [avec un verbe] Il s'y intéresse fort (= beaucoup/bien). Parlez plus fort. Ne criez pas si fort.

[avec un adj. ou un adv.] J'en suis fort (= bien/très) heureux. Elle est fort inquiète. «Fort bien (= Très bien).»

fortune n. f. Cet usage tombé en désuétude a connu récemment une fortune nouvelle.

faire fortune Je reviendrai, quand j'aurai fait fortune.

nom + de fortune Le cloître fut pour notre compagnie un hôpital de fortune (= imprévu, rencontré par hasard).

Expr.: *à la fortune du pot* Venez déjeuner chez nous, mais je vous préviens que ce sera à la fortune du pot (= sans façon).

fou, fol, folle adj. [au masc., après le nom, sauf devant voyelle sous la forme ancienne *fol*] Un fol espoir. Un fol amour. Mais: Un amour fou. Il y avait un monde fou (= beaucoup de monde). Un chien fou (= enragé). Exception: Le fou rire (= rire incoercible).

[au fém., avant ou après le nom] une folle dépense; une dépense folle; les vierges sages et les vierges folles.

fou à + inf. Elle est folle à lier.

fou de qn Elle est folle de ses enfants/de ses chats.

foudre n. f. La foudre est tombée sur un chêne. [au masc. dans l'expression]: Un foudre de guerre (= un grand homme de guerre).

fouiller v. tr.

fouiller qn/qc Les douaniers fouillèrent le voyageur et ses valises.

se fouiller Tu peux te fouiller (= Tu n'auras rien; fam.).

fouiller v. intr. Fouillant au fond de sa poche/dans sa poche, il en retira le petit bout de corde.

foule n. f. une foule de gens.

[l'accord dépend du sens] La foule des curieux/Une foule de curieux bloquait la rue. Une foule de sympathisants ont envoyé leurs dons. Une foule de gens ignorent cela. [cf. APPENDICE § 6,1]

en foule loc. adv. Les acheteurs se sont présentés en foule.

fouler v. tr.

fouler qc Ils ont foulé l'herbe.

Expr.: *fouler qc aux pieds* Il a foulé aux pieds les préjugés.

se fouler qc Elle s'est foulé le pied/la cheville.

Expr.: *ne rien/ne pas se fouler* [pop.] Ta mère ne s'est rien foulé/ne s'est pas foulée (= n'a fait aucun effort) pour nous recevoir.

fourmiller v. intr.

fourmiller de qc Le soir, les rues fourmillent de voitures et de piétons.

fournir v. tr.

fournir qc Le Brésil fournit du café. Vous avez fourni un gros effort.

fournir qc à qn/à qc Le Brésil fournit du café aux hommes de tous les continents/à tous les continents.

fournir qn/qc de qc/en qc Le Brésil fournit tous les continents de café/en café.

fournir v. tr. indir.

fournir à qc La fabrique ne peut plus fournir à la demande. La pauvre femme ne peut plus fournir aux dépenses.

se fournir Je me fournis au Prisunic. Je me fournis de tout/en alimentation au Prisunic.

fourrer v. tr.

fourrer qc quelque part Pour qu'on ne la trouve pas, j'ai fourré la lettre dans ma poche.

fourrer qc de/avec qc (surtout au passif) un manteau fourré de/avec du lapin.

se fourrer Comme tu es sale! Où t'es-tu fourré? [fam.]: Quelle idée s'est-il fourré dans la tête?

frais n. m. pl. Mon séjour à Paris m'a causé de grands frais/ne m'a causé aucuns frais.

à peu de frais/à grands frais loc. adv. J'ai voyagé à peu de frais/à grands frais.

sans frais/sans aucuns frais loc. adv. Il est venu sans frais/ sans aucuns frais.

aux frais de qn/de qc loc. prép. J'ai voyagé aux frais de mon patron/à mes frais/[pop.] aux frais de la princesse (= de l'Etat).

faire des frais Il a fait beaucoup de frais.

se mettre en frais Notre hôte s'est mis en frais de plaisanteries (= il n'en a pas été avare).

faire les frais de qc Le petit commerce fera les frais de cette réforme fiscale (= elle se fera à ses dépens).

frais, fraîche adj. [génér. après le nom]: du vin frais; des œufs frais; une brise fraîche. [quelquefois avant le nom, le plus souvent dans un sens impliqué, cf. APPENDICE § 14]: un frais matin d'avril; la fraîche mélodie d'une chanson populaire.

frais [pris adverbialement; invar.] boire frais.

frais [pris adverbialement; accordé comme l'adj. ou le part. qui suit] des fleurs fraîches écloses; des roses fraîches cueillies.

à la fraîche loc. adv. Ne sors pas à la fraîche (= au moment du jour où il fait frais) sans te couvrir.

au frais loc. adv. Asseyons-nous au frais sous les tilleuls.

de frais loc. adv. La porte est peinte de frais. Il est rasé de frais.

de fraîche date loc. adv. Nous nous connaissons de fraîche date (= depuis peu).

Expr.: Il fait frais.

prendre le frais Allons prendre le frais sur la terrasse.

Expr.: Me voilà frais! (= Me voilà dans de beaux draps! Me voilà mal en point!)

fraîchement adv. Elle nous a reçus fraîchement [contr.: chaleureusement]. Mlle Dupont est fraîchement arrivée à Orléans (= elle y est depuis peu de temps).

franc, che adj. [après le nom, au sens de ›véridique‹]: un homme franc; une critique franche. [avant le nom, avec valeur adverbiale, cf. APPENDICE § 14]: une franche canaille (= un homme qui est franchement canaille); une franche maladresse (= une conduite franchement maladroite).

franc [employé adverbialement; invar.] Je vais vous le dire tout franc. Il a parlé franc (= franchement, sans détours).

franc de loc. prép. L'intérêt de ces obligations est franc de tout impôt.

Expr.: *franc de port* Je vous expédie cette caisse franc/franche de port (ou: franco/franco de port) [contr.: en port dû].

France n. propre fém. la douce France.

● *français* est remplacé par *de France* dans les titres officiels: les rois/le roi de France; l'Ambassadeur/l'Ambassade de France; la carte de France; les vins de France: Charbonnages de France.

France n. propre masc. (bateau) Le France a été construit aux chantiers navals de Penhoët, à St.-Nazaire.

frapper v. tr. Elle me frappa au visage. Un bruit a frappé mon oreille. Ce qui me frappe le plus c'est son silence.

être frappé de qc Il a été frappé (= atteint) d'apoplexie. Je suis frappé (= surpris) de votre transformation.

frapper v. intr. Entrez sans frapper. On a frappé à la porte.

fraude n. f.
en fraude loc. adv. Il a essayé de passer des cigarettes en fraude.

frayer v. tr.
frayer qc Les colons durent frayer (= tracer) un sentier à travers la forêt vierge.

frayer qc à qn/à qc Les agents s'efforçaient de frayer (= ouvrir) une voie/un passage au célèbre aviateur. Les recherches de Pasteur frayèrent la voie aux réussites de ses successeurs.

se frayer qc Péniblement, les deux femmes se sont frayé un passage à travers les débris.

frayer v. tr. indir.
frayer avec qn Promu directeur, l'ancien contremaître ne frayait plus (= n'avait plus de rapports sociaux) avec les ouvriers.

frayer abs. Ce garçon est sauvage, il ne fraie pas facilement.

frein n. m. Son ambition n'a plus de frein.
sans frein loc. adj. une ambition sans frein.
mettre un frein à qc Mettez un frein à vos insolences.

Expr.: *ronger son frein* Le prisonnier rongeait son frein (= était plein d'impatience) en attendant le jour de l'évasion.

friser v. tr.

friser qn Maman m'a frisée au fer.

friser qc Il frise sa moustache. [fig.]: La balle a frisé (= frôlé) le filet. Sa réponse frisait l'insolence.

friser v. intr. (= être ou devenir frisé) Voilà que mes cheveux frisent. Ma sœur frise plus que moi.

froid, e adj.

froid avec qn/pour qn/envers qn Il se montrait/Il était très froid avec/pour/envers moi.

Il fait froid. Nous avons mangé froid. J'ai eu froid/très froid/trop froid.

battre froid à qn Nous lui avons battu froid (= montré de la froideur).

à froid loc. adv. On l'a opéré à froid (= quand l'inflammation avait disparu).

froid n. m. Je supporte mieux le chaud que le froid. Il y a un froid (= une brouille) entre ma cousine et moi.

être en froid avec qn Je suis en froid avec ma cousine.

Expr.: *jeter un froid* Sa réponse cinglante a jeté un froid.

front n. m.

faire front à qc Le gouvernement dut faire front à des grèves généralisées.

avoir le front de + *inf.* Vous avez le front (= l'audace) de me faire des reproches, à moi!

de front loc. adv. Il faut attaquer de front le problème des salaires. Les deux cavaliers couraient de front (= sur la même ligne).

frotter v. tr.

frotter qc Le spéléologue frotta une allumette. Il frotta vigoureusement ses pieds pour les réchauffer.

frotter qc à qn Son père va lui frotter les oreilles [fam. = le battre].

se frotter + *art.* + *nom* [possession inaliénable] L'adjudant se frottait les mains/le front/les genoux. Mais: L'adjudant frottait son ceinturon/ses bottes/ses lunettes.

fuir v. intr. L'hiver a fui. Ce tonneau fuit (= n'est pas étanche).

fuir devant qn Nous ne fuirons jamais devant qui que ce soit.

fuir v. tr.

fuir qn/qc Il fuyait ses créanciers. Un homme courageux ne fuit jamais le danger.

fuite n. f. L'explosion est due à une fuite de gaz.

en fuite Des soldats en fuite. Toute l'armée est en fuite. Nous les avons mis en fuite.

fumer v. tr.
fumer qc J'ai encore le temps de fumer une cigarette. Du jambon fumé. On fume un terrain.
fumer abs. Vous fumez?
fumer v. intr. La cheminée fume. Le volcan fume.

funérailles n. f. pl. La patrie fit à ses héros morts des funérailles solennelles.

fur élément de locutions
au fur et à mesure loc. adv. Il tuait les lapins et les dépeçait au fur et à mesure.
au fur et à mesure de loc. prép. Voici les biscuits de réserve; vous les distribuerez au fur et à mesure des besoins.
au fur et à mesure que + ind. loc. conj. Vous distribuerez les biscuits au fur et à mesure qu'ils seront livrés.

furieux, se adj.
furieux de qc Vous vous imaginez combien il était furieux de cette réponse.
furieux contre qn Son père est furieux contre elle.

futur, e adj.
[après le nom] Que savons-nous de la vie future (= après la mort)?
[avant le nom quand il s'agit de la qualité que doit présenter dans l'avenir une personne désignée] Un futur professeur doit connaître le pays dont il enseigne la langue. C'est ma future épouse.

G

gage n. m. un gage (= témoignage) d'amitié.
en gage loc. adv. Vous hésitez à me prêter une telle somme? Prenez cette bague en gage.
Expr.: *être aux gages de qn* Le secrétaire d'Etat trouva moyen d'être aux gages (= d'être le serviteur fidèle) de quatre gouvernements consécutifs.
à gages loc. adj. un assassin à gages (= qui est payé pour son forfait).
● Au sens de >salaire d'un valet, etc.< *gages* a vieilli.

gager v. tr.
gager que + ind. Gageons que ce projet de réforme sera repoussé comme les autres.

gagner v. tr.
1. (= faire un gain)
gagner qc Il gagne son pain en travaillant dur.
gagner de + inf. A se montrer trop bon, le professeur a gagné d'être chahuté.

gagner de quoi + *inf.* Il gagne largement de quoi vivre.

gagner + *adv.* Son père gagne bien. Mais [négativement]: Son père ne gagne pas gros/[fam.]: pas lourd.

2. (= remporter une victoire)

gagner qc Il a gagné la partie/la bataille/son pari.

gagner qn à un jeu Il me gagne toujours à la belote.

3. (= disposer en sa faveur)

gagner qc/qn Le nouveau venu gagna vite la sympathie de ses camarades/gagna vite des amis.

gagner qn à qc Il a gagné ses camarades à la cause du socialisme.

4. (= se diriger vers un lieu)

gagner qc/qn Le ministre a gagné Bordeaux. [fig.]: Cette mode a gagné les classes populaires.

gagner v. intr. Ma sœur pleure chaque fois qu'elle ne gagne pas.

gagner à qc Il gagne toujours aux cartes.

gagner à + *inf.* Ce vin gagnerait à vieillir. [surtout au passif]: Votre ami gagne à être connu.

y gagner Reste tranquille, tu y gagneras.

gagner en qc Votre fils n'a pas gagné en sagesse.

gagner + *gérondif* Ce vin-là ne gagnera pas en vieillissant.

gagner contre qn Limoges a gagné contre Nice.

gagner sur qc/sur qn L'océan gagne chaque année sur cette falaise. Cet hôtelier gagne beaucoup sur les clients étrangers.

gagnant, e adj. Tout le monde donnait ce cheval gagnant (= était sûr qu'il gagnerait). Ce cheval part toujours gagnant (= Il ne perd jamais). Prudent et pondéré, cet homme d'Etat jouait toujours gagnant (= ne jouait qu'à coup sûr).

gai, e adj. [en général après le nom] un cœur gai; une soirée gaie. [adv.: gaiement]

gain n. m.

gain de qc J'ai réalisé par cette vente un gain de 500 F. Cet itinéraire permet un gain de temps appréciable.

Expr.: *avoir/obtenir gain de cause* J'ai eu/J'ai obtenu gain de cause contre mon propriétaire.

Expr.: *donner gain de cause à qn* Le tribunal m'a donné gain de cause (= J'ai gagné mon procès).

galop n. m.

prendre le galop Le cheval prit le galop.

au galop loc. adv. J'ai photographié un cheval au galop (= en train de galoper).

se mettre/partir au galop Le cheval se mit/partit au (grand) galop.

gant n. m.

Expr.: *aller comme un gant à qn* Ce manteau lui va comme un gant (= très bien).

jeter le gant à qn Le chevalier jeta le gant à son adversaire.

relever le gant Il a relevé le gant que son adversaire lui avait jeté.

prendre des gants pour + *inf.* Il faudra prendre des gants (= agir avec délicatesse) pour lui annoncer son échec.

garant, e n. m. et f. [appliqué aux personnes, aux collectivités humaines, aux choses personnifiées] Il est mon garant; elle est ma garante.

Expr.: *se porter garant de qc* Les puissances signataires se portent garantes des frontières actuelles de ce pays.

se porter garant pour qn Relâchez-le, je me porte garant pour lui.

se porter garant que + *ind.* Je me porte garant qu'il vous paiera avant juillet.

garant [uniquement n. m. quand il s'applique aux choses] Sa conduite passée est garant/le plus sûr garant de sa fidélité.

garantir v. tr.

1. (= protéger)

garantir qn ou qc de qc/contre qc Cet imperméable vous garantira de la pluie et du froid. Un paratonnerre garantit la maison contre la foudre. Cette assurance ne me garantit pas contre le vol.

2. (= promettre, assurer)

garantir qc Notre Auto-école garantit le succès au permis de conduire.

garantir qc à qn La maison vous garantit la qualité de ses produits.

garantir (à qn) que + *ind.* Je (vous) garantis que tout va très bien.

garde n. f.

1. (= action de garder)

à la garde de qn On a confié le bébé à ma garde.

donner qc en garde à qn On donne la maison en garde au concierge.

être sous la garde de qn L'argent est sous la garde du trésorier.

être de garde La pharmacie Havet est de garde aujourd'hui.

mettre qn en garde contre qn/qc Il faut la mettre en garde contre les tricheurs/contre les mauvais bruits qui courent sur elle.

monter la garde La sentinelle a monté la garde.

prendre qn sous sa garde Flaubert prit Maupassant sous sa garde.

sous bonne garde Quand ce malfaiteur aura purgé son temps en prison, il faudra encore le tenir sous bonne garde.

prendre son tour de garde «La jeune génération n'est pas pressée de prendre son tour de garde.» (Duhamel)

prendre garde à qn Prenez garde au chien.

prendre garde à qc Prenez garde au trottoir/à la marche/à la peinture.

prendre garde à + *inf.* Prenez garde (= Veillez) à ne pas trop vous
engager.

prendre garde de + *inf.* Prenez garde (= Evitez) de tomber.

prendre garde que + *ne* + *subj.* Prends garde qu'il ne t'aperçoive pas
(= Evite d'être aperçu) dans son champ.

prendre garde que + *ind.* Prends garde (= Remarque bien) qu'il peut
t'apercevoir dans son champ.

être sur ses gardes Face à ce maniaque, il faut que tout le monde soit sur
ses gardes.

n'avoir garde de + *inf.* Je n'aurai garde (= J'éviterai avec soin) de passer devant sa maison.

2. (= troupe chargée de la garde d'un chef) Le roi, entouré de sa
garde, entra dans le château. La garde républicaine.

garde n. m. un garde forestier; un garde du corps; le garde-barrière
et la garde-barrière (= une femme qui garde la barrière); un garde-
malade(s); mais: un garde-boue.

[pour le pl. des mots composés avec *garde* 3 groupes sont à distinguer]:

1. [sans trait d'union: *garde* = nom commun]
garde + *adj.* les gardes champêtres; les gardes républicains.

2. [avec trait d'union: *garde* = nom commun]
garde + *nom* les gardes-malade(s); les gardes-chasse(s).

3. [avec trait d'union: *garde* = forme réduite du verbe *garder*]
garde + *nom.* les garde-boue; les garde-côte(s); les garde-fou(s); les
garde-manger.

garder v. tr.

garder qc/qn Le chien garde la maison. Le malade garde le lit. Je
garde un très bon souvenir de mon séjour en France. Elle a gardé sa
bonne pendant treize ans. Il a gardé son ami dans sa maison.

garder qn de qc Dieu vous garde d'un tel malheur.

se garder de qc Gardez-vous de l'orgueil.

se garder de + *inf.* Gardez-vous de patiner sur le lac; la glace ne tient
pas! Gardez-vous en bien!

gardien, ne n. m. et f. Les gardiens de la paix. La Chambre doit
se considérer comme gardienne de la constitution.

gare n. f. une gare de triage; une gare de marchandises. La Gare
Montparnasse; la Gare St. Lazare. La Gare d'Orléans; la Gare de
Lyon. La Gare du Nord; la Gare de l'Est.

gare interj.

gare + *à* + *pron.* Gare à toi! (= Fais attention)

gare + *à* + *nom* Gare (= Attention) aux répercussions étrangères!

gare + *à* + *inf.* Gare à ne pas risquer une rechute! [avertissement
adressé à un malade ou à un ancien détenu]

gauche adj. Il a été blessé au bras gauche [contr.: droit]. Tout le monde le taquina à cause de ses mouvements gauches (= maladroits). [ellipt.]: Après un crochet du gauche (= du poing gauche de son adversaire), le boxeur s'est écroulé.

à gauche loc. adv. La loge est à gauche. Mon beau-frère est à gauche (= professe des idées politiques de gauche).

à gauche de loc. prép. La loge est à gauche de la sortie. Le parti socialiste est à gauche du Centre.

Expr.: *mettre de l'argent à gauche* [pop.] Le champion du monde de boxe a mis beaucoup d'argent à gauche.

gauche n. f.

1. (= orientation relative à l'homme)

à la gauche de loc. prép. Il se tenait à la gauche de son amie.

à ma/ta/sa etc. gauche loc. adv. Asseyez-vous à sa gauche.

sur la gauche loc. adv. Vous trouverez cette rue sur la gauche.

sur ma/ta/sa etc. gauche loc. adv. L'ennemi déboucha sur notre gauche.

Expr.: *connaître sa gauche et sa droite* Il ne connaît pas encore sa gauche et sa droite.

Expr.: *tenir sa gauche* En Angleterre, il faut que vous teniez votre gauche.

2. (= sens politique) La gauche s'est opposée au projet de loi. Un homme de gauche. Je suis de gauche. Les partis de gauche. Le rassemblement des gauches (= des partis de gauche). La Chambre a voté à gauche. L'extrême gauche.

géant n. m. «Les géants de la route» (= les coureurs du Tour de France). Homère était un géant.

à pas de géant loc. adv. Ils ont marché à pas de géant pour arriver à la gare à temps.

géant, e adj. La construction du pont sur le Rhône a été un travail géant/une entreprise géante.

geler v. intr. Le ruisseau a gelé pendant la nuit. La rivière est gelée. [pour l'emploi des auxiliaires cf. APPENDICE § 2] On gèle dans cette pièce (= On y a très froid).

il gèle [impers.] Au-dessous de zéro, il gèle. Il gèle à pierre fendre.

geler v. tr.

geler qc Le froid a gelé les fleurs des pommiers. J'ai les pieds gelés.

se geler qc En faisant des boules de neige, elle s'est gelé (= refroidi vivement) les mains. Mais: Dans cette ascension, Herzog a eu les mains gelées.

gêne n. f. «Où il y a de la gêne, il n'y a pas de plaisir.» [prov.]

éprouver de la gêne/quelque gêne/une certaine gêne à + inf. J'éprouve de la gêne/quelque gêne/une certaine gêne à vous annoncer mon départ.

Expr.: *être/tomber dans la gêne* [contr.: être dans l'aisance] Le joueur est/est tombé dans la gêne parce qu'il a perdu tout son argent.

sans gêne loc. adj. Cet homme est (très) sans gêne, il s'installe ici comme chez lui. «Madame Sans-Gêne»

gêner v. tr.
gêner qc Cette décision gêne la libre entreprise.
gêner qn Restez donc, je vous en prie, vous ne me gênez pas.

se gêner Il ne faut pas vous gêner dans notre maison (= Faites comme chez vous).

se gêner pour + *inf.* Je ne me gênerai pas pour lui dire ses quatre vérités.

général, e adj. la culture générale; les Etats généraux.
en général loc. adv. Je ne condamne pas la presse en général (= par principe). A la cantine, en général (= ordinairement), la viande est dure.

général n. m. un général de division/de corps d'armée; les généraux de l'Empire.
[sens neutre] Vous avez conclu/Vous êtes allé du particulier au général. Restez près du texte: votre commentaire se perd dans le général (= dans les généralités).

générale n. f. Madame la générale (= l'épouse d'un général). On voit ce critique à toutes les générales (= à toutes les répétitions générales).

généreux, se adj. un donateur généreux (= libéral); un vin généreux (= capiteux, fort en alcool); une offre généreuse.
généreux de qc Je lui suis reconnaissant d'avoir été si généreux de son temps [contr.: avare de son temps].
généreux avec qn Généreux avec les vaincus, il sut brider les séditieux d'une main de fer.

génie n. m.
1. (= faculté mentale) Cet artiste a du génie. Une invention de génie.
avoir le génie de qc Il a le génie de la danse.
avoir le génie de + *inf.* Cet enfant a le génie de nous retarder quand nous sommes pressés.
2. (= personne géniale) Walt Disney fut un génie en son genre.
3. (= arme militaire) Un officier du génie. Les soldats du génie ont jeté un pont sur le fleuve en moins de 24 heures.

genou n. m. Le pantalon du jardinier est déchiré aux genoux.
être/tomber à genoux Une femme en deuil était à genoux devant l'autel. La reine d'Angleterre tomba à genoux pour obtenir la grâce des six bourgeois de Calais.
fléchir/plier/[litt.] *ployer le genou devant qn* Les vaincus ont fléchi/plié/ployé le genou en signe de soumission.

être aux genoux de qn Ce secrétaire était aux genoux du Directeur.
être sur les genoux [fam.] Le champion était sur les genoux (= épuisé).

gens n. m. pl.
GENRE [L'adj. épithète a la forme fém. quand il précède immédiatement] : Ce sont de bonnes gens. [le nom garde son genre masc., qu'il impose après lui] : Les vieilles gens sont soupçonneux. Les gens vieux.

EMPLOI 1. Une foule de gens vont à cette fête. La plupart des gens/ Bien des gens/Beaucoup de gens/Tous les gens vont à cette fête. [*gens* ne s'emploie pas quand le nombre est indiqué de façon précise] : trois ou quatre personnes.

2. [sens indéfini] On ne traite pas les gens comme ça, voyons !

3. [pour désigner une profession] les gens d'Eglise ; les gens de lettres ; les gens de robe (= juges, avocats) ; les gens de mer (= les marins).

4. [personnes jeunes de sexe masc. ou des deux sexes] Les jeunes gens. De beaux jeunes gens. Ce sont des (et non : de) jeunes gens.

gentil, le adj. [avant ou après le nom] un gentil garçon ; un garçon gentil. [adv. : gentiment]
être gentil avec qn/pour qn Elle est gentille avec moi/pour nos enfants.
c'est gentil à vous de + *inf.* [fam.] C'est gentil à vous de me l'avoir dit.
c'est gentil de votre part/de la part de + *nom de pers.* + *de* + *inf.* C'est gentil de votre part/de la part de votre mère de m'avoir invité.
tu seras/vous serez gentil de + *inf.* [fam.] Tu seras gentil de fermer la porte (ordre atténué).

gésir v. intr. [n'est usité qu'aux temps suivants : ind. prés., imparf. et part. prés. *gisant;* à l'ind. prés. surtout dans l'inscription tombale *ci-gît* ...] : On l'a retrouvé gisant sur la sable sans connaissance. [fig.] : C'est là que gît (= réside) le problème.

geste n. m. Le roi fit un geste las/encourageant/de refus/d'assentiment. Alors le roi eut un beau geste : il gracia le coupable.
Expr. : *faire un geste* Il faudrait qu'il fasse un geste (= qu'il accomplisse un acte de conciliation).

gestes n. f. pl. Il veut connaître tous mes faits et gestes (= tous les détails de mes actions).

geste n. f. La Chanson de Roland est une chanson de geste, la plus célèbre du groupe appelé la geste du Roi (Charlemagne).

glacer v. tr.
glacer qc/qn Ce vent glace les mains. Son regard me glace.
glacer qc à qn Cette nouvelle me glaça le cœur.
glacer qn de qc Ce spectacle nous a glacés d'effroi.

se glacer Son regard/Son visage se glaça.

glisser v. intr. [auxil. >avoir<] Ma mère a glissé malencontreuse-
ment sur une peau de banane.

glisser dans qc L'enfant a glissé dans la boue. [fig.]: Les puissances
européennes ont glissé malgré elles dans la première guerre mondiale.

glisser sur qn Les prières, les appels, les remontrances, tout ça glisse
(= ne fait aucune impression) sur lui.

glisser sur qc Il vaut mieux glisser sur les bêtises qu'il a faites dans sa
jeunesse. Glissons là-dessus!

glisser v. tr.

glisser qc Vous n'avez qu'à glisser la monnaie dans la fente.

glisser qc à qn A ce moment, son secrétaire lui glissa un papier plié.

se glisser Bien des fautes se sont glissées dans cette page.

gloire n. f. Les soldats se sont couverts de gloire. Rodin est la gloire
de la sculpture française.

faire la gloire de qc/de qn Corneille et Racine font la gloire du classi-
cisme français. «Le Cid» fait la gloire de Corneille.

avoir la gloire de + inf. Aimeri eut la gloire de prendre Narbonne.

rendre gloire à qn Etre compositeur, c'était pour ces musiciens rendre
gloire à Dieu. Gloire à Dieu! Gloire à vous!

se faire gloire de qc Tartarin de Tarascon se faisait gloire de ses innombrables exploits.

se faire gloire de + inf. Il se faisait gloire d'avoir accompli d'innombrables exploits.

gorge n. f.

à la gorge Mon frère a mal à la gorge. Furieux, il lui a sauté à la
gorge. [fig.]: Avec cette lettre interceptée, vous le tenez à la gorge
(= il est à votre merci).

dans la gorge Une arête a manqué de me rester dans la gorge.

mettre le couteau sur/sous la gorge Ses créanciers lui ont mis le couteau
sur/sous la gorge.

Expr.: *rendre gorge* Les contrebandiers, convaincus, ont dû rendre
gorge (= ont dû restituer ce qu'ils avaient acquis frauduleusement).

Expr.: *faire des gorges chaudes de qn/de qc* Le marquis fait des gorges
chaudes de M.Jourdain/des bêtises de M.Jourdain (= il se régale
de plaisanteries à son sujet).

goût n. m.

1. (= l'un des cinq sens de l'homme) Ce vin flatte le goût, mais il
n'est pas naturel.

2. (= saveur d'un aliment) J'aime le goût de cet apéritif. Il a un goût
amer. Ce vin a bon/mauvais goût. Le gratin avait un goût de brûlé.
Un arrière-goût. Un avant-goût.

3. (= prédilection pour qc) Le meuble se fait en acajou ou en teck:

c'est uniquement (une) affaire de goût. Chacun son goût. Elle s'habille avec/sans goût. Cette robe est de mauvais/bon goût. Vous connaissez mes goûts? Sa femme et lui n'ont pas les mêmes goûts. «Des goûts et des couleurs on ne discute pas.»

avoir du goût pour qc/pour qn Il a du goût pour la chimie/pour sa voisine.

prendre goût à qc J'ai pris goût à la musique.

être du goût de qn La plaisanterie n'a pas été du goût du professeur.

être de/à mon/ton etc. goût Cette plaisanterie n'est pas de/à mon goût.

être dans le goût de qc Les illustrations sont dans le goût de l'époque.

goûter v. tr.

goûter qc Le cuisinier goûte les mets (= il en éprouve la saveur). Mon père ne goûte pas notre projet (= il ne le trouve pas bon).

goûter qn (= apprécier qn, surtout dans les lettres et dans le domaine de l'art) A son temps, ce peintre fut plus goûté qu'aujourd'hui.

goûter v. tr. indir.

goûter à qc Le chef de cuisine doit goûter aux plats avant de les faire servir.

goûter de qc Goûtez donc de ce champagne. Après avoir goûté d'une vie de noceur, il ne put plus l'abandonner.

goûter v. intr. Nous donnerons à goûter aux enfants (= ils auront un petit repas au cours de l'après-midi).

goûter n. m. Vous n'aurez pas de goûter cet après-midi.

grâce n. f.

1. (= faveur) Il demande/Il a obtenu une grâce. Dieu accorde sa grâce à tout repenti sincère.

être/rentrer en grâce auprès de qn Ce courtisan est/rentre en grâce auprès du roi [contr.: il est en disgrâce].

donner le coup de grâce à qn Il acheva l'animal en lui donnant le coup de grâce.

de grâce loc. adv. [litt.] Ne citez pas, de grâce (= je vous prie), à tort et à travers.

2. (= remerciement)

rendre grâce(s) à qn Rendons grâce à Dieu. Je vous rends grâce/mille grâces.

grâce à qc/à qn loc. prép. Grâce à la présence d'esprit du chauffeur, le Président resta indemne. Grâce à toi j'ai passé mon examen.

3. (= pardon, remise d'une peine)

demander grâce Dépourvus de vivres, les assiégés se rendirent et demandèrent grâce.

accorder sa grâce à qn Aux supplications de son épouse, le roi d'Angleterre accorda leur grâce aux six bourgeois de Calais.

faire grâce à qn de qc Le professeur fit grâce à l'élève (= le dispensa) du reste de la punition.

4. (= charme) Regardez ce chevreuil. Quelle grâce!

de bonne grâce loc. adv. J'admire maman d'avoir supporté ce raseur de si bonne grâce (= avec tant de bonne humeur).

Expr.: *avoir mauvaise grâce à + inf.* Elle aurait mauvaise grâce à (= Il lui conviendrait mal de) porter plainte.

grand, e adj.

1. PLACE

[presque toujours avant le nom] le grand siècle (= le XVIIe siècle); «le Grand Meaulnes» (A. Fournier); un grand homme (= un homme célèbre); la Grande-Bretagne; le Grand-Duché de Luxembourg.

[après le nom]: un homme grand (= de haute taille). [dans les noms propres]: Alexandre le Grand.

2. ACCORD

[*grand* est invariable en genre dans quelques noms composés et loc., et dans le pron. indéf. neutre *grand-chose*]:

une grand-mère; la grand-route; la grand-rue; la grand-messe; la grand-croix de la Légion d'honneur. Mais: la plus grande route; la Grande-Armée; les grandes écoles de Paris.

à grand-peine loc. adv. Il se releva à grand-peine.

avoir grand-faim/grand-soif/grand-peur Je n'ai jamais eu si grand-peur.

avoir grand peine à + inf. Il eut grand peine à se relever.

ne ... pas grand-chose pron. indéf. neutre Votre dissertation ne vaut pas grand-chose. Mais: L'amour maternel est une grande chose.

ne ... pas grand-chose de + adj. Il ne m'a pas dit grand-chose d'important.

[Cependant *grand* est variable en *nombre* dans les noms composés]: des grands-mères; des grands-routes (comme: des grands-pères).

3. RENFORCEMENT

grand + adj. Notre concierge est une grande bavarde.

grand + p. pa. un grand blessé; un grand mutilé (= un homme grièvement blessé).

grand + nom Pantagruel était un grand buveur.

grand adv.

Expr.: *voir/faire grand* Quand on est dans les affaires, il faut voir grand (= concevoir des projets grandioses).

grand (e)(s) ouvert (e)(s) Elle le regardait les yeux grands ouverts. La porte était grande ouverte. [*grand* est ici à la fois adv. par rapport au verbe qui suit, et adj. par rapport au nom qui précède].

en grand loc. adv. Il s'est fait peindre en grand (= de grandeur naturelle). Elle a ouvert toutes les fenêtres en grand.

grandement adv. Notre ami aime faire les choses grandement.

gras, se adj. [normalement après le nom] un homme gras [contr.: maigre]; un corps gras; un jour gras; Mardi gras (= veille du Mercredi des Cendres); [fig.]: des paroles grasses (= paroles grossières). [avant le nom] de gras (= fertiles) pâturages; une grasse (= abondante) récolte; un gras pourcentage.

Expr.: *faire la grasse matinée* Comme il est rentré tard hier soir, il fait la grasse matinée ce matin (= il se lève tard).

gras adv.

Expr.: *faire gras* [contr.: faire maigre] Il avait coutume de faire gras (= de manger de la viande) le vendredi.

grassement adv. Le président vivait grassement (= dans le luxe). Le patron rétribuait grassement (= largement) ses employés.

gratifier v. tr.

gratifier qn de qc L'examinateur m'a gratifié d'une note indulgente.

grave adj. [normalement après le nom] des visages graves; un message grave; un accent grave; une note grave (= basse); un blessé grave [mais: un grand blessé]; l'opération grave qu'elle a dû subir. [avant le nom au sens de ›considérable‹] de graves divergences; de graves bagarres.

grave de qc Cet incident peut être grave de conséquences.

gravement adv. Il me regarda gravement sans me répondre. Il est gravement malade. Il est gravement blessé (ou: grièvement blessé).

gré n. m.

à mon, ton, etc. gré loc. adj. et adv. Trouvez-vous cette chambre à votre gré? (= Vous convient-elle?) Fais/Agis à ton gré (= comme bon te semble).

au gré de qc/de qn loc. adv. Le petit bateau oscillait au gré des flots (= comme le poussaient et repoussaient les flots). Je conduis trop vite au gré de ma femme (= selon elle).

contre le gré de qn loc. adv. Vous avez agi contre mon gré.

de bon/de mauvais gré loc. adv. S'ils nous aident de bon gré, je ne demande pas mieux.

de mon, ton, etc. (plein) gré loc. adv. [litt.] Ils ont travaillé de leur (plein) gré.

de gré ou de force loc. adv. Le directeur entendra nos revendications, de gré ou de force.

bon gré mal gré loc. adv. Le patron dut céder, bon gré mal gré (= cela ne lui plaisait pas, mais il n'avait pas d'autre choix).

Expr.: *savoir (bon) gré à qn de qc* [litt.] ou: *de + inf.* Elle vous sait (bon) gré (= Elle vous est reconnaissante) de ce service/de lui avoir rendu ce service.

Expr.: *savoir mauvais gré à qn de qc* ou: *de + inf.* [litt.] On vous saura mauvais gré (= On ne sera pas content) de vos bienfaits/de les avoir aidés.

grève n. f. une grève des professeurs; la grève des transports.
Expr.: *faire (la) grève* Les employés vont faire (la) grève demain.
grève sur le tas Les ouvriers font la grève sur le tas (= dans l'usine même). On s'attend à des grèves sur le tas.
grève de la faim Ghandi a souvent fait la grève de la faim.

grief n. m. Je n'ai aucun grief contre lui. Les ouvriers ont présenté leurs griefs.
Expr.: *faire grief à qn de qc* Nous ne leur faisons pas grief de (= Nous ne leur reprochons pas) cette maladresse.

grièvement adv. un homme grièvement blessé.

grimace n. f. une grimace de dégoût/de douleur/de déception.
Expr.: *faire une grimace/des grimaces à qn* Le petit vaurien faisait une grimace/des grimaces à son voisin.
Expr.: *faire la grimace* Quand on lui parle du dentiste, il fait la grimace (= il montre son mécontentement).

grimper v. intr. [auxil. >avoir<; pour l'emploi de l'auxil. >être< cf. APPENDICE § 2] Le baromètre a grimpé de 5 degrés. Le chat était grimpé sur le toit. Nous avons grimpé/sommes grimpés au Mont Blanc.
[sans compl.] La voiture grimpe bien. Les actions grimpent (= augmentent de valeur). Le baromètre grimpe.
grimper v. tr.
grimper qc [ne s'emploie que dans quelques expressions] grimper un étage/un escalier quatre à quatre/une côte.

grincer v. intr. La porte grince. Le volet grince au vent.
Expr.: *grincer des dents* L'esclave maltraité par son maître ne pouvait que grincer des dents.

griser v. tr.
griser qn Ce vin capiteux m'a grisé. Il s'est laissé griser par ses succès trop faciles.
se griser Cet ivrogne se grise tous les soirs.
se griser de qc Il se grise de vitesse.

grognon adj. invar. Pauvre Socrate! Cette Xanthippe a dû être une femme bien grognon (= qui passait son temps à gronder).

gronder v. intr. Le tonnerre gronde au lointain.
gronder v. tr.
gronder qn [fam.] Maman a grondé les enfants.

gros, se adj. [normalement avant le nom] un gros monsieur; une

grosse dame; une grosse fortune; une grosse mer (= une mer agitée).
[après le nom] une femme grosse (= enceinte).

gros de qc Ce projet, tout inachevé qu'il soit, est gros de promesses
(= promet beaucoup). Mme X est grosse de six mois.

gros adv. Il a gagné gros au jeu. Voulant gagner à tout prix, il a
risqué gros. Il y a des cas où il faut voir gros.

gros n. m. [souvent au fig.] Le problème de toute justice, c'est de ne
pas punir seulement les petits tout en laissant s'échapper les gros.
Le gros du corps d'armée a été décimé.

en gros loc. adv. Voici, en gros, ce qui va se passer.

grossir v. intr. [auxil. >avoir<] Elle a bien grossi, cette Mme Dupont! Le petit nuage, arrivant en trombe, grossit d'une seconde à
l'autre.

grossir v. tr.

grossir qc Les affluents gauches du Rhône l'ont beaucoup grossi.

grossir abs. Cette lentille grossit dix fois.

être grossi de qc/se grossir de qc A Lyon, le Rhône est grossi de la Saône/
se grossit de la Saône.

guérir v. tr.

guérir qn/qc Alors que trois autres médecins l'avaient condamné, le
docteur X l'a guéri. Les antibiotiques guérissent la tuberculose.

guérir qn de qc Une seule piqûre m'a guéri de mon lumbago.

guérir v. intr. Il a des chances de guérir (= de recouvrer la santé).

guerre n. f. la guerre de Cent Ans; [fam.]: la guerre de 14; les
guerres de religion; les guerres de Louis XIV.

déclarer la guerre Les cloches sonnent quand la guerre est déclarée.

poursuivre la guerre Les généraux d'Alexandre ont refusé de poursuivre
la guerre.

faire la guerre à qc Notre professeur fait la guerre aux cigarettes (= Il
nous empêche de fumer).

entrer en guerre/dans la guerre Cette fois, toutes les puissances devront
entrer dans la guerre.

aller à la guerre/en guerre Mes trois fils iront à la/en guerre.

être en guerre En 1940, l'Amérique n'était pas en guerre.

être/vivre en guerre avec qn Je suis/vis en guerre avec la concierge à
cause de mon chien.

être/vivre sur le pied de guerre Nous vivions sur le pied de guerre avec
nos voisins de palier.

Expr.: *de guerre lasse* De guerre lasse (= A bout de résistance), il m'a
laissé partir.

Expr.: *de bonne guerre* Faire écrire par ses amis l'éloge d'un livre qu'on
a publié, c'est de bonne guerre (= habile et efficace).

guide n. m. «N'oubliez pas le guide» (à la fin de la visite d'un château).

guide + nom propre les guides Michelin.

guide + adj. les guides verts; guide montagnard (livre pour les alpinistes).

guide + art. + nom le guide du bricoleur (= à l'usage des bricoleurs); le guide des Vosges (= pour traverser les Vosges).

guide n. f.

Expr.: *tirer sur les guides* Il a tiré sur les guides pour faire arrêter le cheval.

guise n. f.

à ma/ta/etc. guise loc. adv. Il ne vit qu'à sa guise (= à son gré). Chacun à sa guise!

en guise de + nom (= pour remplacer) «En guise de préface» (= citation remplaçant la préface). Il se servit de son poignard en guise de couteau. En guise de pourboire, le guide dut se contenter d'un sourire.

H

habile adj. Joueur habile, il ne manquait jamais une balle.

habile à qc Il est habile à l'escrime/à ce sport/à un jeu.

habile à + inf. Il est habile à vous insinuer ses propres pensées.

habiliter v. tr. [terme juridique; souvent au passif]

habiliter qn à + inf. Le commis fut habilité à (= eut qualité pour) signer les chèques.

habiller v. tr.

habiller qn Chaque matin elle habille sa petite sœur. Quel est le tailleur qui vous habille? Ce costume vous habille bien.

s'habiller Va t'habiller. Je m'habille en dix minutes.

s'habiller de qc une femme qui s'était habillée de noir (= qui était vêtue de/en noir).

s'habiller en Le petit garçon s'habille (= se déguise) en polichinelle.

habillé, e adj. une robe habillée (= d'apparat).

habiter v. tr. et v. intr. Ses parents habitent Lille/à Lille. Ils habitent au premier étage/[moins fréquent]: le premier étage. Ils habitent quelque part en France. Nous habitons dans une jolie maison/une jolie maison.

habitude n. f. Cet élève a perdu ses mauvaises habitudes.

l'habitude de qc J'ai eu/J'ai contracté/J'ai perdu l'habitude du travail.

l'habitude de + inf. Il a l'habitude de se lever tôt le matin.

à son habitude loc. adv. A son habitude (= Comme il en avait l'habitude), il regarda le réveil.

d'habitude loc. adv. D'habitude (= En général), il se levait à sept heures.

par habitude loc. adv. Par habitude (= Machinalement), l'agent sortit son calepin.

habituer v. tr.
habituer qn à qc Il a habitué son cheval au bruit.
habituer qn à + inf. Il faut l'habituer à obéir.

s'habituer à qc Elle ne peut s'habituer à la solitude.
s'habituer à + inf. Elle ne peut s'habituer à vivre seule.
être habitué à qc Je suis habitué au froid.
être habitué à + inf. Le chien était habitué à apporter le journal à son maître.

habitué, e n. m. et n. f. Le vendeur servait d'abord les habitués (= les clients habituels). Les habitués des courses se connaissent entre eux.

haine n. f.
haine de qc J'éprouve une profonde haine du mensonge.
haine contre qn/pour qn Caïn était plein de haine contre/pour son frère Abel.
Expr.: *avoir/prendre qn en haine* Il a/Il a pris son frère en haine.
haines n. f. pl. Les partis extrémistes ne font qu'exciter les haines.

haïr v. tr.
haïr qn/qc Nous le haïssons comme la peste. Je hais l'hypocrisie.
• Dans la langue courante, >haïr< est remplacé de plus en plus par >détester<.

haleine n. f. Contre la mauvaise haleine, prenez ce cachet.
Expr.: *reprendre haleine* Il s'arrêta pour reprendre haleine.
à perdre haleine loc. adv. Il courut à perdre haleine.
être hors d'haleine Après la course, le cheval était hors d'haleine.
d'une haleine loc. adv. Il a récité tout le poème d'une haleine (= sans reprendre son souffle).
de longue haleine loc. adj. Rédiger un dictionnaire est une œuvre de longue haleine.
Expr.: *tenir qn en haleine* Un auteur de romans policiers doit savoir tenir ses lecteurs en haleine (= retenir leur attention).

halte n. f. [commandement militaire] Section halte! Halte-là! (= N'allez pas plus loin.)
faire halte Nous avons fait halte à l'aube.
dire halte à qc/à qn [fig.] Il faut dire halte à la baisse du pouvoir d'achat/aux spéculateurs.

hantise n. f.

Expr.: *avoir la hantise de qc* »Comme Lachenal, Terray a la hantise d'une amputation« (= il craint d'être amputé). (M. Herzog)

c'est une hantise chez qn Ma tante a peur des moustiques, c'est chez elle une hantise (= obsession, idée fixe).

harceler v. tr.

harceler qn Il harcèle son père pour qu'il lui achète un vélo.

être harcelé par qn/par qc/de qc Les troupes étaient harcelées par l'ennemi/par les avions ennemis. La célèbre vedette fut harcelée de questions. [pour l'emploi de >par< ou >de< cf. APPENDICE § 8]

hardi, e adj. [après ou plus rarement avant le nom] un pionnier hardi; une tentative hardie. Un hardi compagnon; un hardi cavalier.

harmonie n. f. l'harmonie d'un chœur/d'un paysage.

en harmonie avec qn/avec qc loc. adv. La faune vit en parfaite harmonie avec la flore. Votre article n'est pas mal, mais il faudrait mettre la fin plus en harmonie avec le début.

hasard n. m. On ne gagne le gros lot que par un hasard heureux. Il faut braver les hasards de la vie.

au hasard loc. adv. Il a répondu au hasard (= inconsidérément).

à tout hasard loc. adv. A tout hasard (= Sans être sûr de mon fait), j'ai dit «C'est du Racine». A tout hasard (= Pour éviter un accident), j'ai vérifié l'attelage de ma caravane.

par hasard loc. adv. Ce réseau d'espionnage ne fut connu que par hasard.

hasarder v. tr.

hasarder qc Il a hasardé toute sa fortune au jeu.

hasarder de + inf. On hasarde de tout perdre en voulant trop gagner.

se hasarder quelque part Je me suis hasardé dans l'antre du lion/jusqu'au rebord du cratère.

se hasarder à + inf. Malgré la mauvaise humeur du patron, je me suis hasardé à le contredire.

hâte n. f.

avoir hâte de + inf. J'ai hâte d'en finir.

à la hâte loc. adv. Pierre a griffonné sa lettre à la hâte.

en hâte loc. adv. Nous avons déjeuné en hâte au buffet de la gare.

hausse n. f. la hausse de la température/du taux d'intérêt.

être en hausse A Londres, les actions sont de nouveau en hausse.

haut, e adj. [en général avant le nom] la haute montagne; les Hautes-Pyrénées; une ligne de haute tension; à haute voix [contr.: à voix basse]; un haut fourneau.

[après le nom] la marée haute; des notes hautes.

haut de . . . mètres La Tour Eiffel est haute de 320 mètres.

haut adv. [invar.] Elle parle haut. Il est monté haut. Aujourd'hui les hirondelles volent haut. Haut les mains! Plus haut! Vous ne trouvez pas ce passage? Cherchez plus haut. Des personnages haut placés.

haut n. m. Le haut de la montagne est couvert de neige.

avoir . . . mètres de haut La Tour Eiffel a 320 mètres de haut.

loc. adv. et prép.

en haut Nous n'habitons plus en bas (= au rez-de-chaussée), nous habitons maintenant en haut (= au dernier étage).

en haut de qc/au haut de qc Le couvreur travaillait en haut/au haut du clocher.

au plus haut de qc Au plus haut de la crise politique, le ministre gardait son calme.

du haut de qc Du haut de la dunette, le capitaine surveillait la manœuvre.

du haut/de haut en bas On a fouillé la maison du haut en bas.

hautement adv. Il déclare hautement qu'il divorcera. Une mesure hautement impopulaire.

herbe n. f. Un déjeuner sur l'herbe (= en plein air, pique-nique). Il faut arracher les mauvaises herbes; autrement, plus de rendement! Mauvaise herbe croît toujours [prov.].

en herbe loc. adj. «Le Blé en Herbe» (= le blé qui n'est pas mûr) (Colette). [fig.]: Il a mangé son blé en herbe (= Il a dépensé son capital d'avance). Un professeur en herbe (= un futur professeur).

hérisser v. tr.

hérisser qc Méfiant, ses poils hérissés, le chien se rapprocha.

être hérissé de qc Le mur de notre propriété est hérissé de fils de fer barbelés. [fig.]: La carrière médicale est hérissée de difficultés.

se hérisser A la vue d'un chien, tous ses poils se hérissent.

hériter v. tr. indir. et dir.

hériter de qn Il a hérité de son oncle.

hériter de qc Elle a hérité d'une fortune considérable/de deux cent mille francs.

hériter qc de qn Elle a hérité une belle propriété de son oncle.

héros n. m. le héros [lə ero]. Mais: l'héroïne; l'héroïsme; l'héroïque défenseur de la patrie.

les héros [le ero]. Mais: les héroïnes [lezerɔin].

hésiter v. intr. Qu'est-ce qui le fait hésiter?

hésiter à + inf. Il n'a pas hésité à me rendre service.

hésiter dans qc/devant qc/sur qc/entre . . . Il a longtemps hésité dans ses réponses/devant ces obstacles/sur le parti à prendre/entre plusieurs possibilités.

heure n. f. Une heure sonna. Quelle heure est-il? Il est une heure/ une heure et demie/une heure moins (le) quart/une heure et quart. Une demi-heure; un quart d'heure. Sa dernière heure est arrivée.

à l'heure [loc. distributive (= par heure)] Ce train fait 120 km à l'heure. Cet ouvrier est payé à l'heure.

[date] Vous êtes à l'heure (= sans avance ni retard). Il est arrivé/ parti à l'heure. A l'heure actuelle (= Maintenant) la crise est enrayée.

de l'heure loc. adv. Cet ouvrier est payé 4 F de l'heure.

de bonne heure loc. adv. Il avait coutume de se coucher/lever de bonne heure (= tôt).

d'heure en heure loc. adv. L'état du malade s'aggravait d'heure en heure.

pour l'heure loc. adv. La guerre n'est pas à craindre pour l'heure.

tout à l'heure loc. adv. Attention! Le train va démarrer tout à l'heure (= dans très peu de temps). A tout à l'heure! (= A bientôt). Il est sorti tout à l'heure (= il y a quelques minutes).

à toute heure loc. adv. Casse-croûte à toute heure [réclame].

à la bonne heure loc. adv. A la bonne heure, le chef va augmenter les salaires (= Le chef va augmenter les salaires, voilà qui est bien)!

à mes/tes/ses etc. heures Mon mari est électricien à ses heures (= si besoin est).

heureux, se adj. un père heureux; une expression heureuse (dans un texte).

être heureux de qc Elle est heureuse de cette augmentation.

être heureux de + inf. Je suis heureux de pouvoir vous souhaiter la bienvenue à l'Institut français ce soir.

être heureux que + subj. Nous sommes heureux que vous soyez des nôtres ce soir. Je serais heureux que ma demande puisse être retenue.

il est heureux [impers.] *que + subj.* Il est heureux que vous soyez des nôtres ce soir.

heureusement adv. Un pays heureusement situé. Heureusement, je suis arrivé à temps.

heureusement que + ind. Heureusement qu'il est arrivé à temps.

heurter v. tr.

heurter qn/qc Il heurta plusieurs passants/un mur. [fig.]: Sa conduite heurte ses collègues/le bon ton.

heurter v. tr. indir.

heurter à qc/contre qc Elle heurta à la vitre, mais personne n'ouvrit la fenêtre. Le chien aveugle heurta de la tête contre un mur.

se heurter à qc/contre qc Il s'est heurté à un pilier/contre un mur.

se heurter à qc [fig.] La réalisation du projet se heurte à l'indifférence des responsables.

se heurter à qn Il s'est heurté à un monsieur qui passait.

hier adv. Il est venu hier; hier matin; hier soir (ou: hier au soir). La France d'hier; la journée d'hier. Avant-hier; avant-hier matin. Expr.: *ne pas être né d'hier* Elle n'est pas née d'hier (= On ne la trompe pas facilement).

hier [employé comme substantif sans article] Vous avez eu tout hier pour vous préparer.

histoire n. f. L'histoire du Premier Empire/des rapports franco-allemands. L'histoire de France. L'histoire des Romains/de Napoléon. Il m'a raconté l'histoire de ce film. Une histoire (= affaire) d'argent.

histoires n. f. pl. [fig.] Ce sont des histoires (= Tout cela est faux). Elle va s'attirer des histoires (= ennuis). Il en a fait, des histoires (= embarras)!

histoire de + *inf.* [très fam.] Je suis sorti, histoire de (= pour) boire un coup.

homme n. m.

homme de + *nom* un homme de cœur (= qui a du courage); un homme d'honneur/de confiance/de loi/de grand mérite/de mer (= marin). Mais au pl.: gens de mer.

homme de + *art.* + *nom* En 1916, Pétain fut l'homme de l'heure. Marat était – au double sens – l'homme du peuple. Ces deux politiciens sont parmi les hommes de la première heure.

homme à + *nom* Ce qu'il nous faudrait, c'est un homme à poigne (= un homme fort). Un homme à femmes (= qui a des succès féminins). Expr.: *être homme à* + *inf.* Il est homme à (= Il est capable de) vous prendre au mot. Je ne suis pas homme à être mené par le nez.

adj. poss. + *homme* Je suis votre homme. Il a trouvé son homme (= son maître, ou l'homme qu'il lui fallait).

homme à homme loc. adj. Ce furent des combats acharnés homme à homme (= corps à corps).

d'homme à homme loc. adv. Je veux vous parler d'homme à homme (= en toute franchise).

homme- + *nom* un homme-grenouille [pl.: des hommes-grenouilles]; un homme-sandwich (= qui promène un panneau publicitaire sur son dos et sur sa poitrine).

honneur n. m. Un homme d'honneur. Le vainqueur a fait son tour d'honneur.

honneur à qn/à qc Honneur aux morts/à leur mémoire!

en l'honneur de qn loc. prép. Un monument érigé en l'honneur des soldats disparus. Il n'a jamais, soit dit en son honneur, manqué à sa parole.

sur l'honneur/sur mon/ton etc. honneur loc. adv. Je m'engage sur l'honneur à obéir au chef. Il a juré sur son honneur de ne pas avoir commis le crime.

pour l'honneur loc. adv. J'ai fait tout le travail pour l'honneur (= sans aucune rémunération).

Expr. : *mettre/remettre qc en honneur* Elle veut remettre en honneur les usages d'autrefois.

mettre son honneur à + *inf.* Il met son honneur à ne se laisser doubler par personne.

avoir l'honneur de + *inf.* J'ai l'honneur de vous souhaiter la bienvenue.

faire à qn l'honneur de + *inf.* Faites-moi l'honneur de goûter mon porto.

faire honneur à qn/à qc Cette symphonie fait honneur à son compositeur. La compagnie a fait honneur au repas (= l'a beaucoup apprécié).

honneurs n. m. pl. Le mort sera enterré avec les honneurs militaires.
Expr. :

faire les honneurs En l'absence de mon mari, c'est moi qui ferai les honneurs de la maison (= qui accueillerai les invités).

faire les honneurs à qn C'est moi qui lui ferai les honneurs de la maison (= qui l'accueillerai).

rendre les honneurs à qn La troupe a rendu les honneurs à son général.

honte n. f. Il se cacha de honte.

être/faire la honte de Ce garçon est/fait la honte de sa famille.

avoir honte de qn/de qc Il a honte de sa sœur. Je n'ai pas honte de mes actes.

avoir honte de + *inf.* Il n'avait pas honte de tromper la pauvre femme.

avoir la honte de + *inf.* Je n'aurai pas la honte de vivre aux dépens de mes enfants.

faire honte à qn Ce bagnard fait honte à sa famille.

faire honte à qn de qc Je lui ferai honte de sa vilaine conduite (= je la lui ferai regretter).

c'est une honte de + *inf.* C'est une honte d'avoir acquitté ce malfaiteur.

c'est une honte que + *subj.* C'est une honte qu'il ait été acquitté.

il n'y a pas de honte/[litt.] : *pas honte à* + *inf.* Il n'y a pas de honte à être riche. «Il n'y a pas honte à aimer la bonne comédie.» (Mauriac)

honteux, se adj. C'est honteux. [sɛ ɔ̃tø]

être honteux de qc Je suis honteux de ce mensonge.

être honteux de + *inf.* Elle est honteuse de vous avoir menti.

être honteux que + *subj.* Nous sommes honteux qu'on vous ait oubliés.

il est honteux [impers.] *de* + *inf.* Il est honteux de mentir.

il est honteux [impers.] *que* + *subj.* Il est honteux que la raison du plus fort l'ait emporté.

horizon n. m. Le naufragé scrutait l'horizon dans l'espoir d'un

miracle. Cette découverte ouvre des horizons (= promet beaucoup).
Expr. : *faire un tour d'horizon* (*de qc*) A Bruxelles, les délégués ont fait un tour d'horizon (= ont fait l'examen) de la situation internationale.

hormis prép. Hormis quelques impressionistes, les peintres modernes ne me paraissent pas sérieux. Rien n'intéresse ma fille, hormis la musique et la danse.

horreur n. f. Un cri d'horreur retentit. Nous avons connu les horreurs de la guerre.
avoir horreur de qn/de qc Elle avait horreur des menteurs/du mensonge.
avoir horreur de + *inf*. Moi, médecin? J'aurais horreur de faire mal aux malades.
avoir de l'horreur pour qc/pour qn J'ai de l'horreur pour les mensonges/pour les menteurs.
avoir/prendre qn ou qc en horreur Il a eu/Il a pris en horreur son voisin qui avait jeté des pierres dans son jardin. Il a/Il prend en horreur les voyages.
faire horreur à qn Les courses de taureaux me font horreur.

hors prép. [rare] «Tous les genres sont bons, hors le genre ennuyeux.» (Voltaire)
hors la loi loc. adv. Les Albigeois furent mis hors la loi.
hors-la-loi n. m. invar. Robin Hood est le fameux hors-la-loi anglais.
hors + *nom* hors concours; hors série; hors jeu; hors pair; hors ligne; hors pagination.
hors- + *nom* hors-bord; hors-texte.
hors de loc. prép. Ce livre est hors d'usage. Le malade est hors de danger. Il était hors de lui d'indignation/de fureur.
hors-d'œuvre n. m. [invar.] Des hors-d'œuvre variés. Ces crevettes feront notre hors-d'œuvre.

hostile adj. L'attitude hostile de la foule s'est vite manifestée.
hostile à qc/à qn Plusieurs députés sont hostiles à ce projet. Une loi hostile aux séparatistes.
hostile envers qn [moins fréquent que >à<] Cette tribu se montra particulièrement hostile envers nous.

hostilité n. f.
hostilité à l'égard de qn/envers qn La foule a manifesté de l'hostilité à l'égard du ministre. Son hostilité envers les étrangers est bien connue. [*hostilité contre* ferait une sorte de pléonasme]
hostilités n. f. pl. L'armée ennemie a commencé/ouvert les hostilités (= actes de guerre).

hôte n. m.
1. (= celui qui offre l'hospitalité; fém. : *hôtesse*) Notre hôte nous a

bien traités. Nous remercions notre charmante hôtesse de ce bon accueil. L'hôtesse de l'air [aviation].

2. (= celui qui reçoit l'hospitalité; le fém. *hôtesse* n'existe pas dans ce sens) Les touristes étaient les hôtes du maire de la ville. Dans notre quartier, il y a des familles qui reçoivent des hôtes payants.

huile n. f.
huile de qc l'huile d'olive/de colza/de foie de morue; l'huile de table (= pour assaisonner la salade); l'huile de graissage (= l'huile lubrifiante); l'huile de machine.
huile pour qc huile pour moteurs.
huile à + inf. l'huile à assaisonner la salade/l'huile à graisser les machines; l'huile à brunir.
Expr.: *jeter/verser de l'huile sur le feu* Au lieu d'apaiser la querelle, il jeta/versa encore de l'huile sur le feu.
Expr.: *faire tache d'huile* Malheureusement ce parti d'extrême droite fait tache d'huile (= gagne des partisans de tous côtés).

humeur n. f. «La famille redoutait l'humeur du maître.» (M. Aymé)
de bonne/mauvaise humeur Cette chanson m'a mis de bonne humeur. Il est de mauvaise humeur parce qu'il a échoué à son examen.
être d'humeur à + inf. Je ne suis pas d'humeur à écouter des chansons.
être en humeur de + inf. Etes-vous en humeur d'écouter des chansons?

hypothèse n. f. Après les dépositions des témoins, cette hypothèse ne semble plus permise.
dans l'hypothèse de qc Dans l'hypothèse de cette démarche, que diriez-vous?
dans l'hypothèse où + cond. Dans l'hypothèse où ils refuseraient tous, quelle serait la réaction du proviseur?
en toute hypothèse loc. adv. En toute hypothèse (= En tout cas), nous devons être sur nos gardes.
par hypothèse loc. adv. Le triangle ABC est équilatéral par hypothèse (= c'est une des données du problème).

ici adv.
1. LIEU [lieu où est celui qui parle, ou lieu proche qu'il montre] Venez ici. Ici Paris, Radiodiffusion-Télévision française.
d'ici D'ici vous voyez toute la chaîne des Puys. Les gens d'ici sont peu hospitaliers.
d'ici là/là-bas loc. adv. D'ici là/D'ici là-bas il y a deux kilomètres.

par ici loc. adv. Nous sommes passés par ici.

jusqu'ici loc. adv. Avance jusqu'ici.

ici-bas loc. adv. Rien de parfait ici-bas (= en ce bas monde).

2. TEMPS [moment présent donné comme limite]

d'ici (à) + *indication du temps* D'ici quinze jours (= Dans les quinze jours qui commencent). Je serai de retour d'ici (à) quinze jours. [avec *à*, la phrase est plus lourde]

d'ici là loc. adv. Revenez jeudi; d'ici là, réfléchissez.

jusqu'ici loc. adv. Jusqu'ici tout se passe bien.

idéal, e adj. [pl.: idéaux; rare] Un être idéal. Des êtres idéaux. Nous avons un appartement idéal. C'est idéal.

idéal n. m. sg: ou rarement pl. [idéals ou idéaux]

être l'idéal (de qn) Etre en vacances toute l'année, ce serait l'idéal (de mon fils)/mon idéal.

l'idéal est/serait etc. de + *inf.* L'idéal est d'être en vacances toute l'année.

l'idéal est/serait etc. que + *subj.* L'idéal serait qu'on soit en vacances toute l'année.

[avec art. indéf. ou adj. poss.] Beaucoup de jeunes gens sacrifient leur vie pour un idéal. Ils ont divorcé parce que leurs idéals (ou: idéaux) ne concordaient pas.

idée n. f. Cette idée ne le quitta plus. Ses idées se brouillèrent.

l'idée de qc L'idée de la mort le terrifia.

l'idée de + *inf.* L'idée de mourir le terrifia.

l'idée que + [le plus souvent] *ind.* «L'idée que je me cachais de mon père l'amusait.» (Mallet-Joris)

l'idée que + [parfois] *subj.* [avec une nuance de supposition ou d'irréalité] «Elle ne pouvait s'habituer à l'idée qu'il fût mort.» (Troyat)

avoir/donner/se faire une idée de qc J'ai une haute idée de vos capacités. Je n'en ai aucune idée. Je n'en ai pas la moindre idée. Un exemple vous en donnera une idée. Il est dévoué! Vous ne pouvez pas vous en faire une idée.

avoir l'idée de + *inf.* Il eut l'idée de leur rendre visite.

avoir idée de qc Vous n'avez pas idée de ce que j'ai souffert!

j'ai idée que + *ind.* J'ai idée que nous allons recevoir un orage.

identifier v. tr.

identifier qn/qc Grâce à ce témoignage, la police a pu identifier le criminel/la voiture qui a causé l'accident.

identifier qc avec qc Le professeur croit pouvoir identifier les pierres trouvées avec les fondations d'un camp romain.

identifier qc à qc Le commissaire a identifié ces empreintes aux vôtres.

identifier qc et qc Les panthéistes identifient Dieu et le monde.

identifier qn avec/à/et qn/qc On a souvent identifié Molière avec le/au/

et le personnage d'Alceste. Erasme est souvent identifié avec/à l'humanisme. Erasme et l'humanisme sont souvent identifiés.

s'identifier avec/à qn/qc L'acteur s'identifie avec/à son personnage ou son rôle.

identique adj.

identique à qc/à qn Mon parapluie est identique au vôtre. Mon père reste identique à lui-même.

identiques entre Nos deux parapluies sont identiques entre eux (ou: l'un à l'autre).

ignorer v. tr.

ignorer qc/qn Les enfants ignorent encore l'importance de l'argent. Il nous a ignorés.

ignorer que + *ind. ou subj.* [pour le mode cf. APPENDICE § 11] J'ignorais qu'il était/fût malade.

ne pas ignorer que + *ind.* Je n'ignore pas (= Je sais très bien) qu'il a voulu me dénoncer.

ignorer si/comment/où/quand + *ind.* J'ignore complètement si elle est déjà revenue, où elle ira l'année prochaine, etc.

il, ils pron. pers. sujet

[sujet réel] Il est fou! Il viendra vers 8 heures.

[reprenant ou anticipant un nom] Ton ami, il est fou! Ils viendront bientôt, tes parents? [cf. APPENDICE § 14]

[sujet grammatical; neutre] Il pleut. Il y a. (cf. **avoir**) Il se peut que ... Il m'est arrivé une drôle d'histoire. Que se passe-t-il?

[remplacé par >lui<] Moi, j'ai toujours travaillé dur, alors que lui ne faisait que paresser en rechignant.

île n. f. les îles Chausey (devant la côte normande); les îles normandes. L'île de Ré. Les îles du Cap-Vert. L'île Saint-Louis (à Paris, déterminatif); mais: l'île (explicatif) de Sainte-Hélène.

dans une île Nous habitons/vivons dans une île.

illustrer v. tr.

illustrer qc Il gagne pas mal d'argent à illustrer une revue d'enfants. Prenez l'édition illustrée.

s'illustrer dans qc Elle s'est illustrée à la fois dans le roman et (dans) le théâtre.

s'illustrer par qc Jeune encore, il s'illustrait déjà par **sa** bravoure.

imaginer v. tr.

imaginer qc Qui a imaginé ce procédé ingénieux? (= Qui l'a conçu?)

imaginer que + *ind.* J'imagine (= Je pense) qu'il s'est trompé de route.

imaginer que + *subj.* [surtout à l'impér.] Imaginez (= Supposez) qu'il se soit trompé de route. Imaginons qu'il fasse mauvais.

ne pas imaginer que + *subj.* Je ne peux pas imaginer qu'il soit honnête. [pour le mode cf. APPENDICE § 11] *s'imaginer qc/qn* Je m'imaginais un palace : l'hôtel était une vulgaire auberge.

s'imaginer + inf. Les jeunes s'imaginent avoir toujours raison.

s'imaginer que + ind./cond. Il s'imagine qu'il est médecin. Elle semble s'être imaginé qu'un miracle aurait lieu à la dernière minute.

immédiat, e adj. Il n'y a pas de danger immédiat.

dans l'immédiat loc. adv. Aucun danger dans l'immédiat (= pour le moment), mais quelle sera la situation dans un an?

impartial, e adj. Il nous faut un arbitre impartial.

impartial envers qn/à l'égard de qn L'arbitre doit être impartial envers les deux équipes/à l'égard des deux équipes.

impatient, e adj.

impatient de qc Les professeurs, impatients d'une solution définitive (= la désirant avec impatience), ont pressé le Ministre de répondre dans le plus bref délai. Le syndicat, impatient (= irrité par) des éternelles tergiversations, a annoncé la grève.

impatient de + inf. Le général, impatient (= désireux) de marcher sur l'ennemi, piétinait de colère.

impliquer v. tr.

impliquer qn dans qc On ne manquera pas d'impliquer (= envelopper) le caissier dans cette escroquerie.

impliquer qc L'amitié implique la bonne foi.

impliquer que + ind. Votre adhésion au parti implique (= suppose) que vous en partagez les visées.

impliquer que + subj. Votre adhésion au parti implique (= demande) que vous en partagiez l'activité.

implorer v. tr.

implorer qn/qc Elle implorait les dieux/son bourreau. Il a imploré la grâce du roi/votre protection.

implorer qn de + inf. L'enfant implora son père de lui pardonner.

important, e adj. Un personnage important. Les pluies ont causé d'importants dégâts.

important pour qn C'est très important pour moi.

il est important [impers.] *de + inf.* Il est important de faire vite.

il est important [impers.] *que + subj.* Il est important qu'on le sache.

important à + inf. C'est important à retenir.

important n. m. ou neutre L'important, c'est de prendre tout de suite des mesures de prophylaxie. Ne fais pas l'important (= Ne te donne pas de grands airs), ça ne prend pas avec moi.

importer v. tr. [contr. : exporter]

importer qc La France importe pas mal d'agrumes d'Italie.

importer v. intr. (= avoir de l'importance) La rapidité importe moins que la sécurité. La sécurité, voilà ce qui importe.

importer à qn/à qc Votre nom m'importe peu. Le repos moral importe beaucoup à la guérison.

il importe [impers.] *de* + *inf.* Il importe d'arriver à temps. Voilà ce qu'il importe de faire.

peu/que (m') importe que + *subj.* Peu (m') importait qu'il l'eût fait pour des motifs honorables. Que m'importe qu'il ne vienne pas!

n'importe «Quelle robe veux-tu mettre? – Oh! n'importe (= cela m'est égal)».

n'importe qui/quoi/lequel/quel/où/quand/comment loc. pron., adj. et adv. N'importe qui peut résoudre ce problème. Il dit n'importe quoi. Si vous n'avez pas cette marque, donnez-moi n'importe laquelle. Nous camperons n'importe où. J'ai fait ça n'importe comment.

• La variation en temps a lieu dans: Peu m'importe (ou: import*ait*), mais non dans les loc. pron. ou adv. comme *n'importe qui*, *n'importe quand*. On dit donc: Il venait n'importe quand, il invitait n'importe qui.

imposer v. tr.

imposer qc Cette attitude imperturbable impose le respect.

imposer qc à qn Il ne faut pas imposer des conditions trop dures aux vaincus.

imposer v. intr.

Expr.: *en imposer à qn* Sa barbe en imposait aux jeunes élèves (= leur inspirait le respect).

s'en laisser imposer par qc/par qn Vous vous en êtes laissé imposer par ses décorations (= elles ont fait impression sur vous).

s'imposer Cette question s'impose (= impossible de l'éluder). A la fin c'est lui qui s'est imposé (= qui a fait reconnaître ses qualités).

s'imposer qc Anciens bons vivants, ils se sont imposé maintenant le régime le plus strict.

s'imposer de + *inf.* Elle s'est imposé de ne jamais se mêler des affaires du jeune ménage.

il s'impose [impers.] *que* + *subj.* Il s'impose que nous prenions des mesures immédiates.

impossible adj. Une entreprise impossible. Il rentre à des heures impossibles.

(il est) impossible [impers.] *de* + *inf.* Il est impossible de faire mieux. Impossible de trouver mieux en France.

il m'est (nous, leur etc. est) impossible [impers.] *de* + *inf.* Il m'est impossible d'arriver plus tôt.

il est impossible [impers.] *que* + *subj.* Il est impossible qu'on fasse mieux.

impossible à + *inf.* Cet homme est impossible à imiter. Une porte impossible à ouvrir.

impôt n. m.
impôt sur qc l'impôt sur le revenu/le tabac/les bénéfices.
impôt de + *art.* + *nom* l'impôt du timbre; l'impôt du sang (= l'obligation de faire son service militaire).
impôts n. m. pl. payer ses impôts; faire sa déclaration d'impôts.

impression n. f. Quelles sont vos impressions du voyage?
1. effet produit par qn ou qc
avoir l'impression de qc En face de ces roches basaltiques, on a l'impression de véritables orgues.
avoir l'impression de + *inf.* On a l'impression d'entendre un chant de sirènes.
avoir l'impression que + *ind./cond.* On a l'impression que l'auteur exagère beaucoup/qu'on pourrait faire mieux.
faire impression (sur qn) Ce discours a fait impression sur les auditeurs. Ces menaces n'ont pas fait impression/n'ont fait aucune impression. La fermeté du gouvernement a fait grande impression.
donner/faire/produire une impression + *adj.* Ce garçon donne une bonne impression. Il m'a fait une excellente impression. Le discours a produit une impression favorable.
faire une impression sur qn L'érudition de ce candidat a fait une très bonne impression sur les examinateurs.
donner/faire/produire une impression de + *nom* L'œuvre de cet artiste donne/fait une impression de force et d'originalité.
donner/faire l'impression de + *inf.* Cet article donne/fait l'impression d'avoir été bâclé.
donner l'impression que + *ind.* Ce ton modéré donne l'impression que le critique veut ménager l'auteur.
2. action de laisser des empreintes ou action d'imprimer
L'impression de la semelle dans la boue a permis à la police d'identifier le criminel.
Expr.: *être à l'impression* Le livre est à l'impression (= sous presse). Une faute d'impression (dans un journal/un livre).

impropre adj. N'employez pas ce mot, il est impropre dans ce contexte.
impropre à qc Ces fruits sont impropres à la cuisson/à la consommation.

impuissant, e adj. un Etat impuissant.
impuissant devant qc Les pompiers étaient impuissants devant cet incendie.
impuissant à + *inf.* Impuissant à maîtriser son émotion, l'orateur dut se taire un instant.

imputer v. tr.

imputer qc à qc/à qn Les milieux marins imputent la collision au peu de visibilité/au capitaine du bateau étranger.

incapable adj. Un général incapable doit être limogé.

incapable de qc Tous étaient incapables d'une pensée.

incapable de + inf. Il était incapable de nous faire un récit cohérent.

incapacité n. f. Le général avait été limogé «pour incapacité».

l'incapacité de + inf. L'incapacité d'apprendre par cœur est un lourd handicap.

l'incapacité de qn à + inf. L'incapacité de mon fils à apprendre par cœur m'irrite un peu.

mon/ton etc. incapacité à + inf. «Leur incapacité à vaincre l'Angleterre . . . avait donné naissance à ce duel.» (J.-H. Pirenne)

incarner v. tr.

incarner qc Ce ministre incarne (= représente) au gouvernement les espoirs et les tendances des classes ouvrières.

incarné, e p. pa. Jago est le diable incarné (= d'une méchanceté diabolique).

s'incarner en qn Dieu s'est incarné en son fils.

incertain, e adj. Le sort de ce projet est toujours incertain.

incertain de qc Je suis encore incertain de mon sort.

incertain sur qc/quant à qc Les météorologues sont eux-mêmes incertains sur le temps/quant au temps qu'il va faire.

incertitude n. f. Pendant la guerre, on vivait dans l'incertitude.

incertitude de qc L'homme a conquis l'espace, mais l'incertitude de l'avenir persiste.

incertitude quant à + nom L'incertitude quant aux conséquences de cet acte belliqueux paralyse les esprits.

dans l'incertitude On reste dans l'incertitude sur le sort de l'expédition.

inciter v. tr.

inciter qn à qc L'oppression les incitait à la révolte.

inciter qn à + inf. Cela m'a incité à pousser la porte entrebâillée.

incliner v. tr.

incliner qc Elle inclina la tête en signe de consentement.

incliner qn à qc La jeunesse de l'accusé inclinait les juges à la clémence.

incliner qn à + inf. Sa conduite améliorée inclinait les juges à lui accorder des circonstances atténuantes.

incliner v. tr. indir.

incliner à qc Il inclinait à l'indulgence/à la paresse/à gauche [polit.].

incliner à + inf. Le gouvernement inclinerait (= serait porté) à rappeler son ambassadeur.

incliner vers qc J'incline vers un compromis.

s'incliner Il s'inclina profondément (pour marquer son respect).

s'incliner devant qc/devant qn Le gouvernement a dû s'incliner devant (= a dû accepter) le résultat du plébiscite. Le boxeur a dû s'incliner devant son adversaire.

inclure v. tr.

inclure qc dans qc Nous avons inclus un billet de 10 F dans notre lettre/ des règles grammaticales dans notre livre.

inclure qn dans qc Nous vous inclurons dans nos prières.

ci-inclus ci-inclus une lettre; la lettre ci-incluse.

incognito [ɛ̃kɔɲito] adv. [invar.] Le prince et la princesse voyagent incognito.

incognito n. m. [presque toujours au sg.] Il garde l'incognito. Laissons à ces vedettes leur incognito.

incompatible adj. Nos caractères sont incompatibles.

incompatible avec qc Ton caractère est incompatible avec le mien. La science est-elle incompatible avec la foi?

inconnu, e adj. Le mobile du crime est inconnu.

inconnu de qn L'atome n'était pas inconnu des anciens. Les causes de ce phénomène sont inconnues de nous (= ne nous sont pas connues).

inconnu, e n. m. et f. Un inconnu/Une inconnue a été retrouvé(e) dans la Seine.

inconnue n. f. La grande inconnue dans la vie humaine c'est l'avenir. Je sais résoudre une équation à deux inconnues (x et y).

incontestable adj. Elle s'est acquis des mérites incontestables.

il est incontestable [impers.] *que* + *ind./cond.* Il est incontestable que c'est sa faute/qu'on aurait pu le sauver.

inconvénient n. m. La grève de l'Electricité de France comporte de fâcheux inconvénients pour tout le monde.

ne pas y voir d'inconvénient Si le candidat n'y voit pas d'inconvénient (= n'y objecte rien), j'aimerais avancer la date de l'examen.

sans inconvénient loc. adv. Je peux m'absenter sans inconvénient.

incorporer v. tr.

incorporer qc à qc On incorpore du sel à une pâte/un groupe à une compagnie.

incorporer qn dans qc/à qc Le soldat fut incorporé dans le 24e régiment/ au 24e régiment.

s'incorporer à qc Les émigrés se sont bien incorporés à leur nouvelle nation.

inculper v. tr.

inculper qn (de qc) On l'a inculpé (de vol/d'homicide).

inculquer v. tr.
inculquer qc à qn Le maître s'efforce d'inculquer aux élèves les éléments de l'anglais.

indemne adj. [le plus souvent adj. attr.] En dépit de la violence du choc, les voyageurs sont tous indemnes. Ils sont sortis indemnes de l'accident.

indéniable adj. un avantage indéniable.
il est indéniable [impers.] *que + ind.* (= incontestable) Il est indéniable qu'il a eu raison.

indépendant, e adj. Il nous faut des juges indépendants. Une voiture à roues indépendantes (= qui ne sont pas reliées les unes aux autres).
indépendant de qn/de qc L'avoué doit être indépendant des juges/du tribunal.
indépendamment adv. Ils seront jugés indépendamment.
indépendamment de qc Indépendamment (= Abstraction faite) de ses fonctions, il méritait le respect par ses qualités humaines. Indépendamment (= En plus) de ses honoraires, il reçoit des cadeaux.

index n. m.
1. (= deuxième doigt) L'élève montra le mot de l'index.
2. (= liste de mots ou d'articles traités à la fin d'un livre ; dans l'église catholique, liste de livres interdits).
être/mettre à l'index «Les écrivains groupés dans l'index ne sont pas, pour cela, à l'Index.» (R. Georgin) Ce médecin est mis à l'index par ses confrères.

indifférent, e adj.
indifférent à qc Il est indifférent à son sort. C'est un homme indifférent aux malheurs d'autrui.
indifférent à qn Son sort lui est indifférent. Cela m'est indifférent. Elle ne m'est pas indifférente.
il m'est indifférent [impers.] *de + inf.* (ou *de + inf.*) Il m'est indifférent de rester (ou de partir).
il m'est indifférent [impers.] *que + subj.* (ou *que + subj.*) Il m'est indifférent que vous restiez (ou que vous partiez).
que + subj. . . (ou *que + subj.*), *(cela) m'est indifférent* Que vous partiez (ou que vous restiez), (cela) m'est indifférent.
que + subj. . . . (ou *. . .*) *(cela) m'est indifférent* Que vous partiez aujourd'hui ou demain, (cela) m'est indifférent.

indigne adj. Le tribunal a condamné cette mère indigne.
indigne de qc Il est indigne de vos bienfaits.
indigne que + subj. Elle est indigne qu'on fasse rien pour elle.

indigner v. tr.

indigner qn La réponse du premier ministre a indigné l'opposition.

être indigné de qc Je suis indigné de sa conduite.

être indigné que + *subj.* Je suis indigné qu'il vous ait ainsi répondu.

s'indigner contre qc/de qc Il s'indigne contre/de toutes les injustices.

s'indigner que + *subj.* Je m'indigne qu'il vous ait ainsi répondu.

s'indigner de ce que + *ind. ou subj.* Je m'indigne de ce qu'il vous a/ait ainsi répondu.

indispensable adj. Personne n'est indispensable.

indispensable à qn/à qc Le tabac lui est indispensable. Cette roue est indispensable au fonctionnement de la machine.

il est indispensable [impers.] *de* + *inf.* Il est indispensable de graisser une voiture régulièrement.

il est indispensable [impers.] *que* + *subj.* Il est indispensable qu'une voiture soit régulièrement graissée.

indisposer v. tr.

1. (= rendre un peu malade)

indisposer qn La brusque baisse de la température les a indisposés.

indisposé, e p. pa. Elle se sent indisposée.

2. (= produire un effet défavorable sur qn)

indisposer qn (contre qn) Les innombrables fautes d'impression indisposent le lecteur (contre l'auteur).

induire v. tr.

1. (= pousser qn à commettre une faute)

induire qn en + *nom* (p. ex. en tentation/en erreur) «... et ne nous induis pas en tentation.» (Pater noster) Pour couvrir le crime, il a induit la police en erreur (= il a trompé la police).

induire qn à + *inf.* Ce mauvais garçon nous a induits à quitter le droit chemin.

2. (= tirer une conclusion générale de faits particuliers)

induire qc de qc Quelle loi pouvons-nous induire de ces expériences?

induire de qc que + *ind.* De ses observations sur les animaux, La Fontaine induisait qu'ils sont doués de raison.

indulgent, e adj. Il a une mère très indulgente (= qui lui passe tous ses caprices).

indulgent à/pour/envers qn/qc Cet homme est plus indulgent à/pour/envers autrui qu'à/pour/envers lui-même. Le professeur se montra indulgent à/pour/envers la paresse de ses élèves.

inépuisable adj. une source inépuisable.

inépuisable en Cette nation est inépuisable en génies. Il était inépuisable en bons mots.

inférieur, e adj. [touj. après le nom] Le cours inférieur de la Garonne est appelé la Gironde. Les produits vendus en réclame sont souvent d'une qualité inférieure.

inférieur à qc/à qn La margarine est inférieure au beurre. Comme poète, Voltaire est inférieur à Racine.

inférieur à qn/à qc en qc Il est inférieur en savoir à ses concurrents. Cette machine est inférieure aux autres en rendement.

très inférieur, de beaucoup/de peu inférieur [renforcé] Il est de beaucoup/ de peu inférieur à son frère (mais non: *moins/plus inférieur).

inférieur n. m. Ce chef est bon et simple avec ses inférieurs.

infidèle adj. un serviteur infidèle.

infidèle à qn/à qc Il a été infidèle à son roi/à ses serments.

infidèle n. m. et f. une croisade contre les infidèles.

infliger v. tr.

infliger qc à qn Le professeur a infligé une heure de retenue à un élève. Elle a infligé une humiliation cuisante à sa rivale.

influence n. f.

influence sur qc/qn Il exerce une grande influence sur son entourage/ ses amis.

influence auprès de qn Le secrétaire d'Etat a beaucoup d'influence auprès du Ministre.

influencer v. tr.

influencer qn/qc Ses mauvais camarades l'ont influencé. Peut-être que le mauvais temps a influencé les élections.

influent, e adj. Le secrétaire du ministre est souvent un personnage très influent. [cf. APPENDICE § 3]

influer v. intr. (= exercer une action de manière à modifier qn/ qc)

influer sur qn/sur qc La décision du gouvernement a influé sur les dirigeants du parti. La désastreuse situation économique a influé sur les mesures d'épargne du gouvernement.

information n. f. le ministère de l'Information; les informations sportives.

information de qn Nous assurerons l'information des auditeurs par des dépêches d'heure en heure.

information sur qc Le journal a donné les dernières informations sur le conflit.

informer v. tr.

informer qn Avez-vous déjà informé le proviseur?

informer qn de qc Informez-le de ce qui s'est passé.

informer qn que + ind. Il m'a informé que le colis avait été retrouvé.

informer abs. Dans ce système les enfants sont encouragés à informer contre leurs propres parents.

s'informer de qc Le maire s'est informé de l'état de santé des deux agents, victimes de la bagarre.

s'informer si + ind. Informez-vous auprès de lui s'il a l'intention de venir.

s'ingénier v. pr.

s'ingénier à + inf. Ils se sont ingéniés à (= Ils ont cherché un moyen habile pour) nous sortir d'embarras.

ingrat, e adj. un enfant ingrat; un sol ingrat (= dont le rendement est pauvre); une mission ingrate.

Expr.: *être à/dans l'âge ingrat* Mon fils est à/dans l'âge ingrat (= au début de l'adolescence).

ingrat envers qn Ne soyez pas ingrats envers vos bienfaiteurs.

initier v. tr.

initier qn à qc Le professeur de langues doit initier ses élèves à la mentalité étrangère.

s'initier à qc Je me suis initié seul à la langue italienne.

injuste adj. Cette accusation est tout à fait injuste.

injuste envers qn/pour qn/avec qn Il a été très injuste envers/pour/avec son fils.

innocent, e adj.

innocent de qc Il est innocent du crime dont on l'accuse (= il ne l'a pas commis).

inonder v. tr.

inonder qc Le Rhône aurait inondé les terrains riverains de Lyon.

inonder qn de qc La Croix Rouge a été inondée (= a reçu beaucoup) d'offres de volontaires.

être inondé de qc [état] Son visage était inondé de sueur.

être inondé par qc [action] Les champs ont été inondés par la pluie.

inquiet, ète adj. Elle me jeta un regard inquiet.

inquiet de qc Nous sommes très inquiets du retard de l'avion/de l'échec de notre fils.

inquiet que + subj. Je suis inquiet qu'il ne soit pas arrivé.

inquiet de ce que + ind./subj. Je suis inquiet de ce qu'il n'est/ne soit pas arrivé.

inquiéter v. tr.

inquiéter qn Cette nouvelle m'a inquiété.

s'inquiéter Ne vous inquiétez pas pour si peu de chose!

s'inquiéter de qc Ne vous inquiétez pas du retard du bateau. Je me suis inquiété de (= renseigné sur) l'heure d'arrivée du bateau.

s'inquiéter de + *inf.* Elle s'inquiète de ne pas recevoir/de ne pas avoir reçu de nouvelles de son mari.

s'inquiéter que + *subj.* Il s'inquiète qu'on ne lui réponde pas.

s'inquiéter de ce que + *ind./subj.* Elle s'inquiète de ce que le facteur n'est/ne soit pas encore arrivé.

s'inquiéter si T'es-tu inquiété (= T'es-tu renseigné) s'il y avait un train ce soir?

inscrire v. tr.

inscrire qc sur qc Allons, monsieur, inscrivez votre nom sur la liste des donateurs.

s'inscrire à qc Ma sœur s'est inscrite au club des jeunes (= y est entrée comme membre).

Expr.: *s'inscrire en faux contre qc* Le témoin s'est inscrit en faux contre les dépositions de l'accusé (= il les a démenties).

s'inscrire dans qc La nouvelle démarche du gouvernement s'inscrit (= se situe) dans le cadre des efforts en vue d'une détente.

insinuer v. tr.

insinuer qc Avec mille précautions le docteur a insinué [= introduit; sens médical] son instrument dans la plaie. Qu'est-ce que tu insinues (= laisses entendre)?

insinuer que + *ind. ou subj.* Insinuer que le curé s'est approprié cette somme – mais c'est ridicule! (= faire entendre qc sans le dire ouvertement) Je n'insinue pas que vous l'ayez fait exprès. [pour le mode cf. APPENDICE § 11]

s'insinuer dans qc Tartuffe sut s'insinuer dans (= réussit à capter) la confiance de son maître.

insister v. intr.

insister abs. Si tu dois vraiment partir, je n'insiste plus (= je ne fais plus d'efforts pour te retenir).

insister sur qc Le professeur insista surtout sur (= souligna) le rôle du climat.

insister pour qc J'ai tellement insisté pour sa participation qu'il a fini par céder (= je l'ai demandée avec tant d'insistance).

insister pour + *inf.* Nous avons insisté pour être reçus par le président lui-même.

insister pour que + *subj.* J'ai insisté pour qu'il prenne part à notre réunion.

insolent, e adj. une réponse insolente.

insolent pour qn/envers/à l'égard de qn Pourquoi avez-vous été si insolent pour/envers elle/à son égard?

inspirer v. tr.

inspirer abs. Inspirez fortement (= sens médical).

inspirer qc [fig.] Cette maison louche n'inspire pas la confiance.

inspirer qn Les poètes symbolistes ont inspiré Debussy.

inspirer qc à qn Le maître lui inspirait le respect. L'état du malade inspire de l'inquiétude à sa famille.

s'inspirer de qc/de qn Bossuet s'est inspiré de la Bible. Les symbolistes se sont inspirés de Baudelaire.

instant n. m. Un instant, s'il vous plaît!

l'affaire d'un instant Sauter sur le train qui démarrait, ce fut l'affaire d'un instant.

à l'instant/à chaque instant/à cet instant même/au même instant loc. adv. Nous fûmes interrompus à l'instant/à chaque instant, etc.

à l'instant où + *ind.* A l'instant où je terminais cette lettre, le facteur me remit la vôtre.

d'instant en instant loc. adv. D'instant en instant (= Continuellement), le rapide augmentait de vitesse.

dès l'instant que + *ind.* Dès l'instant (= Aussitôt) qu'il nous vit, il se mit à nous insulter. Dès l'instant que (= Puisque) vous êtes l'ami de Monsieur, vous êtes mon ami.

par instants loc. adv. Par instants, je croyais rêver.

instinct n. m.

instinct de + *nom sans art.* Je me jetai à terre par instinct de conservation.

instinct de + *art.* + *nom* Notre guide avait l'instinct du danger (= il le pressentait).

l'instinct de + *inf.* J'eus l'instinct de me jeter à terre.

d'instinct loc. adv. D'instinct, j'ai levé le bras,

par instinct loc. adv. Par instinct, les vaches quittèrent l'étable.

instituer v. tr.

instituer qn/qc On a institué un tribunal/des commissions mixtes.

instituer qn + *attr.* Le testament vous institue héritier de votre oncle. Il m'a institué son héritier. Le Président l'a institué son successeur.

s'instituer De nombreux échanges se sont institués (= se sont établis) entre nos deux pays.

insulte n. f.

insulte à qc Le seul soupçon est une insulte à la probité du président.

insulter v. tr.

insulter qn (= offenser qn, surtout par des paroles injurieuses) Je n'avais pas l'intention de vous insulter.

insulter v. tr. indir.

insulter à qc (parfois *à qn*) [litt.] Votre gaieté insulte (= a une attitude offensante) au deuil de la nation.

intelligence n. f.

1. (= faculté de comprendre) L'intelligence de cette femme est remarquable.

2. (= action de comprendre) Les notes aident beaucoup à l'intelligence de ce poème.

3. (= entente, complicité) Il m'a fait un signe d'intelligence. Ils vivent en bonne intelligence. Ils sont d'intelligence contre moi. [pl.] : On l'a accusé d'intelligences avec l'ennemi (= d'être secrètement au service de l'ennemi). Il a des intelligences avec plusieurs partis.

intention n. f. Il n'y a que l'intention qui compte.

avoir l'intention de + *inf.* Je n'ai pas l'intention d'accepter vos conditions.

à l'intention de qn loc. prép. La quête fut organisée à l'intention des orphelins. Voici un livre acheté à votre intention. A l'intention de M. le Secrétaire d'Etat Untel (début d'une lettre officielle).

d'intention «M. et Mme Jules Vernon vous prient de vous unir d'intention (= par la pensée) à la célébration du mariage de leur fils . . . avec Mlle . . .» (faire-part)

intercaler v. tr.

intercaler qc dans qc Intercalez ce paragraphe dans le troisième chapitre.

intercaler qc entre deux choses Intercalez ces lignes entre le second et le troisième paragraphe.

interdire v. tr.

interdire qc Le Saint-Siège a formellement interdit la lecture des livres groupés dans l'Index.

interdire qc à qn Il leur interdit sa porte.

interdire à qn de + *inf.* Son père lui interdit de sortir.

interdire que + *subj.* Le maire a interdit qu'on vende des pétards.

il est interdit [impers.] *de* + *inf.* Il est interdit de pêcher ici.

il est interdit [impers.] *que* + *subj.* Il est interdit qu'on vende des pétards.

interdire qn un prêtre interdit (= privé du droit de célébrer la messe).

interdire qn de séjour Cet homme est (un) interdit de séjour.

intéresser v. tr.

intéresser qn/qc Cela m'intéresse peu. Les progrès de l'électronique intéressent aussi la médecine.

intéresser qn à qc Tâchez de l'intéresser à cette affaire.

s'intéresser à qn/à qc Je m'intéresse à ce jeune homme/à lui. Il s'intéresse à la peinture, il s'y intéresse.

intérêt n. m.

1. (= attention curieuse)

intérêt pour qc/pour qn J'éprouve/Je ressens un grand intérêt pour la musique. Le ministre a marqué/a montré son intérêt pour nos projets. Je n'éprouve aucun intérêt pour ce fat.

intérêt à qc/à qn Je prends/Je porte intérêt (de l'intérêt) à votre situation. Je n'y prends aucun intérêt. Si vous daignez porter (quelque) intérêt à notre spectacle. Je m'étonne de l'intérêt que vous lui portez.

avec/sans intérêt loc. adv. Il observe nos efforts avec/sans intérêt.

du plus haut intérêt loc. adv. Ces peintures sont du plus haut intérêt.

2. (= avantage moral ou matériel) Un avoué a pris la défense de mes intérêts (= de ma cause).

de l'intérêt pour qn/pour qc La construction de ce pont présente un grand intérêt pour les habitants de ce village/pour la commune.

intérêt à qc Vous trouverez intérêt à cette construction.

avoir/trouver intérêt à + inf. Vous avez/trouvez intérêt à répondre immédiatement.

il y a intérêt à + inf. Il y a intérêt à ne pas tarder.

dans l'intérêt de qn/de qc C'est dans votre intérêt/dans l'intérêt de la paix.

par intérêt loc. adv. Elle a agi par intérêt.

3. = (taux d'emprunt; sens financier) L'intérêt des nouvelles obligations est de 6%. L'Etat emprunte à 6% d'intérêt. Je vis avec les intérêts de mon capital (= du revenu de mon capital).

intérieur, e adj. la politique intérieure; un monologue intérieur.
Expr.: *en mon (ton, son etc.) for intérieur* En mon for intérieur une voix me dit que j'avais tort.

intérieur n. m. Le Ministre de l'Intérieur. L'armée se retira dans l'intérieur du pays. A l'intérieur (= Dans la politique intérieure, ou bien: Dans l'intérieur du pays), rien de nouveau.

à l'intérieur de qc loc. prép. A l'intérieur de la boîte, vous trouverez un mode d'emploi.

intermédiaire adj. Nous allons chercher une solution intermédiaire.

intermédiaire n. m. Je me ferai votre intermédiaire auprès du patron. Les prix baisseront si l'on supprime les intermédiaires (= marchand entre le producteur et le consommateur).

sans intermédiaire loc. adv. Les Bretons ont vendu leurs artichauts à Paris sans intermédiaire.

par l'intermédiaire de qn/qc loc. prép. Les ouvriers se sont plaints par l'intermédiaire de leurs représentants syndicaux. La nouvelle nous est parvenue par l'intermédiaire d'une agence.

interroger v. tr.
interroger qn (sur qc) Le professeur interroge l'élève (sur le vocabulaire).

Le commissaire a interrogé un individu suspect (sur les détails de son emploi du temps).

interroger qc Il interrogea les étoiles la veille de la bataille.

s'interroger sur qc Aujourd'hui, le pays entier s'interroge sur son avenir.

interrompre v. tr.

interrompre qn/qc L'orateur fut interrompu au milieu de son discours. Je ne veux pas interrompre votre repos.

interrompre qn dans qc Ne m'interrompez pas dans mon travail.

s'interrompre Il s'interrompit en plein discours.

s'interrompre de + *inf.* Il s'interrompit de parler.

intervalle n. m.

dans l'intervalle loc. adv. Nous serons de retour le 1er août; dans l'intervalle, mets-moi de l'ordre dans tes affaires.

par intervalles loc. adv. Par intervalles (= De temps en temps), le bruit du vent se faisait plus fort.

à intervalles loc. adv. Ils se rencontrent à intervalles réguliers/à longs intervalles.

intervenir v. intr. Tous observaient la rixe, mais personne n'est intervenu. Le chirurgien veut intervenir (= sens médical) tout de suite.

intervenir pour + *inf.* Les pompiers ont dû intervenir pour arrêter l'incendie.

intervenir auprès de qn pour/en faveur de qn/qc Le professeur est intervenu auprès du proviseur en ma faveur/pour ma bourse.

intrigant, e adj. Méfiez-vous d'elle; c'est une femme intrigante. [cf. APPENDICE § 3]

inutile adj. [après le nom] Il ne pose que des questions inutiles. «Les Bouches inutiles» (Simone de Beauvoir)

il est inutile [impers.] *de* + *inf.* Il est inutile de l'attendre plus longtemps. [souvent elliptique: Inutile de l'attendre plus longtemps.]

il est inutile [impers.] *que* + *subj.* [moins fréquent] Il est inutile/Inutile que vous l'attendiez plus longtemps.

inutile à qc/à qn L'appendice est inutile à la vie. Des promesses seules sont inutiles aux pauvres.

inutile à + *inf.* Ce chapitre est inutile à connaître.

inverse adj. [après le nom] Marchons en sens inverse. Mettez les mots dans l'ordre inverse. La «subordination inverse» est très vivante dans la langue parlée. [cf. APPENDICE § 12]

en raison inverse de qc L'attraction de deux corps varie en raison inverse de leur distance.

inverse n. m. Eh bien, c'est l'inverse qui s'est produit.

à l'inverse de loc. prép. A l'inverse de l'année dernière, les résultats sont allés en diminuant.

inviter v. tr.
inviter qn Tu les as invités tous? – Non, seulement lui et sa femme.
inviter qn à qc Il ne nous a pas invités à son mariage.
inviter qn à + inf. Nous les avons invités à venir nous **voir.**
inviter qn pour une date Je l'ai invitée pour ce soir.
inviter à qc Ce site incomparable invitait au repos.

irriter v. tr.
irriter qn (avec qc) Tu as irrité Papa (avec ton refus).
irriter qc La prothèse finit par irriter la peau.
être irrité contre qn Le patron est fort irrité contre vous.
être irrité de qc Il est très irrité de votre conduite.
être irrité de + inf. Il est irrité d'avoir dû attendre si longtemps.
être irrité que + subj. Il est irrité qu'on l'ait fait attendre.
être irrité de ce que + ind./subj. Il est irrité de ce qu'on l'a/ait fait attendre.
s'irriter de qc Elle s'est irritée de cette réponse effrontée.
s'irriter de + inf. Elle s'est irritée de voir tourner en ridicule ses propositions.
s'irriter de ce que + ind./subj. Mon père s'irrite de ce que nous ne sommes/soyons pas venus.

isoler v. tr.
isoler qn/qc Les élèves avaient longtemps isolé le nouveau venu. Tu diras à l'électricien d'isoler ce bout de fil.
isoler qn/qc de qn/de qc – Un cas de méningite? Alors il faut l'isoler tout de suite de ses camarades. Les historiens ne peuvent pas isoler un événement de son contexte politique.

issu, e adj.
issu de qn/de qc Victor Hugo est issu de parents bretons et lorrains à la fois/d'un sang breton et lorrain. Issu d'une famille de pêcheurs normands, il connaissait bien son métier.

issue n. f. Au dernier moment, les mineurs enfermés découvrirent une issue. Il faut fermer toutes les issues.
sans issue loc. adv. Dans cette situation sans issue, l'héroïne du roman se suicida.
à l'issue de qc loc. prép. A l'issue (= A la fin) de cette séance prolongée, les ministres n'ont donné aucune information.

ivre adj. Le marin était complètement ivre.
ivre de qc Ivre de sang, la bête se rua sur sa prochaine victime. Il était ivre de colère.

J

jadis adv. [ʒadis] Ce palais fut jadis la demeure du roi. Elle n'a plus la fraîcheur de jadis. Le temps jadis. Les châteaux du temps jadis.

jalonner v. tr.
jalonner qc Des arbustes jalonnent son champ.
jalonner qc de qc Il a jalonné son champ d'arbustes (= Il en a marqué les limites).
jalonné de qc Sa vie est jalonnée (= semée) de malheurs.

jalouser v. tr.
jalouser qn Pierre jalouse (= est jaloux de) sa sœur cadette.
se jalouser Les deux enfants se jalousent l'un l'autre.

jalousie n. f.
jalousie à l'égard de qn/envers qn Sa jalousie à l'égard de/envers sa belle-sœur est terrible.

jaloux, se adj.
jaloux de qn/de qc Il est jaloux de moi/de ma fortune. Cet homme est très jaloux de son indépendance (= il y tient beaucoup).

jamais adv.
1. précédé ou suivi de *ne*
Je ne l'ai jamais revu. Jamais il n'aurait fait une chose pareille. Je ne le ferai jamais plus (ou: plus jamais). Il n'a jamais fait que cela.
jamais . . . de Il n'a jamais eu de succès. Mais: On ne le voit jamais donner de l'argent aux pauvres [la négation porte sur >aux pauvres<].
[avec insistance] Jamais, au grand jamais, je ne le permettrai.
2. seul, en l'absence de verbe
Acceptez-vous? Jamais! C'est le moment, ou jamais. Ils sont moins pressés que jamais. Des souliers jamais cirés.
3. seul, quand une restriction remplace *ne*
Avez-vous jamais vu ça? Si jamais vous le rencontrez, donnez-lui mon bon souvenir. C'est le plus honnête homme que j'aie jamais rencontré.
sans + jamais + inf. Il partait au dernier moment sans toutefois jamais manquer le train.
sans que + jamais + subj. Souvent il rentrait soûl sans que jamais sa femme lui fît des remontrances.
4. au sens de *toujours*
Nous sommes amis à (tout) jamais.

jambe n. f.
Expr.: Il m'a tenu la jambe une heure (= Il m'a importuné, m'a retenu pendant une heure). Cela nous fait une belle jambe (= ne

nous avance à rien). Il traite ses amis par-dessous la jambe (= avec mépris). Il prend ses jambes à son cou. Il court à toutes jambes.

je pron. pers.

[rarement inversé; en français moderne, jamais avec un verbe de la 1ère conjugaison au prés.] Que dis-je? Que ferai-je? Que mangerai-je? Mais: Qu'est-ce que je mange?

[formule administrative] Je soussigné, Pierre Dupont, licencié en droit, sollicite . . .

jeter v. tr.

jeter qc jeter des déchets dans la poubelle; jeter du lest (en parlant d'un ballon); jeter l'ancre; jeter un coup d'œil sur un article. [fig.]: jeter le masque; jeter l'argent par les fenêtres.

jeter qc à qn Le garçon a jeté une banane au singe.

se jeter à qc Elle s'est jetée à mon cou/à genoux.

se jeter contre qc Les policiers se jetèrent contre la porte.

se jeter dans qc La Marne se jette dans la Seine. Un voyageur essoufflé s'est jeté dans l'express qui partait.

se jeter devant qc Le malheureux s'est jeté devant le train.

se jeter sur qc/qn Les clients se sont jetés sur les nouveautés. Deux gendarmes se jetèrent sur lui.

jeu n. m. Il est fort à ce jeu. «Messieurs, faites vos jeux.»

le jeu de + art. + nom [jeu défini par des règles] Le jeu du ping-pong est d'origine japonaise. Le jeu de la roulette. Le jeu des échecs. «Le Jeu de l'Amour et du Hasard» de Marivaux. Exceptions: Le jeu de boules/de croquet/de colin-maillard (et non: des boules, etc.).

un/le jeu de + nom [instrument ou terrain de jeu]: J'ai acheté un jeu de ping-pong/un jeu d'échecs. Tu as laissé ton parapluie sur le jeu de boules. [différentes sortes de jeu]: Un jeu d'adresse/de hasard. Les jeux de cartes/de société. [collection]: Un jeu de clefs anglaises/d'ampoules de rechange. [fig.]: Ce sera pour lui un jeu d'enfant.

avoir beau jeu de + inf. Vous avez beau jeu (= une belle occasion) de le prendre sur le fait.

se faire un jeu de + inf. Il se fera un jeu de soulever cette pierre.

de jeu loc. adj. [après une nég.] Ce n'est pas de jeu (= pas régulier).

mettre/être/entrer en jeu Il a mis sa fortune en jeu. Sa réputation est en jeu. L'artillerie entre en jeu (= intervient).

Expr.: *tirer son épingle du jeu* Le ministre tira son épingle du jeu (= dégagea sa responsabilité).

entrer dans/faire le jeu de qn Il est entré dans/Il fait notre jeu (= favorise notre enterprise).

avoir du jeu La fenêtre a du jeu (= ferme imparfaitement).

à jeun loc. adv. Ils sont encore à jeun (= n'ont rien mangé). Ne buvez pas trop à jeun.

jeune adj. [pour la place cf. APPENDICE § 15]
[avant le nom] Un tout jeune chat. De jeunes couples se promenaient sur le pont.
[après le nom s'il est indispensable à la communication] Elle a encore un visage jeune. Israel est un pays jeune. Les couples jeunes sont pleins d'espoir.
[équivalant à un compl. de temps] Elle s'est mariée jeune.
[noms composés]: un jeune homme; une jeune fille. [pl.]: des jeunes gens. Mais: des hommes jeunes.

jeune n. m. un club de jeunes.

joie n. f.
joie de + art. + nom. la joie du retour.
joie de + inf. la joie de vivre/d'être père.
avoir la joie de + inf. J'eus la joie de le revoir.
sauter de joie Après avoir gagné le gros lot, il sauta de joie.
être au comble de la joie La mariée était au comble de la joie.
s'en donner à cœur joie Les enfants s'en donnent à cœur joie (= profitent pleinement du plaisir offert).

joindre v. tr.
joindre qc Joignons nos efforts (= Travaillons ensemble).
Expr.: *joindre les deux bouts* Veuve, elle arriva difficilement à joindre les deux bouts (= à boucler son budget).
joindre qc à qc Cet auteur sait joindre l'utile à l'agréable.
ci-joint loc. prép. invar. [avant le nom] Ci-joint une lettre/deux photos. Mais: la lettre ci-jointe; les deux photos ci-jointes.
se joindre pour + inf. Le vent et la pluie se sont joints pour retarder les coureurs du Tour de France.
se joindre à qn pour + inf. Ma femme se joint à moi pour vous offrir nos vœux de bonne année [fin d'une lettre].

joindre v. intr. Ce couvercle ne joint pas.

jouer v. intr. Les enfants jouent au salon.
jouer avec qn/qc Joue avec ton frère. Il joue avec le feu (= Il s'expose à des risques).
jouer de qc [surtout d'un instrument de musique] Jouer du piano/de la flûte. Ce voyou joue trop facilement du couteau.
Expr.: Nous jouons de malheur (= le malheur s'acharne sur nous).
jouer sur qc Shakespeare aime jouer sur les mots.

jouer v. tr. indir.
jouer à qc Ils jouent au ballon/aux cartes/aux Indiens. «Créon joue

au jeu difficile de conduire les hommes.» (Anouilh)

jouer à + inf. «Toute la soirée, ils ont joué à se condamner à mort.» (M. Aymé)

jouer abs. Ça joue énormément (= C'est d'une très grande importance). Ce tiroir ne joue pas bien (= ne fonctionne pas bien).

jouer v. tr.

jouer qc Jouer un as/le roi. Jouer dix francs/sa carrière/gros jeu/le tout pour le tout (= risquer beaucoup pour un gain important). Elle joue une sonate/du Chopin/une comédie/un rôle. Il joue les innocents (= feint d'être innocent).

jouer qc à qn Mon frère m'a joué un mauvais tour.

jouer qn Je veux jouer Alceste (= le rôle d'Alceste). En ouvrant la valise, le gangster vit qu'il avait été joué (= mystifié).

se jouer de qn [litt.] Elle s'est jouée (= moquée) de moi.

jouir v. tr. indir.
jouir de qc Mon grand-père jouit d'une santé excellente.

jour n. m. Il fait (grand) jour. En plein jour (= pendant qu'il fait/faisait/fera grand jour). Les jours de ce malade sont comptés. «Le Tour du monde en 8o jours» (Jules Verne).

donner le jour à un enfant Elle a donné le jour à deux filles.

mettre au jour qc Les archéologues ont mis au jour une statue ancienne.

mettre à jour qc Ce catalogue est périmé, il faut le mettre à jour.

percer à jour qc Il a percé à jour les desseins de son adversaire.

percer des jours/un jour dans qc Le nouveau châtelain a percé des jours/un jour dans les murs du donjon.

de nos jours loc. adv. De nos jours (= A notre époque) un voyage en avion n'a rien d'extraordinaire.

au jour le jour loc. adv. Il vit au jour le jour (= sans se soucier du lendemain).

par jour loc. adv. Il gagne 20 F par jour.

par un (+ adj.) jour Nous partons par un beau jour de printemps.

sous un jour + adj. loc. adv. Présenter un fait sous un jour favorable. Je vois cela sous un autre jour.

le jour où/que Le jour où/que vous m'avez rencontré.

un jour que Je l'ai rencontré un jour qu'il pleuvait.

journée n.f = intervalle de temps de o à 24 h., ou de l'aube à la nuit; s'oppose à *jour* comme **matinée** à *matin*.

juge n. m. En matière de cuisine, ma femme est seul juge/meilleur juge que moi. Elle se montre un juge difficile.

prendre qn pour juge dans une affaire Je prends le maire pour juge dans la querelle avec mon voisin.

faire qn juge de qc Je vous fais juge de son honnêteté. Je vous en fais juge.

jugement n. m.

jugement de + nom un jugement de valeur (= qui formule une appréciation)/d'authenticité/de réalité (= qui affirme l'authenticité, la réalité).

jugement sur qn Evitez de porter/d'émettre un jugement sur votre prochain.

juger v. tr.

juger qn Le jury a jugé l'assassin.

juger qc Le tribunal ne jugera pas cette affaire.

juger qn sur qc Il ne faut pas juger les gens sur la mine (= sur l'apparence).

juger abs. Le tribunal ne jugera qu'après avoir entendu les parties en cause.

juger qc + adj. attr. Jugez-vous cela bien nécessaire ?

juger + adj. + de + inf. Alors je jugeai bon/à propos de me sauver.

se juger + adj. ou p. pa. «Lucien se jugeait déchargé du soin d'expliquer le proverbe.» (M. Aymé)

juger que + ind. ou subj. Je juge que vous devez partir.

Il ne juge pas que votre travail est/soit mauvais. Juge-t-il que vous devez/deviez partir? Si vous jugez que je peux/puisse m'en aller . . . [pour le mode cf. APPENDICE § 11]

juger v. tr. indir.

juger de qn/de qc Il ne faut pas juger des gens sur les apparences. Vous jugerez (= Vous vous rendrez compte) de ma surprise.

jurer v. tr.

jurer qc à qn Ils se sont juré une amitié éternelle. Il lui jura une loyauté fidèle.

jurer de + inf. prés. Il jura (= promit) de ne plus boire d'alcool.

jurer + inf. pa. Il jura (= affirma sous serment) avoir dit la vérité.

jurer v. tr. ind.

jurer avec qc Sa toilette jure (= s'accorde mal) avec son physique.

jurer de qc «Il ne faut jurer de rien.» (Musset) Je n'en jurerais pas.

jurer par qn/par qc Il ne jure que par Sartre (= Il l'admire beaucoup). Aujourd'hui on ne jure plus que par les antibiotiques.

jusque prép. Je vous suivrai jusqu'au bout du monde/jusque dans les Enfers. Il chercha jusque sous le lit. [fig. au sens de >même<]: «J'aimais jusqu'à ses pleurs que je faisais couler.» (Racine)

jusqu'à quand Jusqu'à quand resterez-vous à Paris?

il n'est pas jusque [impers.] . . . *qui ne + subj.* [litt.] Il n'est pas jusqu'aux enfants qui ne sachent cela (= Même les enfants le savent.)

jusqu'à + inf. Michel Butor va jusqu'à faire du lecteur une sorte de complice.

jusqu'à ce que + *subj.* loc. conj. Restez jusqu'à ce que je revienne.
jusqu'au moment où + *ind.* loc. conj. Le feu se propagea jusqu'au moment où les pompiers arrivèrent.

juste adj. [le plus souvent après le nom] un professeur juste (= qui n'a pas deux poids, deux mesures); le mot juste (= le mot propre); l'heure juste (= l'heure exacte).
[avant le nom] le juste milieu (= entre deux extrêmes); une juste colère (= justifiée).
juste pour qn/envers qn Il fut juste pour/envers tous.
il est juste [impers.] *de* + *inf.* Il est juste de le punir comme il le mérite.
il est juste [impers.] *que* + *subj.* Il est juste qu'il soit puni.

juste n. m. dormir du sommeil du juste. Les justes ne sont pas toujours récompensés. «Les Justes» (pièce de théâtre de Camus).

juste adv. Ils chantent juste. Cela sonne juste. Vous avez deviné/vu juste. Les enfants auront juste le temps de déjeuner. Il arriva juste à temps pour me sauver. A deux heures juste.
au juste loc. adv. Je ne sais pas au juste son âge.
comme de juste loc. adv. Comme de juste (= Bien entendu), tu ne m'as pas donné de serviette.

ustement adv. Il fut justement puni (= sa punition fut méritée).
[au milieu de la phrase]: C'est justement (= précisément) ce que je demande. [au début de la phrase]: «Tu ne sais donc pas que trop manger de jambon rend muet? Justement, j'ai une femme trop bavarde. Je vais emporter le reste pour le lui faire manger.» (*Le malin Morvandiau*, conte populaire)

justesse n. f. La justesse (= légitimité) de ses remarques m'a beaucoup frappé.
de justesse loc. adv. J'ai pu éviter le projectile de justesse (= Il s'en est fallu de très peu que le projectile ne me blessât).

justice n. f. La balance est le symbole de la justice.
Expr.: *faire justice* «Qu'as-tu fait? – Justice.» (Mérimée).
faire justice de qc La critique a fait justice de ce méchant livre (= l'a condamné).
faire/rendre justice à qn Le professeur fit justice à son ancien élève (= répara le tort que l'élève avait subi). «Il faut cependant rendre cette justice aux Français (= leur reconnaître ce mérite): ce sont les champions de l'après-vous...» (Daninos)
rendre la justice Le juge chargé de rendre la justice (= d'exercer les fonctions de juge) ne m'a pas rendu justice (= n'a pas été juste pour moi).

justifier v. tr.

justifier qn/qc Je voudrais me justifier. Comment justifierez-vous votre conduite?

justifier qn de qc Il a été justifié de ce crime (= son innocence a été prouvée).

justifier que + ind. Je suis prêt à justifier (= prouver) que je suis son père.

justifier v. tr. indir.

justifier de qc Il a justifié de sa présence en cet endroit (= il en a donné la preuve).

K

klaxonner v. intr. Défense de klaxonner.

klaxonner v. tr.

klaxonner qn Mon père a klaxonné un piéton pour l'empêcher de traverser au feu rouge.

L

là adv. Ne restez pas ici, allez là.

de là Retirez-vous de là. A quelques jours de là.

d'ici là Revenez jeudi; d'ici là, j'aurai vendu votre tableau.

là où J'irai vivre là où je suis né. Mais: C'est là que je suis né.

[associé à *ce, celui*, etc.] Cet homme-là, celui-là.

loc. adv. composées avec *là*:

[avec trait d'union] là-haut; là-bas; là-dessous; là-dessus; jusque-là; de-ci, de-là; par-ci, par-là; halte-là!

[sans trait d'union] çà et là; là contre; là dedans; là dehors.

de là à + inf. Il faut sévir contre les meneurs, mais de là à les fusiller il y a une marge.

là! là! interj. [traduisant une exhortation, un appel à la raison] Là! là! ne pleurez plus. Tout va se passer bien.

lâcher v. tr.

lâcher qc/qn Le tigre ne lâche pas sa proie (ou: ne lâche pas prise). Judas a trahi son maître, mais Pierre l'a lâché.

lâcher v. intr. La corde a lâché (= s'est rompue).

laisser v. tr.

laisser qn/qc Laisse ta sœur. J'ai laissé mes amis à la gare. Laisse tes affaires ici. Laissons ça pour une autre fois.

laisser qn/qc + adj. attr. Laisse ta sœur tranquille. Cela me laisse indifférent.

laisser qc à qn Cette douleur ne me laisse pas de répit. Je lui ai laissé un petit mot.

laisser à + inf. Ce travail laisse à désirer (= est imparfait).

laisser qc à + inf. à qn Je laisse une balle à renvoyer à mon partenaire. Je te laisse à deviner sa réaction. Je te laisse mes affaires à garder.

laisser aux.

laisser + inf. + qn/qc Laisse jouer les enfants [aussi bien: Laisse les enfants jouer]. Laissez-moi passer. Laissez-le faire. Il faut la laisser dire. Il ne faut pas laisser tomber votre ami/votre paquet.

laisser qn + inf. + qc Laisse les enfants apprendre leurs leçons.

laisser + pron. + inf. + qc Laisse-les apprendre leurs leçons.

laisser + deux pron. + inf. Laisse-les-leur apprendre. Laisse-le-lui faire (= laisse faire cela à lui ou à elle).

laissé [invar.] + inf. Je les ai laissé jouer. [cf. APPENDICE § 7 G]

ne pas laisser de + inf. [litt.] Il est pauvre, mais il ne laisse pas d'être généreux (= mais il n'en est pas moins généreux).

se laisser + inf. Pourquoi te laisses-tu aller comme ça? Dans la célèbre entrevue avec Tartuffe, Elmire fait semblant de se laisser séduire.

se lamenter v. pr.
se lamenter de/sur qc Il se lamentait de/sur son ignorance.
se lamenter de + inf. Il se lamente d'être cloué au lit.
se lamenter de ce que + ind. Il se lamente de ce qu'il ne peut pas sortir.

lancer v. tr.
lancer qc J'ai lancé une pierre contre une vitre. Le <France> fut lancé en 1956. La France a lancé plusieurs fusées.
lancer qc à qn Je lui lance la balle.
lancer qn Flaubert a lancé Maupassant (= l'a fait connaître).

se lancer dans qc Mon beau-frère s'est lancé dans la politique. Il s'est lancé dans une explication confuse.

large adj. des vêtements larges; une conscience large; des idées larges; une large cour; un large sourire; dans une large mesure.
large de Une avenue large de vingt mètres. Il est large d'épaules.
large envers Le patron n'est pas large (= généreux) envers nous.
Expr.: Il n'en mène pas large (= Il est inquiet).

large n. m.
1. (= la largeur) L'avenue a vingt mètres de large.
Expr.: *être au large* Avec vos six pièces vous êtes au large. Après avoir hérité de leur tante, les Dupont sont au large.
Expr.: *aller/se promener de long en large* (= en allant et venant).

2. (= la haute mer) Le bateau gagna le large. Un bateau a sombré au large de Fécamp (= dans les parages de Fécamp).

large adv. des fenêtres large(s) ouvertes; cf. **grand.**
largement adv. Nous avons largement le temps.

las, se adj.
las de qc Je suis las de la vie.
las de + *inf.* Elle est lasse de le répéter.
Expr.: *de guerre lasse* (= à bout de résistance) De guerre lasse, Papa a acquiescé à mon mariage.

se lasser v. pr.
se lasser de + *inf.* On ne se lasse (= se fatigue) pas de l'écouter.

latitude n. f. La ville se trouve au 20e degré de latitude. Par 38° de latitude Nord. Quant au sujet de mon article, le rédacteur en chef m'a donné/laissé toute latitude.
latitude de + *inf.* (*ou de* + *inf.*) Il m'a laissé la/toute latitude de partir (ou de rester).
Expr.: *sous toutes les latitudes* La nature humaine est la même sous toutes les latitudes (= sur toute la terre).

laver v. tr.
laver qc/qn Maman a lavé du linge hier. Il faut d'abord laver la plaie. Pierre a lavé sa sœur. [fig.]: Rodrigue a lavé l'affront infligé à son père.
laver qn de qc Le témoignage l'a lavé de tout soupçon.
Expr.: *laver la tête à qn* Mme Jourdain, secondée par Nicole, lave la tête à son mari.

se laver Nous nous sommes lavés. Un tel affront ne se lave que dans le sang.
se laver qc Nous nous sommes lavé les mains.
Expr.: *s'en laver les mains* Je m'en lave les mains (= Je n'en suis pas responsable).

le, la, les art. déf.
[accordé avec un nom au pl., même si ce nom a plusieurs épithètes au sg.: les sections classique et moderne de notre lycée; les XVIe et XVIIe siècles.]

1. devant les noms propres
[noms de montagnes, de mers, de provinces, de cours d'eau]: les Vosges, la Méditerranée, le Périgord, la Seine. [la plupart des noms de pays et de grandes îles]: le Japon, la France, l'Angleterre, les Pays-Bas, la Corse. Mais: Israël, Madagascar. [certains noms de villes]: le Havre, La Rochelle, Les Baux. [certains noms de personnes]: Le Corbusier, La Fontaine.

[contraction obligatoire avec *à* et *de* pour les noms géographiques]: Je vais au Japon. Je reviens du Havre. J'ai passé l'après-midi aux Baux.

[pas de contraction avec les noms de personnes]: Je parlais à Le Goff. Voici l'immeuble de Le Corbusier.

art. + *nom propre de ville* + *détermination* le Paris d'autrefois; le Paris décrit par Eugène Sue; la Rome antique.

les + *nom de personne:* Les Dupont [pas d'*s* pour désigner une famille; mais: les Bourbon*s*, dynastie]. Les Le Goff viendront dimanche. As-tu écrit aux Le Goff? Les Dumas (père et fils).

les + *n. propre sg. de sens général* les Duse; les Sarah Bernhardt.

2. devant le superlatif rel.

Elle est la plus savante des candidates. Dupont et Martin sont les élèves les plus attentifs de la classe.

le plus/moins [adv. invar.] + *adj. ou p. pa.*: C'est en histoire qu'elle est le plus savante (elle l'est moins dans les autres matières). Quand le maître nous parlait de ses voyages, c'est alors que nous étions le plus attentifs. [l'art. varie seulement si l'on peut ajouter: de tous/toutes] Cas ambigu: Prends les poires qui sont les (ou: le) moins abîmées [tendance à l'accord].

le, la, les pron. pers.
Place: Cette histoire, il nous l'a déjà racontée. Ce fainéant ne rêve que de se la couler douce. Ces perles, montre-les-lui/ne les lui montre pas. [cf. APPENDICE § 14, tableaux]

le pron. neutre [peut se rapporter à un pluriel – adjectif ou substantif non déterminé –, même de la forme féminine: Mes cousines sont idiotes, heureusement que je ne le suis pas.

[peut se rapporter à un infinitif, même si *le* remplace le p.pa.]: «On ne peut bien déclamer que ce qui mérite de l'être.» (Voltaire). – As-tu écrit? – Je l'ai fait [*le* représente: écrire].

[peut se rapporter à une phrase entière]: – Il t'a menti. – Je le sais (*le* représente: il t'a menti).

lécher v. tr.
lécher qc Le chat lèche l'assiette. [fig.]: Les flammes lèchent le toit. Ma femme est allée lécher les vitrines (= regarder les vitrines des magasins).

léché, e adj. un tableau très léché (= peint avec plus de minutie que d'inspiration).

Expr.: *ours mal léché* Ce garçon a bon cœur, mais c'est un ours mal léché (= il est peu courtois).

se lécher qc A la vue de la banane le singe s'est léché les lèvres.

Expr.: *s'en lécher les doigts* Le gâteau est excellent, je m'en lèche les doigts.

léger, ère adj.
[avant le nom, degré faible de l'action]: une légère erreur; une
légère blessure. [après le nom, qualité de l'objet]: une valise légère;
une femme légère; une conduite légère; des poésies légères; un
blessé léger [contr.: un blessé grave]. [cf. APPENDICE § 15]
à la légère loc. adv. Ne prends pas cette maladie à la légère [contr.:
au sérieux].

lendemain n. m. Un lendemain de fête. Le lendemain fut plu-
vieux. Une faveur sans lendemain.
le lendemain (jour précis) Il vint le 12; il repartit le lendemain.
le lendemain + compl. Nous rentrâmes le lendemain de Noël.
au lendemain + compl. [période plus large] au lendemain de la deuxième guerre mondiale.

lequel, laquelle, lesquels, lesquelles pron. [représentant un nom
ou un pron.]
lequel pron. interr. Lequel des deux frères est-ce? Lequel de vous/
d'entre vous a parlé? A laquelle des deux maisons donnez-vous la
préférence? Dites-moi laquelle vous préférez.
lequel pron. rel. [sujet détaché du nom] Le père de cette jeune fille,
lequel est très riche, dirige une banque.
[compl. après prép., obligatoire après nom de chose] Voici la maison dans laquelle (= où) je suis né. La maison sur le toit de laquelle la neige tombait. [facultatif après nom de personne]: Voici
l'homme auquel/à qui je me suis adressé. Le joueur à la place
duquel/de qui je me suis assis.
• Dans ces derniers cas, *lequel* est plutôt déterminatif; *qui* est préférable après un nom propre: Cassandre, à qui Ronsard a dédié ce sonnet,
était d'origine italienne.

lettre n. f. envoyer une lettre; une lettre recommandée; une lettre
par avion.
Expr.: exécuter un ordre à la lettre (= exactement); prendre une
expression au pied de la lettre (= littéralement).
lettres pl. Mme X est professeur de lettres (= français, latin, grec).
Licencié ès lettres; les belles-lettres; un homme de lettres; la Faculté des lettres; écrire un nombre en toutes lettres.

leur pron. pers. dat. Je leur parle. Parle-leur. [place: cf. APPEN-
DICE § 14]
leur adj. poss. [pl.: leurs] leur maison; leurs maisons.
leur pron. poss. Le leur. La leur. Les leurs. Ceci est notre chambre,
cela est la leur.

lever v. tr.
lever qc Il leva les bras au ciel. Le roi fit lever une armée (= la mettre

sur pied). Le général leva le siège (= mit fin au siège) de la capitale.
Le navire lève l'ancre. Le président leva la séance. Les soldats levèrent
le camp.
Expr.: *au pied levé* Il a fallu remplacer un acteur au pied levé (= à l'im-
proviste).

lever v. intr. La pâte a levé (= gonflé). «Le blé qui lève.» (R. Bazin)
se lever Le vent se lève. Je me suis levé à l'aube. Le jour se lève.

libérer v. tr.
libérer qn Le Président Lincoln a combattu pour libérer les Noirs.
libérer qn de qc Je vous libère de votre promesse.
être libéré de qc Libéré de tout souci d'ordre matériel, il se plongea
dans ses recherches.
se libérer Je n'ai pu me libérer (= me rendre libre) hier.
se libérer de qc Dans trois mois, je me serai libéré de mes dettes.

libre adj. [avant le nom: liberté de l'action] libre échange; libre
passage; libre service (= où les gens se servent eux-mêmes).
[après le nom: qualité de la personne ou de l'objet] un homme
libre; un pays libre; une presse libre; une roue libre (= indépendante du moteur); du temps libre; l'enseignement libre [contr.:
l'enseignement public]; l'Etat libre d'Irlande.
libre de qc Je suis libre de mes actes.
libre de + inf. Je suis libre de refuser.
libre à qn de + inf. Libre à vous d'accepter, je ne vous suivrai pas.

lier v. tr.
lier qc/qn Liez ces fleurs en bouquet. Les contrats lient les hommes.
Cet homme est fou à lier (= dangereusement fou).
lier qc à qn Liez les mains à cet homme. Liez-lui les mains.
lier qn/qc à qc Liez le prisonnier au poteau.
lier qc/qn avec qc [accompagnement]: Liez ces marguerites avec ces
bleuets. [moyen]: Liez ces marguerites avec de la ficelle. Le prisonnier fut lié avec une corde.
lier + nom avec qn J'ai lié connaissance/conversation avec lui.
se lier Les enfants se lient facilement. Pierre s'est lié avec Jacques. Les
deux garçons se sont liés d'amitié.

lieu n. m. un lieu de passage; en premier lieu (= d'abord); en haut
lieu (= à l'échelon supérieur, chez les dirigeants).
lieux pl. les Lieux saints (en Israël et à Jérusalem).
Expr.: *se rendre sur les lieux* [en parlant de la police] Immédiatement
après l'attentat, la police s'est rendue sur les lieux.
avoir lieu La fête aura lieu le 12 juin.
avoir lieu de + inf. Vous n'avez pas lieu de vous plaindre (= pas de
raison pour vous plaindre).

il y a lieu [impers.] *de* + *inf.* Il y a lieu (= Il est justifié) d'être vigilant. Accordez le verbe s'il y a lieu (= s'il le faut).

ce n'est pas le lieu de + *inf.* «Ce n'est pas ici le lieu (= Il ne convient pas ici) de chercher les responsabilités.» (Brunot.)

donner lieu à + *nom* La visite du roi a donné lieu à (= a provoqué) des manifestations.

donner lieu de + *inf.* Le fléau donne lieu (= permet) de craindre une famine.

tenir lieu de qc Une arête de poisson leur tenait lieu d'une aiguille (= remplaçait une aiguille).

au lieu de + *nom* loc. prép. C'est lui qui a été nommé au lieu de son camarade.

au lieu de + *inf.* loc. prép. Au lieu de discuter, mets-toi vite au travail.

limiter v. tr.
limiter qc Les Alpes limitent La Suisse au sud.
limiter qc à qc Limitez votre télégramme à dix mots/votre consommation quotidienne à 2.000 calories.

lit n. m. un lit de repos; un lit à baldaquin; un lit à deux places. [mots composés]: canapé-lit; fauteuil-lit; lit-cage; descente de lit (= petit tapis placé devant le lit).
Expr.: enfant d'un premier lit (= d'un premier mariage).
Il est allé au lit. Il s'est mis au lit. J'ai dû garder le lit.

livre n. m. Un livre français/d'auteur français. «Le voyage d'Edgar», d'Edouard Peisson, est un livre français/d'auteur français (ou: le livre d'un auteur français). Un livre de français (sert à apprendre le français).

livrer v. tr.
livrer qc On nous livrera le piano jeudi.
livrer abs. Nous livrons à domicile.
Expr.: *livrer bataille* La nuit tombée, le général n'osait plus livrer bataille.
livrer qn/qc à qn/qc Il a livré le coupable à la police. Ils n'ont pas livré la ville au pillage. D'après Descartes, les écrivains ne nous livrent que le meilleur de leurs pensées.
se livrer à qn Les six bourgeois de Calais se livrent au roi d'Angleterre.
se livrer à qc Il se livre à des exercices dangereux/au désespoir.

loger v. intr. J'ai logé un mois chez lui.
loger v. tr.
loger qn Où logerez-vous tout ce monde là? Les soldats furent logés dans la grange.
loger qc Je logerai les deux valises dans le coffre.

se loger Vous ne trouverez pas à vous loger.
se loger qc Le malheureux s'est logé une balle dans la tête.

loi n. f. les lois de la pesanteur; la loi du plus fort; les gens de loi.
Expr.: Un hors la loi. Un homme sans foi ni loi. Au nom de la loi,
je vous arrête. Cette femme veut toujours faire la loi. Ce texte fait
loi (= fait autorité). Je me fais une loi d'écouter en silence. Cette
faute tombe sous le coup de la loi (= est susceptible d'être punie).

loin adv. Il y a loin de la mairie à l'église. En automne, l'hiver n'est
plus loin. [fig.]: Ce jeune homme ira loin (= réussira).
de loin loc. adv. Je le vis arriver de loin. Vous l'emportez de loin
(= Vous êtes supérieur de beaucoup).
au loin loc. adv. Il entendit au loin un grand bruit.
loin de loc. prép. Je m'ennuie loin de toi.
loin de + inf. loc. prép. Elle est loin de le croire. Loin d'en être abattu,
il a continué de plus belle.
loin que + subj. La souffrance, loin qu'elle soit un mal, est souvent
une source d'énergie.
(d') aussi loin que + ind. Aussi loin que la vue s'étendait, la campagne
était nue. D'aussi loin qu'elle me vit, elle agita son mouchoir.
aussi loin que + subj. [avec une nuance de concession] «Les Berbères,
aussi loin que nous puissions remonter dans le passé, sont de purs
Africains.» (R. Kemp)
du plus loin que + ind. ou subj. Du plus loin que je l'ai aperçu, j'ai
couru au-devant de lui. Du plus loin qu'il m'en souvienne.

long, ue adj. une jupe longue; une voyelle longue; une longue
phrase; un long silence; boire à longs traits.
long de Cette table est longue de deux mètres.
long à + inf. Papa est long à revenir. Le feu est long à prendre. Cette
histoire est longue à raconter.
long [neutre] Il en savait trop long. Ses traits tirés en disaient long
sur ses souffrances.
long nom après prép. (= longueur) Elle a deux mètres de long.
Expr.: tomber de tout son long; aller/se promener de long en large;
parcourir une pièce en long et en large.
le long de loc. prép. Tout le long du rivage, on trouvait cette plante.
à la longue loc. adv. Tout s'use à la longue.

lors adv.
dès lors Dès lors, sa vue faiblit rapidement.
lors de loc. prép. Lors de son avènement au trône, il promit de respecter la constitution.

lorsque conj. [langue écrite seulement]
[élision devant *il, elle, un, une, en, on*] Lorsqu'il vient. Lorsqu'en ren-

trant je l'ai vu..., Mais: Lorsque Yvonne/Henri tomba malade...

lorsque + ind. prés. Lorsqu'il pleut, je travaille.

lorsque + passé simple ou composé Lorsqu'il entra/est entré, je travail-lais. Les hommes étaient à trois mètres de l'abri lorsque retentit une explosion terrible.

lorsque + passé ant. Lorsqu'il eut terminé sa correspondance, il lut ses journaux.

lorsque + futur Lorsque vous en aurez le temps, vous me téléphonerez.

lorsque + imparf. [action répétée] Lorsque le temps était beau, nous partions en promenade.

louer v. tr.

1. (= prendre ou donner en location)

louer qc J'ai loué (= pris en location) une cabine pour le mois d'août. J'ai loué (= donné en location) notre villa à un jeune ménage.

2. (= faire l'éloge de qn)

louer qn/qc Il n'y a pas de quoi le louer. Je loue votre discrétion.

louer qn de/pour qc Je te loue de/pour ta discrétion.

louer qn de + inf. Je te loue d'être si attentif/d'avoir si bien travaillé.

se louer de qn/de qc Je n'ai qu'à me louer de vous/de vos services.

se louer de + inf. Je me loue de l'avoir engagé.

lourd, e adj. [normalement après le nom] un temps lourd (= orageux); un esprit lourd [contr.: fin]; des poids lourds. Mais: une lourde valise; [fig.]: une lourde faute. [cf. APPENDICE § 15]

lourd de + nom L'erreur du chirurgien a été lourde de conséquences.

lourd à + inf. Cette brouette est lourde à soulever.

lourd adv. [invar.] Sa valise pesait lourd. Ses péchés lui pèsent lourd sur la conscience.

lourdement adv. Un camion lourdement chargé. Vous vous êtes lour-dement trompé.

loyal, e adj. Ce sont des amis loyaux.

loyal envers qn Il fut longtemps loyal envers son roi.

lui pron. pers.

1. pron. pers. dat. atone Je lui parle (= Je parle à M. Dubois/à Mme Dubois). Parle-lui! Lui as-tu parlé? [place: cf. APPENDICE § 14]

2. pron pers. tonique [sujet] Lui seul peut le faire. J'étais triste, lui gai. Lui est venu seul. (Mais: Moi, je suis venu seul) «Lui parti, j'ai retrouvé le calme» (Camus). [compl. dir.]: Je n'ai vu ni lui ni sa femme. Je n'ai vu que lui. J'ai invité sa femme et lui. [compl. de reprise]: Ton père, lui, aime le sport. Je voudrais le voir, lui. [com-pl. indir.]: Elle est venue sans lui. Heureusement pour lui.

lui-même [réfléchi]: Il n'est plus maître de lui-même. [Mais, avec sens indéfini: Il ne faut pas toujours penser à soi. Chacun pour soi et Dieu pour tous.]

lumière n. f. La lumière du soleil est plus forte que la lumière de la lune. Cet homme n'est pas une lumière. J'aurais besoin de vos lumières sur cette affaire. Le siècle des lumières (= celui de Voltaire et de Diderot).

à la lumière de qc loc. adv. Il a lu à la lumière (= à la lueur) d'une bougie/de la lune. [fig.]: A la lumière des récentes expériences médicales.

Expr.: *faire la lumière sur qc* Faisons la lumière sur cette affaire ténébreuse.

mettre qc en lumière (= en évidence) Ce film met en lumière les ravages de l'alcoolisme.

lutte n. f.

lutte + prép. [avec/contre/entre/pour] Elle est en lutte avec ses parents. La lutte contre le cancer. Soutenons une lutte acharnée contre les juges corruptibles/la corruption. Une lutte entre frères. Darwin attribue l'évolution des espèces à la lutte pour la vie.

de haute lutte loc. adv. Il a eu le prix de haute lutte (= non sans difficultés).

lutter v. intr. Ici-bas, rien n'est gratis, il faut lutter.

lutter + prép. [contre/entre/avec/pour] Les soldats ont lutté contre un adversaire supérieur. Les médecins luttent contre les épidémies. Lutter entre frères. Les défenseurs de la ville luttaient avec acharnement. Les grévistes ont lutté pour un avenir meilleur/une répartition plus juste des biens.

M

mâcher v. tr.

mâcher qc Les vaches mâchent et ruminent leur nourriture.

Expr.: *ne pas mâcher ses mots* Le patron ne mâche pas ses mots (= parle carrément).

Expr.: *mâcher le travail/la besogne à qn* Dès le matin, le patron a mâché la besogne à (= a préparé le travail pour) cet ouvrier inexpérimenté.

Madame n. f. [abr. Mme, devant le nom] Oui, Madame [en bon français, quand on parle à qn, ne pas ajouter le nom]. Madame Dubois est un bon professeur. Monsieur le Doyen Grappin et Madame. Le Président de la République et Madame Pompidou.

(Une bonne): – Madame est servie. Mais: Ces dames sont servies.

madame votre mère/sœur . . . Madame votre mère/sœur va bien?

madame + docteur [présentation]: Madame le docteur Bouvin. [début d'une lettre]: Madame et cher docteur, . . .

Mademoiselle n. f. [abr. Mlle, devant le nom] Que désirez-vous, Mademoiselle? Mesdames, Mesdemoiselles, Messieurs, vous venez d'entendre . . .

maigre adj. [après le nom] une dame maigre; de la viande maigre (= qui manque de graisse); un repas maigre (= sans viande); jour maigre (= où la religion interdit la viande).
[avant le nom] Un maigre repas (= un repas frugal). Un maigre salaire. Il se décide sur de maigres raisons. Il n'a qu'une maigre chance de succès.
Expr.: *faire/manger maigre* Le vendredi, il fait/mange maigre (= ne mange pas de viande).

maigrir v. intr. [aux. >avoir<] Cet enfant a maigri pendant les vacances.
maigri [p.pa. concurrent de *amaigri*] – Que je vous trouve maigri! Comme tu es maigri(e).
• Comparer: Il a beaucoup maigri. Il est très maigri. [APPENDICE § 2, C]

main n. f. Ponce Pilate a dit: Je m'en lave les mains.
loc. adv.
à la main/à + adj. + mains Il a/porte un bouquet à la main. Ils se défendent les armes à la main. Voilà une lettre écrite à la main. Le prince répand/Le mendiant ramasse les écus à pleines mains. La petite fille prend son courage à deux mains.
de ma/ta etc. (propre) main Cette lettre est écrite de ma (propre) main.
de la main (de qn)/des mains (de qn) Cette lettre est écrite de la main du testateur. Le capitaine reçoit la coupe des mains de la reine. Les spectateurs battirent des mains.
Expr.: *de longue main* (= depuis longtemps) Les gangsters ont préparé ce coup de longue main.
de main morte (= doucement) Les paras n'y sont pas allés de main morte (= n'ont pas pris de gants).
en (+ adj.) main(s) Le patron va prendre l'affaire en main. Votre affaire est en bonnes/mauvaises mains.
entre les mains (de qn) Ma vie est entre vos mains.
par la main Les gendarmes le prirent/saisirent/tinrent par la main.
sous (la) main Je n'ai pas de dictionnaire sous la main. Les conjurés agirent sous main (= en secret).
Expr.: *accorder sa main à un homme* Andromaque répugne à accorder sa main à Pyrrhus.
demander la main d'une jeune fille Tartuffe demande la main de Mariane.
donner la main à qn Donne la main à ton frère. Les petits se donnaient la main.
mettre la main à qc M. Jacotin croit nécessaire de mettre la main à la

pâte (= de collaborer au travail de son fils).

passer la main à qn (aux cartes: laisser l'injtiative à un autre joueur; fig. = céder à un autre une activité) Le patron va bientôt passer la main à son fils.

Expr.: Haut les mains!

maint, e adj. [litt.] Il m'a trompé mainte fois/maintes fois. Je l'ai questionné à mainte reprise/à maintes reprises.

maintenant adv.

maintenant + présent Maintenant il dort. Il est parti maintenant.

maintenant + passé composé Maintenant il est parti [état présent résultant de l'action passée].

maintenant + futur Maintenant (= A partir de maintenant) je ne fumerai plus.

dès/à partir de maintenant «A partir de maintenant, tous tes devoirs de français, nous les ferons ensemble.» (M. Aymé)

maintenir v. tr.

maintenir qc/qn L'Etat doit maintenir les lois, la paix, l'ordre. Le témoin maintient ses dépositions devant le tribunal. Deux gardiens maintenaient le forcené.

maintenir que + ind. Devant la commission, il a maintenu que l'accusation était fausse.

se maintenir Le malade se maintient (= son état n'a pas empiré). Le baron avait du mal à se maintenir en selle.

mais conj. Elle est riche, mais laide. Je m'en vais maintenant, mais je serai de retour à six heures.

[substantivé] Il y a un mais (= obstacle, difficulté). Tous vos mais ne convaincront personne.

[employé pour renforcer] Mais oui! Mais non! Mais si. Mais comment donc! Il était beau, mais beau!

Expr. [vieilli ou litt.] Ainsi va le monde, et je n'en peux mais (= Je n'y peux rien).

maître n. m. [fém.: maîtresse] le maître/la maîtresse de maison.

être maître/maîtresse de qc Je ne suis pas pressé, je suis complètement maître de mon temps. En face du serpent venimeux, elle resta maîtresse d'elle-même.

être/passer maître dans l'art de + inf. Mon copain est/est passé maître dans l'art de tricher.

trouver son maître Dans la pratique du chantage, le gangster finit par trouver son maître.

Maître [titre d'un avocat, d'une avocate, d'un notaire, d'un avoué] Maître X [abr.: Me X], avocate à la cour. – J'admire votre plaidoyer, Maître. [adressé à tout artiste, écrivain ou savant réputé]: Que boirez-vous, (cher) Maître? Honorine, servez à boire au Maître.

Majesté n. f. [titre] Votre Majesté est servie. Votre Majesté est le père du peuple.

Sa Majesté + art. + nom Sa Majesté le Roi.

Sa Majesté + nom Sa Majesté Carnaval 1970.

majeur, e adj. [le sens de ce mot exclut les degrés de comparaison] [après le nom en règle générale] un fils majeur; des incidents majeurs; un cas de force majeure; un concerto en fa majeur.

[avant le nom *partie*] La majeure partie de l'assistance était composée d'enfants. En majeure partie, les délégués ont voté contre.

majorité n. f. [accord du verbe; cf. APPENDICE § 6, 1]

[sg. quand il s'agit du nombre des votants] La majorité s'est déclarée pour le statu quo.

[pl. quand le mot exprime un grand nombre] La majorité des maisons sont coquettes.

mal adj.

Expr.: *bon an, mal an* Bon an, mal an, son usine rapporte assez.

Expr.: *bon gré, mal gré* Bon gré, mal gré, j'ai dû céder.

Vous m'avez délibérément trompé; c'est mal (= laid). [fam.]: Elle (n')est pas mal (= Elle est assez jolie).

il est mal [impers.] *de + inf.* Il est mal de gagner de l'argent en trichant.

mal adv. Comment allez-vous? Pas mal. Les choses vont mal tourner. Il a très mal pris mes critiques. Elle va plus mal qu'hier. La situation va de mal en pis (= elle s'est aggravée). On est très mal sur ces chaises.

pas mal de + nom [fam.] Il a pas mal (= beaucoup) d'argent/d'amis.

tant bien que mal Il s'est tiré d'affaire tant bien que mal.

Expr.: *se trouver mal* Elle s'est trouvée mal (= a perdu connaissance).

mal n. m. «Les Fleurs du Mal» (Baudelaire)

avoir mal à + art. + nom J'ai mal à la tête/aux dents/à l'estomac.

faire mal à qn Ce bouton me fait mal (= provoque une douleur). Pourquoi pleures-tu? Tu ne t'es pas fait mal?

faire du mal à qn Pourquoi en veux-tu à cet homme? Il t'a fait du mal? Il ne t'a pas fait de mal (= causé un dommage).

avoir un mal/le mal de + nom J'ai un terrible mal de tête/des maux de tête terribles. Le mousse a eu le mal de mer.

avoir le mal de + art. + nom Dans l'avion, elle a eu le mal des hauteurs. Deux ans après, il avait toujours le mal du pays (= il regrettait son pays natal).

avoir du mal à + inf. J'ai eu du/beaucoup de mal à comprendre ce qu'il disait.

donner du mal à qn Cet article m'a donné du mal.

se donner du mal pour qc Elle s'est donné du mal pour cet article.

se donner du mal pour + *inf.* Elle s'est donné du mal pour écrire cet article.

ne pas songer/penser à mal Son frère ne songe/pense pas à mal (= ne pense pas à nuire).

– *Il n'y a pas de mal* [en réponse à une excuse] – Pardon de vous avoir bousculé. – Il n'y a pas de mal.

malaisé, e adj. Rédiger cet article en deux heures? Tâche malaisée.

il est malaisé [impers.] *de* + *inf.* Il est malaisé (= difficile) de répondre.

malaisé à + *inf.* Ce problème est malaisé à résoudre.

malgré prép.

malgré qc Les deux alpinistes sont partis malgré le mauvais temps. Il peut avoir raison malgré tout.

malgré qn Molière se fit acteur malgré (= contre la volonté de) son père.

malgré soi J'y ai acquiescé malgré moi (= bien à contre-cœur).

malgré que + *subj.* conj. [usage litt.] Il obéissait au roi, malgré qu'il en eût (= quelque mauvais gré qu'il pût en éprouver). [usage fam.] J'obéis, malgré que ça me déplaise. [Cet emploi a pénétré chez certains écrivains à la place de *bien que* ou *quoique*.]

mal gré : cf. **mal.**

malheur n. m.

avoir le malheur de + *inf.* J'ai eu le malheur de choisir cet hôtel.

porter malheur à qn Cela m'a porté malheur.

malheur à qn (si . . .) Malheur aux vaincus! «Malheur à Mme Charnelet si elle ne trouve pas dans la voiture, au commandement de son mari, la 'Moitié de la France-Sud'.» (Daninos)

par malheur loc. adv. Par malheur, il n'y avait pas d'eau.

quel malheur que + *subj.* Quel malheur que vous ne soyez pas arrivé quelques heures plus tôt!

malin, maligne adj. [après ou avant le nom] un garçon malin; un malin garçon; «Le malin Morvandiau», conte populaire.

[seulement après le nom si l'épithète détermine le sens du nom] une tumeur maligne. [cf. APPENDICE § 15]

manche

1. n. m. (= partie d'un outil) Voici un manche à balai.

2. n. f. (= partie d'un vêtement) Les manches de sa chemise étaient trop longues. [nom propre]: La Manche sépare la France de l'Angleterre. La Manche est l'un des cinq départements normands.

mander v. tr. [litt.]

mander qn Le roi a mandé son valet (= l'a fait venir).

mander qc Mandez-moi des nouvelles du prince.

mander que + *ind.* On nous mande du Japon qu'un raz-de-marée a fait de nombreuses victimes.

manger v. tr.
manger qc/qn Mange ta soupe. N'ayez pas peur, on ne va pas vous manger. [fig.] : Il la mangeait (= dévorait) des yeux.

manger abs. Nous mangerons au jardin. Les pigeons mangent dans sa main (ou : lui mangent dans la main). Vous pouvez manger à la carte ou à prix fixe. Monsieur n'aime pas manger chaud/froid.
[substantivé] «Le gigot, c'est pas du manger d'ouvrier.» J'avais une chambre, il me restait à trouver le manger et le boire.

manière n. f. [sg.] Ce cuisinier connaît la technique, mais n'a pas la manière. Il pratique volontiers la manière forte (= la force).
[pl.] Je n'aime pas vos manières. Cette jeune fille fait trop de manières (= elle n'est pas assez naturelle).

loc.
à la manière de qn Il s'exprime à la manière de son maître.
de/d'une manière + *adj.* Exprimez-vous de/d'une manière plus simple/ d'autre/d'une autre manière.
de la manière dont/que . . . De la manière dont (ou : qu') il s'y prend, il n'arrivera pas au but.
dans la manière de qn Cette toile est peinte dans la manière de Corot.
en + *adj. indéf.* + *manière* Vous ne me dérangez en aucune manière.
en manière de + *nom* Il toucha son chapeau en manière de salutation.
manière de + *inf.* C'est sa manière de peindre. Je ne peux pas changer ma manière d'être.
de manière à + *inf.* Il parle lentement, de manière à être compris.
de (telle) manière que + *ind.* [conséquence] Le professeur parle de (telle) manière qu'on le comprend.
de (telle) manière que + *subj.* [but] Le professeur parle de (telle) manière qu'on le comprenne. Fermons la porte, de manière qu'il soit obligé de sonner.
de manière à ce que + *subj.* loc. conj. [de but seulement] Il parle de manière à ce qu'on le comprenne.

manifester v. tr.
manifester qc «Mme Jacotin se préparait à manifester une joie déférente.» (M. Aymé)
manifester qc à qn Il m'a toujours manifesté une grande sympathie.

se manifester Dès son élection, le talent politique de ce député s'est manifesté (= déclaré) nettement.

manifester v. intr. Les grévistes vont manifester de nouveau ce soir (= faire une démonstration publique).

manœuvre n. m. Ce qu'il faut au patron, c'est un ouvrier qualifié, et non un manœuvre (= ouvrier qui n'a aucune spécialité).

manœuvre n. f. Les (grandes) manœuvres de l'armée auront lieu en septembre. La manœuvre (= Le maniement) de cette machine n'exige pas beaucoup d'adresse.

faire une fausse manœuvre L'ouvrier s'est blessé en faisant une fausse manœuvre.

manœuvrer v. tr.

manœuvrer qc/qn Il faut un pilote de la région pour manœuvrer le bateau à travers l'isthme. Cet homme ne se laisse pas manœuvrer.

manœuvrer v. intr. Une escadre manœuvrait devant le port. Le ministre a manœuvré habilement.

manque n. m.

le/un manque de qc Le manque de vivres obligea les assiégés à se rendre. Vos malaises ont pour cause un manque de sommeil.

Expr.: *un manque à gagner* Tous ces jours de fête sont pour le savetier un manque à gagner (= une occasion perdue de faire un profit).

par manque de qc loc. prép. Il a échoué par manque de sang-froid.

manque n. f.

à la manque loc. adj. [pop.] Prends donc une pioche, poète à la manque (= médiocre, manqué)!

manquer v. tr.

manquer qc/qn Elle a manqué l'école/le train/le ballon/une occasion. Je vous ai manqué de cinq minutes.

manquer v. tr. indir.

manquer à qn Le travail ne lui manque pas!

manquer à qc Il a manqué à son devoir/au respect dû à la vieillesse. Il n'a pas manqué à sa parole. – Je n'y manquerai pas.

manquer de qc Il ne manque pas de courage.

manquer de + inf. Ne manquez pas (= N'omettez pas) de m'écrire. Elle a manqué de tomber (= elle a failli tomber).

manquer v. intr. Le soleil n'a pas manqué cet été. Deux pages manquaient. [impers.]: Il manquait deux pages.

marchander v. tr.

marchander qc J'ai marchandé ce livre pour obtenir un rabais de 10 F. (= J'ai discuté le prix avec le vendeur).

marchander qc à qn Son chef ne lui marchande pas (= lui accorde largement) les éloges.

marchander abs. Dans les marchés algériens, il faut marchander (= discuter les prix).

marche n. f.

1. (= progression à pied) Une marche rapide. L'armée se déplaçait à marche forcée (= en allongeant les étapes).

marche avant/arrière J'entre au garage en marche avant. Faites marche arrière.

se mettre en marche A onze heures juste, le convoi s'est mis en marche. Expr.: En avant, marche! [commandement militaire]

2. (= fonctionnement) Voudriez-vous régler la marche de cette horloge? Un entretien régulier est nécessaire à la bonne marche de cet appareil.

être en marche Le moteur est en marche.

mettre en marche Mets l'électrophone en marche.

marché n. m. Le marché au poisson/aux légumes. Le jour de marché est le mercredi. M. Lepic fait son marché (= fait ses achats au marché) deux fois par semaine. Le Marché commun. Le marché noir.

(à) bon marché loc. adv. et adj. J'ai acheté ces fruits (à) très bon marché. Cette épicière a du beurre (très) bon marché. Le vend-elle meilleur marché que nous? [fig.]: J'en suis quitte à bon marché.

faire bon marché de qc Les dictateurs font bon marché du sang des peuples (= ils n'y attachent guère de valeur).

marcher v. intr. [auxil. >avoir<]

1. (= se déplacer avec les pieds) Il avait toujours marché derrière moi. Les soldats marchèrent sur la route/dans la rue.

marcher à quatre pattes/à pas de géant/à pas de loup «Il prend envie de marcher à quatre pattes, quand on lit votre ouvrage.» (Voltaire)

marcher pieds nus En été, les enfants marchent pieds nus.

marcher sur les pas/sur les traces de qn Octave marcha sur les pas/sur les traces de César (= imita son exemple).

Expr.: *faire marcher qn* Il fait marcher (= Il trompe) ses parents en leur disant qu'il va au musée.

2. (= fonctionner) Ma montre ne marche pas bien. [fam.]: Ça marche? (= Ça va bien?) Ce bateau marche au mazout [source d'énergie]. Le camion marchait à 70 km à l'heure [vitesse].

marier v. tr.

marier qn à qn/avec qn Son père l'a marié à/avec la fille d'un de ses amis.

se marier à qn/avec qn Il se maria l'année suivante à/avec Françoise Lambert. Pierre se mariera à/avec ma sœur.

marquer v. tr.

marquer qc/qn Maman marque du linge. [sport]: L'ailier gauche a marqué (= réussi) un but. Mahé eut pour tâche de marquer l'ailier gauche de l'équipe anglaise (= de le serrer de près pour contrôler ses mouvements). .

Expr.: *marquer le coup* [volontairement] : Je l'ai puni pour marquer le coup (= pour montrer que je ne tolérais pas la faute). [involont.] : Pris à partie par l'orateur, il n'a pas marqué le coup (= il n'a pas perdu contenance).

marquer qc de qc Le professeur marque la faute d'une croix.

marquer qn de qc Le patron marque tous ses employés de son influence.

marquer que + *ind.* Le tréma marque que le mot *aiguë* se prononce [εgy].

se marquer L'inquiétude se marquait sur les visages.

marquer v. intr. Rien ne marque (= n'est remarquable) dans ce discours. Un ministre qui marque (= qui se distingue).

match n. m. [pl.: matchs ou matches]
Expr.: *faire match nul* Reims et Nîmes ont fait match nul (= il n'y a eu ni victoire ni défaite).

mathématiques n. f. pl. [abr.: maths] : Il est fort en maths. Les mathématiques pures [contr.: appliquées]. Les maths ont été de tout temps une matière fondamentale au lycée. [au sg.: théorie des ensembles regroupant aujourd'hui les sciences mathématiques] : Les *Eléments de Mathématique* de Bourbaki ont inspiré des méthodes nouvelles d'enseignement.

mathématique adj. les sciences mathématiques; une exactitude mathématique.

matière n. f. L'Italie manque de matières premières (= de charbon etc.). Les maths et le français sont des matières qu'on enseigne au lycée.

en matière de qc En matière de chirurgie, je ne saurais vous recommander meilleur manuel que le Lexer.

matière à + *nom* Il y a là matière à plainte (= Cela suffirait pour porter plainte).

matière à + *inf.* Il y a là matière à réfléchir.

Expr.: *donner matière à qc* [plus usité que *être matière à qc*] Cet article donne matière à réflexion.

la matière de qc «Il y avait là toute la matière d'un excellent devoir.» (M. Aymé)

matin n. m. (= date dans la journée; cf. **matinée**) Il est neuf heures du matin. Cet homme s'enivre dès le matin. Les matins sont froids.

loc. adv.
au (petit) matin J'allais me baigner au petit matin (= de bonne heure). Au matin de la vie [litt.], on méconnaît souvent la réalité.

de bon/de grand matin Dans ce métier, il faut se lever de bon/de grand matin (= être matinal).

[indéterminé] un matin; un beau matin; le matin (= tous les matins). Il travaille de préférence le matin.

[déterminé] ce matin (= aujourd'hui au matin); ce matin-là (= ce jour-là au matin). Je l'ai rencontré ce matin.

matin adv. Il se lève matin (= de bon matin). Il viendra demain/lundi matin. Les lundis matin(s).

matinée n. f. (= intervalle de temps de l'aube à midi; cf. **matin**) Les matinées sont courtes. Il a plu toute la matinée. Je vous verrai dans la matinée.

en matinée loc. adv. Nous irons voir cette pièce/ce film en matinée (= l'après-midi) [contr.: en soirée].

maudire v. tr. [nous maudissons; p.pa.: maudit, e]
maudire qn/qc Dieu maudit Caïn et sa descendance.

maudit, e p. adj. «Le Chasseur maudit» (C. Franck). Ce maudit (= sacré) garnement m'a volé mes allumettes.

mauvais, e adj. [en général avant le nom] Les mauvaises années. Mon frère a contracté une mauvaise habitude. «Route en mauvais état». Méphisto est le mauvais génie de Faust. Elle a fait une mauvaise chute sur le seuil de la porte.

[quelquefois après le nom] «Route mauvaise sur 3 km». [cf. APPENDICE § 15,2]

mauvais adv. Il fait mauvais. Ce poisson sent mauvais.

il fait mauvais [impers.] + *inf.* Il fait mauvais passer par là.

[degrés de signification: *mauvais* connaît les comparatifs *pire* et *plus mauvais* (*e*, *es*) et les superlatifs *le/la/les pire*(*s*) et *le/la/les plus mauvais* (*e*, *es*); les degrés formés à l'aide de *mauvais* désignent plutôt la médiocrité de l'objet, ceux formés avec *pire* les effets, la nocivité (morale) de la chose en question] Le devoir de Pierre est plus mauvais que les autres; c'est le plus mauvais de tous. Le remède est pire que le mal. Le pire de la situation actuelle, c'est le désordre qui semble régner chez beaucoup de jeunes gens.

mauvais n. m. Il y a du bon et du mauvais dans cet homme.

maximum n. m. [pl. en langage courant: les maximums; en langage scientifique: les maxima]

maximum adj. Cette maison vend toujours au prix maximum. Des températures maximums/maxima (ou: maximales).

méchant, e adj. [avant ou après le nom, au sens de: qui cherche à nuire]: une méchante personne; une personne méchante. [avertissement]: Chien méchant.

[avant le nom, au sens de *médiocre*] Voilà un méchant bouquin; il écrit de méchants vers.

méchant pour qn/avec qn un père méchant pour/avec ses enfants.

médecin n. m. [fém.: une femme médecin] Elle était médecin. Mme Renoir est un médecin excellent.

médiocre adj. [après le nom]: travail médiocre; un écrivain médiocre. [avant le nom, nuance péjorative]: un médiocre cuisinier; de médiocres ressources.

médire v. tr. indir. [2e pers. pl. ind. prés.: vous médisez]
médire de qn Il ne faut jamais médire de son prochain.

méditer v. tr.
méditer qc Il méditait (= préparait mentalement) une vengeance terrible.
méditer de + inf. Il méditait de se venger.
méditer v. intr. Le Penseur de Rodin médite.
méditer sur qc L'historien médite sur le passé. Les philosophes méditent sur la mort/sur les vicissitudes de la vie humaine.

se méfier v. pr.
se méfier de qn/qc Méfiez-vous des pickpockets. Ils se sont méfiés de leur inexpérience.
se méfier abs. Voilà le carrefour, méfie-toi.

meilleur, e adj. [comp. de *bon*] Le premier vin n'était pas bon, celui-ci est meilleur/bien meilleur. Je l'ai payé meilleur marché.
[épithète: avant le nom] Je voudrais un meilleur stylo.
[quelquefois après le nom] Nous luttons pour un monde meilleur/un avenir meilleur.
meilleur que + nom Ce vin est meilleur que le précédent. Le temps est meilleur que dimanche.
meilleur que + ne + ind. Il est meilleur qu'il ne (le) paraît.
• *meilleur* et *bon :* On ne dit pas *plus bon*. Exceptions:
1. [on compare deux qualités] Il est plus bon que juste.
2. [un verbe entre *plus* et *bon*] Plus je suis bon, plus tu en profites.
3. [loc. adv.: *plus ou moins*] C'est plus ou moins bon.
4. [adj. composé: *bon vivant, bon enfant*] Il est plus bon vivant que son frère.
le meilleur, la meilleure [superlatif de *bon*] Donnez-moi le meilleur vin. C'est ma meilleure amie. Il veut toujours être le meilleur. Je vous adresse mes meilleurs vœux (ou bien: mes vœux les meilleurs).
le meilleur/la meilleure de + nom C'est le meilleur de nos crus. C'est le meilleur du département. Elle est la meilleure des danseuses.
le meilleur/la meilleure que [prop. relative] + *ind.* (*ou subj.*) C'est le

meilleur/la meilleure que nous avons (ou bien: ayons). Mais: C'est le meilleur qui l'emportera (= le meilleur l'emportera).

[emploi neutre] Il a mis dans ce roman le meilleur de lui-même.

le meilleur est (sera etc.) de + inf. Le meilleur (ou: le mieux) serait d'attendre.

mêler v. tr.

mêler qc Il faut mêler les cartes.

mêler qc et qc Il a mêlé les bons et les mauvais numéros.

mêler qc/qn à qc Malheureusement il a mêlé la vérité au mensonge/les bons aux mauvais numéros. Il a été mêlé à ce scandale. Ne mêlez pas ma femme à ce scandale.

mêler qc avec qc Il mêlait la danse avec la musique.

mêler qc de + nom Il mêle son vin d'eau. Il mêlait son récit de vers.

se mêler Les dates se mêlent dans ma mémoire.

se mêler à qc Il se mêle à toutes les conversations.

se mêler de qc Il se mêle de nos affaires. De quoi vous mêlez-vous? (= Vous êtes indiscret). Ne vous en mêlez pas.

se mêler de + inf. Il se mêle de corriger tout le monde.

même

1. adj. et pron. indéf.

[avant le nom, *même* indique l'identité] Une même cause produit les mêmes effets. Nous sommes arrivés au même instant/en même temps. Elle est toujours la même.

le/la même... que Il va à la même école que moi. Il est resté le même qu'autrefois. Il est resté à la même place que (ou: où) je l'avais mis. J'ai répondu du même ton que (ou: dont) tu m'avais parlé.

[emploi neutre] Cela revient au même.

[après le nom, *même* sert à renforcer] Le Président même assistera à l'inauguration. Cet homme est l'honnêteté même. On m'a rapporté ses paroles mêmes (= ce qu'il disait lui-même).

[après un pron. pers., avec trait d'union] moi-même; lui-même; nous-mêmes; eux-mêmes. Elle me l'a dit elle-même. Elle me l'a dit à moi-même.

de moi-même etc. loc. adv. Il s'est remis de lui-même au travail (= sans qu'on l'y invite).

2. adv.

[pour renchérir, devant un nom ou un pron., un adj. ou un part., un adv., une prép. ou une conj.] Tous, même les enfants, furent tués. Même les savants se trompent quelquefois. Même prévenus, ils ont été surpris du changement.

même adv. ou adj. Les savants même(s) peuvent se tromper.

même si... Il refusera, même si vous lui offrez le double.

même quand... Il pêche, même quand il pleut.

quand même + *cond.* Il refusera, quand même vous lui offririez le double.

quand même [fam.] loc. adv. Je l'aime quand même.

à même + *art.* + *nom* loc. adv. Il dormait à même le plancher (= directement sur le plancher). Il buvait à même la bouteille.

à même de + *inf.* Je ne suis pas à même (= pas en mesure) de livrer la commande.

de même loc. adv. Je me tais, faites de même.

tout de même loc. adv. Je l'aime tout de même (= pourtant).

de même que loc. conj. Le voleur fut arrêté de même que (= ainsi que) ses complices.

mémoire n. f. (= faculté de se souvenir) Il a une bonne mémoire/beaucoup de mémoire.

la mémoire de qc/de qn Il a perdu la mémoire de cet événement/de son ami.

de mémoire loc. adv. Il cita le texte de mémoire (= sans s'y reporter).

de mémoire de qn De mémoire de pêcheur, on n'a jamais vu tant de poisson.

en mémoire de qc/qn Je conserve ce menu en mémoire de notre agréable rencontre. Elle conserve ces fleurs séchées en mémoire du jeune homme disparu (= parce qu'elle s'en souvient).

à la mémoire de qn Je fais cette donation à la mémoire de mon père (= pour honorer sa mémoire).

mémoire n. m. (= dissertation scientifique) Il va présenter son mémoire à l'Académie. Les *Mémoires de Guerre* du général de Gaulle comprennent trois volumes.

menacer v. tr.

menacer qn Il alla jusqu'à menacer sa propre famille.

Expr.: *menacer ruine* Le mur menace ruine.

menacer qn de qc/avec qc Il m'a menacé du poing/avec le poing.

menacer qn de qc Il m'a menacé de mort/de représailles.

menacer qn de + *inf.* Le patron a menacé cet ouvrier de le renvoyer sur-le-champ.

menacer de + *inf.* Les oraux menacent de s'étendre sur dix jours.

ménager v. tr.

ménager qc/qn Il devrait ménager son argent. Pétain avait la réputation de ménager ses soldats. Cet homme d'Etat tenait à ménager l'adversaire vaincu.

ménager qc à qn Je ménage (= Je réserve) une surprise à ma mère.

se ménager Cette chanteuse s'est beaucoup ménagée pendant le premier tableau.

se ménager qc Elle s'est ménagé (= Elle s'est assuré par avance) une vieillesse indépendante.

mener v. tr.

mener [objet: personne ou animal] La mère mène son enfant chez le dentiste/à l'école/dans la cour. La tante Henriette nous menait par la main. La jeune fille mena les vaches à l'abreuvoir. Le Dr X mena l'équipe allemande. A soixante-dix-huit ans, son père mène (= dirige) encore son entreprise.

mener qn + inf. Il nous a mené (ou: menés) voir les singes.

mener qc [objet abstrait] Nous menons une affaire/une campagne/ une partie.

Expr.: *mener de front plusieurs activités* Il mena de front trois tâches (= Il s'y attaqua simultanément).

mener une vie + adj. Nous menons une vie agréable.

mener la vie dure à qn Ce surveillant nous menait la vie dure (= Il nous traitait rudement).

mener qn par le bout du nez Celle-là! Elle mène son mari par le bout du nez (= Elle lui fait accepter tous ses caprices).

mener qc à qc Je tiens à mener ce travail à bonne fin (ou: à bien).

mener abs. Tous les chemins mènent à Rome [prov.]. Après le double, l'Angleterre mène (= a l'avantage) 2 à 1 (ou bien: par 2 à 1).

mentir v. intr. Tu n'as pas honte de mentir?

Expr.: *mentir comme un arracheur de dents* Son fils ment comme un arracheur de dents (= effrontément).

mentir à qn Pourquoi lui as-tu menti?

se mentir En faisant retomber la faute sur ses professeurs, elle s'est menti à elle-même.

se méprendre v. pr.

se méprendre sur qc «On risque de se méprendre totalement sur les faits.» (Brunot)

Expr.: *à s'y méprendre* Il ressemble à son père à s'y méprendre (= à s'y tromper).

mépris n. m. Il n'a que du mépris pour moi.

le mépris de qc Le mépris du danger. Ces jeunes gens se distinguent par le mépris des convenances.

au mépris de qc loc. prép. Napoléon se couronna lui-même, au mépris de la tradition.

mépriser v. tr.

mépriser qn/qc On méprise les traîtres. Je méprise vos insultes.

mépriser qn de + inf. Je te méprise de nous avoir menti.

merci n. f. [(= grâce, pardon) conservé dans:] une lutte sans merci (= sans pitié).

à la merci de qn/de qc Le contrôleur nous tient à sa merci. Nous sommes à la merci d'une tempête.

merci n. m. (= formule de remerciement) Merci, Monsieur. Merci bien, merci beaucoup. Un grand merci. Mille mercis! Il n'a pas dit merci. Dieu merci (= Heureusement), la corde n'a pas cédé.
merci de qc/pour qc Merci de/pour votre aide.
merci de + inf. Merci de m'avoir aidé.

mérite n. m. «Ce qui était mérite une année était crime l'année suivante.» (Gaxotte)
avoir le mérite de + inf. Il a le mérite d'avoir sauvé la vie de beaucoup de personnes.
avoir du mérite/beaucoup de mérite à + inf. Vous avez beaucoup de mérite à vous occuper des vieux et des malades.

mériter v. tr.
mériter qc/qn Je le punirai comme il le mérite. Vu son inexpérience, l'accusé mérite des circonstances atténuantes. Au dire de Bernard Shaw, l'Angleterre ne mériterait pas ses grands hommes.
mériter de + inf. Ce livre mérite d'être lu.
mériter que + subj. Il mérite qu'on fasse quelque chose pour lui.
Expr.: *bien mériter de qn/de qc* Vous avez bien mérité de votre patrie.

mesure n. f.
1. (= appréciation d'une quantité) L'horloge sert à la mesure du temps. Dès sa jeunesse, Mozart donna la mesure de son génie. Le confiseur t'a fait bonne mesure (= Il t'a bien servi). Le tailleur a pris mes mesures.
à la mesure de qc Son talent n'est pas à la mesure de ses prétentions.
dans la mesure de qc Je vous aiderai dans la mesure de mes moyens/du possible.
dans la mesure où + ind. Les vendeuses bavardent dans la mesure où leur travail le leur permet.
sans mesure loc. adv. Il se glorifie sans mesure de son succès.
sur mesure loc. adv. Je me suis fait faire un complet sur mesure (= spécialement pour moi).
2. (= décision) Le condamné espère une mesure de grâce. Le gouvernement a pris des mesures de stabilisation des prix.
3. (= cadence) Le chef d'orchestre bat la mesure. Dansez en mesure.
Expr.: *être en mesure de + inf.* Je ne suis pas en mesure de vous répondre.
à mesure que + ind. loc. conj. Il recule à mesure que j'avance.
au fur et à mesure que + ind. loc. conj. Il recule au fur et à mesure que j'avance.

mesurer v. tr.
mesurer qc L'officier mesure la distance entre les deux points. Un homme d'Etat doit mesurer ses paroles. Là-dessus seulement nous avons mesuré toute l'étendue du malheur.

mesurer qc à qc Le juge doit mesurer l'amende au délit/la punition à la faute.

mesurer qc à qn Les gardes mesurent l'eau aux prisonniers (= Ils la donnent chichement).

mesurer v. intr. Mon cousin mesure quelque deux mètres.

se mesurer Les deux adversaires se mesurent du regard.

se mesurer avec qn Les frères Horace se sont mesurés avec les Curiace.

métier n. m.

1. (= profession) Il a appris le métier de tailleur. Il exerce le métier de forgeron. Il est charpentier de son métier.

Expr.: *avoir du métier/manquer de métier* Cet artiste manque un peu de métier (= de pratique).

2. (= machine à tisser) un métier à dentelle/à tisser.

mettre v. tr.

mettre qc Mets (= Pose) cela ici. Mettez le livre sur la table/un bouchon sur la bouteille/la pièce dans votre poche. [partie du corps]: Il mit les bras en l'air/les mains sur les hanches/le pied à l'étrier/son nez partout. [fig.]: Mets ça dans ta tête. Ah, Monsieur va mettre un chapeau neuf/une cravate élégante. Tu serais gentille de mettre le couvert.

mettre qc/qn à + art. + nom Il faudrait mettre le beurre au frais/la casserole au feu/les provisions au panier. Vous mettrez les enfants au lit. Elle m'a mis au monde (= C'est ma mère). Je vais le mettre à l'épreuve. Le sculpteur a mis la dernière main à son travail.

Expr.: *mettre la main à la pâte* (= participer activement à un travail) Avez-vous mis la main à la pâte?

mettre qc/qn en qc C'est dans cette cave qu'on met le vin en bouteille. Mettre en boîte des sardines. Mettre en sac des pommes de terre. Doucement! Vous allez me mettre en colère. Hier, on l'a mis en terre (= on l'a enterré).

mettre qc à + inf. Elle a mis du linge à sécher (ou bien: mis sécher du linge).

mettre + nom de qualité + à qc J'ai mis du soin à ce devoir.

mettre + nom de qualité + à + inf. J'ai mis du soin à faire ce devoir.

mettre un certain temps à/pour + inf. Il a mis quatre heures à/pour rédiger ce rapport.

Mettons que + subj. Mettons (= Admettons) que tu sois malade, qui fera le ménage?

se mettre Mettez-vous là.

se mettre à qc Alors, on va se mettre au travail?

se mettre à + inf. Il se mit (= Il commença) à nettoyer la pièce. [impers.]: Il se mit à pleuvoir.

se mettre en qc Il se met facilement en colère. Une minute, je vais me mettre en robe.

se mettre qc en tête Il s'est mis ce mariage en tête.

se mettre en tête de + inf. Elle s'est mis en tête de m'apprendre à conduire.

Expr.: *se mettre en quatre* Elle s'est mise en quatre (= Elle a fait tout son possible) pour nous recevoir.

se mettre bien avec qn Mets-toi bien avec les brutes.

meurtre n. m.
le meurtre de qn Le meurtre de ce nouveau-né est odieux.

mi- préfix invar. (= à demi) [avant un nom] la mi-août (la Fête de l'Assomption); la mi-septembre; la mi-temps (= milieu d'un match); la deuxième mi-temps; un tissu mi-fil/mi-coton.
[loc. adv.] à mi-chemin; à mi-côte; à mi-voix; à mi-corps. Il est entré dans la rivière jusqu'à mi-corps.
[avant une prép.] Nous étions assis mi à l'ombre, mi au soleil.
[avant un adj. ou part.] mi-triste; mi-gai; les yeux mi-clos.

midi n. m.
1. (= douze heures) Il est midi/midi précis/midi et demi (ou bien: midi et demie). Papa viendra à midi/sur le coup de midi. Le repas de midi. Nous avons mangé au restaurant ce midi (= aujourd'hui à midi).
2. (= sud) La chambre est exposée au midi. Il s'est retiré dans le midi de la France (ou, absolument: dans le Midi).

mieux adv. [comp. de *bien*] Le malade va mieux. [attr.]: Je te trouve mieux avec cette robe.
mieux que qn/qc Cette voiture grimpe mieux que les autres.
Expr.: Tant mieux! cf. **tant.**
mieux que + ne + ind. Il va mieux que je ne (le) croyais.
d'autant mieux (cf. **autant**) Buvez moins, vous vous porterez d'autant mieux.
d'autant mieux que + ind. Il se porte d'autant mieux qu'il ne boit plus.
de mieux en mieux Je me porte de mieux en mieux.
à qui mieux mieux [après un pl.] Les enfants maraudaient à qui mieux mieux (= tous plus les uns que les autres).
le mieux [superlatif] De toutes les voitures, c'est celle qui grimpe le mieux. Il travaille le mieux possible.
de mon/ton/son, etc. mieux Il fait de son mieux.
le mieux que + ind. Il travaille le (ou: du) mieux qu'il peut.
au mieux Les choses vont au mieux.
être au mieux avec qn Il est au mieux avec la Comtesse.
des mieux loc. adj. Ce tableau n'est pas des mieux.

pour le mieux «Tout est pour le mieux dans le meilleur des mondes.» (Voltaire)

le mieux est/sera etc. de + *inf.* Le mieux est de ne pas lui parler.

le mieux est que + *subj.* Le mieux est que tu ne lui dises rien.

le mieux n. m. Le mieux est quelquefois l'ennemi du bien. Le médecin a constaté un léger mieux. Il y a du mieux depuis hier.

milieu n. m.

1. (= milieu entre deux points, deux extrémités)
au (beau) milieu de/en plein milieu de qc loc. prép. Elle était assise au milieu de ses enfants. C'était au milieu de la nuit (ou: au beau milieu/en plein milieu de ...).

2. (= entourage, groupe) Elevé dans un milieu crapuleux, il y acquit le goût du crime. Les milieux bien informés démentent la nouvelle.

mille mot numéral invar. Deux mille. Tous les mille ans. Je ne gagne pas des mille et des cents.

• Dans les dates, *mille* (non multiplié) peut être écrit *mil*: L'an mil neuf cent soixante-dix.

mille n. m. [mesure marine, 1852 m]: à cinquante milles de la côte. [mesure anglaise de 1609 m, parfois écrite à l'anglaise *mile*]: Il roulait à cinquante milles à l'heure.

milliard n. m. deux milliards de francs.

million n. m. deux millions de francs.

mine n. f. [sans art.] Vous avez bonne/mauvaise mine.
[avec art.] Elle a une mine joyeuse/maussade. La voilà qui a la mine souriante. Un garçon à la mine intelligente.
Expr.: *faire grise mine à qn* Il leur faisait grise mine (= Il les accueillait froidement).

faire triste mine à qn Maman nous faisait triste mine (= Elle nous montrait son ennui, sa déception).

ne pas payer de mine Nous avons couché dans un hôtel qui ne payait pas de mine (= qui n'inspirait pas confiance).

faire mine de + *inf.* Il fit mine de nous suivre.

mineur, e adj. [après le nom] A la mort du père, les enfants mineurs furent placés sous la tutelle de leur oncle. Les artistes mineurs de l'époque.

minimum n. m. [pl. en langage courant]: les minimums. [pl. en langage scientifique]: les minima.

minimum adj. Cette maison vend toujours au prix minimum. Des températures minimums/minima (ou: minimales).

minorité n. f. [accord du verbe]:
[normalement sg.] La minorité se désiste en faveur du parti du Centre.

[plutôt le pl. avec un compl.] «Une minorité de sujets doués parviennent à surmonter les difficultés.» (P.-F. Lacroix) [cf. APPEN-
DICE § 6]

mise n. f. Le pantalon n'est pas une mise (= un costume) convenable pour une mariée. J'ai juste réussi à sauver la mise (= somme
risquée dans un jeu).

mise à + *art.* + *nom* Ce fonctionnaire a demandé sa mise à la retraite. La mise à l'écran de ce roman ne s'imposait pas.

mise en + *nom* La mise en bouteilles est une opération délicate. Cet
article n'est pas bien présenté, je propose donc une mise en ordre. Ma
femme s'est fait faire une mise en plis (chez le coiffeur).

Expr.: *être de mise* Il est de mise (= opportun) de se taire quand le
patron parle. «Le patriotisme n'est plus de mise à Paris.» (Soustelle)

mi-temps n. f. cf. **mi-**.

mode n. m. (= manière, méthode) Un mode de transport moderne.
Un mode d'emploi. Je veux changer de mode d'existence. [en gram-
maire]: Le verbe français connaît nombre de modes: l'indicatif, le
subjonctif, l'infinitif, etc.

mode n. f. (= usage momentanément répandu) C'est la mode. Cet
article est (très) à la mode. Un journal de mode.

c'est la mode/il est de mode de + *inf.* Aujourd'hui, c'est la mode/il est
de mode de voyager beaucoup.

modèle n. m. Celui qui commande doit être le modèle de tous les
autres.

prendre modèle sur qn/prendre qn pour modèle Prenez modèle sur votre
camarade/Prenez votre camarade pour modèle.

modèle adj. Voilà un appartement modèle (= comme il faut).

modeler v. tr.

modeler qc L'artiste a modelé le buste en argile.

modeler qc sur qc Vous avez bien fait de modeler votre conduite sur
celle de vos camarades.

se modeler sur qn/sur qc Il ne faut pas se modeler sur les héros de roman.
Mon frère s'est modelé sur les goûts de sa femme.

mœurs n. f. pl. (prononciation [mœrs] ou, plus recherché, [mœr])
les bonnes/mauvaises mœurs.

Expr.: *certificat de bonne vie et mœurs* Pour obtenir la permission d'immi-
grer, il lui faut aussi un certificat de bonne vie et mœurs.

moi pron. pers. tonique
1. après un impératif
[objet direct]: Regardez-moi. [compl. indir. (= à moi)]: Donnez-
le-moi. Ne me le donnez pas. [cf. APPENDICE § 14]
[emploi expressif]: Allons, range-moi tes affaires en vitesse.

2. en apposition à *je* ou *me :* Moi, je lui parlerai. Tu me connais, moi.
3. après une prép. Il est sorti avec moi. Ce livre est à moi. Il m'a parlé, à moi.
4. employé comme nom : «L'intuition nous permet de saisir notre moi qui dure.» (Bergson)

moindre adj. [comp. de *petit* dans certaines expr. : placé en général avant le nom] Dans ce magasin, vous trouverez les mêmes articles pour une moindre somme (ou : une somme moindre). Une zone de moindre population/de moindre densité.

le/la/mon etc. moindre [superlatif, placé avant le nom] Le moindre bruit effraie un lièvre. Je n'ai pas la moindre envie de l'écouter. C'est un gangster, et non des moindres. Au moindre bruit, il s'enfuit. Il obéit à mes moindres désirs.

• *le moindre* signifie ‹le plus petit imaginable›. Il faut donc dire : De ces trois voitures, la mienne est la plus petite (et non : la moindre).

moins [*moins* fait liaison s'il modifie le degré du mot qui suit : Pierre est moins intelligent que son frère (liaison obligatoire). Il ne fait pas liaison s'il se rapporte à ce qui précède, comme chaque fois qu'on emploie *au moins, du moins* ou bien *ne . . . pas moins :* «La Bastille, pour être une vieille forteresse, n'en était pas moins imprenable.» (Michelet)]

1. signe mathématique : Quatre moins deux égale deux. Il est élu à l'unanimité moins deux voix.

de moins Il a quatre voix de moins.

en moins [après soustraction] Au second tour, il eut quatre voix en moins.

2. adv. de quantité

A. COMPARATIF [compl. de verbe, d'adj., d'adv.] Travaillez moins. Il est moins grand. Venez moins tard.

[modifié] bien moins grand ; beaucoup moins grand ; encore moins grand ; tellement moins grand ; trois fois moins grand.

[avec nég.] Il n'est pas moins grand.

ne + en + verbe + pas + moins [en proposition indépendante ou principale] «La Bastille, pour être une vieille forteresse, n'en était pas moins imprenable . . .» (Michelet). Il peut venter ou pleuvoir, je n'en sortirai pas moins.

moins de + nom Cela vous donnera moins de mal. Vous aurez moins de difficultés. «Film interdit aux moins de 16 ans».

moins + adj. + que + nom ou pron. Il est moins grand que Paul/moi.

moins que rien Cette égratignure est moins que rien ; dans trois jours, il n'y paraîtra plus.

moins + adj. + que + adj. Il est moins grand que gros.

moins + *adj.* + *que* + *ne* (+ *le*) + *ind.* Il est moins grand que je ne (le) pensais.

de moins en moins/plus ou moins/ni plus ni moins loc. adv. Il était plus ou moins content. Il n'est ni plus ni moins grand que moi.

d'autant moins loc. adv. Si vous êtes pauvre, on vous prêtera d'autant moins.

à moins loc. adv. Ce tableau vaut 15.000 F, vous ne l'aurez pas à moins.

à moins de + *nom* loc. prép. Il ne manque jamais, à moins de maladie.

à moins de + *inf.* loc. prép. Il ne manque jamais, à moins d'être malade.

d'autant moins que + *ind.* loc. conj. Je vous oublie d'autant moins que vous me devez de l'argent.

à moins que (+ *ne*) + *subj.* loc. conj. Il ne fera rien à moins que vous (ne) l'ordonniez.

moins/plus . . ., (et) moins/(et) plus . . . Moins tu en fais, (et) moins tu es payé. Moins tu travailles, (et) plus tu risques de te faire mettre à la porte.

B. SUPERLATIF

le moins adv. [invar.] C'est elle qui travaille le moins.

le moins + *adv.* C'est elle qui travaille le moins bien.

le/la/les moins + *adj.* [superlatif d'infériorité de l'adj.] La moins bonne moyenne/La moyenne la moins bonne. Vous êtes les moins favorisés.

le (la, les) moins (+ *adv./adj.*) *de* + *nom ou pron.* Celle qui travaille le moins (bien) de mes filles; la moins rapide de toutes. Les moins favorisés de (ou: d'entre) nous.

le moins (+ *adv.*) *que* + *ind. ou subj.* Elle travaille le moins (mal) qu'elle peut. C'est le moins qu'on puisse dire.

le/la/les moins + *adj.* + *que* + *ind. ou subj.* la moins grande que nous avons/ayons.

le (la, les) moins (+ *adv./adj.*) + *possible* [invar.] Elles travaillent le moins possible. Achète les fruits le moins cher [adv.] possible. Achète les fruits les moins chers [adj.] possible.

• Distinguer: Ce débitant a les vins les moins bons de la ville [comparaison entre différents vins]. C'est en 1968 que ces vins ont été le moins bons [comparaison entre les qualités successives d'un même cru].

loc. adv.

au moins (souvent + *numéral*) Ce garçon doit avoir au moins 12 ans. Cette boîte contient au moins trois litres. Aujourd'hui nous allons pousser au moins jusqu'au Havre.

du moins Le maître était savant; du moins, nous le pensions (= en tout cas, nous le pensions, qu'il le fût ou non).

du moins + verbe + sujet Le maître était savant; du moins le pensions-nous. [cf. APPENDICE § 14]

tout au moins même sens dans la langue familière.

moitié n. f. La seconde moitié d'une période. [accord]: La moitié des candidats ont été refusés (ou bien: a été refusée). [cf. APPENDICE § 6, 1]

moitié + nom, moitié + nom Le centaure était un être fabuleux, moitié homme, moitié cheval.

à moitié + p. pa. ou adj. La voiture était à moitié détruite. Il est à moitié fou.

(à) moitié prix loc. adv. Je l'aurai à moitié prix. «D'autres Français avaient trouvé la même chose pour moitié prix.» (Daninos)

Expr.: *faire moitié-moitié* [fam.] Faisons moitié-moitié (= Prenons chacun la moitié).

Expr.: *être pour moitié dans qc* Je suis pour moitié dans sa décision (= Je l'ai conseillé).

moment n. m. L'art de l'homme d'Etat, c'est de choisir le bon moment.

loc. adv.

à ce moment A ce moment (= Alors), il entendit un grand bruit.

à tout moment/à tous moments A tout moment (ou bien: A tous moments), il arrivait de nouveaux télégrammes.

en ce moment Je n'ai pas le temps en ce moment (= maintenant).

par moments Par moments (= Quelquefois) je me demande si j'ai bien fait.

pour le moment C'est tout pour le moment.

au moment de + inf. Au moment de descendre de l'avion, il fut pris d'un terrible vertige (= quelques instants *avant* de descendre).

● Ne pas confondre cette construction avec:

au moment où + ind. Ses amis l'acclamaient au moment où il descendit de l'avion (= *pendant* qu'il descendait). Au moment où mon père arrivera, je lui parlerai de vous.

du moment que + ind. Du moment qu'il (= Puisqu'il) refuse, il n'y a plus rien à faire.

monde n. m.

1. (= le globe, les cinq continents)

Le journal *Le Monde* est lu et apprécié dans le monde entier. Le nouveau monde (= l'Amérique). Des mondes séparent ces deux écrivains qui pourtant sont des contemporains.

Expr.: *dans le monde entier/dans ce bas monde/dans l'autre monde* (= au ciel) *être de ce monde* Grand-père est encore de ce monde.

mettre qn au monde Vous n'avez pas honte de parler ainsi à la femme qui vous a mis au monde?

pour rien au monde Je n'aurais accepté pour rien au monde.
superlatif + du monde Il se porte le mieux du monde.

2. (= gens, société) Il y a du monde chez vous ce soir (= des invités)?
beaucoup de monde Il y avait beaucoup de monde (plus fort: un monde fou) au théâtre hier.
tout le monde Tout le monde n'a pas les mêmes goûts. Tout le monde n'était pas là.

monsieur n. m. [pl.: messieurs (abr.: sg. M., pl. MM.)] Un monsieur est venu pour le gaz. Monsieur est sorti. Ces messieurs sont sortis. Ces messieurs les avocats, les chasseurs, etc. Monsieur le Président. Monsieur et cher docteur/et cher collègue.
– Oui, Monsieur. [en bon français, ne pas ajouter le nom de famille]

monter v. intr. [sens conclusif: auxil. >être<; cf. APPENDICE § 1–2] Il est monté dans sa chambre. Le vin lui est monté à la tête. Il est monté en grade. Nous sommes montés en bateau.
[sens continu: aux. >avoir<] La Seine a monté de plusieurs centimètres. Les prix ont monté. [alpinisme]: Nous avons monté pendant deux heures.
monter + inf. Elle est montée se coucher.

monter v. tr. [auxil. >avoir<]
monter qc J'ai monté l'escalier en courant. J'ai monté la tente. Je n'ai jamais monté ce cheval. Le chasseur a déjà monté vos bagages.
monter qc à qn Je vais vous monter vos bagages, monsieur.
monter qn contre qn Sa mère l'a monté contre moi.
Expr.: *monter la tête à qn* Sa mère lui a encore monté la tête contre moi (= l'a excité contre moi).
se monter à + indication du prix Les dégâts se monteraient à plusieurs millions.
Expr.: *se monter la tête* [fam.] Réprimandé par son chef, il s'est monté la tête (= il s'est échauffé la tête/l'imagination) et a voulu se venger.

montrer v. tr.
montrer qc/qn Montrez votre passeport. Jésus montra Judas.
montrer qn/qc à qn Montrez-moi la personne dont vous parliez.
montrer à qn à + inf. Il lui a montré à jouer de la guitare.
montrer à qn que + ind. On lui a montré qu'il avait tort. [pour le mode dans une phrase nég. ou interr., cf. APPENDICE § 11]
se montrer + attr. Il s'est montré très humain/bon prophète.

se moquer v. pr., tr. indir.
se moquer de qn/de qc Qui est cet impertinent qui se moque de vous? Elle s'est moquée de moi. On se moque du bon sens en disant que …
se moquer de + inf. Il se moque de tromper (= Il ne se fait pas scrupule de) ses employés si ça fait son affaire.

mordre v. tr.

mordre qn/qc Un serpent l'a mordu. La scie mordait l'aluminium.

mordre qc à qn Un chien lui a mordu la main.

mordu p.pa. Ce jeune homme est très mordu (= épris).

[employé comme nom] les mordus (= les fanatiques) du sport/de la télévision.

mordre abs. L'ancre ne mord pas (= ne trouve pas de prise) dans la boue.

mordre v. tr. indir. et intr.

mordre à qc Un poisson a mordu à l'hameçon. Ce garçon ne mord pas aux mathématiques (= il n'y comprend rien).

mordre dans qc La petite mordait goulûment dans la pomme.

mordre sur qn/sur qc «La mode ne mordait pas sur elles (= n'avait pas prise) car elles étaient à l'échelle de tous les temps.» (Paul Morand) Les illustrations mordent quelquefois sur le texte (= le débordent).

se mordre qc Elle se mordait les lèvres pour ne pas rire.

Expr.: *se mordre les doigts de* + *inf. passé* (= regretter) Je me mords les doigts d'avoir consulté ce médecin.

mort n. f. Rester inaperçu, c'était une question de vie ou de mort pour le fugitif.

à mort loc. adv. Il est blessé à mort.

Expr.: *en vouloir à qn à mort* Les matelots de Colomb lui en voulaient à mort (= le détestaient tellement qu'ils souhaitaient sa mort).

à mort + *nom de personne* [exclam.] A mort Louis XVI! A mort le prof de maths!

être entre la vie et la mort Le malade fut longtemps entre la vie et la mort.

Expr.: *être à l'article de la mort* Le passage où le Père Goriot est à l'article de la mort est l'un des plus puissants dans l'œuvre de Balzac.

mort n. m. Les généraux grecs furent condamnés pour ne pas avoir recueilli les morts.

Expr.: *faire le mort* Pour ne pas être achevé, le blessé fit le mort.

mortel,le adj. [génér. après le nom] une blessure/maladie mortelle; un ennemi mortel (= qui souhaite votre mort); un péché mortel [contr.: péché véniel, religion catholique]. [av. le nom] un mortel ennui/ennemi [cf. APPENDICE § 15].

mortel pour qn Cette blessure est mortelle pour un hémophile.

mortel n. m. les mortels = les hommes.

Expr.: *le commun des mortels* Le commun des mortels a du mal à comprendre ces subtilités savantes.

mot n. m. Une fois arrivé là-bas, envoyez-moi un petit mot.

Expr.: *ne souffler mot* Personne ne souffla mot (= Tous gardèrent un silence absolu).

Expr.: *se donner le mot pour* + *inf.* Les deux syndicalistes se donnèrent le mot pour empêcher toute solution (= se mirent d'accord à l'avance).

Expr.: *prendre qn au mot* Evidemment, je n'ai pas manqué de prendre le patron au mot (= d'accepter vite sa proposition inconsidérée).

mot à mot loc. adv. et adj. Ne traduisez pas mot à mot. C'est une traduction mot à mot.

mot pour mot loc. adv. Il répéta mot pour mot notre conversation.

en un mot loc. adv. En un mot (= Brièvement), j'ai refusé.

au bas mot loc. adv. Ce tableau vaut au bas mot (= au moins, en évaluant au plus bas) trente mille francs.

Expr.: *ne pas mâcher ses mots* Vous pouvez être sûr que je ne vais pas mâcher mes mots (= que je vais parler sans ménagement).

Expr.: *se payer de mots* Tartarin de Tarascon aime se payer de mots (= se satisfaire de mots sans passer aux actes).

mou, mol, molle adj.

mou(s) [toujours après le nom] un corps mou; un oreiller mou; des corps mous.

mol [toujours avant un nom m. à initiale vocalique] un mol oreiller.

molle(s) [avant ou après le nom] une molle résistance; une résistance molle. [cf. APPENDICE § 15]

mourir v. intr. [auxil. >être<; futur: je mourrai] André Chénier est mort jeune.

mourir de + *nom* Il mourra de vieillesse. Ces oiseaux peuvent mourir d'amour.

mourir de + *art.* + *nom* Mon cousin est mort de la fièvre jaune.

se mourir [litt.; disparu en français commun] «Madame se meurt. Madame est morte.» (Bossuet)

mousse 1. n. f. Les mousses (= petites plantes) couvrent le sol des toundras. [pop.] Se faire de la mousse (= du souci).

mousse 2. n. m. On ne met pas un mousse (= apprenti marin) à la barre.

moyen n. m. Le taxi est un moyen de transport coûteux. Je ne prends pas de taxi, je n'ai pas les moyens (= c'est trop cher pour moi). Cet élève perd ses moyens à l'oral (= ne sait pas faire usage de ses dons). Je veux arriver par mes propres moyens.

le moyen de + *inf.* J'ai trouvé le moyen de m'évader (= Je sais comment m'y prendre).

Expr.: *trouver moyen de* + *inf.* Le prisonnier a trouvé moyen de s'évader (= Il s'est évadé contre notre attente).

Il n'y a pas moyen de + *inf.* Il n'y a pas moyen de s'évader (= il est impossible).

au moyen de qc loc. prép. Il s'est évadé au moyen d'une corde.

moyen, moyenne adj. [avant le nom dans quelques loc.] le moyen-âge (ou: moyen âge); le moyen français (XIVe et XVe siècles); une moyenne entreprise.
[après le nom] le niveau moyen; une intelligence moyenne (= médiocre); les classes moyennes; le Français moyen (= M. Dupont). Le Jura n'est qu'une montagne moyenne dont l'altitude ne dépasse pas 1723 mètres.

moyenne n. f. Nous avons maintenu une moyenne de 90 à l'heure jusqu'à Orléans. Pour passer dans la classe supérieure, il faut une moyenne de dix.

en moyenne loc. adv. Je visite en moyenne quinze clients par jour.

muer v. intr. [auxil. >avoir<] Les serpents muent. Sa voix a mué.
se muer en + nom Ma surprise s'est muée (= s'est changée) en épouvante.

multiplier v. tr.
multiplier qc Trois multiplié par deux égale six. [fig.]: Le gouvernement a multiplié ses efforts pour arrêter l'inflation menaçante.

se multiplier Récemment, les attentats se sont multipliés.

munir v. tr.
munir qn/qc de qc Nous l'avons muni de provisions pour la route. Le pont est enfin muni de parapets.

se munir de qc Je me suis muni de devises.

mûr, mûre adj. [en général après le nom] Des fruits mûrs. Un homme mûr. Mais: Après mûre réflexion, j'accepte.
mûr pour qc Le voilà mûr pour (= prêt à accepter) la réconciliation.

mûrir v. intr. [auxil. >avoir<] Cette année, grâce au temps merveilleux, les fruits ont bien mûri.
mûrir v. tr.
mûrir qc/qn Avant d'agir, le malheureux avait longtemps mûri (= médité, préparé) son projet. Le malheur l'a mûri.

N

nage n. f. la nage sur le dos.
à la nage loc. adv. passer/traverser un fleuve à la nage.
en nage loc. adj. Les chevaux étaient en nage (= couverts de sueur).

naître v. intr. Innocent comme l'agneau qui vient de naître. Jeanne d'Arc naquit à Domremy.

naître de qn/de qc «Je suis né à Genève, en 1712, d'Isaac Rousseau.» (J.J.Rousseau) Il est né d'un second mariage. Une guerre peut naître de la peur.

naître à qc Après son sauvetage inespéré, il naquit à une vie nouvelle. Expr.: Je ne suis pas né d'hier (= On ne me trompe pas facilement). Je l'ai vu naître (= Je suis né avant lui). Il est né de la dernière pluie (= Il est innocent et ignorant comme un nouveau-né).

naître + attr. naître aveugle/riche; naître poète. cf. **né.**

nasal, e adj. les fosses nasales; des sons nasaux.

nasale n. f. *M, n* et *gn* sont des nasales (= consonnes nasales).

natif, ve adj. Il est natif de Nantes.

national, e adj. la fête nationale; les biens nationaux (= biens confisqués pendant la Révolution).

nationale n. f. la nationale 7 (= la route nationale 7).

nationaux n. m. pl. Les consuls défendent les intérêts de leurs nationaux [contr.: étrangers].

nature n. f. Les lois de la nature. A l'état de nature. Cette statue est plus grande que nature. Un travail de cette nature.

contre nature loc. adj. un crime contre nature.

de nature loc. adv. Ils sont badauds de nature.

de nature + à + inf. Cet article est de nature à te créer des ennuis.

en nature loc. adv. ou adj. Je veux être payé en nature [contr.: en espèces]. Don en nature.

par nature loc. adv. Il ment par nature.

d'après nature loc. adv. Il peint d'après nature.

nature [avec une valeur d'adj.] un café nature (= sans lait); une femme nature; elle est nature (= spontanée, sans façons).

naturel, le adj. un teint naturel; un enfant naturel (= né hors du mariage).

je trouve/il est naturel [impers.] *de + inf.* Je trouve/Il est naturel d'aider ses parents.

je trouve/il est naturel [impers.] *que + subj.* Je trouve/Il est naturel qu'on leur vienne en aide.

naturel n.m. Les naturels du pays (= les indigènes). Ce garçon a un bon naturel (= caractère). Il a du naturel (= il est spontané).

naufrage n. m. Le marin fut sauvé d'un naufrage. Il a dû reconnaître le naufrage total de son ambition.

Expr.: *faire naufrage* Le navire a fait naufrage. Il a fait naufrage au port [fig.: = il a échoué au dernier moment].

naval, e, s adj. Le ‹France› a été construit aux chantiers navals de St.Nazaire.

navigant, e adj. Le personnel navigant d'Air France [ne pas confondre avec *naviguant* p.pr., cf. APPENDICE § 3].

navrer v. tr.
navrer qn Cette nouvelle me navre.
être navré de + *inf.* Je suis navré de l'apprendre. Je suis navré d'apprendre qu'il a échoué.
être navré que + *subj.* Je suis navré qu'il ait échoué.

ne adv.
1. sens négatif
[seul, avec certains verbes] Je ne cesse de le dire. Je ne peux le répéter. Je n'ose m'en aller. Je ne sais où aller.
[dans certaines loc.] N'ayez crainte. Qu'à cela ne tienne, n'empêche, n'importe, si ce n'est ... Il est venu je ne sais qui. Demandez à n'importe qui. Il se porte on ne peut mieux. Que n'est-il ici!
[suivi ou précédé d'un pron., d'un adj. ou d'un adv., complétant la nég.] Il n'a vu personne. Personne ne l'a vu. Il n'a aucun ennemi. Il ne viendra plus. Jamais il ne viendra. Il ne viendra pas. Il n'a point d'ami. Il n'a guère de camarades.
[avec la conj. *ni*] Ni mon père, ni ma mère ne l'ont vu. Il n'a ni ami ni camarade.

2. sens restrictif
ne ... que (= seulement) Il n'a qu'un ami. Il n'y a que nous ici.
[nég. + restriction] Il n'y a pas que nous ici.

3. sens explétif
[non nég., dans une subord. après verbe de crainte] Je crains qu'il ne vienne [contr.: Je crains qu'il ne vienne *pas*]. J'ai peur qu'il ne me voie.
[après verbe d'empêchement] Prends garde qu'il ne tombe.
[après verbe de doute nég.] Je ne doute pas qu'il ne se soit trompé.
[après *avant que/à moins que/sans que*] Rentrons avant qu'il ne fasse nuit.
[dans la comparaison] Il est plus fin qu'on ne croit.
• L'emploi explétif de *ne* est plus ou moins facultatif selon les cas.

ne pas
ne pas + *inf. présent ou passé* Pour ne pas les déranger en pleine nuit, j'ai attendu jusqu'au matin. Les naufragés craignaient de ne pas être (ou: de ne pas avoir été) remarqués.
ne + *être/avoir* + *pas* [litt.] Les naufragés craignaient de n'être pas remarqués. Je suis heureux de ne vous avoir pas caché la vérité. [la langue commune dit: ne pas être/avoir]

emploi de l'article après *ne ... pas*
[*le, la, les* sont conservés] Je n'ai pas l'adresse de Paul.

NÉ—NET 237

[*du, de la, des* sont remplacés par *de*] Je n'ai pas d'argent sur moi. Il n'a pas d'amis.

[ils sont conservés devant un nom attr.] Ce n'est pas de la confiture, c'est du miel. Ce ne sont pas des voleurs. Ils ne sont pas devenus des champions.

ne plus, ne . . . pas plus cf. **plus.**

né, e p. pa. cf. **naître** une jeune fille bien née (= de bonne naissance); Mme de Staël, née Necker.
Un aveugle-né (= de naissance); des enfants aveugles-nés. Marcel Aymé est un conteur-né. Un nouveau-né; des enfants nouveau-nés; un premier-né; le dernier-né de la famille; des enfants premiers-nés; notre dernière-née.

né de Il est né d'une famille de médecins.

néanmoins adv. Il n'est pas convoqué, néanmoins il ira/il ira néanmoins.

nécessaire adj.
nécessaire à qn Le silence est nécessaire au musicien.
nécessaire à qc/pour qc Le pain est nécessaire à la vie humaine. Un couteau est nécessaire pour l'épluchage.
nécessaire pour + *inf.* Le repos est nécessaire pour être en forme.
il est nécessaire [impers.] *de* + *inf.* Il est nécessaire d'agir vite.
il est nécessaire [impers.] *que* + *subj.* Il est nécessaire qu'on agisse vite.
nécessaire n. m. Ce pauvre homme manque du nécessaire. Je t'ai acheté un nécessaire de toilette/à ongles.

négligent, e adj. Le patron mettra cette ouvrière négligente à la porte. [ne pas confondre avec *négligeant;* cf. APPENDICE § 3 et **négliger**]

négliger v. tr.
négliger qc/qn Elle néglige sa toilette/son style. J'ai négligé ce facteur dans mes calculs. Pourquoi négligez-vous vos amis?
négliger de + *inf.* Il a négligé (= omis) de le faire.
négligeant p. pr. Une mère négligeant ses enfants à ce point déchoit de ses droits maternels.
négligé n. m. On lui reproche le négligé de sa tenue. Elle nous a reçus en négligé.

négocier v. tr.
négocier qc Négocier la paix est peut-être aussi difficile que faire la guerre.
négocier v. intr. Il faut négocier avec l'ennemi/avec son émissaire.

net, te adj. [après le nom]: un tablier net; une écriture nette; une photographie nette. [rarement avant]: une nette régression.

Expr.: *en avoir le cœur net* Pour en avoir le cœur net, expliquons-nous.

net de qc Le fisc conteste que cet article soit net d'impôt (= libéré/exempt d'impôt).

net adv. Il s'arrêta net (= tout d'un coup). Elle a refusé net. Parlons net.

nettement adv. Le journal est nettement communiste (= sans aucun doute).

neuf, ve adj. [après le nom] Elle a acheté une robe neuve. Le Pont-Neuf est le plus vieux pont de Paris. Femme morte, chapeau neuf [prov.]. Qu'y a-t-il de neuf (= de nouveau) chez vous? Quoi de neuf?

neuf n. m. Le ministre nous a promis du neuf. Y a-t-il du neuf (= du nouveau) chez vous?

à neuf loc. adv. Il faut repeindre à neuf les volets.

de neuf loc. adv. habillé de neuf; ferré de neuf.

ni conj.

1. avec *ne*

ne + *verbe* + *pas* ... *ni* Il n'a pas de parents ni d'amis. Il n'est pas beau ni riche.

ne + *verbe* + *ni* ... *ni* Il n'a ni parents ni amis [pas d'art.]. Il n'est ni beau ni riche.

ni ... *ni* ... *ne* + *verbe* [sans *pas*] Ni son père ni sa mère ne sont vivants.

ne + *verbe* (+ *pas*) ... *ni* + *ne* + *verbe* Il ne veut (pas) ni ne peut refuser.

ni ... *ne* + *verbe, ni* ... *ne* + *verbe* «Ni l'ignorance n'est défaut d'esprit, ni le savoir n'est preuve de génie.» (Vauvenargues)

[accord après *ni*] Ni son père ni sa mère ne *sont* vivants [positif: Son père *et* sa mère sont vivants]. Ni ton frère ni ta sœur ne t'*a* pris ce livre [positif: Ton frère *ou* ta sœur t'a pris ce livre].

2. sans *ne*

ni ..., *ni* ... [phrase sans verbe] ni fleurs, ni couronnes.

sans ... *ni* ... Il vit sans parents ni amis.

nier v. tr.

nier qc Ne niez pas l'évidence.

nier + *inf.* Il nie avoir fait cela.

nier que + *subj.* Je nie qu'il m'ait vu.

ne pas nier que + *ind.* Je ne nie pas que nous avons des intérêts en commun.

ne pas nier que (+ *ne*) + *subj.* Je ne nie pas que nous (n')ayons des intérêts en commun. [pour le mode cf. APPENDICE § 11]

noce n. f. [sg.]
Expr.: *faire la noce* Son ami aimait à faire la noce (= s'amuser beaucoup, mener une vie de débauche).
être à la noce/ne pas être à la noce Le champion est à la noce (= se réjouit, est particulièrement à son aise). Depuis son accident, le boxeur n'est pas à la noce (= Il est dans une situation désagréable).
noce(s) [sg. ou pl.] Un repas de noce(s)/un voyage de noce(s). La veille de ses noces, il mourut victime d'un accident. Il l'a épousée en secondes noces. Hier ils ont célébré leurs noces d'argent/d'or.

Noël n. m. ou n. f. Nous avons passé un bon Noël/une bonne fête de Noël. A la Noël (= à la fête de Noël). Les vacances de Noël.

noir, e adj. [normalement après le nom]: La Forêt Noire. La Mer Noire. Le marché noir. [avant le nom avec une nuance stylistique]: Un noir corbeau. De noirs projets. La conduite de Tartuffe témoigne d'une noire ingratitude. [cf. APPENDICE § 15]
noir n. m. les Noirs; un noir (= café noir).
Expr.: *broyer du noir* Le vieillard broyait du noir (= avait des idées tristes).

nom n. m. Il porte le nom de Pierre. Il a pour nom Pierre. Son nom est Pierre.
au nom de qn/qc loc. prép. au nom de mes amis/du roi/de la loi.
de nom loc. adv. Nous ne le connaissons que de nom.
de mon/ton/son etc. nom loc. adv. De son vrai nom il s'appelle Lebrun.
en mon/son, etc. nom loc. adv. Je parle en mon nom et au nom de Monsieur Lebrun.
par son/leur nom loc. adv. Il faut appeler les choses par leur nom.

nombre n. m. [accord: le pl. est préférable] Un grand nombre de soldats furent tués. Le plus grand nombre fut tué. [cf. APPENDICE § 6]
au nombre de loc. prép. Ils sont au nombre de dix. Il est au nombre de mes amis.
être du/de ce etc. nombre J'ai vu la liste des invités, mais vous n'êtes pas du nombre/de ce nombre.
nombre de + nom + verbe au pl. Nombre de gens (= Beaucoup de gens) s'enrichissent aujourd'hui.
en nombre loc. adv. Ils ont attaqué en nombre.

nombreux, se adj. [après le nom quand il indique l'importance du groupe]: une classe nombreuse; une famille nombreuse (= ayant beaucoup d'enfants). [avant le nom quand il indique le nombre des unités désignées]: de nombreuses familles (= beaucoup de familles); de nombreuses fautes; de nombreux élèves.
être nombreux à + inf. Les ouvriers furent nombreux à faire grève.

nommer v. tr.

nommer qn/qc Ne me nommez pas dans votre discours. Mon fils a été nommé au palmarès. Qui peut nommer cette plante?

nommer qc à qn Nommez-moi la grammaire que vous consultez.

nommer qn/qc + attr. Ils ont nommé leur enfant Gaston. D'où: Le/un nommé Gaston Durand. Il m'a nommé son héritier. Le ministre a nommé le professeur Pradel doyen de la Faculté.

nommer qn à qc Personne n'a été nommé à cette chaire.

se nommer Je me nomme Gaston Durand.

non adv. nég.

1. [représentant toute une proposition; contr.: oui] Souffres-tu?- Non. Mon frère travaille, moi non. Je lui ai demandé s'il souffrait, il a répondu que non.

ou non/ [fam.] *ou pas* Est-ce que tu viens ou non/ou pas? Tu viendras, que tu le veuilles ou non. A toi d'accepter ou non.

non plus Il n'est pas marié, (ni) moi non plus.

[formes renforcées] Certes non! Sûrement non! Ah non! Certainement non! Mais non! Que non! [La langue fam. dit plutôt: Sûrement pas, certainement pas!]

[interr.] Vous viendrez, non (= n'est-ce pas)?

[exclam.] Il est venu. - Non! (= Pas possible!)

2. [excluant de l'affirmation un terme coordonné à un autre] [terme exclu second] *(et) non (pas)* Il a un fils, (et) non (pas) une fille. Je suis Français et non Anglais.

[terme exclu premier] *non (pas) ..., mais* Il a non pas une fille, mais un fils (Eviter: *Il n'a pas une fille, mais un fils).

[remplacé fam. par *pas*] Il habite Paris l'hiver, pas l'été.

non que + subj. loc. conj. Il échouera, non qu'il soit sot, mais parce qu'il ne travaille pas.

3. [nég. d'un terme de la prop. refusant *ne ... pas*] Il m'a prêté un concours non négligeable. Votre plainte est non motivée. Il habite non loin de chez nous.

non seulement ..., mais (encore/aussi) Il est non seulement marié, mais (encore/aussi) père de famille.

non sans + nom J'y suis arrivé non sans peine.

non sans + inf. Il a obéi non sans se plaindre.

4. [préf. nég. du nom, avec trait d'union] Cette réponse est un non-sens. Il est inculpé de non-assistance à une personne en danger de mort. Etes-vous partisan de la non-violence?

non n. m. [pl. invar.] Au référendum, les oui l'ont emporté sur les non. Expr.: *pour un oui ou pour un non* «Il n'était jamais content. Pour un oui ou pour un non, il me donnait des coups de pied.» (M. Aymé)

nord n. m. La boussole montre le nord/le pôle nord. Ne perdez pas le nord! Ma chambre est au nord/en plein nord. Le refuge est plus au nord. Voici la position la plus au nord (= la plus septentrionale) que l'expédition a atteinte.

nord adj. invar. La côte nord est plus sauvage que la côte sud.

normal, e adj. des conditions normales; des résultats normaux.

il est normal [impers.] *que* + *subj.* Il est normal qu'un enfant de son âge fasse sa rougeole en peu de jours.

noter v. tr.

noter qc J'ai noté ce détail en passant. Le compositeur note un air.

noter qn On l'a noté avec indulgence. Cet élève est bien noté (de/par son professeur).

noter que + *ind.* Notez bien que personne ne l'y a contraint.

notre adj. poss. Voilà notre jardin.

nôtre pron. poss. [toujours précédé de l'art., sauf après le verbe *faire*, comme attr.] Je souhaite donc la bienvenue à notre invité et je suis heureux qu'il soit des nôtres ce soir. Vous avez déjà vu votre chambre, voilà la nôtre.
Mais adj. attr., sans art.: Nous ferons nôtres sans réserve la modestie et la prudence de notre collègue.

nourrir v. tr.

nourrir qn/qc Il faut nourrir (= allaiter) cet enfant/les affamés des Indes/d'Afrique. L'agriculture nourrit l'homme. Le sang nourrit le corps. [fig.]: Nous nourrissons des espoirs/une illusion.

nourrir qn de/avec qc Il nourrit ses serins de/avec larves de fourmis.

se nourrir de qc/avec qc Il se nourrit de légumes/avec des légumes.

nouveau, nouvel, nouvelle adj. [avant le nom, au sens de: succédant à l'ancien] Le nouveau monde. Prenons un nouvel hameçon. 30 nouveaux F; la Nouvelle Calédonie.
[après le nom; idée d'une nouveauté, d'un renouveau] Les «classes nouvelles» (conçues à Sèvres, vers 1945). L'Allemagne nouvelle (= celle de l'après-guerre). Qui présentera au public non pas une nouvelle automobile, mais une automobile nouvelle?
[mots composés] des nouveaux-mariés; la nouvelle mariée; des nouveaux venus. Mais [invar.]: une fille nouveau-née; des (enfants) nouveau-nés.

de nouveau loc. adv. On l'a emprisonné de nouveau.

à nouveau loc. adv. Ce travail est manqué, il faut le faire à nouveau.

noyer v. tr.

noyer qc/qn Déçu, il voulut noyer son chagrin dans le vin. Qui veut noyer son chien l'accuse de la rage [prov.].

se noyer La fille de Victor Hugo se noya dans la Seine.

nu, e adj. [accord] J'ai marché pieds nus. Je suis allé tête nue. Mais: nu-pieds; nu-tête.

à nu loc. adv. Mettre à nu un fil électrique. A ce moment, j'ai vu son sale caractère à nu.

nuire v. tr. indir.

nuire à qn/à qc Cela nuira à vos amis/à votre santé.

se nuire Ils se sont nui l'un à l'autre.

nuisible adj. Voilà une plante nuisible.

nuisible à qc Le tabac est nuisible à la santé.

nul, le adj. qualificatif [après le nom] Un élève nul (= incapable). Ce testament est nul (= n'est pas valable).

Expr.: *faire match nul* Reims et Nîmes ont fait match nul (= il n'y a eu ni défaite ni victoire).

nul, le adj. indéf. [toujours avant le nom, et en liaison avec *ne*] Nul citoyen ne doit ignorer la loi. Je n'ai nulle envie de partir.

nul, le pron. indéf. [toujours sujet et sg.] + *ne* + *verbe*
[masc. sans antécédent] Nul (= Personne) n'est censé ignorer la loi. Nul n'est prophète en son pays.

[masc. ou fém. avec antécédent] Parmi nos femmes écrivains, nulle n'a eu plus de talent que Colette.

• La langue parlée a éliminé *nul* comme adj. au profit de *aucun* (sauf dans: *nulle part*) et comme pron. au profit de *personne*.

nullement adv. [avec *ne*, plus fort que *pas*] Il n'avait nullement l'intention de nous manquer de respect.

O

obéir v. tr. indir.

obéir à qn Il obéit à son maître au doigt et à l'œil (= sans discussion).

être obéi [passif] Vous serez obéi.

se faire obéir Il sait se faire obéir.

obéir à qc Le bateau n'obéit plus au gouvernail.

obéissance n. f. L'obéissance peut être une vertu.

obéissance à qn/à qc L'obéissance aux chefs militaires est indispensable au succès. Il exigeait une obéissance immédiate à ses ordres.

objet n. m. J'ai retrouvé mon parapluie au bureau des objets perdus.

Expr.: *être l'objet de qc* Ce recueil est l'objet de tous nos soins.

faire l'objet de qc L'accident a fait l'objet de deux rapports.

être sans objet Votre inquiétude était sans objet.

obligation n. f.

être dans l'obligation de + *inf.* Nous sommes dans l'obligation de partir.

se faire une obligation de + *inf.* Je me ferai une obligation de vous tenir au courant.

avoir beaucoup d'obligation à qn (*pour qc*) Je vous ai beaucoup d'obligation (pour votre rapide réponse).

obliger v. tr.

1. (= forcer)

obliger qn à + *inf.* La crainte l'obligea à se taire.

être obligé de + *inf.* J'étais obligé de partir. Je suis obligé par mes fonctions de vous fouiller.

2. (= rendre service)

obliger qn + *gérondif* Vous m'obligerez en fermant cette porte.

obliger qn de + *inf.* Vous m'obligerez de fermer cette porte.

obscur, e adj. une chambre obscure; un écrivain obscur (= peu connu).

obscurément adv. Il sentait obscurément qu'il avait tort.

observer v. tr.

observer qn/qc Sa mère l'observait de loin. Les enfants observent (= regardent) le spectacle/le coucher du soleil. Chacun doit observer les lois (= leur obéir).

faire observer à qn que + *ind.* Je vous fais observer que vous êtes en retard.

s'obstiner v. pr.

s'obstiner à qc Il s'obstine au silence.

s'obstiner dans qc Il s'obstine dans son opinion.

s'obstiner à + *inf.* Elle s'obstine à se taire.

obtenir v. tr.

obtenir qc J'ai obtenu mon passeport/un visa/un crédit. Le demandeur a obtenu un jugement provisoire.

obtenir qc de qn Une autorisation de départ fut obtenue du général.

obtenir de + *inf.* Il a obtenu d'être nommé président.

obtenir que + *subj.* Tâche d'obtenir qu'il vienne.

occasion n. f. A qui sait en profiter, les occasions ne manquent pas.

l'occasion de + *inf.* Ne manquez pas l'occasion de l'applaudir. Si vous avez l'occasion de passer, ...

à l'occasion/à cette occasion loc. adv. Je le verrai à l'occasion (= à une occasion quelconque)/à cette occasion.

en cette/toute occasion loc. adv. En cette occasion/En toute occasion, il faut être prudent.

à l'occasion de qc loc. adv. Je le verrai à l'occasion (= lors) de son anniversaire.

d'occasion loc. adv. et adj. J'ai acheté ce livre d'occasion [contr.: neuf]. C'est un livre d'occasion.

occuper v. tr.

occuper qc/qn Nous occupons une maison/une pièce. Le bâtiment occupait tout un côté de la rue. Le patron occupe une vingtaine d'ouvriers.

occuper qn à qc Il faut l'occuper à des choses utiles.

occuper son temps à + inf. Il occupe tout son temps à jouer aux échecs.

être occupé à + inf. Maman est occupée à faire la vaisselle.

s'occuper de qn/de qc Occupe-toi de lui. Je ne m'occupe pas de politique.

s'occuper de + inf. Je m'occuperai (= Je me chargerai) de vous trouver une chambre.

s'occuper à + inf. Il s'occupe (= Il passe son temps) à classer des timbres.

œil n. m. [pl.: yeux; mais: des œils-de-bœuf (= fenêtres rondes)]
à l'œil loc. adv. [fam.] J'ai eu cette bouteille à l'œil (= gratuitement) au stand du Roussillon.

du coin de l'œil loc. adv. Je le surveille du coin de l'œil.

sous l'œil de qn Il avançait très droit sous l'œil de toute l'assistance.

à vue d'œil loc. adv. Le ballon grossit à vue d'œil.

Expr.: *avoir qn à l'œil* Ne recommencez pas, je vous ai à l'œil (= je vous surveille).

Expr.: *avoir l'œil sur qn* L'épicier avait l'œil sur (= surveillait, guettait) les romanichels.

aux yeux de qn loc. prép. C'est un ange aux yeux de ses parents.

Expr.: *pour les beaux yeux de qn* Je ne vais pas travailler dimanche pour les beaux yeux de mon patron.

œuvre n. f. Ce tableau est une œuvre de Picasso. Cette dame s'occupe des bonnes œuvres. [quelquefois masc. au sg.]: Le gros œuvre (= les fondations, les murs, la toiture) est terminé. L'œuvre entier/entière (= L'ensemble des œuvres) de Bizet.

Expr.: *se mettre à l'œuvre* Mettez-vous à l'œuvre de bonne heure.

Expr.: *être à pied d'œuvre* Le courage me vient quand je suis à pied d'œuvre (= au moment de commencer).

œuvre de longue haleine La rédaction d'un dictionnaire est une œuvre de longue haleine.

mettre en œuvre Il a tout mis en œuvre pour faire casser le jugement.

office n. m. Conserver un office public après cette condamnation? C'est inconcevable. L'office religieux allait commencer.

Expr.: *faire office/l'office de qn/de qc* Aujourd'hui, en l'honneur de nos invités, Papa fait (l')office de chauffeur (= remplace le chauffeur, leur sert de chauffeur). Cette caisse fera office de table.

d'office loc. adv. Le Proviseur a été chargé d'office (= conformé-

ment aux devoirs de sa charge) de l'enquête. Il a été mis à la retraite d'office (= sans l'avoir demandé).

offrir ses bons offices J'ai offert mes bons offices (= ma médiation)
pour vider le différend entre mes deux collègues.

le plus offrant loc. superlative à valeur de nom Le patron a
vendu le garage au plus offrant. Le plus offrant l'a obtenu.

offrir v. tr.

offrir qc Elle a offert ses bons offices/ses services. Cette ville offre
beaucoup de ressources. Chez grand-mère, Pierrot offre le bouquet
de fleurs.

offrir qc à qn Je vous offre l'apéritif/nos vœux de Nouvel An.

offrir qc à qn pour qc On lui offre 1000 F pour ce travail.

offrir qc à qn de qc On lui a offert 10000 F de son tableau.

offrir de + inf. Il offre de vous accompagner.

offrir à qn de + inf. Il m'a offert de m'y accompagner.

s'offrir (pour qc) Elles se sont offertes (pour cette corvée).

s'offrir comme + nom Il s'est offert comme guide.

s'offrir en+nom Ils se sont offerts en otages.

s'offrir à + inf. Elles se sont offertes à accompagner la malade à l'hôpital.

s'offrir qc Elles se sont offert ce voyage de plaisance (= Elles se sont
permis, payé ce voyage).

ombre n. f. Installons notre table à l'ombre de ce tilleul.

Expr.: *mettre qn à l'ombre* Trois voleurs à la tire ont été mis à l'ombre
(= en prison).

dans l'ombre loc. adv. Il préparait dans l'ombre son attentat (=
en cachette). Cet homme a fait sa carrière dans l'ombre des grands.

une ombre/l'ombre de qc/de qn Eprouvera-t-il une ombre de pitié? Pas
l'ombre d'un client ce matin.

omettre v. tr.

omettre qc L'élève omet une virgule. Le plaignant a omis cette démarche.

omettre de + inf. Malheureusement, j'ai omis de vous consulter
(= négligé, manqué).

on pron. indéf. sujet [remplacé facultativement par *l'on* dans la
langue écrite après *si, et, ou, que*] Si (l')on nous entendait!

1. sens général
On aime dans les autres ce qu'on retrouve en soi.

2. sens particuliers

on (=quelqu'un) On a téléphoné pour vous.

on (= toi, vous) Alors, on est bien sage? On travaille bien à l'école?

on (= nous) [*on* remplace toujours *nous* dans la langue fam.] Pichon et moi, on a rencontré Chapusot. Alors, on y va? Si on prenait un apéritif? On est tous égaux. Nous, on n'est pas content(e)s.

onze adj. num. [pas d'élision] Le onze mai. La messe de onze heures. Il n'est que onze heures.

opérer v.tr.

opérer qc/qn La vie opère une impitoyable sélection. Le ministre a opéré des miracles. Appendicite? Alors il faut (l')opérer.

opérer abs. La piqûre va opérer (= faire effet) dans un quart d'heure.

opérer qn de qc On l'opéra de cette tumeur.

opérer qc à qn Le docteur lui a opéré l'œil droit.

opiner v. intr.

opiner pour qc/contre qc Les membres du MRP ont opiné pour/contre le projet.

Expr.: *opiner de la tête* [fam.: *du bonnet*] Pour toute réponse, sa femme opina de la tête /du bonnet (= consentit).

opinion n. f. Là-dessus, les opinions sont partagées. Cette vedette a souvent bravé (= provoqué) l'opinion.

avoir (une) bonne/mauvaise opinion de qn/de qc Je n'ai pas (une) bonne opinion de lui/de son œuvre.

avoir/se faire une opinion sur qc J'ai une opinion/Je vais me faire une opinion sur cette affaire.

opposé n. m. Pierre est tout à fait l'opposé de son frère.

à l'opposé de qn/de qc loc. prép. A l'opposé de plusieurs autres pays arabes, la Tunisie n'a pas rompu les rapports diplomatiques avec l'Allemagne.

à l'opposé loc. adv. Ma mère est très loquace; mon père est tout à l'opposé.

opposer v.tr.

opposer qc à qn Nos troupes ont opposé une résistance acharnée à l'armée ennemie. Il n'a rien à opposer à ce raisonnement.

opposer qn à qn A l'Assemblée Nationale, le débat sur le budget a surtout opposé M.X. à M.Y.

opposer que + ind. A ce brillant plaidoyer, j'oppose (= j'objecte) que votre projet n'a qu'une chance sur cent de réussir.

s'opposer à qc Je m'y suis opposé de toutes mes forces.

s'opposer à ce que + subj. Je m'oppose à ce qu'il le fasse.

être opposé à qc Mon père est opposé à notre projet.

être opposé à ce que + subj. La junte est opposée à ce que le roi revienne.

opposition n. f.

faire opposition à qc Je fais opposition à ce mariage.

être en opposition avec qn/avec qc Ma vocation était en opposition avec les ambitions de ma famille. La jeune fille est en opposition avec ses parents.

par opposition à qn loc. adv. Racine est tendre par opposition à Corneille.

oppresser v. tr.
oppresser qn L'air torride/L'incertitude m'oppresse.

opprimer v. tr.
opprimer qn/qc Pourquoi opprimer les faibles? Les tyrans ne craignent pas d'opprimer (= étouffer) l'opinion publique.

orange adj. [invar. comme nom de couleur] des rubans orange.

ordinaire adj. [toujours placé après le nom] un vin ordinaire [contr.: supérieur].
d'ordinaire/[plus rarement] *à l'ordinaire* loc. adv. D'ordinaire (= D'habitude), le facteur passe à onze heures.
ordinaire n. m. Le petit-salé et les pommes de terre sont notre ordinaire (= menu habituel). Le caporal d'ordinaire (= chargé de l'approvisionnement de la troupe).

ordonner v. tr.
1. (= mettre en ordre)
ordonner qc Sachez ordonner vos idées en paragraphes.

2. (= élever qn à un ordre de l'Eglise)
ordonner qn Ce prêtre a été ordonné en 1952.
ordonner qn + attr. Il a été ordonné prêtre par son évêque.

3. (= commander, prescrire)
ordonner qc A l'heure H, le chef ordonnera l'assaut.
ordonner qc à qn Le médecin lui a ordonné des promenades quotidiennes.
ordonner à qn de + inf. On nous ordonne de sortir.
ordonner que + subj. Il ordonne que nous sortions.
ordonner que + [rarement] *fut. ou cond.* La cour a ordonné que ce témoin serait/(sera) entendu.

ordre n. m.
1. (= disposition d'une chose, état des choses convenablement rangées) La cloche du président rappela les députés à l'ordre.
mettre de l'ordre dans qc J'ai mis de l'ordre dans mes papiers.
mettre ordre à qc Les spectateurs entrent sans payer, il faut y mettre ordre.
[précédé d'une prép.]:
dans le (+ adj.) ordre Placez-vous toujours dans le même ordre. J'ai gagné le tiercé dans l'ordre (tiercé = pari mutuel où l'on parie sur les trois premiers chevaux d'une course).

il est dans l'ordre [impers.] *que + subj.* Il est dans l'ordre qu'un enfant obéisse à ses parents.

de (+ art.) + déterm. + ordre loc. adj. Des dépenses de cet ordre dépassent nos moyens. Ils ont des fortunes de/du même ordre. Des difficultés de tout ordre ont surgi.

de l'ordre de qc La dépense est de l'ordre de 100 F.

en ordre loc. adv. Mettez en ordre vos papiers.

en ordre de loc. prép. L'armée est en ordre de bataille/de marche.

par ordre loc. adv. Procédons par ordre.

Expr.: *l'ordre du jour* L'Assemblée Nationale passa à l'ordre du jour. L'ordre du jour était chargé.

2. (= commandement)
donner/recevoir/transmettre un ordre/l'ordre de + art. + nom Il me faut vous transmettre un ordre. Le chef a donné l'ordre du départ.

recevoir l'ordre de + inf. J'ai reçu l'ordre de partir.

donner à qn l'ordre de + inf. J'ai donné aux agents l'ordre d'établir un barrage.

donner ordre à qn de + inf. J'ai donné ordre aux agents d'établir un barrage.

[précédé d'une prép.]:
jusqu'à nouvel ordre Jusqu'à nouvel ordre, restez chez vous.

par ordre de qn Je suis rappelé par ordre du capitaine.

aux ordres de qn Je suis à vos ordres (= à votre disposition).

sous les ordres de qn J'ai servi sous les ordres de Napoléon.

sur l'ordre de qn Les hommes bondissent sur l'ordre du chef.

3. (= communauté religieuse; sacrement) Ces deux moines n'appartiennent pas au même ordre.

Expr.: *être/entrer dans les ordres* Le jour de son ordination, un prêtre entre dans les ordres (= acquiert les droits et les devoirs d'un prêtre).

oreille n. f. Il m'écoutait d'une oreille distraite.

Expr.: *avoir l'oreille dure* Grand-mère a l'oreille dure (= Elle entend mal), il faut lui parler à l'oreille.

faire la sourde oreille (à qn/à qc) Papa a fait la sourde oreille (= Il n'a pas accédé) à ma demande.

être dur d'oreille Grand-père est dur d'oreille (= un peu sourd).

être tout oreilles Parlez donc, je suis tout oreilles.

se boucher les oreilles Les enfants se bouchèrent les oreilles pour ne pas entendre le grondement du tonnerre.

n'en pas croire ses oreilles En entendant mon nom, je n'en crus pas mes oreilles (= je fus très étonné).

orgue n. m. Cet orgue est excellent. Il faut voir ces deux églises et entendre leurs beaux orgues.

orgues n. f. pl. [lorsqu'il s'agit d'un seul instrument] Cette cathédrale a de belles orgues.

orienter v. tr.

orienter qc à un point cardinal De tout temps, on a orienté les églises à l'est. Ma chambre est orientée au nord.

orienter qn vers qc J'ai voulu orienter mon fils vers les sciences.

s'orienter Impossible par cette tempête de neige de s'orienter (= de reconnaître son chemin).

orner v. tr.

orner qc Maman a orné le salon.

orner qc de qc Maman a orné le salon de fleurs.

oser v. tr.

oser + *inf.* Lindberg osa le premier survoler l'Atlantique. Si j'ose dire, . . .

n'oser (ou: *ne pas oser*) + *inf.* Il n'osa (pas) pousser les choses à l'extrême.

oser abs. Servez-vous donc. – Je n'ose.

osé, e adj. «La Religieuse» était un film osé.

ôter v. tr.

ôter qc Maman ôte les bols et les assiettes pour débarrasser la table.

ôter qc de qc Otez deux de douze, et vous aurez dix.

ôter qc à qc Yvonne ôte cinq centimètres à sa jupe.

ôter qc à qn Otez-moi cette inquiétude. Mais: Pierre prend souvent des jouets à sa sœur.

ôter qn de qc Pour protéger ses soldats, le lieutenant les ôta de ce point exposé.

s'ôter d'un lieu [fam.] Ote-toi de là. Otez-vous de mon passage.

ou conj. de coord.

[coordonnant des mots de même fonction] Munissez-vous d'un stylo ou d'un crayon. Voulez-vous un esquimau vanille ou citron? Tu es prête, oui ou non?

[coordonnant des propositions] Veux-tu que je t'accompagne ou que je t'attende? Qu'il pleuve ou qu'il fasse beau, nous serons au rendez-vous.

[coordonnant des phrases] Faut-il écrire, ou peut-on téléphoner?

• Si les phrases sont affirmatives, *ou* est généralement répété, et souvent souligné par *bien*: Ou (bien) vous écrirez, ou (bien) vous téléphonerez.

Si les termes coordonnés sont plus de deux, *ou* n'est exprimé que devant le dernier, à moins qu'il ne le soit devant tous les termes: Achète des pommes, des poires et des pêches. Achète ou des pommes, ou des poires, ou des pêches.

[accord du verbe avec plusieurs sujets coordonnés par *ou*: cf. AP-PENDICE § 6,3]

où adv. ou pron. interr. ou rel. Où est-il? Où va-t-il? D'où venez-vous? Par où passerez-vous? Je ne sais où cela se trouve/d'où il vient/par où passer.

[renforcé par *donc*/*diable*] J'ai rangé ton costume. – Où donc? Où diable ai-je mis ma clef?

[avec antécédent]

LIEU la maison où il habite/où il va; là où nous sommes.

TEMPS le temps où cela s'est passé.

[parfois remplacé par *que*, surtout après art. indéf.] Un jour qu'il fera beau, . . .

où que + *subj.* Où que vous soyez, je vous retrouverai.

d'où + *nom sans verbe* Il n'a pas reçu ma lettre; d'où notre malentendu.

oublier v. tr.

oublier qn/*qc* Il nous a oublié(e)s. J'ai oublié mes papiers.

oublier de + *inf.* Vous avez oublié de venir ce matin.

oublier que + *ind. ou cond.* Vous oubliez qu'il a déjà fait le voyage/ que vous auriez agi de la même façon à ma place.

ne pas oublier que + *ind.* N'oubliez pas que vous avez à travailler.

s'oublier S'oubliant tout à fait, notre invité se servait lui-même à boire.

s'oublier jusqu'à + *inf.* Il s'oublia jusqu'à injurier sa propre femme.

oui adv. Avez-vous fait cela? Oui. Je crois que oui [*que* est de rigueur].

mais oui/*ma foi oui*/*certes oui* [renforcement] Mais oui, c'est moi. Es-tu content? Ma foi oui. – Est-il adroit? Certes oui.

oui ou non [tournure d'interrogation impatiente et pressante, placée au début, au milieu ou bien à la fin de la phrase] Oui ou non, as-tu fait tes devoirs? Est-ce que, oui ou non, tu avances? Tu es prête, oui ou non? cf. **non.**

oui [employé comme nom invar.] Au référendum, les oui l'ont emporté de justesse sur les non.

Expr.: *pour un oui ou pour un non* «Pour un oui ou pour un non (= A toute occasion), il me donnait des coups de pied.» (M. Aymé)

ouïr v. tr. [ne s'emploie plus guère qu'au p. pa.]

j'ai ouï dire que + *ind.* J'ai ouï dire qu'il est encore en vie.

par ouï-dire loc. adv. Je sais la nouvelle par ouï-dire.

outre adv. et prép.

1. (= en plus de) Outre la langue franque, Charlemagne parlait couramment le latin.

outre que + *ind.* loc. conj. Outre que ce tableau ne me plaît pas, je n'ai pas d'argent pour l'acheter.

en outre loc. adv. Ce tableau me déplaît; en outre, il est cher.

2. (= au-delà)

outre mesure loc. adv. Cela ne m'enchantait pas outre mesure.

passer outre Passons outre (= N'insistons pas sur ce détail).

passer outre à qc Je ne vous conseille pas de passer outre (= de ne pas vous conformer) à cette interdiction.

outre- + *nom* [élément de composition] la France d'outre-mer [contr.: la France métropolitaine]; nos amis d'outre-Manche; mon collègue d'outre-Rhin; «Mémoires d'Outre-Tombe» (Chateaubriand).

outrer v. tr.

outrer qc Outrer (= Exagérer) la vérité, voilà l'office des caricaturistes et de la satire.

outrer qn Le refus de Bajazet, outrant (= exaspérant) Roxane, la pousse au crime.

ouvrir v.tr.

ouvrir qc Ouvre la porte.

ouvert p. pa. une porte grande ouverte; des fenêtres grandes ouvertes.

ouvrir abs. Ce magasin ouvre à huit heures.

ouvrir qc à qn Ma banque lui a ouvert (= accordé) un crédit. Elle a ouvert les yeux à sa fille (p.ex. sur les rapports des sexes).

ouvrir v. tr. indir.

ouvrir sur qc Cette porte ouvre sur le jardin.

s'ouvrir La porte s'ouvrit tout à coup.

s'ouvrir à qc La petite vendeuse de fleurs, dans la célèbre pièce de Shaw, s'ouvre à (= découvre) un monde nouveau.

s'ouvrir à qn de qc Il s'ouvrit à moi du coup d'Etat projeté (= m'en fit part, à titre tout à fait confidentiel).

s'ouvrir sur qc Le rideau s'ouvre sur le cabinet du docteur.

P

page 1. n. f. (= côté d'une feuille de papier) Ce livre a 160 pages.

Expr.: *être à la page* Ce traité sur les antibiotiques n'est pas à la page (= au courant des dernières découvertes).

page 2. n. m. (= jeune homme noble au service d'un seigneur) Le page semble être tombé en disgrâce auprès de la reine.

pair, e adj. [après le nom] «Défense de stationner les jours pairs.»

pair n. m.

Expr.: *au pair* «Jeune Anglaise cherche place au pair (= en tra-

vaillant sans recevoir d'argent) pour se perfectionner en français.»
aller de pair (*avec qc*) La malhonnêteté peut aller de pair (= à
égalité, ensemble) avec la bêtise. La malhonnêteté et la bêtise peuvent aller de pair.
hors pair loc. adj. C'est un cavalier hors pair (= sans égal).

paix n. f. Le peuple n'a qu'un seul désir: la paix (ou: vivre en paix).
Expr.: *laisser qn en paix* Laissez-moi en paix.
La paix! [exclam.] (= taisez-vous)

pallier v. tr.
pallier qc Le professeur eut la bonté de pallier (= dissimuler) mes
fautes/mes défauts devant mon père. La probité du père du roi
palliait sa sévérité (= la rendait moins grave).
pallier qc par qc J'ai pu pallier (= atténuer) la douleur par des cachets.
Il faudrait que le gouvernement pallie la baisse du pouvoir d'achat
par des subventions.

panne n. f.
(*avoir*) *une panne de* + *nom* Le camion a une panne d'essence. La ville
de New-York eut une panne d'électricité lourde de conséquences.
être en panne Vous êtes en panne? Alors on va vous dépanner.

Pâques n. m. au sg., fém. au pl. [avec majuscule et sans art.]
Quand Pâques sera venu, ... Les vacances de Pâques. Joyeuses
Pâques [vœu traditionnel].
Expr.: *faire ses pâques* N'oubliez pas de faire vos pâques (= de com-
munier un jour du temps pascal).
pâque n. f. [avec minuscule et art. = fête juive] Ce jour-là, les
Israélites célébraient la pâque.

par prép. [devant un nom ou pron. exprimant l'agent d'une action
et pouvant être transformé en sujet] La tour Eiffel a été construite
par l'ingénieur Gustave Eiffel. Faites recoudre cette bride par le
cordonnier. La réparation de ce sac par le cordonnier. La défaite
des Perses par les Grecs. Le rejet par Hanoï de la proposition.

[devant un nom ou pron. compl. de moyen, cause, manière, avec
ou sans art.] imposer qc par la force/par tous les moyens; agir par
crainte; renoncer par lassitude; par bonheur/malheur; par exemple;
par habitude; par ouï-dire; par distraction.

[devant un nom ou pron. indiquant le facteur d'une opération, la
distribution] manger trois fois par jour; marcher par deux; acheter
par douzaines.

[devant un nom ou pron. compl. de *commencer*, *finir*, *terminer* intr.]
En France, tout finit par des chansons.
commencer/finir par + *inf.* Ils ont fini par se réconcilier.

[devant un nom/pron. ou un adv. indiquant le lieu traversé] Venez en France par Boulogne. Passez par là. Cette année, nous sommes passés par Dijon. Ne regarde pas par la fenêtre.

[indiquant le lieu sans mouvement, ou la direction] Par ici, il fait beau. Assis par terre. On aperçoit des clochers par-ci par-là. [fam] : Il m'a envoyé sa main par la figure.

de par + *nom* loc. prép. Il y a des fous de par le monde.

[devant un groupe nominal compl. de temps] par un beau dimanche de mai ; par une nuit étoilée ; par le temps qui court ; par mauvais temps. Nous sommes partis par un soleil radieux.

paraître v. intr. [auxil. >avoir<] : Une comète a paru dans le ciel. Ce livre a paru en 1963. [auxil. >être<] : Ce livre est paru depuis 1963 [état résultant de l'action]. [cf. APPENDICE § 2, C]

paraître + *adj. ou part. attr.* Leur fille paraissait simple et bonne. Vous paraissez surpris.

paraître + *compl.* Elle paraît trente ans/bien son âge.

il paraît [impers.] *que* + *ind. ou cond.* Il paraît qu'il est souffrant.

il ne paraît pas [impers.] *que* + *subj.* Il ne paraît pas que la maladie soit grave. [cf. APPENDICE § 11]

Expr. : *à ce qu'il paraît* Pierre va se marier, à ce qu'il paraît.

il paraît [impers.] + *adj.* + *que* + *ind. ou subj.* Il paraît certain que je suis reçu. Il paraît préférable que vous sortiez. [pour le mode, cf. APPENDICE § 11]

paraître + *inf.* Vous paraissez attendre l'autobus.

parallèle adj. Les deux lignes sont parallèles.

parallèle à qc La route est parallèle à la digue.

parallèle n. m. Plutarque a écrit le parallèle d'Alexandre et de César [comparaison entre deux personnes ou deux choses]. – Quimper est sur le 48e parallèle (= cercle parallèle à l'équateur) de latitude nord.

parallèle n. f. Tracez la parallèle à AB par le point C.

parce que conj. [+ ind.] On ne reconnaît plus cette ville, autrefois si belle, parce que la guerre a tout détruit. Parce qu'ils ont écouté Thémistocle, les Grecs ont vaincu les Perses.

• Ne pas confondre avec *par ce que* : Je suis étonné par ce que vous me dites.

par-dessus prép. Il sauta par-dessus la haie. [fig.] : La reine aimait sa fille par-dessus tout.

Expr. : *par-dessus le marché* J'ai été volé et, par-dessus le marché (= en plus de cela), battu.

par-dessus adv. Mets ton tricot, et ta veste par-dessus.

• Ne pas confondre avec *pardessus*, n.m. : Mets ton pardessus.

pardon n. m.
demander pardon à qn Je lui ai demandé pardon.

pardonner v. tr.
pardonner (qc) à qn Je lui pardonne sa faute. Nous lui pardonnons.
[deux sens au passif] Cette faute sera pardonnée. Ce garçon sera pardonné (de sa faute).
pardonner à qn de + inf. Je lui pardonne de m'avoir désobéi.
pardonner abs. Le cancer ne pardonne pas (= Il est impitoyable).

pareil, le adj. Toutes ces copies d'élèves sont pareilles.
Expr.: *c'est pareil* Il néglige ses devoirs, et pour ses études de piano, c'est pareil (= Il ne les fait pas avec plus de diligence).
pareil à qc/à qn Votre livre est pareil au mien. Il est pareil à son frère.
[employé comme nom] Il n'a pas son pareil au monde. Elle n'a pas sa pareille au monde. Allez dire cela à vos pareils.
Expr.: *rendre la pareille à qn* Dans la fable de La Fontaine, la cigogne rend la pareille au renard (= le traite de la même façon dont il il l'a traitée).

parer v. tr.
1. (= décorer, orner)
parer qc Un œillet parait sa boutonnière.
parer qc de qc La table est parée d'œillets.
2. (= détourner un coup)
parer qc Le coup de Ravaillac fut trop brusque pour qu' Henri IV eût le temps de le parer.
se parer de qc [ou abs.]Les femmes aiment se parer (de bijoux).
parer v. tr. indir.
parer à qc Le gouvernement omet de parer à temps aux (= prendre des mesures préventives contre les) coups des forces subversives.

parier v. tr.
parier qc (avec qn/contre qn) Je parierais bien cent F (avec/contre vous).
parier pour qn/pour qc Je parie pour tel joueur/pour son succès.
parier sur qc/pour qc Je parie sur/pour ce cheval (= Je mise sur ce cheval).
parier que + ind. Je parie cent francs (ou bien: cent contre un) qu'il réussira.

parler v. intr.
parler à qn Elle n'a jamais parlé à ce garçon. Elle lui a parlé. Ils se sont parlé.
parler avec qn En parlant avec eux, vous connaîtrez ces hommes rudes, mais gais.
parler de qn/de qc De qui parlez-vous? Nous avons parlé des affaires

(ou: d'affaires)/de la pluie et du beau temps/du (ou: de) jardinage.
parler + nom sans art. Nous avons parlé affaires/métier/politique/
chiffons (= questions de mode).
parler sur qc L'orateur parlera sur l'agriculture en Bretagne.
parler de + inf. prés. Il parle (= Il manifeste l'intention) de se marier.
parler depuis + indication de lieu Notre reporter vous parle depuis
Bordeaux [*de* prêterait à confusion].
Tu parles! interj. fam. Ton patron est sympathique. – Tu parles!
[= Je crois bien; admiratif ou ironique].

parler v. tr.
parler une langue Elle parle un français impeccable. Le français est
parlé (ou: se parle) au Canada.
parler (le) français, parler en français Ma tante parle le français (= sait
parler cette langue). Mes voisins de compartiment parlaient français (= s'exprimaient à ce moment-là en français; ou bien: savaient
le français). Par courtoisie pour leur hôte, les deux Anglais parlaient
en français (=pouvant parler anglais ou français, ils avaient choisi
momentanément la seconde langue).
Expr.: *parler français comme une vache espagnole* (= parler français
très mal).

parmi prép. [toujours suivi d'un pl. ou d'un collectif] Je l'ai reconnu parmi les acteurs/parmi la foule.

parole n. f. Un officier ne devrait pas manquer à sa parole.
de parole loc. adj. Vous n'êtes pas de parole (= fidèle à votre parole).
Un homme de parole.
sur parole loc. adv. et adj. Le prisonnier fut relâché sur parole (=
après avoir promis de revenir). Un prisonnier sur parole (= qui
n'est ni emprisonné ni surveillé).
parole d'honneur [formule de promesse] Je vous rendrai la somme –
parole d'honneur – dans quinze jours.
ma parole [exclam. de surprise souvent admirative] Ma parole (=
Je ne mens pas), vous nagez comme un champion.

parsemer v. tr.
parsemer qc Les fleurs parsèment la table.
parsemer qc de qc Elle avait parsemé la table de fleurs.

part n. f. J'ai fait trois parts. Il aimerait avoir la part du lion (= la
part la plus grosse).
faire la part de qc Dans ces nouvelles il faut faire la part (= tenir
compte) de l'exagération.
faire part à qn de qc Il ne fait pas part à tout le monde de ses intentions (= Il ne les communique pas à tout le monde). On m'a fait
part de son décès. D'où: On m'a envoyé un faire-part de son décès.

avoir/prendre/recevoir + *art./déterm.* + *part* J'ai eu/pris/reçu ma part du gâteau.

avoir part à qc J'ai eu part aux bénéfices.

prendre part à qc Je prends part à votre douleur/à la course.

quelque part/nulle part/autre part loc. adv. Je ne l'ai vu nulle part. Allez jouer autre part (= ailleurs).

à part loc. adv. Dans les comédies de Molière, les personnages parlent souvent à part (ou: en aparté). Je vous interrogerai à part.

prendre qn à part Je l'ai pris à part (pour lui parler sans témoins).

nom + *à part* Il a un caractère à part (= particulier, spécial).

à part loc. prép. A part cela (= Sauf cela), je ne lui reproche rien. Tout le monde est d'accord, à part toi.

de part et d'autre loc. adv. On était satisfait de part et d'autre (= de chaque côté).

de toutes(s) part(s) loc. adv. Les moustiques arrivaient de toute part/ de toutes parts.

de la part de qn Cette attitude est surprenante de la part de ses parents. Remerciez votre ami de ma part.

de part en part loc. adv. Le tunnel traverse la montagne de part en part (= d'un côté à l'autre).

d'une part . . . d'autre part loc. adv. Il a reçu de l'aide, d'une part de sa famille, d'autre part de ses collègues.

en bonne/mauvaise part loc. adv. J'ai employé le mot <jeune> en bonne part. Ne prenez pas cette observation en mauvaise part.

pour ma part/pour une bonne part Continuez si vous voulez; pour ma part, je m'arrête. J'ai contribué au cadeau pour une bonne part.

partage n. m. Cinq voix pour, cinq voix contre: il y a partage.

partage de + *art.* + *nom* Le premier partage de la Pologne eut lieu en 1772. Cette crête constitue la ligne de partage des eaux.

avoir qc en partage/tomber en partage Les frères avaient une ferme en partage. En 855, à la mort de Lothaire Ier, la Lorraine tomba en partage à son second fils, Lothaire II.

partager v. tr.

partager qc Je ne partage pas votre optimisme (= Je ne m'y associe pas). Là-dessus, les opinions sont partagées.

partager qc à qn Le patron partagea la tâche aux ouvriers.

partager qc entre plusieurs personnes Il partagea la tâche entre les ouvriers.

partager qc en deux (*trois*, etc.) (+ *nom*) Partageons la poire en deux. Il partagea ses hommes en trois équipes.

partager qc avec qn Partage cette orange avec moi. Il a partagé avec moi toutes les peines.

se partager Les eaux du Rhône se partagent dans le delta.

se partager qc Elles se sont partagé l'héritage.

partagé, e part./ adj.«Le bon sens est la chose du monde la mieux partagée» (= la plus également répartie) (Descartes). Borgne et manchot, ce pauvre garçon est bien mal partagé (= peu favorisé au partage du sort).
partagé entre qc et qc/nom au pl. Partagé entre la cupidité et la crainte/ ces sentiments opposés, il hésita longtemps.

parti n. m. Il est membre/le chef d'un parti politique.
prendre le parti de qn A ma surprise, le proviseur prit le parti de (= prit parti pour) cet élève.
prendre parti pour qn Le proviseur a pris parti pour cet élève.
tirer parti de qc Nos adversaires ont été prompts à tirer parti (= profiter) de nos difficultés.
prendre mon/ton/son etc. parti Il a pris son parti (= Il s'est décidé).
prendre son parti de qc Il en a pris son parti (= Il s'est résigné).
Expr.: *sans parti pris* Sans parti pris (= Sans opinion préconçue faussant mon jugement), je penche vers la deuxième solution.
prendre le parti de + inf. Il prit le parti d'aller (= Il se décida à aller) se fixer à Paris.

participer v. tr. indir.
participer à qc Il a participé à ma joie. Les co-propriétaires sont obligés de participer aux frais communs.
participer de qc Le mulet participe de l'âne et du cheval (= présente des caractères de ces deux espèces dont il est issu).

particulier, particulière adj. Comme il est faible en maths, il prend des leçons particulières.
particulier à qn/à qc Le goût des longues périodes, sans être particulier à Proust, est un trait saillant de sa prose. Ce symptôme est particulier à la rougeole.
en particulier loc. adv.
1. (= en privé) Le patron a bien voulu me recevoir en particulier.
2. (= surtout, notamment) Le Proviseur se montra satisfait du travail effectué, en particulier dans le domaine des langues.

partie n. f.
1. (= part) Il a perdu la majeure partie de ses cheveux. [accord]: Une partie des spectateurs ont applaudi.
en (grande) partie loc. adv. Le spectacle était bon en (grande) partie.
faire partie de qc L'Italie fait partie de l'Europe.
2. (= personne engagée dans un procès) Le juge a entendu la partie adverse.
Expr.: *prendre qn à partie* Un passant à qui je ne disais rien m'a pris à partie (= m'a adressé des paroles malveillantes).

partir v. intr. [auxil. >être<] Il est parti en claquant la porte.

partir pour + *nom de lieu* Papa est parti pour Paris/la campagne/
l'Angleterre.
partir à + *nom de lieu* [fam.] Papa est parti à Paris/à la campagne, etc.
partir en + *nom de région/mer/voyage* Pierre est parti en Normandie/en
Angleterre. Les Dupont sont partis en voyage/en mer.
partir de + *adv. ou nom* Je pars d'ici. L'avion partira d'Orly. Tous
les nerfs partent des centres nerveux. [fig.]: «La démarche est so-
cratique: on part de rien, d'une banalité, d'une évidence . . .» (A.
Grosser)
partir + *inf.* Il est parti faire un voyage.
partir à + *inf.* Là-dessus, nous sommes tous partis à rire (= nous
nous sommes mis à rire).
à partir de loc. prép. Il m'a dit qu'il serait chez lui à partir de cinq
heures. [fig.]: A partir de ces éléments épars, il fallait souvent employer les méthodes de Sherlock Holmes pour percer les secrets de
la préhistoire. (d'après F. Desprez)

partir v. tr.
Expr.: *avoir maille à partir avec qn* L'un des gangsters avait maille à
partir (= un compte à régler) avec son complice.

partisan n. m. les partisans [contr.: adversaires] de la réforme.
[pas de fém. au sens d'un nom; *partisane* est vieilli, *partisante* est populaire.]

partisan, e adj. [cet adj. a pour fém. *partisane* seulement au sens
péjoratif] Dommage que ce mouvement se perde dans des intrigues partisanes. Ses critiques émanent d'un esprit partisan (= guidé
surtout par des considérations de parti).
être partisan de qc Je ne suis pas très partisan de cette solution.
être partisan de + *inf.* Je suis partisan de limiter les naissances.

parvenir v. intr. [auxil. >être<] L'appel au secours ne parvenait pas
jusqu'aux sauveteurs.
parvenir à qc Notre héros est parvenu à ses fins. Il est parvenu au
grade de général.
parvenir à + *inf.* [remplacé dans la langue parlée par *arriver*] Le
prisonnier parvint à s'échapper.

pas n. m.
1. (= distance d'un pas dans la marche)
pas à pas loc. adv. L'enquête progresse pas à pas (= lentement).
à grands/à petits pas loc. adv. Les soldats marchaient à grands pas.
Expr.: *faire les cent pas* Impatient, je faisais les cent pas devant la
salle d'opération.
revenir sur ses pas Les alpinistes revinrent sur leurs pas (= marchèrent
en sens inverse).

marquer le pas L'enquête marque le pas (= piétine, n'avance pas).

2. (= allure de marche)

au pas loc. adv. Sur le pont, les voitures devaient marcher au pas.

d'un bon pas loc. adv. Le marcheur [sens sportif] partit d'un bon pas.

de ce pas loc. adv. [fig.] Je vais me plaindre de ce pas (= immédiatement).

mettre qn au pas Je saurai mettre au pas (= réduire à l'obéissance) les têtes fortes.

se mettre au pas Traités fermement, ils se mettront au pas.

3. (= priorité)

avoir le pas sur qn/sur qc La justice doit avoir le pas sur les armes.

prendre le pas sur qn/sur qc La fierté prit bientôt le pas sur la peur.

4. (= passage) Comment sortir de ce mauvais pas (= difficulté)? Il était sur le pas (= seuil) de sa porte.

pas adv. nég.

1. après ou avant *ne*

[après *ne* – séparé par le verbe] Il ne vient pas. Je ne le veux pas. Il n'est pas venu.

[après *ne* – joint à *ne*, obligatoirement devant l'inf. prés., facultativement devant l'inf. pa.] Il me reproche de ne pas venir/de ne pas être venu (ou bien: de n'être pas venu).

[renforcé] absolument pas; pas du tout; pas le moins du monde.

ne ... pas de + *nom sans art.* Je n'ai pas de stylo/pas d'ami(s).

ne ... pas + *art.* + *nom* Je n'ai pas le stylo de mon frère. Je n'ai pas le temps.

ne ... pas + *art. partitif après être* Ce n'est pas du beurre (c'est de la margarine).

[avant *ne*] Pas un ami ne me croira.

2. sans *ne* dans les phrases ellipt. du verbe

Le pneu est crevé. – Pas de chance. Et surtout, pas un mot à tes parents!

pourquoi pas Tu ne vas pas partir pour le Mexique? – Pourquoi pas?

[appuyant une interr., fam.] Tu viendras, pas (= n'est-ce pas)?

[dans les réponses] Es-tu fatigué? – Pas du tout/absolument pas/ [litt.] non pas.

... et non pas [coord.] J'ai appelé Jean et non pas toi.

3. [fam.] sans *ne* devant adj., part., adv.

Il m'a vendu des pommes pas mûres. Chez lui, c'est toujours les devoirs pas faits. Nous avons fait pas mal de kilomètres.

passage n. m. Ce passage est difficile à traduire.

le passage de qn/de qc le passage d'Hannibal; le passage des Alpes.

le passage de qc par qn Le passage des Alpes par Hannibal est célèbre.

au passage loc. adv. Je l'ai vu au passage/à son passage.
de passage loc. adj. Ma tante est de passage à Lyon.

passer v. intr. [action: auxil. >avoir< ou >être<; état: auxil. >être<]
Napoléon a/est passé par là. Le facteur a/est passé tard hier. C'est
midi, le facteur est passé. Le rose indien est déjà passé de mode.
passer de ... en ... Il passe de France en Allemagne.
passer de ... à ... Il passe de la richesse à la misère.
passer par ... La droite xy passe par le point o. L'année dernière,
nous sommes passés par Dijon. Elle a passé par l'Ecole Normale de
Sèvres (= y a reçu sa formation).
passer sur qc Pour garder ce brillant élève, le Directeur passe (= ferme les yeux) sur sa mauvaise conduite.
passer pour + attr. Il passe pour juste. Elle pourrait passer pour sa
fille.
passer pour + inf. S'il n'est pas bon, du moins il passe pour (= il a
la réputation de) l'être. Il passe pour avoir inventé cette machine.
passer + attr. sans art. Il va passer (= devenir) capitaine/proviseur.
passe pour loc. invar. ellipt. Passe pour une moquerie (= Une moquerie, cela peut passer), mais je ne tolère pas une brutalité. Passe
pour le plus jeune, mais l'aîné devrait donner l'exemple.
passe encore de + inf. loc. invar. ellipt. Passe encore d'emprunter,
mais ne t'avise pas de voler.

passer v. tr. [auxil. >avoir<] Il a passé le pont/la cinquantaine. Il
va passer (= se présenter à) cet examen/l'oral.
passer son temps/sa vie, etc. à qc. J'ai passé mon temps/la nuit/une heure
à la lecture.
passer son temps etc. à + inf. J'ai passé deux heures à faire ce problème.
passer qc à qn Veuillez me passer le sel. Sa mère a vraiment tort de
lui passer toutes ses impertinences (= d'être si indulgente).

se passer Que se passe-t-il (= Qu'est-ce qu'il y a)? Tout s'est bien
passé? La scène se passe en Suisse.
se passer de qc/de qn Vous vous passerez de sandwich. Au baccalauréat
allemand, les élèves doivent se passer de dictionnaire(s). Je ne peux
pas me passer de vous.
se passer de + inf. Vous vous passerez de manger.

passionner v. tr.
passionner qn/qc Ce roman passionne les enfants. Cet argument inattendu passionna (= anima) le débat.
être passionné de qc Il est passionné de philatélie.

se passionner de/pour qc Il se passionne de philatélie/pour la philatélie.

patience n. f. Ce jeu exige beaucoup de patience.

avoir la patience de + *inf.* Je n'aurai pas la patience d'attendre.
perdre/prendre patience Il perd facilement patience.
avoir de la patience avec qn Il faut avoir beaucoup de patience avec ces malades.
Patience! [exclam.] Patience! J'arrive.

patient, e adj.
patient avec qn Il faut être patient avec lui.

pauvre adj. [après le nom] un homme pauvre [contr.: riche]; une langue pauvre (= qui manque de moyens d'expression).
[avant le nom] un pauvre homme (= qui est à plaindre) [cf. APPENDICE § 15, III]
pauvre de qc Il est pauvre d'argent/d'esprit/d'idées.
pauvre en qc/en qn Ce pays est pauvre en blé. Un parti pauvre en personnalités de marque.
pauvre de moi/pauvres de nous! [exclam. contenant souvent une nuance plaisante. La construction ne se trouve qu'avec *pauvre.*]

payant, e adj.
1. sens actif (= qui rapporte, qui vaut la peine) Cet homme ne cherche que les activités payantes. A la longue, l'assiduité est payante.
Expr.: *hôte payant* Ils reçoivent chez eux un hôte payant. [se dit de qn qui, moyennant une certaine somme, séjourne dans une famille, souvent pour se perfectionner dans la langue, à la différence de l'hôte «au pair» qui, en échange du logement et de la nourriture, effectue des travaux de ménage]

2. sens passif (= pour lequel il faut payer) Ce spectacle est payant [contr.: gratuit].

payer v. tr.
payer qc/qn M.le marquis n'a pas l'habitude de payer ses dettes. Le patron te paiera à la fin de la semaine.
payer qc + *indication du prix* Combien as-tu payé cette robe? – Je l'ai payée cent francs. Je l'ai payée (plus/très, etc.) cher.
payer qc à qn Je la lui ai payée cent francs. [fig.]: Il me le paiera (= Je me vengerai de lui).
payer qc de qc Il a payé sa témérité de sa vie.
payer qn de + *art.* + *nom* Il m'a payé de (= pour) mes services.
payer qn de + *nom sans art.* Il m'a payé de (= au moyen de) compliments/promesses, etc.
payer qn à + *art.* + *nom* [rapport distributif] Cet ouvrier est payé à l'heure/à la pièce.
payer qn en + *nom* Dans l'après-guerre immédiat, tout le monde voulait être payé en nature. Je préfère être payé en espèces/en petite monnaie/en argent suisse/en numéraire.

payer qn par + *nom sans art.* Vous aimez mieux que je vous paie par chèque ou comptant? Je veux payer par mandat/par virement postal.

payer abs. C'est une entreprise qui paie (= qui rapporte).

payer de + *nom* Ce garçon paie d'audace (= fait preuve d'audace). Ce gamin/Cet hôtel ne paie pas de mine (= n'inspire pas la confiance). Il paie de sa personne (= Il agit par lui-même).

se payer qc On s'est payé (= On s'est permis) un tour de manège/ une promenade en mer.

se payer de qc Les hommes exubérants tendent à se payer de mots (= sans recourir à l'action).

pécher v. intr. L'homme est sujet à pécher.

pécher contre qc «Que c'est mal de pécher ainsi contre la grandeur.» (Mauriac)

pécher par qc Le conducteur a péché par inadvertance/distraction. Ce prétendu manuel de phonétique pèche par nombre de défauts/ par bien des côtés.

pécheur n.m. [fém.: pécheresse; mais: pêcheur, pêcheuse]

peine n. f. Lui apprendre les maths, c'est peine perdue. Le procureur a exigé la peine capitale.

avoir de la peine à + *inf.* J'ai eu beaucoup de peine (= beaucoup de mal) à la trouver.

avoir peine à + *inf.* J'ai peine (= de la répugnance) à agir ainsi.

se donner de la peine (pour + *inf.)* Je me suis donné de la peine (pour vous être agréable).

se donner/prendre/valoir la peine de + *inf.* Je me suis donné la peine de faire ce détour pour vous être agréable. Prenez la peine d'entrer [formule d'invitation polie]. Ce méchant bouquin ne vaut pas la peine d'être lu.

être/se mettre en peine de qc/de qn Ne vous mettez pas en peine de moi (= Ne vous inquiétez pas à cause de moi).

être/se mettre en peine de + *inf.* Je suis en peine de (= J'ai du mal à) retrouver mon cousin. Il se mit en peine de (= se donna du mal pour) retrouver son cousin.

faire de la peine à qn Vous nous faites vraiment de la peine (= Vous nous attristez).

faire peine à + *inf.* Cela fait peine à voir.

Expr.: *est-ce/ce n'est pas la peine de* + *inf.* Ce n'est pas la peine (= Il est inutile) de parler si fort.

à peine loc. adv. Il sait à peine signer son nom.

à peine + *verbe* + *sujet* + *que* A peine étions-nous sortis qu'il se mit à pleuvoir.

à peine + *sujet* + *verbe* + *que* A peine nous étions sortis que ...

sujet + *verbe* + *à peine* + *que/quand* Nous étions à peine sortis qu'il/ quand il se mit à pleuvoir.

à peine + *verbe* + *sujet* [sans *que*] La France est «un pays difficile à gouverner, le pouvoir vous y échappant des mains à peine l'a-t-on saisi». (Daninos)

(*C'est*) *à peine si* (C'est) à peine si je le connais.

à peine + *p. pa.* A peine parti, il s'aperçut qu'il avait oublié sa clef.

sous peine de qc Cela est défendu sous peine de mort.

peiner v. intr. J'ai beaucoup peiné (= Je me suis donné beaucoup de mal) pour résoudre ce problème.

peiner v. tr.

peiner qn Les excès de Néron ont peiné sa mère.

peintre n. m. [fém.: une femme peintre] Cette femme est un peintre de talent.

pencher v. intr. Ce mur penche (= est incliné) dangereusement.

pencher à qc/vers qc Mon père penchait à/vers l'indulgence.

pencher à + *inf.* Je penche à croire qu'il est innocent.

pencher pour qc Moi, je penche pour la première hypothèse.

pencher du côté de qn Le proviseur, plutôt que de prendre le parti de ses collègues, semble pencher du côté de l'Association des parents d'élève.

pencher v. tr.

pencher qc Maman pencha la cafetière pour nous verser le café.

penché, e adj. La tour penchée de Pise est célèbre.

se pencher sur qc Le Préfet se penche sur le problème No 1, la circulation (= il l'examine attentivement).

pendre v. tr.

pendre qn En Angleterre, on avait coutume de pendre les condamnés, à mort.

pendre v. intr.

pendre à qc Les cerises pendent aux cerisiers.

se pendre Le criminel se pendit dans sa cellule.

se pendre à qc Quand il rentrait de voyage, sa fillette se pendait à son cou.

pénétrer v. tr.

pénétrer qc/qn La flèche pénétra la chair jusqu'à l'os. Jago pénètre (= devine, saisit) les pensées secrètes d'Othello. Le froid me pénètre.

être pénétré de qc Il était pénétré de l'importance de sa mission.

pénétrer v. intr. Le cambrioleur pénétra dans la ferme isolée. Le bruit de cette démission a pénétré jusqu'à nous.

pensée n. f.
la pensée de qn/de qc L'affreuse pensée de la mort se présenta à son
esprit.
la pensée de + *inf.* Je n'ai jamais eu la pensée de vendre ma maison.
la pensée que + *ind.* [rarement *subj.*] Je ne peux pas supporter la
pensée qu'il me veut/veuille du mal.

penser v. intr. Il pense plus qu'il ne parle. «Je pense, donc je suis.»
(Descartes) Je pense comme vous.

penser v. tr. indir.
penser à qn/à qc Avez-vous pensé à lui/à votre voyage?
penser à + *inf.* Tu penseras à fermer les fenêtres (= Tu n'oublieras pas
de les fermer). Je n'ai pas pensé à vous avertir.

penser v. tr.
penser qc Je le pensais. C'est ce que je pense.
penser qc de qn Je pense du bien de lui.
penser + *inf.* Je pense (= crois) être libre demain. Je pense (= J'ai
l'intention de) aller vous voir demain.
penser que + *ind.* Je pense que je serai libre demain.
penses-tu/tu penses (*ou pl.*) interj. [incrédulité]: Il va peut-être te
payer. – Penses-tu! [affirmation ou dénégation]: J'étais fier, tu
penses!

percer v. tr.
percer qc La balle a percé le crâne. Avec son flair habituel, Maigret
perce le secret.
percer qc à qn Le bruit des marteaux-piqueurs nous perçait le tympan.
percer v. intr. Sa mauvaise conscience perce à travers son imper-
tinence. Le génie finit par percer (= se faire un nom).

perdant, e adj. et n. Inutile de garder les billets perdants. Il faut
consoler les perdants.
être perdant Avec ce compromis, ni l'Etat ni l'Eglise ne sont perdants.

perdre v. tr.
perdre qc/qn J'ai perdu mon porte-monnaie/un bouton de manchette/
un pari/[fig.]: la tête/la mémoire. Nous avons perdu un ami/un
parent.
perdre abs. Mon réservoir perd (= a une fuite). Mes valeurs (=
actions etc.) ont perdu beaucoup.
se perdre dans qc Ils se sont perdus dans le désert/le Jura/[fig.]: les
détails.
se perdre par qc Il s'est perdu par ses dettes/sa façon de vivre.

perfection n. f. Il est difficile d'atteindre à la perfection.
à la perfection loc. adv. Elle parle (l') italien à la perfection.

perfectionner v. tr.
perfectionner qc La science a perfectionné les thérapeutiques.
se perfectionner en + nom de langue Sa sœur veut se perfectionner en anglais.

péril n. m. [langue soutenue]
être en péril (de qc) Ces vieux châteaux sont en péril. Vous êtes en péril de mort.
au péril de sa vie loc. adv. L'étranger l'a sauvé au péril de sa vie.
à mes/tes/ses, etc. risques et périls loc. adv. Je suis monté dans cette voiture à mes risques et périls.
Expr.: *péril en la demeure* Estimant qu'il y avait péril en la demeure (= péril à tarder plus longtemps), le tribunal a ordonné l'arrêt immédiat du suspect.

périr v. intr. [auxil. >avoir<] Trois alpinistes ont péri dans la tempête.
périr de qc La population périt de faim.

permettre v. tr.
permettre qc Le règlement ne permet pas l'usage d'un dictionnaire. Le texte ne permet pas d'autre interprétation.
[ellipt.] Je sens un courant d'air: vous permettez?
permettre qc à qn Mes obligations ne me le permettent pas.
permettre à qn de + inf. Permettez-moi de vous inviter à mon mariage.
permettre que + subj. Permettez que je vous dise la vérité.
se permettre qc Elle s'est permis un voyage coûteux/une remarque franche/un conseil amical.
se permettre de + inf. Elle s'est permis de m'insulter.

persévérer v. intr.
persévérer dans qc Persévérez dans votre travail/dans cette voie.
persévérer à + inf. Persévérez à bien faire.

persister v. intr. Le mauvais temps persiste (= Il fait toujours mauvais).
persister dans qc Il persiste dans sa résolution/dans son erreur.
persister à + inf. Je persiste à dire que vous vous trompez.

personne 1. n. f. C'est une personne de mérite. Les grandes personnes [contr.: les enfants]. Ce verbe est à la 1ère personne.
par personne Vous avez droit à dix paquets de cigarettes par personne.

2. pron. indéf. nég. [masc. sg.]
[avant ou après *ne + verbe*]
Personne n'est venu. Je n'ai vu personne.
personne de + adj. ou p. pa. Je ne connais personne de plus distingué que Mme de S. Il n'y a personne de blessé. Je ne connais personne d'autre (ou bien: personne autre).

[double nég.] Jamais personne n'a chanté mieux. Personne ne sait rien de plus.

• *personne* en seconde position peut être remplacé par *quelqu'un*: Je n'ai jamais vu personne (ou: quelqu'un) de plus sot qu'elle.

sans (que) . . . *personne* Il s'est levé sans l'aide de personne/sans appeler personne. Il a fait le problème sans que personne l'ait aidé.

[phrases sans verbe] Qui est venu? Personne.

[après une restriction dans le contexte] Il aimait sa patrie plus que personne au monde. Il est trop bon pour dénoncer personne (ou: quelqu'un). Si vous connaissez personne (ou: quelqu'un) de plus serviable, . . .

perspective n. f.

la perspective de qc La perspective d'une telle absence désola Félicité.

la perspective de + inf. La perspective de le revoir me console.

en perspective loc. adv. Dessine le mur en perspective. Elle a une belle place/des soucis en perspective.

persuader v. tr.

persuader qn Vous m'avez persuadé (= Maintenant je partage votre opinion).

persuader qn de qc Le Président du Conseil a persuadé le cabinet de la nécessité d'agir.

persuader qn de + inf. Il m'a persuadé de prendre du repos.

persuader qn que + ind. Il m'a persuadé que je m'étais trompé.

persuader à qn que + ind. [plus rare] On avait persuadé à Charles IX que le massacre était inévitable.

être persuadé de qc Je suis persuadé de votre bonne foi.

être persuadé que + ind. Je suis persuadé (= convaincu) que vous avez raison.

se persuader de qc Elle s'est persuadée de ma bonne foi.

se persuader que + ind. Ils se sont persuadés (ou: persuadé) que je devais prendre du repos.

peser v. tr.

peser qc Il pèse un colis/des bagages/[fig.]: ses mots/le pour et le contre.

peser v. intr. Ce colis pèse lourd/dix kilos. Les dix kilos que ce colis a pesé. Ces facteurs ne pèseront pas lourd dans ma décision.

peser à qn Cela me pèse d'aller si loin (= Cela m'importune, m'est pénible). La solitude me pèse.

peser à qn sur la conscience Voilà un péché d'omission qui lui pèse sur la conscience.

peser sur qn La responsabilité de cet accident pesait sur elle.

peser sur qc L'aggravation de son état va peser (= avoir une influence) sur la décision des médecins.

petit, e adj. [avant le nom] une petite somme; un petit monsieur; un petit mangeur (= qui mange peu); le Petit-Clamart (près de Paris). [après le nom] un logement petit (= trop petit).

[mots composés] mes petits-fils, mes petites-filles (= les fils et les filles (de l'un) de mes enfants); mais: mes petites filles (= mes filles en bas âge). Des petites filles dansaient un ballet.

plus petit [comp.] Il est plus petit (et non: moindre) que son frère.

le plus petit [superlatif] Je n'ai pas eu la plus petite (ou: moindre) réparation.

• *moindre* n'est couramment employé que comme superlatif, après l'art. ou le poss.: La moindre inadvertance, et c'est l'accident fatal. On satisfait ses moindres désirs.

petit à petit loc. adv. Petit à petit, l'oiseau fait son nid [prov. = avec de la persévérance, on aboutit enfin].

petit n. m. les petits [contr.: les grands]; les petits d'un animal; les tout-petits.

peu/un peu adv. de quantité Il travaille peu (= moins que la moyenne). Il travaille un peu (= Son travail n'est pas négligeable). Il a travaillé peu/un peu (ou: Il a peu/un peu travaillé). Il faut peu/un peu dormir (ou: Il faut dormir peu/un peu).

[souvent *peu = trop peu*] Tu as mis peu de sel dans les pâtes. Nous avons peu dormi.

[souvent, *un peu = un peu trop*] Il est un peu bruyant! Vous avez répondu un peu vite.

un peu moins/plus (+ adv.) Il travaille un peu moins. Il vient un peu plus souvent.

un peu trop/mieux Elle dort vraiment un peu trop. Il va un peu mieux.

peu de + nom (sg. ou pl.) Il a peu de fortune/d'amis. Peu de gens le savent.

[sujet, avec ellipse] Peu le savent.

un peu de + nom sg. seulement Il a un peu de fortune. Mais: il a quelques amis.

[précédé de *en*] J'en connais peu. Il en reste peu/un peu.

peu de chose La fortune est peu de chose.

de peu Il est plus grand de peu. Il est de peu le plus grand. Il est l'aîné de peu. Il s'en faut de peu qu'il me vaille.

si peu Il échouera: il travaille si peu!

loc.:

peu à peu Le beau temps revient peu à peu (= graduellement).

depuis peu Il est parti depuis peu.

avant/sous peu Il reviendra avant/sous peu (= bientôt).

quelque peu [litt. pour: *un peu*] Il me fatigua quelque peu.

pour un peu Il était furieux, il m'aurait battu pour un peu.

à peu près Nous sommes arrivés à peu près ensemble.

si peu que ce soit Vous ne mangerez pas de sel, si peu que ce soit.

c'est peu dire Elle l'aimait, c'est peu dire, elle en était folle!

c'est peu de/que de + *inf.* «C'est peu de dire aimer, Elvire: je l'adore.» (Corneille)

c'est peu que + *subj.* C'est peu qu'il soit le premier, il voudrait être le seul.

pour peu que + *subj.* Pour peu que vous le flattiez, il vous appellera son ami.

peu s'en faut que + *subj.* Peu s'en faut qu'il ne prenne ma place.

[employé comme nom]

le peu que + *ind.* Le peu que nous gagnons est à votre disposition.

le peu de + *nom* Le peu de temps consacré à cette étude. Le peu de livres que je possède est à votre disposition.

peur n. f.

la peur de qc La peur du ridicule est un mobile puissant.

avoir peur de qc/de qn Avez-vous peur du chien/de ce garçon?

avoir peur de + *inf.* Avez-vous peur de le rencontrer?

avoir peur que + *ne* + *subj.* J'ai peur qu'il ne lui soit arrivé un malheur.

de peur de + *inf.* Je n'irai pas, de peur (= pour éviter) de le rencontrer.

de peur que (+ *ne*) + *subj.* Laissons bien mûrir le raisin de peur que le vin (ne) soit mauvais.

faire peur à qn Les chiens/Les téléphériques lui font peur.

à faire peur [pour renforcer] Elle est laide à faire peur.

Expr.: *quitte pour la peur* Mon frère a été blessé, les autres ont été quittes pour la peur.

peut-être adv. Il est peut-être mort.

peut-être + *inv.* [langue litt.] Peut-être est-il mort.

peut-être que [langue parlée] Peut-être qu'il est mort. Peut-être qu'il fera mauvais demain.

peut-être pas Le sait-il? – Peut-être pas.

pic n. m. le pic du Midi.

à pic loc. adj. ou loc. adv. Voilà une paroi à pic (= très raide). Le nageur frappé de congestion a coulé à pic (= verticalement). [fam.]: Ce mandat tombe à pic (= bien à propos).

pièce n. f.

1. (= morceau)

être en pièces Mon beau vase est en pièces.

mettre en pièces Ils ont mis en pièces l'armée ennemie.

mettre une pièce à qc Il faudra mettre des pièces aux coudes de ma veste.

de toutes pièces loc. adv. Cette histoire est inventée de toutes pièces (= Il n'y a aucun fondement).

tout d'une pièce loc. adj. «... la maladresse de cet esprit vigoureux, mais lourd et tout d'une pièce» (= sans finesse, manquant de nuances). (R. Rolland)

2. (= unité)

(la) pièce loc. adv. Ces melons sont vendus 4 F pièce (= chacun).

à la pièce loc. adv. Nous ne vendons pas à la pièce, mais seulement en gros. Cet ouvrier est payé à la pièce [contr.: à l'heure].

être aux pièces Ne nous hâtons pas, nous ne sommes pas aux pièces (= nous ne sommes pas payés en fonction du nombre de pièces, d'objets fabriqués).

3. (= monnaie) J'ai glissé/donné la pièce au guide (= Je lui ai donné un pourboire).

4. (= document) Avez-vous des pièces d'identité sur vous?

sur pièces loc. adv. Je veux juger/décider sur pièces (ou: avec pièces à l' appui = preuves).

5. (= partie d'un appartement) J'ai loué un joli deux-pièces.

pied n. m.
Expr.:

avoir pied Le baigneur s'affola quand il vit qu'il n'avait plus pied.

perdre pied L'alpiniste, perdant pied, tomba dans le vide.

prendre pied L'ennemi a pris pied dans les faubourgs de la ville.

être/mettre sur le pied de guerre Trois divisions ont été mises sur le pied de guerre (= de manière à pouvoir combattre).

mettre les pieds dans le plat [fam.] C'est un garçon naïf qui met toujours les pieds dans le plat (= qui parle trop franchement des sujets à éviter).

retomber sur ses pieds [fam.] Mon frère sait toujours, tel un chat, retomber sur ses pieds (= se tirer d'affaire dans une situation difficile).

se jeter aux pieds de qn La reine se jeta aux pieds de son époux pour implorer de lui le pardon des six bourgeois de Calais.

vivre sur un grand pied Après son succès, il peut vivre sur un grand pied (= dans le luxe).

loc. adv. et prép.:

à pied Nous sommes allés à pied. Les troupes ennemies ont pu avancer à pied.

au pied de Les alpinistes arrivèrent tôt au pied de la montagne.

au pied de la lettre Les valets exécutèrent les ordres du comte au pied de la lettre.

attendre qn/qc de pied ferme S'il vient réclamer, je l'attends de pied ferme.

en pied Le Président a sa statue en pied (= debout de la tête aux pieds) dans le salon.

piétiner v. intr. Attendant la nouvelle de l'approche de Grouchy, l'Empereur piétinait d'impatience.

piétiner v. tr.
piétiner qc Rageur, le général piétine la lettre de refus des assiégés (= la foule aux pieds).

pincer v. tr.
pincer qn/qc Furieuse, la petite a pincé son frère. Pour toute réponse, l'accusé pinça les lèvres.
pincer abs. Vers le matin, le froid a pincé.
pincer qc à qn Le volet m'a pincé (= coincé) l'index.
pincer v. tr. indir.
pincer de qc dans l'expr. *pincer de la guitare.* Pour accompagner cette chanson, il faut savoir pincer (= jouer) de la guitare.
se faire pincer [fam.] Le cambrioleur s'est fait pincer (= prendre, surprendre) par mes frères.

piquer v. tr.
piquer qn/qc Une guêpe m'a piqué. Pour donner cette injection, le docteur doit piquer le bras. L'apéritif pique le palais. Le secret d'un bon professeur, c'est de savoir piquer la curiosité.
Expr.: *piquer une tête* Son fils piqua une tête (= sauter la tête la première) pour la première fois.
se piquer Le vin se pique (= devient acide).
se piquer de qc Les Femmes savantes se piquent d'esprit (= y prétendent).
se piquer de + inf. Depuis que le roi se pique (= a la prétention) de faire des vers, tout le monde lui en apporte.

pire adj. cf. **mauvais.**

pis adv. [comp. de *mal*] seulement dans la loc. *de mal en pis.*
pis adj. neut. [comp. de *mauvais*] seul. dans *qui pis est*: Mon costume était sale et qui pis est (= ce qui est pire) déchiré.

piste n. f. une piste cyclable (= réservée aux cyclistes); une piste en cendrée (= pour les épreuves d'athlétisme).
suivre qn à la piste (= suivre une personne qu'on ne voit pas, d'après les traces qu'elle a laissées) Winnetou suivit ses ennemis à la piste.
sur la piste Maigret est sur la piste du meurtrier (= Il le poursuit, se met à ses talons). Un détail l'a mis sur la piste.

pitié n. f.
pitié pour qn Pitié pour les femmes/pour les malheureux!
c'est pitié de + inf. C'est pitié de le voir.

c'est pitié que + *subj.* C'est pitié qu'il soit resté seul.

faire pitié à qn Il me faisait pitié.

qn/qc fait pitié à + *inf.* Ce garçon/Cette misère fait pitié à voir.

cela fait pitié de + *inf.* Cela fait pitié de les voir.

avoir pitié de qn Ayez pitié de moi.

prendre qn en pitié Je l'ai pris en pitié.

à faire pitié loc. adv. [fam.] Elle joue à faire pitié (= très mal; cf. à faire peur).

place n. f. Dans l'autobus, il y a des places assises/debout. Ma sœur cherche une place au pair. Elle a perdu sa place.

à la place de qn/de qc loc. adv. J'ai dit un mot à la place de mon associé. A la place du 4e concerto on donnera la symphonie en ré majeur.

à ta/sa . . . place loc. adv. A votre place j'accepterais. Mettez-vous à ma place, Mme Dupont!

en place loc. adv. Ne dérangez rien sans le remettre en place.

Expr.: *ne pas tenir en place* Jésus reprocha à Marthe de ne pas tenir en place.

sur place loc. adv. Dès la nouvelle de l'accident, le journaliste s'est rendu sur place.

faire du sur-place [fam.] Le dimanche soir, aux portes de Paris, les voitures font du sur-place (= n'avancent guère).

prendre place Prenez place à l'avant de la gondole. Toutes les affaires de Claudine prennent place dans sa valise.

faire place à qc/à qn Le beau temps fit place à la pluie. Le ministre fit place à son concurrent.

faire une place à qc L'auteur a su faire une place à l'étymologie.

place à qn/à qc interj. Place aux jeunes!

plaider v. tr.

plaider qc J'ai plaidé sa cause devant son père. Le défenseur a plaidé l'irresponsabilité/la légitime défense.

plaider v. intr. Le défenseur a plaidé habilement.

plaider pour qc/pour qn Le défenseur a plaidé pour l'acquittement/pour l'accusé.

Expr.: *plaider pour son saint* (= défendre l'homme ou l'idée qui vous est cher) En soutenant au Conseil municipal le projet de construction, l'entrepreneur plaidait pour son saint.

plaindre v. tr.

plaindre qn Je vous plains de tout mon cœur. Il a mérité son sort, il n'est pas à plaindre.

plaindre qc [vieilli] Il ne plaint pas la dépense (= Il dépense volontiers). Elle ne plaint pas son temps (= Elle se dépense sans compter).

se plaindre de qn/de qc Ils se sont plaints de nous. L'alpiniste se plaint de ses pieds (qui lui font mal).

se plaindre de + inf. Il se plaint d'avoir froid aux pieds.

se plaindre que + subj. (ou *ind.*) Il se plaint qu'on ne l'attende jamais/qu'on ne l'a pas attendu.

se plaindre de ce que + ind. [*aussi subj.*] Je me plains de ce que vous ne m'écout(i)ez pas.

plaire v. tr. indir.

plaire à qn Les parties de pêche lui plaisent.

plaire v. impers.

il me/te/lui, etc. plaît de + inf. Il me/te/lui, etc. plaît d'agir ainsi.

s'il vous plaît [abr.: s.v.p.; formule de politesse accompagnant un ordre] Fermez la porte, s.v.p.

plaise à Dieu que + subj. [litt.; la réalisation est possible] Plaise à Dieu que le train ne soit pas en retard!

plût à Dieu/au ciel que + subj. [litt.; la réalisation est impossible ou jugée impossible] Plût à Dieu/au ciel que Grand-père fût encore vivant!

se plaire à un endroit/dans un endroit Vous vous plaisez à Bourges? Les deux touristes se plaisent dans leur chalet.

se plaire à qc/dans qc Elle se plaît à ce travail/dans la fainéantise.

se plaire à + inf. Elles se sont plu à me tourmenter. [cf. APPENDICE § 7 A].

plaisir n. m.

faire plaisir à qn C'est pour lui faire plaisir.

faire plaisir à + inf. Cela fait plaisir à voir.

à plaisir loc. adv. Il m'humiliait à plaisir (= par caprice).

au plaisir . . . «Au plaisir de vous lire bientôt» [fin d'une lettre].

être au plaisir de + inf. Elle était toute au plaisir de danser/de conduire sa Lotus.

faire à qn le plaisir de qc Faites-moi le plaisir d'une réponse.

faire à qn le plaisir de + inf. Faites-moi le plaisir de m'écouter.

avoir/prendre/trouver du plaisir à qc J'ai/Je prends/Je trouve du plaisir à ce passe-temps.

avoir/prendre/trouver du plaisir à + inf. J'ai/Je prends/Je trouve du plaisir à lire ce livre.

plan n. m. Je vais acheter un plan de la ville. Le gouvernement a préparé un nouveau plan quinquennal.

au premier/second/dernier plan loc. adv. Le Sancy pointait au dernier plan.

à l'arrière-plan loc. adv. A l'arrière-plan [= Au fond; contr.: au premier plan], on voit un berger gardant ses moutons.

de premier/second, etc. plan loc. adj. C'est un politicien de second plan.

en plan loc. adv. Il avait commencé des calculs, mais il a dû les laisser en plan (= inachevés) à cause de la mort subite de sa mère. Paul nous a laissés en plan (= nous a quittés brusquement) au milieu de la partie.

sur le plan de qc loc. adv. Sur le plan de la nourriture, cet hôtel est excellent. Vous êtes battu sur tous les plans.

Expr.: *tirer des plans sur la comète* Les projets du gouvernement pour l'année 1980 ont le désavantage de tirer des plans sur la comète (= de fonder des prévisions sur des bases trop mouvantes).

plat, e adj. un terrain plat [contr.: accidenté].

à plat loc. adv. Pose ce livre à plat. La remarque est tombée à plat (= Elle n'a pas eu de rebondissement).

à plat ventre loc. adv. Les soldats progressaient à plat ventre.

Expr.: Il m'a battu à plate couture (= vaincu totalement).

plein, e adj. [sens propre]: Une bouteille pleine. [sens fig. = haut degré]: On lui a donné plein pouvoir. Les enfants criaient à pleins poumons.

en plein + nom loc. adv. On les a réveillés en pleine nuit. Nous sommes en pleine tempête de neige.

en plein loc. adv. [fam.] Notre ballon est allé tomber en plein (= au beau milieu) sur le chapeau de la Directrice.

à plein loc. adv. Ce train roule toujours à plein (= toutes les places sont occupées par des passagers).

plein de qc La salle était pleine de monde. Il portait une valise pleine de livres [objet de l'action: valise]. Mais: Il m'a donné une pleine valise de livres [objet: *livres; pleine valise* indique la quantité].

plein prép. [invar.] J'ai de la farine plein cette boîte. Elle a de l'argent plein les poches.

Expr.: *pleine lune* C'était un soir de pleine lune.

battre son plein La fête bat son plein (= On est en pleine fête).

faire le plein Faites-moi le plein (= Remplissez mon réservoir).

en avoir plein le dos [fam.] J'en ai plein le dos (= J'en suis las).

pleurer v. intr. Depuis ce deuil elle n'a fait que pleurer.

pleurer v. tr.

pleurer qn/qc Elle pleure ses parents morts/ses fautes (= les regrette).

pleuvoir v. intr. [en général, v. impers.] Il pleuvait ce jour-là.
[parfois] *il pleut + sujet réel* Il pleut des feuilles mortes/des bombes. Lors de la réception officielle, il pleuvait des décorations.
[constr. pers.] Les feuilles/bombes/décorations pleuvaient.

plier v. tr.

plier qc J'ai plié du linge (avant de le ranger)/une lettre (avant de la mettre dans l'enveloppe).

Expr.: *plier bagage* Quand ils virent l'agent, les gamins jugèrent prudent de plier bagage (= de déguerpir).

plier qn à qc L'armée plie les recrues à la discipline (= les y assujettit).

plier v. intr. A Waterloo, même la Garde a plié (= reculé).

se plier à qc Il faut se plier aux circonstances.

plonger v. intr. Le scaphandrier plongea longtemps, mais ne trouva pas le cadavre.

plonger v. tr.

plonger qc/qn dans qc Elle plongea les mains dans sa fourrure. [fig.]: Les dettes du fils plongèrent la famille dans la misère.

se plonger dans qc Pour oublier son malheur, il se plongea dans le travail.

la plupart loc. adv.

la plupart de + nom pl. + verbe pl. La plupart des femmes aiment les fleurs. La plupart des étrangers font cette faute.

la plupart + verbe pl. La plupart font cette faute. [cf. APPENDICE § 6, 1]

la plupart d'entre + pron. pers. La plupart d'entre nous/eux connaissent ce pays.

la plupart [en apposition] *+ adj. ou p. pa.* Les soldats d'Alexandre, la plupart blessés, refusèrent de continuer la guerre.

la plupart du temps loc. adv. Il rentre ivre la plupart du temps (ou: La plupart du temps, il rentre ivre).

pour la plupart loc. adv. Les estivants, pour la plupart, font l'excursion à l'île de Ré. Les enfants, pour la plupart orphelins, sont logés au rez-de-chaussée.

plus

1. conj. (signe mathématique, prononcé [plyz] devant voyelle et [plys] devant consonne et à la fin de la phrase) Deux plus un font trois. Deux plus deux égale quatre. Il est élu à la majorité plus une voix.

de plus Il a quatre voix de plus.

2. adv. de temps nég. (prononcé [plyz] devant voyelle et toujours [ply] autrement)

ne + verbe + plus Il ne travaille plus. N'y pense plus.

ne + auxil. + plus + p. pa. Je n'y ai plus pensé.

[joint à *ne* obligatoirement devant l'inf. prés., facultativement devant l'inf. pa.] Il me reproche de ne plus travailler/de ne plus avoir travaillé (ou: de n'avoir plus travaillé).

ne ... plus + de + nom ou pron. Il n'a plus d'amis, il n'en a plus.

ne ... plus + que + nom ou pron. Je n'ai plus que mon père/que cela.

[sans *ne* dans les phrases ellipt. du verbe]: Plus de pain! [ou en français pop.]: Le boulanger a plus de pain.

3. adv. de quantité prononcé [plyz] devant voyelle; ailleurs [ply] s'il est lié au mot suivant: plus grand, plus de travail; et [plys] s'il se rapporte à ce qui précède: Il travaille plus (= davantage).

● Comme la langue relâchée omet très souvent *ne*, ces deux phrases de sens tout à fait contraire ne se distinguent que par la prononciation: Il (ne) travaille plus [ply] = Il a cessé de travailler; et: Il travaille plus [plys] (= davantage).

[comp.; compl. de verbe, d'adj., d'adv.]
Travaillez plus. Il est plus grand. Venez plus tard.
[modifié] bien plus grand; beaucoup plus grand; tellement plus grand; trois fois plus grand.
[avec nég.] Il n'est pas plus grand.
plus de + *nom* Cela vous donnera plus de mal. Vous aurez plus de difficultés.
plus + *adj.* + *que* + *nom ou pron.* Il est plus grand que Paul/moi.
plus + *adj.* + *que* + *adj.* Il est plus grand que gros.
plus + *adj.* + *que* (+ *ne explétif*) + *ind.* Il est plus grand que je (ne) pensais.
plus que + *adj. ou p. pa. ou adv.* Tes mains sont plus que sales. Je suis plus que fatigué. J'en ai plus qu'assez.

loc.:
de plus en plus La situation se complique de plus en plus.
plus ou moins Il était plus ou moins content.
ni plus ni moins Il n'est ni plus ni moins grand que moi.
d'autant plus En s'excusant, il me vexait d'autant plus.
d'autant plus que + *ind.* loc. conj. Tu seras privé de dessert, d'autant plus que je n'en ai pas acheté.
Expr.: *qui plus est* Il a menti et, qui plus est (= ce qui est encore plus), il a volé.
Plus . . ., (et) plus [en tête de prop.] Plus il fait chaud, (et) plus on a soif.
Plus . . ., (et) moins . . . Plus je lis cet auteur, (et) moins je le comprends.

[superlatif]
Tu es le plus grand/la plus grande.
le plus + *adj.* + *de* + *nom ou pron.* le plus grand des enfants/de tous.
le plus + *adj.* + *que* + *ind. ou subj.* (si l'on veut souligner la rareté) le plus grand que nous avons (ou: ayons).

● Distinguer:
le/la/les plus + *adj.* (+ *possible*) Achète la voiture la plus petite (possible).

et:

le plus [adv. invar.] (+ *adv. ou adj.*) (+ *possible*) C'est elle qui travaille le plus. Prends ceux qui sont le plus près (possible). C'est en histoire qu'elle est le plus savante (cf. **le, la, les** art. déf.).

au plus loc. adv. Il a quinze ans au plus.

des plus + *adj.* Elle n'est pas des plus adroite(s). Un accueil des plus cordiaux/cordial (cf. **de**, 2).

plusieurs adj. indéf. Il a plusieurs voitures. A plusieurs reprises, il essaya d'ouvrir la porte.

plusieurs pron. indéf.

plusieurs de + *déterm.* + *nom* Plusieurs de mes élèves sont malades.

plusieurs d'entre + *pron.* Plusieurs d'entre nous connaissent le trajet.

en + *verbe* + *plusieurs* J'en ai vu plusieurs.

[sans compl. seulement comme sujet] Plusieurs se sont plaints.

plutôt adv.

[seul]: Ne vous tracassez pas, venez plutôt vous distraire avec nous.

plutôt + *nom/pron./adj./adv.* + *que* Invite plutôt mon cousin que Pierre. Il est plutôt bête que méchant. Il répond plutôt bien que mal. [dans toutes ces phrases, *plutôt* peut être joint à *que*, et il peut commencer la phrase.]: Invite mon cousin plutôt que Pierre/Plutôt que Pierre, invite mon cousin; etc.

plutôt + *inf.* + *que* (*de*) + *inf.* Ils veulent plutôt mourir que d' être/ qu'être esclaves. Cf. la remarque sur *plutôt que*, p. 12.

mode pers. + *plutôt que de* + *inf.* Ils mourront plutôt que d'être esclaves/Plutôt que d'être esclaves, ils mourront.

plutôt que (+ *ne expressif*) + *ind.* Il vole plutôt qu'il (ne) court.

plutôt + *adj. ou adv.* Il est plutôt (= assez) paresseux. Il répond plutôt mal.

● Ne pas confondre avec *plus tôt* adv. de temps: Le spectacle est à cinq heures, mais il faut arriver bien plus tôt. Nous n'étions pas plus tôt arrivés que le rideau se leva.

poêle 1. n. m. (= appareil de chauffage) Quel froid! Va vite allumer le poêle.

2. n. f. (= plat de cuisine en fer) une poêle à frire.

poète n. m. [fém.: poétesse]: «La bonne Christine de Pisan était une poétesse fort estimée.» (A. Thérive) [on emploie parfois le masc. pour les femmes]: La Comtesse de Noailles était un poète très en vue.

point n. m.

1. (= signe graphique) N'oubliez pas de mettre les points sur les i.

2. (= unité de notation) Le correcteur m'a enlevé trois points. La maîtresse m'a donné deux bons points.

aux points loc. adv. et adj. Le Noir fut déclaré vainqueur aux points [contr.: vainqueur par K.O.].

3. (= lieu de repère) Le projectile décrit une courbe du point de départ au point d'arrivée. La plaine est immense de ce point de vue. [fig.]: Je ne partage pas votre point de vue (= votre manière de voir).

points cardinaux Les pieds de la Tour Eiffel sont placés exactement aux quatre points cardinaux.

Expr.: *faire le point* Alain Bombard, «naufragé volontaire», s'astreignit à faire le point régulièrement (= à déterminer la position du bateau).

être sur le point de + inf. Il était sur le point de répondre, quand son associé lui fit signe.

4. (= degré)

à (ce/tel) point Je ne le savais pas malade à ce/tel point. Ce poulet est rôti à point (= comme il faut, ni trop ni trop peu).

au point de + inf. Il est paresseux au point de décourager toute indulgence.

au point/à tel point que + ind. Il est paresseux au point/à tel point qu'il ne veut plus rien faire.

au point que + subj. [si une restriction porte sur la principale] Est-il paresseux au point qu'il ne veuille plus rien faire?

point adv. nég. [remplacé par *pas*, s'emploie encore facultativement avec un nom ou pron. compl.] Il n'a point d'amis, il n'en a point.

poli, e adj.

poli pour/avec/envers qn Il s'est montré très poli pour/avec/envers moi.

porte-

porte- + *nom* [mots composés masc.]: le porte-monnaie; le porte-drapeau; le porte-bagages. [pl.]: des porte-monnaie; des porte-drapeaux; des porte-bagages. [en un seul mot] seulement: porteballe; portefaix; portefeuille; portemanteau. [pl.]: des portemanteaux.

portée n. f. La portée du fusil Lebel est de 2 400 m.

à la portée de qn/de qc Cette introduction est à la portée de tout le monde (= tout le monde peut la comprendre). Une Rolls Royce n'est pas à la portée de toutes les bourses (= elle coûte trop cher).

à portée de la/ma etc. main Sur mon bureau, j'ai toujours le Grevisse à portée de la/ma main.

porter v. tr.

porter qc/qn L'arbre porte des fruits. Le talisman porte bonheur. Dans le couloir obscur, le père porta l'enfant. [fig.]: Il porta cette femme longtemps dans son cœur. Il porta la main à sa bouche. L'enfant n'osa plus porter les yeux sur son père.

porter plainte contre qn Il paraît que les victimes de l'accident vont porter plainte contre le chauffeur de l'autobus.

porter à + inf. Tout porte à croire que vous avez raison.

être porté à qc Je suis porté à la colère.

être porté à + inf. Je suis porté à vous croire.

se porter Comment vous portez-vous?

se faire porter + adj. Les deux ouvriers se sont fait porter malades.

être bien/mal portant(e, s) Elle est bien portante.

porter v. intr. Tout le poids de la voûte porte sur ce pilier. Votre critique n'a pas porté (= a été sans effet).

porter à une distance Le fusil Lebel porte à 2400 m.

porter sur qc [fig.] Cet exposé/Ce chapitre porte sur les croisades.

poser v. tr.

poser qc On pose les fondements d'un édifice/une trousse sur une table. [fig.]: Le maître pose un principe.

poser qc à qn L'examinateur posa plusieurs questions au candidat.

se poser Heureusement, la question ne se pose pas. «Je vais pouvoir me poser» (= atterrir). (Blériot)

se poser en + nom Ton frère se pose en don Juan (= il en prend les attitudes).

poser v. intr. J'aurais du mal à poser, immobile, pendant des heures devant un peintre.

poser à + art. + nom Ton frère pose au don Juan.

posséder v. tr.

posséder qc Son père possède une propriété à la campagne/plusieurs langues (= il les parle bien).

être possédé par qc Grandet était possédé par l'amour de l'argent.

être possédé de qc «Staline était possédé de la volonté de puissance.» (de Gaulle) [cf. APPENDICE § 8].

possible adj. Il a lu tous les livres possibles.

[invar. après un superlatif] Les plus grands/Les meilleurs possible. Faites le moins de fautes possible.

il est possible [impers.] *de + inf.* Est-il possible de faire des fautes pareilles?

il est possible [impers.] *que + subj.* Il est possible que vous m'ayez mal compris.

possible n. m. Il a fait son possible. On a défini la politique l'art du possible. Je vous aiderai dans la mesure du possible.

au possible loc. adv. Il est contrariant au possible (= autant que possible).

postérieur, e adj. [toujours après le nom] L'[ɑ] postérieur est aussi appelé vélaire.

postérieur à qc «Le Misanthrope» est postérieur à «Don Juan».

pour prép.

1. BUT

verbe + pour + nom Nous partons pour Paris. Il travaille pour la gloire. Ce wagon est pour les fumeurs.

[dans les votes] Je suis pour l'indépendance. Je vote pour Untel.

[abs.] Si vous êtes contre, moi je suis pour.

[limite d'une durée dans l'avenir] Je m'engage pour trois ans.

[date fut.] Je vous donne rendez-vous pour lundi.

nom + pour + nom le train pour Paris; la lutte pour la vie; un wagon pour fumeurs; le devoir pour samedi.

pour + adv. Adieu pour toujours.

pour + inf. Prenons un taxi pour ne pas manquer le train.

[simple succession; litt.] Il s'installa au Brésil pour y mourir bientôt de la fièvre jaune.

Expr.: *pour rire* Ils se battent pour rire (= Ils font semblant de se battre). Un gendarme pour rire (= Un faux gendarme).

pour de bon loc. adv. et adj. Ils se battent pour de bon.

être pour + inf. [aspect imminent de l'action] Nous étions pour (= sur le point de) partir quand le téléphone a sonné.

2. CONSÉQUENCE

assez/trop (...) pour + inf. Il gagne assez pour vivre. Ce melon est trop mûr pour être bon.

Expr.: *ne pas être pour + inf.* Cette promenade n'est pas pour (= pas de nature à) me déplaire.

trouver/il y a + nom/pron. + pour + inf. «Les Français passent leur temps sur la route à se demander s'ils ne sont pas fous et trouvent presque aussitôt quelqu'un pour leur confirmer qu'ils le sont.» (Daninos)

3. CAUSE

pour + nom Elle a épousé le vieillard pour son argent. Le pompier a été félicité pour son courage.

pour + inf. [le plus souvent *inf. pa.*] Pierre est puni pour avoir été insolent.

pour si peu loc. fam. Je ne me suis pas troublé pour si peu.

pour un peu loc. fam. Pour un peu, il m'aurait battu (= il a failli me battre).

4. CONCESSION

pour + inf. «La Bastille, pour être une vieille forteresse, n'en était pas moins imprenable.» (Michelet)

pour autant Il a couru, mais il n'est pas essoufflé pour autant (= pourtant, il n'est pas essoufflé).

5. POINT DE VUE

pour + nom ou pron. Cette plage est idéale pour les enfants. C'est bien

fait pour lui/elle, etc. (= Il/Elle, etc. a bien mérité cette punition).
Tant pis pour elle! Heureusement pour nous, ... C'est assez bon
pour lui. Trop loin pour moi. Cet enfant est grand pour son âge.
Il est difficile pour une femme de commander à des hommes.
pour moi, je + verbe Pour moi (= Quant à moi), je préfère rester ici.
art. + nom + pour qn + de + inf. La difficulté pour une femme de
commander à des hommes ... Le fait pour un soldat de manquer à
l'appel peut entraîner une sévère sanction.
«Je ne crois pas à la possibilité pour une langue vivante de se maintenir par le seul poids de ses vertus propres.» (M. Girard)
[quantité concernée] Les estivants se composent pour la moitié de
campeurs. Pour cent hôtels, dix sont ouverts. Dix pour cent des
hôtels sont ouverts.
[emploi expressif] :
pour + art. part. + nom Pour de l'adresse, il en a!
pour + inf. Pour être adroit, il est adroit!

6. SUBSTITUTION OU ÉCHANGE
pour qn/qc Je répondrai pour toi. J'ai employé un mot pour un autre.
Répète le texte mot pour mot.
avoir/donner/prendre/tenir qn/qc pour + nom J'ai Paul pour ami. Il prend
le whisky pour un remède. Je le tiens pour un artiste.
[mot répété; expr. fam.] Remède pour remède (= A choisir entre
deux remèdes), je préfère le whisky.
[prix] Il a vendu sa maison pour une bouchée de pain.
loc. conj.
pour que + subj. [but] Je porte cette lettre pour qu'elle parte aujourd'hui.
assez/trop ... pour que + subj. [conséquence] Il est assez tôt pour que
la lettre parte aujourd'hui.
pour + adj./p. pa./adv. + que + subj. [concession] «Pour grands que
soient les rois, ils sont ce que nous sommes.» (Corneille)
pour autant que + subj. Pour autant que je sache, il n'est pas médecin.
pour peu que + subj. Pour peu que vous le flattiez, il vous appelle
son ami (= Il suffit que vous le flattiez un peu pour qu'il vous appelle
son ami).

pour n.m. Il faut peser le pour et le contre.

pourquoi adv. [au début de la phrase] Pourquoi as-tu fait cela?
Pourquoi suis-je ici? Pourquoi ton père a-t-il décliné cette invitation? Pourquoi le train s'arrête-t-il? (Mais non: *Pourquoi s'arrête
le train?)
• *Pourquoi* ne permet l'inversion simple qu'avec les pronoms de conjugaison.
pourquoi est-ce que ...? Pourquoi est-ce que le train s'arrête?

pourquoi + *inf*. Pourquoi rejeter/ne pas accepter une offre si généreuse?

pourquoi? [seul] Evidemment ces deux systèmes ne peuvent pas exister côte à côte. – Pourquoi?

pourquoi non? [la seule forme litt. correcte]

pourquoi pas? [fam.] Tu ne vas pas partir au Mexique? – Pourquoi pas?

c'est pourquoi/voilà pourquoi loc. adv. C'est pourquoi/Voilà pourquoi je n'ai pas accepté.

• Ne pas confondre *pourquoi* avec *pour quoi*. – Tu ne viens pas avec nous cet après-midi? – Pour quoi faire?

pourquoi n. m. [invar.] Je mourrai sans avoir compris le pourquoi de la vie. Jeannot m'importunait avec ses continuels pourquoi.

pourtant adv. Vous n'irez pas? Pourtant, c'est/ C'est pourtant votre devoir. Je te l'avais pourtant dit.

pourvoir v. tr.
pourvoir qn/qc de qc Il faut pourvoir les fantassins de chaussures. Ma bicyclette est pourvue de garde-boue.

pourvoir v. tr. indir.
pourvoir à qc Il faut pourvoir aux besoins de la troupe.

pourvu que conj.
pourvu que + *subj*. Faites ce que vous voulez, pourvu que vous me laissiez tranquille.
[dans les souhaits] Pourvu qu'il vienne à temps!

pousser v. tr.
pousser qn/qc (de qc) Il poussa son voisin (du coude). Poussez la porte. Voltaire tendit à pousser la moquerie trop loin.

pousser qn à qc Vous l'avez poussé au crime/à bout.

pousser qn à + *inf*. Quel goût d'aventures le poussa à quitter la France?

pousser v. intr. La mauvaise herbe pousse vite.

pousser jusqu'à + *indication de lieu* Aujourd'hui nous avons poussé jusqu'à Avignon.

pouvoir v. tr. [usages litt.]: Je ne puis (= Je ne peux pas). Puis-je? (= Est-ce que je peux?) Il ne peut se tromper. Je regrette de n'avoir pu venir. [nég. *ne* sans *pas*]

pouvoir + *inf*. Je peux vous aider. [ellipt., avec p.pa. toujours invar.] J'ai fait tous les efforts que j'ai pu.

• Dans les phrases où *pouvoir* est suivi d'un inf., la nég. peut porter sur *pouvoir* ou sur l'inf., selon le sens. Distinguer: Il ne peut pas arriver avant 9 heures (= Il est impossible qu'il arrive avant). Il peut ne pas arriver avant 9 heures (= Il est possible qu'il n'arrive

pas avant). «Un fait de langue a beau être correct, il peut ne pas
être adapté à sa fonction.» (H. Frei).

pouvoir + pron. Je le peux. Que pouvez-vous? Pouvez-vous quelque
chose? Cet homme peut tout.

pouvori qc à qc Je ne peux rien à cela. Je n'y peux rien.

n'en pouvoir plus Je n'en peux plus (= Je suis à bout de forces).

n'en pouvoir plus de + nom Je n'en peux plus de fatigue.

se pouvoir Cela se peut (bien).

il se peut [impers.] *que + subj.* Il se peut que je vende ma voiture.

pouvoir n. m. Il tomba en leur pouvoir/au pouvoir de ses ennemis.

pouvoir sur qn/qc Il est sans pouvoir sur son fils.

avoir le pouvoir de + inf. Je n'ai pas le pouvoir de vous aider.

donner plein pouvoir à qn Le gouvernement va-t-il donner plein pouvoir à M. X. pour ces pourparlers?

avoir les pleins pouvoirs Pour pouvoir négocier, il nous faut un émissaire qui ait les pleins pouvoirs.

donner les pleins pouvoirs à qn Pour ces négociations ils lui donnèrent
les pleins pouvoirs.

pratique n. f. La pratique est autre chose que la théorie.

la/une pratique de qc La longue pratique de la photographie dont dispose l'auteur ... J'ai une pratique suffisante de la haute montagne
pour savoir que ...

la pratique de qn La pratique (= La fréquentation) des vieux capi-
taines l'a formé.

mettre en pratique – Vos conseils sont excellents, mais le moyen de les
mettre en pratique?

en pratique loc. adv. En pratique (= Pratiquement/En réalité) cette
subvention équivaut à un simple gaspillage d'impôts.

précédant/précédent [cf. APPENDICE § 3] Le maire, précédant
le cortège, était flanqué des deux adjoints. Vous n'avez qu'à relire
le paragraphe précédent/la page précédente.

précédent n. m. Une telle indulgence ne constituera-t-elle pas un précédent dangereux?

précéder v. tr.

précéder qn/qc La musique précède les troupes. La Révolution a précédé Napoléon. Plusieurs symptômes ont précédé la maladie.

précédé de qn Précédé de son aide-de-camp, le général fit son entrée
dans la salle. [cf. APPENDICE, § 8]

précipiter v. tr.

précipiter qc/qn La sagesse, c'est de ne rien précipiter. L'accusé
aurait précipité sa femme du balcon.

se précipiter Heureuse, la petite fille se précipita dans les bras de sa

mère. [fig.]: Il se précipita dans les plaisirs pour y trouver l'oubli.
se précipiter sur qn Le Duc de Guise se précipita sur ses nombreux assaillants.

précis, e adj. à deux heures précises.
précisément adv. Indiquez-moi plus précisément les circonstances de l'accident. Il est entré précisément quand je sortais.
Vous êtes le neveu de M. Dupuis? – Précisément (= Oui).

précis n.m. «Précis de syntaxe du français contemporain» (v. Wartburg et Zumthor).

précision n. f. La science exige la précision. L'arbitre avait un chronomètre de précision. L'ambassadeur d'Italie a demandé des précisions sur le traité à signer.

prédilection n. f.
de prédilection loc. adj. Son auteur de prédilection (= Son auteur préféré), c'était Voltaire.
(avoir) une prédilection pour qn/pour qc La mère avait une prédilection pour l'aîné. Verlaine avait une prédilection pour l'absinthe.

prééminence n. f.
prééminence sur qc Les Allemands croient volontiers à la prééminence du tragique sur le comique.

préférence n. f. Mes préférences vont aux films policiers.
préférence pour qn/ pour qc Très souvent, les parents semblent avoir une certaine préférence pour le cadet. J'ai une préférence pour cette couleur.
Expr.: *accorder/donner la préférence à qn/à qc* Il a accordé la préférence au candidat communiste. Le jury a donné la préférence à la solution de Le Corbusier.
de préférence loc. adv. De préférence, je passe les vacances en Suisse.
de préférence à qc/à qn Comme apéritif, je prends de l'anisette de préférence aux vermouths.

préférer v. tr.
préférer qn/qc Qui préférez-vous? Elle préfère cette cravate.
préférer qn/qc à qn/qc Je préfère Racine à Corneille/l'honneur à l'argent.
préférer + inf. Dans ces conditions, je préfère rester chez moi.
préférer + inf. + plutôt que(de) + inf. Ils préfèrent mourir plutôt que (de) se rendre.
préférer que + subj. (plutôt que de + inf.) Il préfère que tu viennes chez lui (plutôt que de lui téléphoner).

préjugé n. m. La prétendue infériorité de cette race est un préjugé que rien ne justifie.

préjugé contre qn/contre qc Il semble avoir un préjugé contre les Noirs/ contre la musique moderne.

premier, première adj. [emploi obligatoire pour les dates et les noms de souverains] le premier mai (mais: le deux, trois mai); Napoléon Ier (mais: Napoléon III).

[normalement avant le nom] la première fois; Premier Consul.

[dans certaines expr. après le nom] Livre premier. L'Italie manque de matières premières (= de charbon etc.) 1, 3, 5, 7, 11 etc. sont des nombres premiers. «La femme est toujours le principal danger pour l'alpiniste! C'est une vérité première pour nous tous.» (Herzog)

être reçu/sortir premier (attr.) Il est sorti premier de Centrale.

verbe + le premier (sens temporel) Passez le premier.

Expr.: *la tête la première* Il est tombé sur le sable la tête la première.

être le premier à + inf. Je serais le premier à dire oui.

le premier qui/que + ind. ou subj. J'ai demandé mon chemin au premier passant que j'ai rencontré. «Notre mère Eve est la première qui a péché.» (Bossuet). C'est bien le premier homme qui ait vu cela. «Cet enfant est le premier de sa race qui ait fait une trahison.» (Mérimée) [le subj. insiste davantage sur la rareté du fait]

c'est la première fois que + ind. C'est la première fois que j'écris un livre. [dans ce tour, le subj. est impossible]

prendre v. tr.

prendre qn/qc Nous prenons un voleur/un livre/un aliment/une décision. Je suis allé prendre (= accueillir) M. Dupuis à la gare. Soudain la colère le prit.

prendre qc à qn Un pickpocket lui a pris son portefeuille. Pierre prend souvent des jouets à sa sœur.

prendre qn/qc pour + nom attr. Je l'ai pris pour son frère. Prenez-le pour juge. Vous me prenez pour un imbécile. Ne prenez pas cette idée pour une folie.

prendre sur soi qc Pour vous sauver, je vais prendre sur moi la faute/la responsabilité.

prendre sur soi de + inf. Il prit sur lui d'informer la veuve de l'accident.

loc. verbales

prendre + nom sans art. Prenez courage, ce n'est pas grave du tout. Les étables prirent feu tout de suite. Il faut que les bagarres prennent fin. Vous allez prendre part à la manifestation? Chacun doit prendre parti contre/pour cette décision.

prendre + art. + nom Le détenu ne fut pas long à prendre la fuite. Sortons un peu pour prendre l'air.

prendre qc à cœur/à la légère/au sérieux Le médecin a pris son échec très à cœur. Tu as tort de prendre cette affaire à la légère. Voilà un début d'épidémie qu'il faut prendre au sérieux.

il me/te/lui prend [impers.] + *nom* + *de* + *inf.* Il lui prend une envie de chanter. Il leur prit l'idée de lui jouer un mauvais tour.

prendre qn/qc en + *nom* Ce jour-là, je l'ai pris en pitié/j'ai pris l'abattoir en horreur.

prendre v. intr. La rivière a pris (= gelé) cette nuit. La ruse n'a pas pris (= on l'a devinée). Cette mode prendra (= se répandra) vite.

se prendre pour qn Pour qui vous prenez-vous?

se prendre à + *inf.* [litt.] Elle se prit (= commença) à rire.

s'en prendre à qc/à qn S'il échoue, il s'en prend au sort (= il impute la faute au sort)/au professeur.

s'y prendre + *adv.* Il s'y prend mal. Il faut vous y prendre autrement.

préparatifs n. m. pl. L'ascension du Puy Marie ne nécessite pas de longs préparatifs.

préparatifs de + *nom* Les Javault sont dans les préparatifs de départ.

préparation n. f.

préparation de + *art.* + *nom* La préparation de cette ascension demande de l'expérience.

préparation pour + *indication de date* Voici votre préparation (= explication de texte à préparer; terme scolaire) pour mercredi.

préparer v. tr.

préparer qc Elle prépare le dîner. Mon fils prépare Polytechnique/l'agrégation.

préparer qn à qc Il prépare ses élèves à la licence. Je suis préparé à tout.

préparer à qc Ces exercices prépareront aussi à la rédaction.

préparer qn à + *inf.* Préparez-le à entendre cette nouvelle.

préparer qc à qn On lui prépare une splendide réception.

se préparer Ma femme se prépare (nous allons sortir).

se préparer à qc Nous nous préparons au départ. Préparez-vous à un accueil froid.

se préparer à + *inf.* Nous nous préparons à partir. Prépare-toi à trouver des conditions difficiles là-bas.

près adv. Il demeure tout près. Ils habitent si près (que ...).

de près loc. adv. Je l'ai vu de près/d'assez près.

à peu près loc. adv. C'est à peu près (= plus ou moins) exact.

à + *nombre* + *nom* + *près* Nous ne (ou: n'en) sommes pas à deux jours près (= Que vous mettiez soixante jours ou soixante-deux, c'est indifférent). A quelques francs près, il m'a rendu le prêt entier.

à cela près loc. adv. A cela près (= Excepté cela), nous n'avons pas eu de différend.

près de qn/de qc loc. prép. Asseyez-vous près de moi. Il s'assit près de la cheminée.

près de + *inf.* Je me sentais près de pleurer.

● A ne pas confondre avec *prêt à* + *inf.* dont le sens peut cependant se rapprocher de *près de :* J'étais près de (ou: prêt à) le renvoyer quand il a donné sa démission.

présence n. f. Monsieur l'Ambassadeur a bien voulu honorer notre réunion de sa présence. Cette actrice a de la présence.

Expr.: *faire acte de présence* D'accord pour faire acte de présence (= me montrer quelques instants), mais je n'ai pas le temps d'y passer la soirée entière.

en présence loc. adv. Les deux ennemis sont en présence (= face à face).

en présence de qn loc. prép. La cérémonie s'est déroulée en présence de M. le Maire.

présent, e adj.

1. [sens temporel – en général après le nom] Les difficultés présentes demandent des solutions nouvelles.

[quand *présent* a une valeur démonstrative (= qc à quoi on a affaire dans le moment même), il est placé avant le nom] Le présent ouvrage (= Cet ouvrage-ci) s'adresse aux maîtres et aux étudiants.

[langue administrative] le présent projet de loi (= celui sur lequel nous sommes en train de délibérer).

2. [contr.: *absent*; après le nom] A cause de la grippe, il y a aujourd'hui seulement 12 élèves (de) présents contre 10 absents.

présent à qc [souvent *à l'esprit/à la mémoire/à la pensée*] Cette idée m'est toujours présente à l'esprit/à la pensée. Cette scène lui fut longtemps présente à la mémoire. Chaque homme doit être présent à l'appel.

à présent loc. adv. Elle a été malade, mais elle est mieux à présent. Jusqu'à présent, il a fait beau.

à présent que + *ind.* loc. conj. A présent qu'il fait beau, nous pouvons sortir.

présentement adv. Je n'ai pas d'appartement à louer présentement (= pour le moment).

présent n. m. 1. [sens temporel] En grammaire et dans la vie, on distingue le passé, le présent et le futur.

3. (= cadeau)

faire présent à qn de qc [litt.] Il me fit présent d'un chien.

recevoir qc en présent J'ai reçu ce vase chinois en présent.

donner qc en présent à qn Il m'a donné un vase chinois en présent.

présenter v. tr.

présenter qc J'ai présenté mon passeport. Les soldats présentèrent les armes.

présenter qc à qn Je vous présente mes excuses. Le maître d'hôtel nous présenta la carte des vins.

présenter qn à qn Je lui ai présenté mon frère. Présentez-le-lui. Présente-la-moi. Mais: Présentez-moi à elle/à lui.

préserver v. tr.
préserver qn/qc de qc Sa fourrure la préserva du froid. Le caoutchouc préserve la semelle de l'usure. Dieu nous en préserve!

présider v. tr.
présider qc Le maire a présidé la réunion (= l'a dirigée comme président).

présider v. tr. indir.
présider à qc Les principes suivants ont présidé à (= ont inspiré) la rédaction de notre grammaire.

presque adv. [*presque* est élidé seulement dans *presqu'île*] un ouvrage presque achevé.
art./déterm. + presque + nom Le syndicat, à la presque unanimité, a voté pour la grève. Le peuple, dans sa presque totalité, réprouve ces excès.

presser v. tr.
presser qc J'ai bu un citron pressé. J'ai pressé deux oranges. Craignant l'orage, les deux touristes pressèrent le pas (= se dépêchèrent).
presser qn de qc Il me pressait (= accablait) de questions.
presser qn de + inf. Il me pressait de conclure ce marché.
être pressé Vite ma serviette, je suis très pressé.
être pressé de + inf. Tous les passagers sont pressés de partir.
se presser Quand le feu se déclara, les gens se pressèrent devant la sortie.
se presser de + inf. Tout le monde s'est pressé de rentrer avant l'orage.
presser v. intr. Le temps presse.
rien ne presse Je vous serais reconnaissant de me rendre le Chaix, mais rien ne presse (= ce n'est pas urgent).

prêt, e adj. Me voilà prête.
prêt à qc Ils étaient prêts à l'attaque comme à la fuite.
prêt à + inf. Il est prêt à nous faire ses excuses.
● Ne pas confondre avec *près de* (+ *inf.*). Elle était près de pleurer quand le docteur lui téléphona la bonne nouvelle.

prétendre v. tr.
1. (= affirmer)
prétendre qc C'est ce qu'il prétend. «Les prétendus enseignements de l'histoire littéraire.» (Valéry)
prétendre que + ind. L'auteur prétend à tort qu'on fait la liaison. [cf. APPENDICE § 11]
prétendre + inf. Il prétend avoir raison (mais sans fournir de preuves).
prétendre qn + attr. On le prétend méchant.

2. (= vouloir) [litt.]

prétendre que + *subj.* Je prétends qu'il vienne.

prétendre + *inf.* Nous prétendons ne pas nous laisser faire.

prétendre v. tr. indir.

prétendre à qc Il prétendait (= aspirait) à la main de cette jeune fille.

prêter v. tr.

prêter qc Jean prête volontiers ses affaires.

Expr.: *prêter serment* Le soldat prête serment devant le drapeau hissé (= Il jure d'être obéissant et fidèle).

Expr.: *prêter main forte (à qn)* Pour libérer le malheureux, il aurait fallu que quelqu'un (me) prête main forte (= aide de sa force physique).

prêter qc à qn Prêtez-moi votre clé pour quelques heures. L'Institut français prête des livres aux personnes intéressées (= celles-ci les y empruntent).

prêter v. tr. indir.

prêter à qc Sa conduite prête à la critique. Cette expression prête à équivoque (= est ambiguë).

prêter à + *inf.* Sa conduite prête à rire.

se prêter à qc Le caissier s'est prêté à des opérations frauduleuses. Cet instrument se prête à des usages divers.

prétexte n. m. Cette visite au musée n'était qu'un prétexte.

le prétexte de qc Le prétexte du musée à visiter ne peut tromper que ses parents.

Expr.: *prendre prétexte de qc (pour* + *inf.)* Il a pris prétexte d'un (= Il a allégué un) mal de tête (pour ne pas assister à la réception).

le prétexte de + *inf.* Le prétexte de vouloir faire changer de l'argent suisse n'a pas réussi au gangster.

un prétexte pour + *inf.* Il cherche un prétexte pour justifier sa vilaine conduite.

sous prétexte de qc loc. adv. Sous prétexte d'une blessure le gangster se procura accès au cabinet.

sous prétexte de + *inf.* loc. adv. Sous prétexte de devoir changer de l'argent le filou arriva à voler la grosse somme.

preuve n. f.

faire ses preuves Cette méthode a déjà fait ses preuves (= a été pratiquée avec succès) dans beaucoup de pays.

faire preuve de qc Le pompier a fait preuve de courage.

la preuve en est que + *ind.* Il est fâché contre moi, la preuve en est qu'il ne m'a pas regardé.

prévenir v. tr.

prévenir qn/qc L'attaque ne va plus tarder; un espion nous a prévenus

(= avertis). Il nous faut prévenir (= devancer) l'attaque des ennemis. Ils comptaient nous attaquer, mais nous les avons prévenus (= devancés).

prévenir qn de qc Je vous préviens de sa visite. Il m'en a prévenu.

prévenir qn que + *ind.* Prévenez-le qu'il aura ma visite.

prévenir abs. Son visage prévient en sa faveur/contre lui.

prévenu (contre qn) Le patron a l'air très prévenu contre moi. «Il y a des historiens également érudits, également sincères, mais diversement prévenus.» (Fustel de Coulanges)

prévoir v. tr. [fut.: je prévoirai]

prévoir qc On ne pouvait pas prévoir les conséquences de cet acte.

il est à prévoir [impers.] *que* + *ind.* Il est à prévoir qu'il nous rappellera.

prier v. tr.

prier qn dans l'expr.: *je vous prie* Ne recommencez pas, je vous prie. Expr.: *je vous en prie* [en réponse à des remerciements] Merci beaucoup de vos fleurs, Monsieur. – Mais je vous en prie, Madame.

prier qn de + *inf.* Je vous prie de me croire.

prier qn à + *inf.* [avec certains mots seulement] Mon Directeur m'a prié à déjeuner/dîner, etc.

prier qn que + *subj.* Prions Dieu qu'il en soit ainsi.

se faire prier Ne vous faites pas tant prier.

se faire prier pour + *inf.* Ne vous faites pas tant prier pour venir.

prier v. intr.

prier pour qn Priez pour moi.

prier pour que + *subj.* Je prie pour que l'examinateur soit sourd.

prière n. f. «L'enfant s'agenouilla. – Dis tes prières.» (Mérimée)

à la prière de qn Il l'a fait à ma prière.

prière de + *inf.* «Prière de ne pas fumer» (= Vous êtes prié de ne pas fumer).

prime n. f. Dans certaines conditions, les mineurs français ont droit à une prime d'assiduité.

Expr.: *faire prime* Rejetées par Goethe, ces chansons autographes de Schubert font prime aujourd'hui (= on se les arrache, elles sont très recherchées).

prime adj. [seulement dans quelques tournures]

[avant le nom] C'est un souvenir de ma prime jeunesse (= de ma première jeunesse). De prime abord, cette jeune fille est bien élevée [cette loc. implique qu'il s'agit d'une première impression sujette à révision].

[après le nom] La droite xx' [lire: xx prime] est l'axe des abscisses.

priorité n. f. La priorité de la recherche a inspiré la réforme de l'enseignement supérieur en France.

la priorité de qc Aux échecs, les blancs ont la priorité du jeu.

la priorité sur qn Les mutilés ont la priorité sur les voyageurs valides.

donner (la) priorité à qn/à qc Le receveur donne (la) priorité aux mutilés. Il donna (la) priorité à la politique extérieure.

priorité à qn/à qc [ellipt.; ordre] Priorité aux mutilés/à droite (circulation).

en/par priorité loc. adv. Les anciens admissibles seront interrogés à l'oral en/par priorité.

prise n. f. Michelet décrit la prise de la Bastille. Dans le rocher lisse, l'alpiniste ne trouve plus de prise. Le tigre qui s'est rué sur sa victime ne lâche plus prise.

prise de qc Le chauffeur a subi à l'hôpital une prise de sang. Pour vous raser, vous avez une prise de courant. En voilà une étrange prise de position!

avoir prise sur qn La tendresse n'a plus de prise sur ce vieillard renfermé.

Expr.: *être aux prises avec qn* Lors des bagarres du week-end, la police de St-Nazaire a été aux prises avec les grévistes.

prison n. f. Le voleur a été condamné à la prison/à deux ans de prison.

en prison loc. adv. On a envoyé/mis/jeté le voleur en prison.

priver v. tr.

priver qn de qc Tu seras privé de dessert. Le tribunal d'exception a privé l'accusé de ses droits constitutionnels.

se priver de qc Ils se sont privés de tout (= Ils ont renoncé à tout).

se priver abs. Dans l'après-guerre immédiat, dans beaucoup de ménages, il fallait se priver (= s'imposer des restrictions).

prix n. m.

prix (+ de) + nom propre En 1957, Camus eut le prix Nobel. Ravel n'obtint pas le prix de Rome.

[la personne qui en bénéficie] Debussy était un prix de Rome.

à ce prix loc. adj. ou adv. La santé est à ce prix (= Il faut faire cela pour la garder ou bien pour la recouvrer).

à tout prix loc. adv. Bernard est un arriviste qui veut réussir à tout prix (= coûte que coûte).

à aucun prix loc. adv. Il ne veut à aucun prix accepter ma proposition.

au prix de qc loc. prép. Au prix de mille efforts, il arriva enfin à se dégager.

hors de prix loc. adj. ou adv. Cette auto est hors de prix (= très chère).

Expr.: *mettre à prix la tête de qn* Après la rupture avec Napoléon III, la tête de Victor Hugo fut mise à prix.

probable adj. Son échec me paraît très probable.
il est probable [impers.] *que* + *ind. ou cond.* Il est probable qu'il viendra.
il n'est pas probable [impers.] + *subj.* Il n'est pas probable qu'elle se soit trompée. [cf. APPENDICE § 11]
probablement que + *ind.* Probablement qu'il viendra.

procéder v. intr. En dressant cette liste, il faut procéder avec méthode.
procéder v. tr. indir.
procéder de qc La maladie procéderait d'un rhume mal soigné.
procéder à qc Là-dessus, le juge a procédé à la lecture de l'accusation.

prochain, e adj. [après le nom]: la semaine prochaine; mardi prochain; l'année prochaine.
[avant le nom]: Encore 5 km jusqu'au prochain village. Descendez à la prochaine station/au prochain arrêt de l'autobus. [aéroport]: Prochain départ pour Londres à 11 heures 35.
prochain n. m. La Bible commande l'amour du prochain.

proche adj. [normalement après le nom] Une église proche? C'est la cathédrale. La station la plus proche est à 200 m d'ici. Le futur proche (ou: prochain).
[avant le nom dans des expr. toutes faites] le Proche Orient; mes proches parents; un proche avenir.
proches n. m. [pl. seulement] Est-ce que ses proches ont été avertis de l'accident?

proclamer v. tr.
proclamer qc Le jury va proclamer les résultats.
proclamer qn + *attr.* On l'a proclamé roi.
proclamer que + *ind.* Il a proclamé que j'étais son ami.

procurer v. tr.
procurer qc/qn à qn Il ne craignit pas de procurer des postes à ses favoris. J'ai procuré une cuisinière au patron.
se procurer qc/qn (pour qc) De Lesseps se procura l'argent nécessaire (pour son entreprise). La municipalité s'est procuré des volontaires (pour les travaux de déblaiement).

prodiguer v. tr.
prodiguer qc Notre professeur ne prodigue pas les compliments.
prodiguer qc à qn De nombreux collègues nous ont prodigué leurs utiles suggestions.

professer v. tr.
professer qc Notre ami a toujours professé un grand mépris pour le sport. Un cours de mathématiques professé à Nancy.

professer que + *ind.* Il professait (= enseignait) que la terre tourne autour du soleil.

professer v. intr. Antoine Meillet a longtemps professé au Collège de France.

professeur n. m. [fém.: une femme professeur, un professeur] mon professeur de piano, Mme X.

profit n. m.
au profit de qn Cette vente a lieu au profit des deux orphelins.
faire son profit/tirer profit de qc Faites-en votre profit. Il tire profit de ses lectures.
mettre à profit qc Il met à profit notre crédulité.
mettre à profit qc pour + *inf.* Il met à profit la révolution pour acquérir les biens des proscrits.
tirer profit de qc pour + *inf.* Il tire profit de la révolution pour acquérir les biens des proscrits.
trouver son profit à qc Il trouve son profit à la calomnie.
trouver son profit à + *inf.* Il trouve son profit à calomnier ses maîtres.

profiter v. tr. indir.
profiter de qc Je profite de l'occasion pour vous renouveler mes remerciements.
profiter sur qc Il a beaucoup profité sur les marchandises qu'il a vendues.
profiter en qc Elle a beaucoup profité en anglais pendant son stage.
profiter à qn En quoi cela vous profitera-t-il?
profiter v. intr. Les pommiers n'ont pas profité cette année (= Il n'y a pas beaucoup de pommes).

profond, e adj. Elle ressentit une douleur profonde. Cette affaire est enveloppée d'un profond mystère.

profondément adv. Elle est profondément émue.

proie n. f. Le faucon est un oiseau de proie.
la proie de qc La maison fut la proie des flammes.
Expr.: *être en proie à qc* Elle était en proie aux remords/à de vives inquiétudes.

projet n. m. Le projet sera difficile à réaliser.
projet de + *nom* Les élèves discutent de leurs projets de vacances. Ce projet de loi n'a pas de chances de passer à la Chambre.
le projet de + *inf.* Le projet d'ériger ce barrage se heurtera à des difficultés sérieuses.
avoir des projets pour qc/pour qn Avez-vous déjà des projets pour l'année prochaine? Le père semble avoir des projets pour son fils (p. ex. lui confier la gestion des affaires, lui faire faire un voyage d'affaires en Amérique, etc.).

projeter v. tr.

projeter qc Attention! les voitures projettent de la boue. Cette lettre de recommandation doit faciliter le voyage qu'il projette.

projeter de + inf. Les trois alpinistes projettent (= ont l'intention) de faire l'ascension de plusieurs 6.000 dans les Andes.

promener v. tr.

promener qn/qc Tu pourrais promener le chien. Elle promena son regard sur ses voisins. Il promena ses yeux sur la table.

Expr.: *envoyer promener qn/qc* Le patron l'a envoyé promener (= l'a mis à la porte). Il a envoyé promener son briquet et a pris des allumettes.

se promener Il est allé se promener. Allez vous promener.

promettre v. tr.

promettre qc Ce premier succès promet un bel avenir/beaucoup.

promettre qc à qn Il lui a promis sa fille en mariage. Les Français «s'empressent d'élire un député pourvu qu'il leur promette la lune». (Daninos)

promettre à qn de + inf. Je vous promets de faire mon possible.

promettre à qn que + ind. Je vous promets (= Je me porte garant) qu'il ne reviendra plus.

promettre abs. A dix ans, le petit Dupont a déjà volé ses camarades. Il promet [fam.].

promis, e p. pa. Moïse n'a vu la Terre Promise que de loin. Ma promise [pop.] = ma fiancée.

être promis à qc Ayant fait de brillantes études, votre fils est promis à une belle carrière.

se promettre qc (de qc) Elle s'était promis bien du plaisir (de ce voyage).

se promettre de + inf. Elle s'était promis (= Elle avait pris la résolution) de le mettre à sa place.

se promettre abs. Il est furieux, et pour cause: se promettant (= acceptant une invitation) ailleurs, sa fiancée l'a délaissé la veille de l'excursion.

prompt, e adj. [avant ou après le nom] Ces gens-là ont l'habitude d'une prompte vengeance/d'une vengeance prompte.

prompt à qc Elle était prompte à la colère.

prompt à + inf. Elle est prompte à se fâcher.

prononcer v. tr.

prononcer qc Dans ce cas, il faut prononcer un [s] sonore/sourd. Le proviseur va prononcer un discours. Le juge prononça la condamnation.

prononcé, e p. pa. une courbure prononcée (= une forte courbure).

se prononcer L's final de ce mot se prononce.

se prononcer (sur qc) Le médecin ne s'est pas encore prononcé (sur ce cas).

se prononcer pour/contre/en faveur de qn/de qc Presque tous les délégués se sont prononcés pour/contre cette solution. Il s'est prononcé en faveur de notre candidat.

prophète n. m. [fém.: prophétesse] Nul n'est prophète en son pays. Cassandre était une prophétesse célèbre.

propice adj. [litt.] L'art de l'homme d'Etat c'est de choisir le moment propice (= favorable).

propice à qc Wallenstein attendait que les étoiles fussent propices à son dessein.

propice pour + inf. Il croyait ne plus retrouver un moment aussi propice pour réussir son coup.

propos n. m. Il tenait des propos tout à fait plats.

à propos/mal à propos loc. adv. Vous arrivez à propos (= au bon moment)/mal à propos (= au mauvais moment).

il est [impers.]*/juger à propos de + inf.* Il est plus à propos de se taire que de répondre à une telle sottise. L'arbitre jugea à propos de mettre en garde ce joueur.

à ce/à tout propos loc. adv. A ce propos je vous dirai que vous faites fausse route. Ils se querellent à tout propos.

à propos de qc loc. prép. Il se querellent à propos de rien. A propos de cette inauguration, je vous dirai que . . .

avant-propos n. m. (= préface d'un livre).

proposer v. tr.

proposer qc/qn Je propose un arrangement. Il a proposé ce candidat.

proposer qc/qn à qn Je propose une halte à mon guide. Il m'a proposé sa fille en mariage.

proposer à qn de + inf. Je lui propose de repartir.

proposer que + subj. Je propose que nous repartions.

proposer qn comme/pour + attr. Il a proposé son gendre comme/pour guide.

proposer abs. L'homme propose, Dieu dispose. [prov.]

se proposer pour qc Elle s'est proposée (= Elle a offert ses services) pour cette course.

se proposer pour + inf. Elle s'est proposée pour accompagner la malade à l'hôpital.

se proposer qc Je me propose ceci. Que te proposes-tu?

se proposer de + inf. Elle s'est proposé (= Elle a eu l'intention) de rester quelques jours à Paris.

propre adj. [avant le nom] Mon propre chapeau (= qui est à moi). Je l'ai vu de mes propres yeux.

[après le nom] Un chapeau propre (= qui n'est pas sale). *Décoller* est le mot propre (= juste, convenable) quand on parle d'un avion. Bruxelles, Flaubert sont des noms propres.

Expr.: *en mains propres* Le facteur aurait dû remettre ce recommandé en mains propres (= entre les mains du destinataire). [Dans cette expr., *propre* a le sens de «dans ses propres mains».]

propre à qc Cette locution est propre au parler parisien. Ces fruits ne sont pas propres à la cuisson.

propre à + inf. Cet exercice est propre à développer les muscles.

propre n. m. Le rire est le propre de l'homme. Ça, c'est du propre [iron.].

protéger v. tr.

protéger qn/qc Que Dieu vous protège! Plusieurs <gorilles> protégeront l'illustre invité pendant sa visite. Le roi protégea les lettres et les arts.

protéger qn de qc/contre qc Ce mur nous protège du/contre le froid. Mais:

protéger qn de qc/avec qc Ces arbres nous protègent de/avec leur feuillage.

protester v. intr. Les joueurs ont beau protester, l'arbitre reste ferme.

protester contre qc Zola protesta contre la condamnation de Dreyfus.

protester v. tr. indir.

protester de qc L'accusé protesta de son innocence (= Il déclara formellement être innocent).

provocant, e adj.; **provoquant** p. pr. une jeune fille aux lignes provocantes; des articles provoquant à l'émeute. [cf. APPENDICE § 3]

provoquer v. tr.

provoquer qc Le gouvernement de X a délibérément provoqué cette crise.

provoquer qn à qc Son frère l'a provoqué au crime.

provoquer qn à + inf. Son frère l'a provoqué à commettre ce crime.

public, publique adj. [toujours après le nom] un jardin public [contr.: privé]; l'enseignement public [= celui dispensé par l'Etat; contr.: libre]; un cours de droit public en Sorbonne; une séance publique [contr.: séance à huis clos].

public n. m. Le public a vivement applaudi les acteurs d'outre-mer.

en public loc. adv. Beaucoup d'hommes ne pratiquent pas en privé ce qu'ils recommandent en public.

puis adv. Il dit quelques mots, puis disparut.

et puis Il est entré, et puis il s'est assis là.

● Souvent, *et puis* exprime un argument supplémentaire: Restons ici, j'ai du travail, et puis il fait mauvais.

puiser v. tr.
puiser qc Prends cette cruche pour puiser de l'eau.
puiser qc à qc/dans qc Les campeurs puisent de l'eau à la source/à la rivière. Ils puisent de l'eau dans le tonneau/un ruisseau.
Expr.: *puiser aux sources* L'historien fait bien de puiser aux sources.

puisque conj. de cause
puisque + ind. Puisque c'est dimanche, il ne peut pas être à son bureau.

punir v. tr.
punir qn/qc De toute façon, il sera puni. Nous devons punir cette faute.
punir qn de qc/pour qc Il en sera puni. Cet élève sera puni pour indiscipline.
punir qn de + inf. Il faut le punir de mentir continuellement/d'avoir menti à sa mère.
punir qn pour + inf. pa. Il sera puni pour avoir menti.
punir qc de qc La loi punit ce délit de 100 F d'amende/de trois mois de prison. Ce crime est puni de mort.

pur, e adj. [avant le nom, *pur* a une valeur de renforcement] pure laine; un saucisson pur porc (= ne contenant pas d'autre chair que celle du porc); pur jus de citron [d'où l'expr. pop. *pur jus:* c'est du Zola pur jus]; une pure folie; c'est pure étourderie; une pure escroquerie (= sans circonstance atténuante, jugement sans réserve). [après le nom] du vin pur (= sans mélange); une jeune fille pure (= sans tache); les maths pures [contr.: les maths appliquées].
pur de qc Elle est pure de toute tache/de tout soupçon (= au-dessus de tout soupçon).

Q

qualifier v. tr.
1. avec attr.
qualifier qn/qc de + adj. ou nom sans art. Il m'a qualifié de menteur. On peut qualifier ce jugement d'assassinat.
qualifier qn/qc + adj. ou nom sans art. [s'il s'agit de classer officiellement qc dans une catégorie reconnue par un règlement] Cette mort a été qualifiée suicide. Ces petits pois sont qualifiés superfins. – D'où:
qualifié, e p. pa. un délit de fuite qualifié (= tel que le définit et le punit la loi).

2. sans attr.

qualifier qc Je n'ai pas de mots pour qualifier votre conduite.

qualifier qn pour qc/pour + inf. Ce succès le qualifie pour le championnat/pour participer au championnat d'Europe. Je ne me sens pas qualifié pour la présidence de/pour présider cette commission. – D'où:

qualifié, e p. pa. un ouvrier qualifié (= apte à un travail particulier; contr.: un simple manœuvre).

se qualifier pour qc Il s'est qualifié pour la finale.

qualité n. f. un article de qualité (= de bonne qualité).

la qualité de + nom sans art. Sans avoir la qualité de professeur, j'en assume les fonctions.

avoir qualité pour + inf. Je n'ai pas qualité (= Je ne suis pas qualifié) pour agir à votre place.

en qualité de loc. prép. En qualité de maire, je représente la commune au tribunal.

quand adv. interr. Quand pars-tu? Quand est-ce que tu pars? [fam.]: Tu pars quand? Je ne sais pas quand je reviendrai.

jusqu'à quand Dites-moi jusqu'à quand vous serez à Bordeaux.

depuis quand Depuis quand est-il absent?

à quand [fam.] A quand le départ?

quand conj. de subord.

1. conj. de temps

quand + ind. ou cond. (= lorsque)

quand + verbe au prés. ou à l'imparf. [= généralement action répétée, habitude] Quand il fait/faisait beau, nous faisons/faisions une promenade.

quand + verbe aux autres temps [= généralement action unique] Quand il ne pleuvra/pleuvrait plus, nous sortirons/sortirions. Quand il arriva, il vit que tout était en ordre.

2. conj. de concession

quand + cond. (= même si)

Quand vous seriez le Chef de l'Etat, je ne pourrais vous vendre une marchandise que je n'ai pas.

quand même/quand bien même Quand même/Quand bien même vous seriez le Chef de l'Etat, je ne pourrais . . .

quand même adv. d'opposition. Il aurait dû quand même s'excuser. [excl. de réprobation] Quand même! Il aurait dû s'excuser [très vivant dans la langue parlée].

quant à loc. prép.

quant à + qn Il a beaucoup voyagé; quant à moi, je n'ai presque jamais quitté le pays. Quant aux enfants, ils ont déjà eu leur part.

quant à + *qc* Quant à la vente de la maison, c'est une tout autre affaire.
quant à + *inf.* Quant à parler de fraude, c'est/ce serait vraiment
exagéré.

quantité n. f. Calculez la quantité d'eau consommée.
quantité de/une quantité de + *nom pl.* Il a quantité d'amis/Il a une quantité d'amis.
[accord du verbe au pl.] Une quantité d'amis l'ont félicité. [cf.
APPENDICE § 6,1]
en quantité loc. adv. Il a reçu des lettres en quantité (= en grand
nombre).

quart n. m.
1. (= la quatrième partie) L'horloge a sonné le quart. Il est six
heures et quart/[fam.] six heures un quart. Il est six heures trois
quarts. Il est six heures moins le quart.
au quart loc. adv. La salle était vide au quart.
les trois quarts loc. adv. La mer couvre les trois quarts du globe.
aux trois quarts loc. adv. La salle était vide aux trois quarts.
de trois quarts loc. adv. Le tableau représente Louis XIV de trois
quarts (= entre de face et de profil).
les trois quarts du temps loc. adv. Il manque l'école les trois quarts du
temps.
2. (= service de surveillance sur un bateau) Il a pris le quart à six
heures.

quatre n. et adj. num. invar. quatre francs; mes quatre enfants.
à quatre pattes loc. adv. Le bébé marche à quatre pattes.
quatre à quatre loc. adv. J'ai descendu l'escalier quatre à quatre.
Expr.: *se mettre en quatre pour qn/qc* Il s'est mis en quatre (= Il a fait
tous ses efforts) pour ses invités/pour cette entreprise.
Expr.: *se mettre en quatre pour* + *inf.* Il s'est mis en quatre pour vous
faire plaisir.
manger comme quatre Son père mange comme quatre.
entre quatre yeux [ãtrəkatzjø] J'ai quelques mots à vous dire entre
quatre yeux (= en tête à tête, sans témoins).
quatre-vingt(s) n. et adj. num. quatre-vingts enfants; mais: quatre-
vingt-un enfants; page quatre-vingt.

que I. pron.
INTERROGATIF NEUTRE
[objet] Que fais-tu? Qu'a-t-elle fait?
[régime de v. impers.] Que faut-il? Que reste-t-il?
[attr.] Que deviens-tu?
que + *inf.* Que faire? Je ne sais (pas) que faire. (Mais: Je ne sais
pas *ce que* tu fais). Que devenir?

QUE

Expr.: *que ne* + *ind.* [exclam., litt.] Que n'es-tu là près de nous!
(= Pourquoi n'es-tu pas là près de nous!)

RELATIF

[objet] la personne que vous avez vue; les livres que vous avez lus;
celle que tu as vue; ce qu'ils ont lu.

Expr.: Faites ce que bon vous semble (= ce qu'il vous semble bon
de faire).

[attr.] La femme que tu es devenue. [souvent après nom ou adj. en
apostrophe ou épithète]: Menteuse que tu es! Maladroit qu'il était,
il ne sut pas monter la tente.

[sujet d'un inf.] les gens que je vois passer; ceux que je crois être
mes amis.

que + *croire/espérer/savoir etc.* + *que* + *verbe* «Il y a tant de choses que
j'ai comprises, que vous savez que j'ai comprises.» (Simenon) Voici
des mesures que nous voulons que vous preniez.

[régime de v. impers.] les difficultés qu'il y a/qu'il y a eu; les efforts
qu'il a fallu.

[prov.] Advienne que pourra (= Qu'il advienne ce qu'il pourra
advenir).

[compl. de temps, de lieu, de manière dans cert. contextes] l'hiver
qu'il fit si froid; du côté qu'il penche; de la manière qu'il s'y prend.

c'est . . . que cf. **ce.**

qui que, quoi que, quel que, où que . . . loc. concessives cf. **qui, quoi,
quel, où . . .**

[constr. exclam.] Quel bavard que ce Jean!

que 2. adv. de quantité

INTERROGATIF OU EXCLAMATIF

Que coûte ce poulet? Que pèse ce poulet? Qu'il est cher! Qu'il est
lourd! ([fam.]: Ce qu'il est cher! Ce qu'il est lourd!) Que tu nages
bien!

que de + *nom sg. ou pl.* Que d'eau! Que de gens!

coûte que coûte loc. adv. J'irai en vacances coûte que coûte (= quel
que soit le prix).

CORRÉLATIF DES MOTS DE COMPARAISON > autant, tant, aussi, si, tel,
plus, moins, autre, même, meilleur, mieux<.

que + *prop.* Pierre a perdu autant que j'ai gagné. Il n'est pas si fort
que je (le) croyais.

que + *nom ou pron.* Pierre est moins fort que son frère/que moi.

d'autant plus/moins + *adj.* + *que* + *ind.* + *plus/moins* + *adj.* Le vin
est d'autant plus fort que l'été est plus chaud.

que 3. conj. de subord.

SUBORDONNÉE SUJET (+ *subj.*)

Qu'il ait fait cela est incroyable/certain.

SUBORDONNÉE OBJET, régime d'un v. impers., de >voici< ou >voilà<, compl. de nom ou d'adj. [pour le mode cf. APPENDICE § 11]

Je sais/Il est certain/Le bruit court/Je suis sûr que Pierre vient. Et voilà que le loup l'a mangé.

Je veux/Il est souhaitable/je suis heureux que Pierre vienne.

SUBORDONNÉE COMPL. DE CONSÉQUENCE en corrélation avec >si, tel, tellement, tant<

(+ ind.) Il est si fort qu'il bat tout le monde.

(+ subj.) Il n'est pas si fort qu'il batte tout le monde.

SUBORDONNÉE COMPL. DE CERTAINS ADV. (heureusement, sûrement, peut-être) (+ ind.)

Heureusement que j'avais de l'argent sur moi. Peut-être qu'il viendra lui-même.

SUBORDONNÉE DE CONDITION OU CONCESSION (+ subj.)

Qu'il fasse beau, (et) tout le monde quitte l'hôtel. «En tout cas, ce soir, que tu veuilles ou non, je te ferai un cataplasme.» (Simenon)

SUBORDONNÉE DE CAUSE

c'est que + *ind.* Tu trembles? C'est que (= parce que) j'ai froid.

[souvent après une prop. introduite par *si* + *ind.*] Si je tremble, c'est que j'ai froid. «Si notre docteur lit tant, c'est qu'il ne connaît pas bien son métier.» (Balzac)

si ... + ind., ce n'est pas que ... + subj. Si je tremble, ce n'est pas que j'aie froid.　..

non que + *subj.* Il tremble, non qu'il ait froid, mais parce qu'il a peur.

soit que + *subj., soit que* + *subj.* Il tremble, soit qu'il ait froid, soit qu'il ait peur.

d'autant plus que + *ind.* Mon fils a pris froid dans la cour, d'autant plus qu'il n'avait pas mangé.

surtout que + *ind.* [fam.] Jojo a pris froid dans la cour, surtout qu'il (= principalement parce qu'il) n'avait pas mangé.

MARQUE DE SUBORDINATION NUANCÉE PAR LE CONTEXTE

[but] Viens que je t'arrange ta cravate.

[subord. inverse: la principale marque le temps]: A peine était-il sorti qu'elle éclata de rire. [la principale marque la concession]: Je le saurais que je ne vous le dirais pas. [cf. APPENDICE § 12]

ÉLÉMENT DE CONJ.: afin que, avant que, du moment que, etc. cf. **afin, avant, moment,** etc.

SUBSTITUT DE CONJ.

Quand je suis libre et que le temps le permet ... Si vous êtes libre et que le temps le permette ...

quel(s), quelle(s) adj. interr. et exclamatif Quelle heure est-il? A quelle heure reviens-tu? Je ne sais pas quel est son nom. J'ignore de quel côté il va.

Avec quelle amabilité il nous a répondu! Quels cris elle a poussés!
Quel bruit! Quelle poussière!

quel que + verbe être au subj. Quelle que soit votre hâte, vous attendrez.

quelconque adj.

1. sens indéfini

un + nom + quelconque Ouvrez ce livre à une page quelconque (=
à n'importe quelle page).

l'un (+ quelconque) + de/d'entre + nom/pron. L'un (quelconque) de vos
hommes portera le message. L'un de vous/d'entre vous le portera.

2. sens qualif.

[attr., ou après un nom déterminé ou non] Ce livre est quelconque
(= banal). J'ai lu un livre très quelconque. Je n'aime pas les livres
quelconques.

• Les deux sens peuvent se rencontrer dans une seule phrase: Un
roman quelconque de Balzac n'est jamais quelconque.

quelque [ne s'élide pas: quelque enfant]

1. adj. [variable en nombre]

[sens indéf.] Prêtez-moi quelques livres amusants. Cette femme a
trente ans et quelques. [litt. au sg.] Prêtez-moi quelque livre amusant.
J'ai lu avec quelque plaisir.

[sens concessif]

quelque(s) ... que + subj. [litt.] Quelque solution que vous proposiez, il la rejettera. Quelques solutions que vous proposiez, il les
rejettera.

2. adv. [invar.]

[sens indéf.] Cette femme a quelque (= environ, à peu près)
trente ans. Elle a vieilli quelque peu.

[sens concessif] *quelque + adj. + que + subj.* [litt.] Quelque travail-
leuses qu'elles soient, elles ne réussiront pas.

quelque chose pron. indéf. neutre [invar.] Quelque chose que
j'ai vu.

quelque chose de + adj. masc. J'avais vu quelque chose de beau/quelque
chose d'autre (= autre chose).

[nég.: *quelque chose,* contr.: *(ne) ... rien*] Il a fait quelque chose. Il
n'a rien fait. [mais, avec nég. partielle, on emploie *quelque chose:* Il
ne croit quelque chose que s'il le voit.]

quelquefois adv. Je l'ai vu quelquefois. (Mais: Les quelques fois
que je l'ai vu.) Quelquefois il m'a désobéi.

quelqu'un, quelques-un(e)s pron. indéf.

[masc. sg. sans antécédent] Quelqu'un est venu.

quelqu'un de + adj. masc. Adresse-toi à quelqu'un de consciencieux.

quelqu'un d'autre/quelqu'un autre Adressez-vous à quelqu'un (d') autre.

[nég.: (*ne*) ... *personne*] Je ne connais personne qui ... [mais, avec nég. *partielle*, on emploie *quelqu'un*: On ne connaît bien quelqu'un que par ses actes.]

quelques-uns/quelques-unes [avec antécédent]: Il y a là un tas de journaux, de revues: prenez-en quelques-uns/quelques-unes. Prenez quelques-uns de ces journaux. Achetez quelques-unes de ces revues. [litt. au sg.]: Ces tableaux/Ces toiles vous plaisent? Achetez-en quelqu'un/quelqu'une (plutôt: Achetez-en un/une).

quereller v. tr.

quereller qn Ne querellez personne.

se quereller Enfants, ils se sont querellés les trois quarts du temps.

question n. f. Il m'a posé quelques questions. J'ai une question à vous poser.

question de + nom Une question de grammaire. La question d'argent. Une question de temps. C'est une question de vie ou de mort.

il est question [impers.] *de qc* Il est question de cela. Il n'en est pas question.

il est question [impers.] *de + inf.* Il est question de construire un cinéma ici.

il est question [impers.] *que + subj.* Il est question qu'on construise un cinéma ici.

la question est de savoir si + ind. La question était de savoir si Paul était chez lui.

nom + en question Où construira-t-on le cinéma en question?

(re)mettre qc en question Je ne mets pas votre honneur en question. Ne remettons pas notre accord en question.

questionner v. tr.

questionner qn (sur qc) Le professeur questionne les étudiants. On a questionné le prisonnier sur tout ce qu'il pouvait savoir. Mais: On lui a posé beaucoup de questions. On lui a demandé si ...

quête n. f.

se mettre/partir en quête de qc Je me mis en quête de la maison qu'on m'avait signalée. Colomb parti en quête des Indes découvrit l'Amérique.

queue n. f. 1. (= file d'attente)

faire la queue On a fait la queue devant le théâtre.

se mettre à la queue Je me suis mis à la queue (= au bout de la file).

faire queue Les clients font queue chez ce médecin.

2. (= fin d'une série) Notre ami est en queue de liste. Mon fils est en queue de classe.

à la queue leu leu loc. adv. Ils attendaient à la queue leu leu (= l'un derrière l'autre).

qui pron.

1. INTERROGATIF [être animé seulement]

[sujet, objet, attr. ou compl. indir.] Qui est venu? Qui vois-tu? Qui es-tu? A qui parles-tu? Dis-moi qui est venu/qui tu vois/qui tu es/ à qui tu parles.

[avec l'inf.] A qui parler?

2. RELATIF

avec antécédent [nom ou pron.]

[sujet ou compl. indir.] la femme qui est venue; ceux qui sont venus; ce qui est tombé; celle à qui j'écris. Mais: ce à quoi je pense.

[avec l'inf.] J'ai beaucoup d'amis à qui écrire (= à qui je peux écrire).

sans antécédent

[sujet, objet, attr. ou compl. indir.] Qui veut manger n'a qu'à se mettre à table. Interrogez qui vous voulez. Vous n'êtes pas qui je suis. Je parle à qui je veux. A qui ne connaît pas cet auteur, nous recommandons de lire d'abord ses contes.

[prop. sujet postposée] Rira qui voudra. N'entre pas qui veut. N'est pas député qui veut.

3. INDÉFINI

concessif

qui que + *subj.* Qui que vous soyez, je vous écoute.–D'où:

qui que ce soit pron. comp. J'ai suivi la rue sans rencontrer qui que ce soit.

distributif

qui ... qui (= l'un ... l'autre) «De leurs expéditions, les préhistoriens rapportaient qui un os sculpté, qui une massue.» (F. Desprez)

quiconque pron. indéf. masc. sg.

[rel. sans antécédent (sujet)] Quiconque passait devait payer tribut. On exigeait trois livres de quiconque passait la frontière.

[non rel. (emploi récent, surtout après comp.)] Vous le savez mieux que quiconque (= n'importe qui).

quitte adj.

quitte de qc Nous sommes quittes de notre dette/de cette corvée.

tenir qn quitte de qc Je les tiens quittes de leurs dettes.

Expr.: *en être quitte pour la peur* Nous avons été très effrayés, mais heureusement, nous avons été quittes pour la peur.

quitte invar.

quitte à + *inf.* Quitte à (= Au risque d')être attrapés, nous allons le faire.

Expr.: Nous avons joué (à) quitte ou double.

quitter v. tr.

quitter qn Le chien ne quitte pas son maître. Il ne le quitte pas des yeux.

quitter qc Nous avons quitté Bordeaux. J'ai quitté (= ôté) mes vêtements. Il quittera l'enseignement. [radio]: Ne quittez pas l'écoute; dans quelques instants, nous vous mettrons en communication avec Paris.

quitter abs. [au tél.] Ne quittez pas.

quoi pron. neutre

1. INTERROGATIF

[attr. ou obj. postposé, compl. indir., mot-phrase] C'était quoi? Tu désires quoi? A quoi penses-tu? De quoi te mêles-tu? Je ne sais à quoi tu penses/de quoi tu te mêles. Je ne me sens pas bien. – Quoi? (= Que dis-tu? Qu'y a-t-il?)

[avec l'inf.] A quoi jouer? De quoi parler? Pour quoi faire?

Expr.: A quoi bon? (= A quoi cela servirait-il?)

à quoi bon + inf. A quoi bon lui faire la morale (= c'est peine perdue).

Quoi! Eh quoi! Quoi donc! interj. Quoi donc! tu te moques de nous!

2. RELATIF [compl. indir.]

avec antécédent [pron. neutre, verbe ou prop.]

Il n'y a rien sur quoi je compte. Ce à quoi vous pensez/vers quoi vous tendez... C'est en quoi vous vous trompez. Signez la carte, sans quoi elle n'est pas valable.

[avec l'inf.] Il n'a rien à quoi penser.

[avec un nom antécédent (litt.)] «Ce n'est pas d'un chef que les Français ont besoin, mais d'un but vers quoi tendre ensemble.» (Bernanos)

rel. de coord. [après un point ou point-virgule]

On dînait à sept heures, après quoi la veillée commençait. «Lise aurait dû attendre le bon jeune homme qui l'aurait sauvée de sa médiocre situation en lui offrant un mariage inespéré. A la place de quoi elle est sottement devenue docteur en droit.» (Fr. Parturier)

sans antécédent

Il gagne tout juste de quoi vivre. Il n'y a pas de quoi rire.

il n'y a pas de quoi [fam.: *pas de quoi* – form. de politesse] Merci, monsieur. – (Il n'y a) pas de quoi (s.-e.: me remercier).

3. INDÉFINI

[concessif] *quoi que + subj.* Quoi que vous fassiez, il vous critique/vous critiquera toujours.–D'où:

quoi que ce soit pron. comp. Il attend le départ sans préparer quoi que ce soit.

• Distinguer *quoi que* et *quoique.* Cf. **quoique.**

quoique conj. [s'élide devant ›il, elle, un, une, en, on‹] quoiqu'il; quoiqu'on, etc.

quoique + *verbe au subj.* Quoiqu'il fasse mauvais, je sortirai.

quoique + *adj. ou p. pa.* Quoique atteint d'un mauvais rhume, il tint à assister à la réunion.

● Distinguer *quoique* et *quoi que*. *Quoique* peut être remplacé par *bien que* [langue écrite], *quoi que* par *quelle que soit la chose que :* Quoiqu'il (= Bien qu'il) ait dit cela. Quoi qu'il ait dit (= Quelle que soit la chose qu'il a dite).

R

raccourcir v. tr.
raccourcir qc J'ai raccourci ma jupe de 5 centimètres.

raccourcir v. intr. Cette robe a raccourci au lavage.

se raccourcir Cette robe s'est raccourcie au lavage.
en raccourci loc. adv. Ce film est la vie de Chopin en raccourci.

raconter v. tr.
raconter qc Il a raconté une ascension qu'il a faite dans les Alpes/une aventure étrange.
raconter qc à qn Racontez-moi votre voyage.
* Ne dites pas: Racontez-moi de ... Mais: Parlez-moi de votre voyage.
raconter que + *ind.* On raconte qu'il a quitté sa famille.

radio n. f. Le Président Roosevelt aimait parler à la radio. Fais-toi faire une radio.

radio n. m. (= radiotélégraphiste) Le radio du navire en détresse a envoyé un message urgent aux bateaux proches du sien.

raffoler v. tr. indir.
raffoler de qc Elle raffole de la lecture/de la danse (= elle l'adore).
raffoler de qn Elle raffole de ce jeune homme (= elle en est éprise).

rafraîchir v. tr.
rafraîchir qc On a entrepris de rafraîchir les fresques dans cette église. [fig.]: Je vais rafraîchir votre mémoire (= vous aider à vous souvenir de la chose en question).

rafraîchir v. intr. J'ai mis le vin à rafraîchir.
se rafraîchir Après avoir tant parlé, il faut vous rafraîchir (= boire qc).

rage n. f.
en rage J'étais en rage. Mes taquineries l'ont mise en rage.
dans une rage Elle était dans une folle rage.
de rage loc. adv. Elle a déchiré la lettre de rage.
faire rage La tempête a fait rage toute la nuit.

raide adj. Un chemin raide mène au sommet. Ils sont tombés raides morts.

raide adv. Les chemins montent raide dans ce pays.

raison n. f.

avoir raison Il veut toujours avoir raison.

entendre raison J'ai vainement essayé de lui faire entendre raison.

avoir raison de qn/de qc (= triompher de qc) «Nous n'avons que péniblement raison de cette neige instable.» (Herzog)

avoir raison de + *inf.* Vous avez eu raison de le mettre à la porte.

avoir ses raisons «Le cœur a ses raisons, que la raison ne connaît point.» (Pascal)

avoir ses raisons de + *inf.* Nous avons nos raisons de refuser.

raison pour + *inf.* Il n'y a pas de raison pour le croire.

à raison de loc. prép. Il vend ses champignons à raison de 5 francs le kilo.

en raison de qc loc. prép. Il a été gracié en raison de son âge.

pour raison de qc loc. prép. Il est absent pour raison de santé.

en raison inverse de qc D'après Bergson, la résistance instinctive à une mentalité étrangère «varierait plutôt en raison inverse de la distance» (= elle serait d'autant plus grande que le peuple en question serait un proche voisin).

plus/moins que de raison Il mange plus/moins que de raison (= plus/moins qu'il n'est convenable).

Expr.: *à plus forte raison* J'aurai fini dimanche; à plus forte raison si l'on m'aide.

raisonner v. intr. Il a essayé de raisonner avec moi. Vous raisonnez juste/faux.

raisonner v. tr.

raisonner qn J'ai essayé de le raisonner (= de lui faire entendre raison), mais il fait toujours ce qu'il veut.

rajeunir v. tr. [auxil. ›avoir‹ ou ›être‹ cf. APPENDICE § 2]

rajeunir qn/qc Votre séjour en Suisse vous a beaucoup rajeuni. Le ravalement obligatoire a rajeuni la ville de Paris. La ville est toute rajeunie.

se rajeunir Cette dame se rajeunit (= Elle se donne 30 ans quand elle en a 40).

rajeunir v. intr. Vous rajeunissez, chère Madame (= Vous redevenez jeune). La ville nettoyée a rajeuni.

ramener v. tr.

ramener qn Elle ramène son frère de l'école. Mais: *rapporter qc:* Elle rapporte son cartable de l'école.

ramener qn à qc On ramène un asphyxié à la vie/un désespéré à la raison.

ramener qn à lui On l'a giflée pour la ramener à elle (= lui faire recouvrer ses sens).

ramener qc à qc Il faut ramener cet incident à ses justes proportions (= ne pas en exagérer l'importance).

se ramener à qc Le coup d'Etat se ramène à un (= n'est au fond qu'un) remaniement de ministères.

ranger v. tr.

ranger qc/qn Ce matin j'ai rangé (= mis en ordre) mes papiers. Le maître a rangé (= mis en rangs) les élèves.

ranger qn/qc parmi Je m'étonne qu'on range cet auteur parmi les pionniers du nouveau roman. Je m'étonne qu'on range ce livre parmi les œuvres classiques de la littérature française.

se ranger Il se range pour laisser passer les autres voitures.

se ranger abs. Après avoir fait la noce pendant des années, elle s'est enfin rangée (= devenue plus sage).

Expr.: *se ranger du côté de qn* Je me range de votre côté (= Je prends votre parti).

se ranger à l'avis/à l'opinion de qn Il se range toujours à l'avis/à l'opinion de ses supérieurs.

rangé, e adj. «Mémoires d'une jeune fille rangée» (= sage, sérieuse) (S. de Beauvoir).

rappeler v. tr.

rappeler qn Le gouvernement britannique a rappelé son ambassadeur. Madame est sortie; rappelez-la donc (= téléphonez-lui plus tard).

rappeler qc (en qn) La vue inattendue du lac rappelle (en moi) maint souvenir oublié.

rappeler qc à qn Cela lui rappela son enfance.

rappeler à qn que + ind. Je vous rappelle que nous avons rendez-vous demain.

rappeler qn à qc Les médecins ont pu le rappeler à la vie. La cloche du président rappela les députés à l'ordre.

se rappeler qc/qn Rappelez-vous mon conseil. Elle s'est rappelé mes conseils. Je me rappelle un peu mon père; je me le rappelle.

se rappeler + inf. passé Je me rappelle avoir habité ici.

se rappeler que + ind. ou subj. [pour le mode cf. APPENDICE § 11] Je me rappelle que vous avez dit cela. Je ne me rappelais pas que vous aviez dit cela. Je ne me rappelle pas que vous ayez dit cela.

se rappeler de + pron. [au lieu d'un pron. atone impossible; fam.] Je me rappelle de toi. Il se rappelle de moi. Est-ce que tu te rappelles de nous? [impossible de dire:*Je me te rappelle, etc.]

rapport n. m. A cause de cette affaire d'espionnage, les rapports entre les deux pays sont actuellement tendus.

avoir rapport à qc La lettre avait rapport à (= concernait) votre nomination.

avoir un/quelque, etc. rapport avec qc Cette lettre a un rapport avec votre demande. Cette lettre n'a aucun rapport avec votre nomination.

avoir/entretenir/nouer, etc. des rapports (+ *adj. ou compl. de nom*) *avec qn* Paul et moi, nous avons eu des rapports amicaux/de bons rapports. Ces jeunes gens ont noué des rapports de camaraderie.

être/mettre en rapport avec qn/qc Le style de cet ouvrage n'est pas en rapport avec le sujet. Je vais vous mettre en rapport avec lui.

faire un rapport sur qn/qc Faites un rapport sur l'accident dont vous avez été témoin.

par rapport à loc. prép. La Pologne est très petite par rapport à la Russie.

sous un/ce, etc. rapport loc. adv. Il faut examiner cette question sous ce rapport/ sous tous les rapports.

sous le rapport de qc loc. prép. Cette voiture est excellente sous le rapport du confort.

rapporter v. tr.
rapporter qc Tu rapporteras tes affaires. [Mais: *ramener qn :* Tu ramèneras ton frère.] Ce métier rapporte beaucoup d'argent.
rapporter abs. Ce métier rapporte.
rapporter qc à qn Qu'est-ce que cela lui rapportera?

se rapporter à qc Ces phrases ne se rapportent pas au sujet.
Expr.: *s'en rapporter à qn* Je m'en rapporterai à lui pour décider à ma place (= Je lui ferai confiance).

rapprocher v. tr.
rapprocher qc Rapprochez un peu les deux chaises.
rapprocher qn La maladie de l'enfant les a rapprochés.
rapprocher qc de qc Il rapprocha son fauteuil du feu.

se rapprocher de qn Rapprochez-vous de moi.
se rapprocher abs. Rapprochez-vous. Le bruit des pas se rapprochait (d'eux).

rare adj. [avant le nom] [sg.]: un rare talent (= peu commun).
[pl.]: de rares objets (= peu nombreux).
[après le nom] [sg.]: un talent rare (= peu commun). [pl.]: des objets rares (= peu communs).
il est rare que + *subj.* Il est rare qu'on vous voie ici.

ras, e adj.
à ras de + *nom* Coupez les tiges à ras de terre.
au ras de + *art.* + *nom* Coupez les tiges au ras du sol.
Expr.: *faire table rase de qc* (= rejeter complètement ce qui était en

vigueur auparavant) La Révolution a fait table rase des anciennes
institutions.

ras adv. Les cheveux coupés ras.

rater v. intr. Heureusement, le fusil du brigand a raté.

rater v. tr. [fam.]
rater qc J'ai raté ta photo/mon examen/la cible.
rater qn Je vous ai raté hier (= Je n'ai pu vous rencontrer).

ravir v. tr.
1. (= prendre par force)
ravir qn Ils ont ravi l'enfant pour se faire payer une rançon.
ravir qn à qn Pâris ravit Hélène à Ménélas.
2. (= charmer)
ravir qn Ce poème me ravit.
être ravi de qc Je suis ravi de votre visite.
être ravi de + inf. Elle a été ravie de nous voir.
être ravi que + subj. Je suis ravi que vous soyez venu.

rebattre v. tr.
Expr.: *rebattre à qn les oreilles de qc* Il me rebat les oreilles de ses
succès féminins.

rebelle adj. une jeune fille rebelle; une mèche rebelle.
rebelle à qc Il est rebelle à toute discipline.

se rebeller v. pr.
se rebeller contre qn/contre qc Ils se rebellent contre leurs parents/contre
toute espèce d'autorité.

rebours n. m. C'est le rebours (= le contraire) du bon sens.
à rebours loc. adv. Il lit toujours les romans à rebours (= en commençant par la fin).
à rebours de qc/au rebours de qc loc. prép. Vous avez agi au rebours
du (= contrairement au) bon sens.

recevoir v. tr.
recevoir qn Il nous a reçus chez lui. Elle m'a reçu fraîchement.
recevoir abs. Nous recevons beaucoup (= Il y a souvent du monde
chez nous).
être reçu (à qc) Il fut reçu (à son examen).
être reçu + attr. Enfin Pasteur fut reçu normalien (= élève à l'Ecole
Normale Supérieure).
recevoir qc Ce coquin a reçu une bonne leçon. Mon père reçoit (=
est abonné à) cette revue depuis 3 ans.

recherche n. f. Les pays progressistes ont compris la nécessité de
donner priorité à la recherche. Ce dictionnaire étymologique est le

fruit de vingt ans de recherches. Les recherches de Pasteur sur les microbes.

la recherche de qn/de qc la recherche d'un criminel/d'un vaccin. [objet de l'action]

les recherches de qn Les recherches de la police n'ont abouti à rien. [sujet de l'action]

à la recherche de qn/de qc loc. prép. Il est parti à la recherche de sa famille/du bonheur. «A la recherche du temps perdu» (Proust)

réclamer v. tr.

réclamer qc La Révolution française, c'est le pauvre qui vient réclamer (= exiger) son droit.

réclamer v. intr.

réclamer contre qc L'équipe nantaise a réclamé (= protesté) contre la décision de l'arbitre.

se réclamer de qn/de qc Je me suis réclamé (= recommandé) de vous. Sa conduite se réclame du stoïcisme.

recommander v. tr.

recommander qc Le corps médical recommande notre dentifrice. Je vais recommander (= faire enregistrer) cette lettre.

recommander qn/qc à qn Je vais vous recommander à mon ami. Je vous recommande le silence/une discrétion absolue.

recommander à qn de + *inf.* Je vous recommande de vous taire.

se recommander de qn Vous pourrez vous recommander de moi (= invoquer mon appui).

se recommander à qn Dans ce danger, je me suis recommandé à Dieu.

récompenser v. tr.

récompenser qn/qc Ma mère, heureuse de se voir rendre son portefeuille, a libéralement récompensé l'honnête garçon. Le succès a récompensé mes efforts.

récompenser qn de/pour qc Je vous récompense de/pour votre travail.

réconcilier v. tr.

réconcilier qn «Il surgit de siècle en siècle un homme qui s'efforce de réconcilier en sa personne les Français irréconciliables.» (Mauriac)

réconcilier qn avec qn Son regret sincère me réconcilie avec elle.

se réconcilier Le père et le fils se sont réconciliés.

reconnaissance n. f.

1. (= action de reconnaître comme légitime) la reconnaissance d'un gouvernement/d'un enfant.

2. (= souvenir d'un bienfait)

la reconnaissance de qn pour qn la reconnaissance d'un élève pour ses maîtres/d'un malade pour son médecin.

avoir de la reconnaissance à qn/envers qn (pour qc) Je vous ai beaucoup de reconnaissance (pour votre appui). J'ai beaucoup de reconnaissance envers mes parents (pour ce don).

avoir de la reconnaissance à qn pour + inf. pa. Je vous ai beaucoup de reconnaissance pour m'avoir aidé.

en reconnaissance de (qc) loc. prép. En reconnaissance de ses mérites, on l'a fait chevalier de la Légion d'honneur.

Expr.: *envoyer qn en reconnaissance* Le chef de l'expédition a envoyé un groupe en reconnaissance.

reconnaissant, e adj.
reconnaissant envers qn Il est très reconnaissant envers ses parents/envers eux.

reconnaissant à qn de qc Je vous suis reconnaissant de ce sentiment. Je vous en suis reconnaissant.

reconnaissant à qn de + inf. Je vous serais reconnaissant de m'aider un peu. Je vous suis reconnaissant de m'avoir aidé.

reconnaître v. tr.
reconnaître qn Maintenant que vous avez ôté votre chapeau, je vous reconnais.

reconnaître qn pour + attr. Je vous reconnais pour mon roi/pour chef.

reconnaître qc J'ai tout de suite reconnu sa voix. Je reconnais votre bonne foi. Plusieurs gouvernements n'ont pas reconnu le nouveau régime.

reconnaître qn/qc à qc Je l'ai reconnu à sa voix et à sa démarche. On reconnaît l'arbre à ses fruits [prov.].

reconnaître qc à qn Je ne vous reconnais pas le droit de me réprimander en public.

reconnaître qc/qn comme + attr. A ce congrès de mathématiques, le français a été reconnu comme langue officielle. Toutes les tribus l'ont reconnu comme (leur) chef.

reconnaître + inf. Je reconnais m'être trompé.

reconnaître que + ind. Je reconnais que je me suis trompé.

reconnaître qc pour + attr. Je le reconnais pour vrai.

se reconnaître Je m'étais égaré dans le désert, mais, grâce à l'oasis, je me suis reconnu.

se reconnaître à qc Le Méridional se reconnaît surtout à ses nasales.

se reconnaître + attr. Elle se reconnaît vaincue/coupable.

recourir v. tr. indir.
recourir à qc/à qn Je devrai recourir à (= me servir de) la ruse/à la force. Je recours (= m'adresse) à vous pour que vous me prêtiez cette somme modeste.

recrue n. f. Nos recrues se sont comportées comme de vieux soldats.

recueillir v. tr.

recueillir qc J'ai recueilli beaucoup de documents sur sa vie. Cette bienfaitrice ne recueillit pas la gratitude qu'elle avait méritée.

recueillir qn Nous avons recueilli l'enfant chez nous.

se recueillir J'espère trouver un peu de temps pour me recueillir.

recueilli, e adj. un air recueilli (= concentré dans la méditation).

reculer v. intr. La surprise le fit reculer. Il recula d'un pas.

reculer devant qn/devant qc Il ne recula devant aucun ennemi/devant aucun danger.

reculer v. tr.

reculer qc On a reculé les sièges/la frontière. On a reculé d'une semaine la rentrée des classes.

redevable adj.

être redevable à qn de qc Je lui suis redevable d'une grosse somme d'argent/de la vie.

être redevable à qn de + *inf. pa.* Je lui suis redevable d'avoir écrit cette lettre.

redire v. tr.

redire qc Je l'ai dit et je le redirai.

Expr.: *avoir/trouver à redire à qc* Je n'ai/Je ne trouve rien à redire (= critiquer) à cet ouvrage.

redoubler v. tr.

redoubler qc Cet élève devra redoubler sa classe.

redoubler v. tr. indir.

redoubler de qc Il redoubla d'efforts/de zèle. Le virage passé, la voiture redoubla de vitesse.

redoubler v. intr. La pluie redoubla.

redouter v. tr.

redouter qn/qc Toute la famille le redoute/redoute son humeur. Ce sergent est très redouté. Je redoute un malheur pour lui.

redouter de + *inf.* Je redoute de tomber malade.

redouter que + *ne* + *subj.* Je redoute qu'il ne lui arrive/qu'il ne lui soit arrivé un malheur.

réduire v. tr.

réduire qn à qc Il les a réduits à la misère/au silence.

réduire qn à + *inf.* Il les a réduits à mendier.

(en) être réduit à qc Il (en) est réduit à cela. Voyez où il en est réduit maintenant.

(en) être réduit à + *inf.* Il (en) est réduit à vivre d'aumônes.

réduire qn en esclavage La tribu vaincue a été réduite en esclavage.

réduire qc Il faudra réduire nos dépenses.

réduire qc à qc Cela a réduit mes espoirs à néant.

réduire qc en qc La bonne va finir par réduire toute la vaisselle en miettes (= en la cassant).

réduire qc de tant Il a réduit mes honoraires de cent francs.

se réduire à qc La bataille s'est réduite à une échauffourée.

se réduire en qc L'arbre pourri s'est réduit en poussière.

référer v. tr. indir.

en référer à qn (= soumettre un cas à) Le rapporteur va en référer à la conférence. Les deux mères, dans la Bible, en réfèrent au roi Salomon.

se référer à qn/à qc (= citer à l'appui d'une opinion) Je me réfère à ses lettres pour prouver sa mauvaise foi.

réfléchir v. tr.

réfléchir qc La lune réfléchit la lumière du soleil.

se réfléchir La lune se réfléchit dans le lac.

réfléchi, e p. pa. «Se» est un pronom réfléchi.

réfléchir v. intr. et tr. ind.

réfléchir à qc/sur qc J'ai réfléchi à/sur votre affaire. J'y ai longuement réfléchi.

réfléchir que + ind. [fam.] En lui écrivant, je n'ai pas réfléchi que ses parents liraient la lettre.

réfléchi, e p. pa. Le jeune Pascal était un enfant réfléchi [contr.: étourdi].

refléter v. tr.

refléter qc Le lac reflète la lune. La littérature reflète la société.

se refléter La lune se reflète dans le lac.

refroidir v. tr.

refroidir qc La détente refroidit les gaz. [fig.]: Ces échecs ont refroidi mon zèle.

se refroidir Le moteur arrêté s'est vite refroidi.

refroidir v. intr. Le moteur arrêté a vite refroidi.

refus n. m. Je me suis heurté au refus de mon père. L'accident est dû à un refus de priorité.

le/un refus de + inf. Le refus de payer l'a conduit en prison.

opposer un/son refus à qn/à qc Il a opposé à ma demande un/son refus catégorique. Nous avons opposé à ce candidat un/notre refus.

sur mon/ton, etc. refus Sur son refus, je n'ai pas insisté.

Expr.: *ce n'est pas de refus* Vous venez prendre l'apéritif avec nous? – Ce n'est pas de refus (= Je veux bien).

refuser v. tr.

refuser qc J'ai refusé son invitation.

refuser qn Le jury a refusé [contr.: reçu] le candidat.

refuser qc à qn Je n'ai rien à vous refuser.

refuser de + *inf.* Mon frère refuse d'assister au mariage de ma fille.

se refuser à qc Je me refuse à ce jeu. Les circonstances s'y refusent.

se refuser à qn Elle s'est longtemps refusée à lui.

se refuser à + *inf.* Ma plume se refuse à décrire ces atrocités.

régal n. m. [pl.: régals] La bouillabaisse et le civet de lapin: voilà leurs grands régals (= mets préférés).

regarder v. tr.

regarder qn/qc Je regarde mon voisin/ma montre.

regarder qn/qc comme + *attr.* Je vous regarde comme mon bienfaiteur. Je regarde cela comme un honneur.

regarder qn/qc + *inf.* Je regarde défiler les soldats. Ils regardaient les côtes s'enfuir.

regarder qn/qc qui + *ind.* [équivalent fam. de *regarder qn/qc* + *inf.*] Je les regardais qui passaient lentement.

Expr.: Cela ne vous regarde (= concerne) pas. Vous ne m'avez pas regardé (= Vous vous moquez de moi).

regarder v. tr. indir.

regarder à qc Il regarde beaucoup au sucre (= en use avec modération). On ne regarde pas à la dépense. – D'où:

regardant adj. verbal (= parcimonieux, chiche)

regarder à + *inf.* Il regarde à venir nous voir (= Il vient rarement).

régime n. m. Ce régime politique est odieux.

à ce régime loc. adv. Nos vacances nous coûtaient 100 F par jour; à ce régime, mes économies furent vite épuisées.

Expr.: *être au régime* Papa va mieux, mais il est toujours au régime (= il doit suivre un régime prescrit par le médecin).

règle n. f. Il ne se soumet à aucune règle. Quelle règle déduisez-vous des exemples?

dans les règles loc. adv. La demande est rédigée dans les règles (= comme il faut).

en règle générale loc. adv. En règle générale (= Dans la majorité des cas), les jeunes gens de son âge pensent comme lui.

en règle loc. adj. Vos papiers ne sont pas en règle (= valables).

il est de règle [impers.] *de* + *inf.* Il est de règle de lui rendre visite.

il est de règle [impers.] *que* + *subj.* Il est de règle (= L'usage veut) qu'on lui rende visite.

régler v. tr.

régler qc Je n'ai pas encore réglé l'affaire/la facture.

Expr.: *régler son compte à qn* (= punir sévèrement, faire payer de sa vie) Les autres gangsters vont lui régler son compte.

se régler sur qn Tous se sont réglés (= ont pris exemple) sur lui.

régner v. intr. Charles VII, le roi de Bourges, régna de 1422 à 1461.
régner sur qn/sur qc A partir de 1707, le souverain britannique régna
sur Anglais et Ecossais. L'Angleterre régnait sur les mers.

regret n. m.
le regret de qc le regret d'une faute.
le regret de + *inf. pa.* le regret d'avoir mal agi.
le regret de + *inf. prés.* le regret de quitter ses parents.
avoir le regret de + *inf. prés.* J'ai le regret de vous congédier/de vous
informer que ...
être au (grand) regret de + *inf. prés.* Je suis au (grand) regret de vous
congédier.
à regret loc. adv. Il nous a quittés à regret (= malgré lui).

regrettable adj.
il est regrettable [impers.] *que* + *subj.* Il est regrettable que vous
n'ayez pas été plus prudent.

regretter v. tr.
1. (= se repentir de qc)
regretter qc Je regrette ma faute.
regretter de + *inf.* Je regrette de vous avoir fait attendre.
regretter que + *subj.* Je regrette que vous ne soyez pas venu.

2. (= se rappeler une personne ou une chose dont on est privé)
regretter qn/qc Il regrette beaucoup son père, qui est mort il y a quelques années. Je regrette le temps où j'étais heureux.

rejeter v. tr.
rejeter qc Il a rejeté le poisson à la mer/ses cheveux en arrière. [fig.]:
L'Assemblée Nationale a rejeté la loi proposée.
rejeter qn Il faut rejeter l'envahisseur.
rejeter qc sur qn/sur qc Les deux bandits rejettent la culpabilité sur
leur complice.
se rejeter sur qc Ne pouvant se promener, il s'est rejeté sur la lecture.

rejoindre v. tr.
rejoindre qc Le chirurgien a rejoint les lèvres de la blessure.
rejoindre qn Je vais rejoindre le groupe d'étudiants à Paris.

se réjouir v. pr.
se réjouir de qc Je me réjouis de cette nouvelle.
se réjouir de + *inf.* Je me réjouis de vous revoir.
se réjouir que + *subj.* Je me réjouis que vous soyez là.
se réjouir de ce que + *ind.*/[parfois + *subj.*] Je me réjouis de ce que
vous êtes (ou: soyez) là.

relâcher v. tr.
relâcher qn L'ennemi a relâché (= mis en liberté) quelques prisonniers.

relâcher qc L'inertie relâche (= affaiblit) la discipline.

se relâcher Une corde neuve se relâche (= se détend) vite. La discipline s'est relâchée.

relâché, e p. pa. Il parle un français relâché [contr.: soigné].

relatif, ve adj. un pronom relatif.

relatif à qc On a discuté des mesures relatives à la santé publique. [ellipt., en grammaire]: un relatif (= un pronom relatif); une relative (= une proposition relative).

relever v. tr.

relever qn/qc Henri IV a su relever la France. On a eu du mal à le relever quand il est tombé dans la rue.

relever qc J'aimerais relever (= mettre en relief) quelques passages du texte qui me paraissent importants.

relever qn de qc On relève un religieux de ses vœux/un fonctionnaire de ses fonctions (= on les libère de leurs obligations).

relever v. tr. indir.

sujet de pers. + relever de (+ art.) + nom Je relève de maladie (= Je viens d'être malade). Je relève d'une maladie.

sujet de chose + relever de + art. + nom Cette remarque ne relève pas de la grammaire (= ne la concerne pas).

relever de qn/de qc Un juge ne relève (= dépend) de personne. Cette faculté relève de l'académie de Nancy.

se relever Votre col se relève à droite.

se relever de qc Le pays ne s'est pas encore relevé de sa défaite.

relier v. tr.

relier qc Je vais faire relier cette brochure.

relier deux choses Il y a plusieurs lignes aériennes qui relient les deux continents. Le canal de Suez relie la mer Rouge et la Méditerranée.

relier qc à qc/qn à qn Le canal relie la mer Rouge à la Méditerranée. Le téléphone nous relie à nos amis.

remarquer v. tr.

remarquer qc/qn Je n'ai pas remarqué l'accident. J'ai remarqué mon ami au bout de la rue.

remarquer que + ind. ou subj. Je remarque que sa conduite s'est améliorée. Je ne remarque pas que sa conduite se soit améliorée. Il ne remarque pas que ma conduite s'est améliorée. [pour le mode cf. APPENDICE § 11]

faire remarquer qc à qn Je lui ai fait remarquer la beauté de cet édifice.

faire remarquer à qn que + ind. Je lui ai fait remarquer que ma conduite s'est améliorée.

se faire remarquer Ne te fais pas toujours remarquer.

se faire remarquer par qc Ce caporal s'est fait remarquer par sa bravoure.

remède n. m.

le remède de qc Avez-vous trouvé le remède de la crise monétaire?

un remède à qc Avez-vous trouvé un remède à la crise monétaire?

le/un remède contre qc/pour qc Ton remède contre/pour la chute des cheveux ne vaut rien.

porter remède à qc Comment porter remède à (= combattre les effets de) la surpopulation?

sans remède loc. adj. Les dégâts sont sans remède.

remédier v. tr. indir.

remédier à qc Comment peut-on remédier à ce mal? Je ne puis y remédier.

remercier v. tr.

remercier qn Le gagnant remercie le jury.

remercier qn de qc/pour qc Je vous remercie de/pour votre hospitalité.

remercier qn de + inf. Je vous remercie de m'aider toujours/de m'avoir aidé de vos conseils.

remercier qn pour + inf. pa. Je vous remercie pour m'avoir aidé.

remercier qn (de qc) Deux employés ont été remerciés (= congédiés) cette semaine (de leur emploi).

remerciement n. m. [surtout au pl.]

remerciements pour qc Acceptez mes remerciements pour votre aide.

remerciements pour + inf. Mes remerciements sincères vont à mon collègue français pour avoir rendu possible cet échange.

remettre v. tr.

remettre qc Il remit son chapeau qu'il avait ôté pour me saluer.

remettre qn (= reconnaître, fam.) Je ne vous remets pas bien.

remettre qc à qn Ce matin, le facteur m'a remis mon courrier à 9 heures. Je lui ai remis le soin de cette affaire.

remettre qc à + indication de temps Il ne faut pas remettre à demain ce qu'on peut faire aujourd'hui.

remettre qn à qc Je l'ai remis à sa place/à l'école.

remettre qc en usage/en honneur/en état La mode remettra-t-elle le chapeau en usage? Remettez cette voiture en état.

se remettre à qc Il s'est remis au travail.

se remettre à + inf. Quand vous remettrez-vous à travailler?

se remettre de qc Il s'est remis de sa maladie.

s'en remettre à qn (de qc) Je m'en remets à vous (du soin de tous ces détails).

s'en remettre à qc Je m'en remets à votre jugement.

remonter v. intr. Le baromètre remonte.

remonter à qc Il faut remonter à la source du mal. Sa noblesse remonte à Charles X.

remonter v. tr.

remonter qc Il est difficile de remonter le courant. J'ai remonté ma montre. Le général a remonté le moral de ses troupes.

remonter qn Un verre de vin vous remontera. Il prend des vitamines pour se remonter.

remontrer v. tr.

remontrer qc à qn Il m'a remontré (= reproché) mes fautes.

remontrer que + ind. Il m'a remontré que je gaspillais mon argent. Expr.: *en remontrer à qn* Ce vantard veut en remontrer à (= faire mieux que) tout le monde.

remplacer v. tr.

remplacer qn/qc (par qn/par qc) Il faut remplacer cet ouvrier. J'ai remplacé le gaz par l'électricité.

remplir v. tr.

remplir qc (de qc) Il faut remplir cette bouteille d'eau et le bidon d'essence. Il ne remplit pas les conditions du concours.

remplir qn de qc Cela m'a rempli de joie/d'admiration/d'espoir.

remuer v. tr.

remuer qc Il a remué la tête. [fig.]: Ils ont remué ciel et terre pour retrouver leur enfant.

remuer qn Le talent de l'actrice a remué (= ému) les spectateurs.

se remuer Allons, remuez-vous un peu, ne croisez pas les bras.

remuer v. intr. Il n'est pas mort, il remue encore.

renchérir v. intr. Les légumes ont encore renchéri (= sont devenus plus chers). [fig.]: «J'ai soif» dit Jean. «Je meurs de soif» renchérit sa sœur.

renchérir sur qn/sur qc Yvonne renchérit sur son frère Jean/sur ce que dit son frère.

rencontrer v. tr.

rencontrer qn/qc Je les ai rencontrés par hasard. Je n'ai jamais rencontré ce mot.

se rencontrer Nous nous sommes rencontrés dans la rue.

rendre v. tr.

rendre qc Ces fruits rendent (= donnent) beaucoup de jus. Cette cloche rend (= produit) un son merveilleux. Un juge doit rendre des jugements. Il a rendu l'âme (= est mort).

rendre abs. Mes cerisiers ont bien rendu cette année.

rendre qc à qn Il m'a souvent prêté de l'argent que je lui ai rendu. Vous me rendez la vie (= Vous me faites reprendre espoir).

rendre qn à qc L'art des médecins l'a rendu à la vie (= l'a sauvé).

rendre + nom sans art. Ce petit outil rend énormément service. Le proviseur tient à ce qu'on lui rende visite.

rendre qn/qc + adj. attr. Son invention le rendit célèbre. L'absence de tout outil rendit la chose encore plus difficile.

● Dans cet emploi, ne pas remplacer *rendre* par *faire*.

se rendre à un endroit Il s'est rendu à Paris. Ce matin-là, je me rendais place Vendôme [plutôt que: à la place Vendôme].

se rendre chez qn L'ambassadeur s'est rendu chez le chef du gouvernement.

se rendre (à qn) Après de longs combats, la ville s'est rendue (aux assaillants).

se rendre à qc Il faut bien que je me rende à l'évidence: j'ai eu tort.

se rendre + adj. attr. Il se rend odieux à tout le monde.

renommé, e adj.
renommé pour qc La Moselle est renommée pour ses vins.

renoncer v. tr. ind.
renoncer à qc Nous avons dû renoncer à cette entreprise.
renoncer à + inf. J'ai renoncé à lui en parler.

renseigner v. tr.
renseigner qn (sur qc) L'agent renseigne les passants. Veuillez me renseigner sur l'état de la route.

se renseigner Avant d'acheter la maison, il faudra se renseigner encore.
se renseigner sur qn/sur qc Je me suis renseigné sur lui/sur sa réputation.

rentrer v. intr. [auxil. >être<] Il est rentré à minuit.
rentrer + inf. Je rentre préparer le dîner.
rentrer de qc Nous sommes rentrés de promenade/de vacances.
rentrer dans qc [fam.] La voiture est rentrée dans (= s'est heurtée à) un platane.

Expr.: *rentrer dans ses frais* Je ne sais pas s'il rentrera dans ses frais (= recouvrera l'argent qu'il a dépensé).

rentrer en fonctions Le chef du gouvernement est rentré en fonctions hier (= il les a reprises).

rentrer dans l'ordre Après les émeutes de la semaine dernière, tout est rentré dans l'ordre (= le calme règne de nouveau).

rentrer v. tr.
rentrer qc Les paysans ont rentré la récolte. [fig.]: J'ai eu du mal à rentrer (= retenir) ma colère.

renvoyer v. tr.
renvoyer qc L'écho renvoie les sons.
renvoyer qn Le patron a renvoyé (= mis à la porte) les grévistes.
renvoyer qc à qn Je lui renverrai la balle.
renvoyer qn à qc Un astérisque renvoie le lecteur au glossaire.
renvoyer qc à une autre date Je renvoie (= remets) notre entrevue à lundi.

répandre v. tr.

répandre qc Les agences de presse furent longues à répandre cette nouvelle.

se répandre sur qc /dans qc Le lait se répandit sur le trottoir. Les voyageurs se répandirent sur les quais.

se répandre en qc Il se répandit en lamentations sur la crise.

repartir v. intr. [auxil. >être<] Mon ami est reparti (= parti de nouveau) ce matin.

repartir v. tr. [auxil. >avoir<; litt.]

repartir qc à qn «Occupe-toi de tes affaires» m'a-t-il reparti (= répliqué).

répartir v. tr.

répartir qc Les quatre langues en Suisse sont réparties (= distribuées) de façon assez inégale.

répartir qc entre plusieurs personnes J'ai réparti ma fortune entre mes trois enfants.

se répartir qc Nous nous sommes réparti la tâche.

repasser v. tr. [auxil. >avoir<]

repasser qc Ma femme a repassé mes chemises. La veille de la composition, l'élève repasse sa leçon de français.

repasser v. intr. [auxil. >être<] Etes-vous repassé (= revenu) par Paris?

se repentir v. pr.

se repentir de qc Ils se sont repentis de cette action.

se repentir de + inf. pa. Ils se sont repentis d'avoir commis ce crime.

répondre v. tr.

répondre qc à qn Que lui répondrai-je?

répondre que + ind. Il répondit que j'avais tort.

répondre abs. Vas-tu répondre?

répondre v. tr. indir.

répondre à qc Le succès répond (= est conforme) à notre attente.

répondre de qn/de qc Je réponds de mon associé/de son honnêteté (= Je m'en porte garant).

répondre pour qn Je suis prêt à répondre pour mon fils (= à acquitter ses dettes) s'il fait faillite.

réponse n. f.

réponse à qc En réponse à votre lettre du 15 mai, je me permets de . . .

Expr.: Il a réponse à tout (= n'est jamais embarrassé).

donner réponse à qn Je vous donnerai réponse avant 8 jours.

Expr.: *pour toute réponse* Pour toute réponse, il me tourna le dos.

reposer v. intr. Ma femme repose (= Elle se repose). Ici repose Marie X. [inscription tombale] *reposer sur qc* La maison repose sur deux piliers en béton. L'accusation repose sur des témoignages sûrs/sur une simple assertion.

reposer v. tr.

reposer qn/qc Assieds-toi, cela te reposera. Il prend son verre, puis le repose.

se reposer Je vais me reposer un peu.

se reposer sur qn de qc Je me repose sur ma femme de tous les soucis ménagers (= Je lui en laisse la charge).

reprendre v. tr.

reprendre qc Reprends ta place.

reprendre de qc Reprenez de ce gâteau.

[dans le dialogue]: «Ami, reprit le coq, . . .»

reprendre qn Il reprend (= critique) ses élèves à chaque faute.

reprendre v. intr. La vie économique reprend (= retrouve de l'activité). A ce moment, la tempête reprit de plus belle.

se reprendre J'allais me tromper, mais je me suis repris (= me suis corrigé).

se reprendre à + inf. Je me reprends à (= recommence d') espérer.

reprocher v. tr.

reprocher qc à qn On peut lui reprocher de nombreuses négligences.

reprocher à qn de + inf. On reproche à cet écrivain de s'être tu à un moment où il fallait parler.

reprocher à qn que + ind. Il m'a reproché que je consommais sans produire.

répugner v. tr. indir.

répugner à qn Ce milieu sordide lui répugnait.

répugner à qc Cela répugne au bon sens.

répugner à + inf. Je répugne à (= Je n'aime pas) fréquenter ces gens. Je ne répugnerais pas à l'épouser.

il me répugne [impers.] *de + inf.* [litt.] Il me répugne d'en parler.

requérir v. tr.

requérir qc Ce jeu ne requiert (= demande) qu'un peu d'adresse.

requérir qn de + inf. Va donc requérir l'écrivain de (= l'inviter à) te dédicacer son livre.

réserve n. f.

1. (= provision) Elle fait des réserves de sucre.

avoir/mettre qc en réserve L'écureuil a/met des noisettes en réserve.

de réserve loc. adj. Les troupes ont entamé leurs vivres de réserve.

2. (= restriction)

faire des réserves sur qc Je fais toute réserve sur votre droit à loger ici.

sans réserve loc. adj. et adv. Une confiance sans réserve (= illimitée).

Elle se dévoue à son patron sans réserve.

sous toute(s) réserve(s) loc. adv. Cette visite officielle est annoncée sous toute réserve.

rester sur la réserve Les météorologistes restent sur la réserve (= sont réservés, observent une attitude peu affirmative).

sous réserve de qc Prenons ce chiffre sous réserve de vérification (= acceptons-le provisoirement).

sous réserve de + inf. Il donna son adhésion sous réserve de la retirer plus tard.

sous réserve que + subj. Je vous donne ma maison, sous réserve que vous me versiez une pension alimentaire.

réserver v. tr.
réserver qc Jusqu'à l'audition des témoins, je réserve mon jugement.
réserver qc à qn Je vous réservais une surprise.

se réserver qc Le Duc se réserva le droit d'intervenir le cas échéant.
se réserver de + inf. Il se réserve de nous chasser si nous faisons trop de bruit.

résigner v. tr.
résigner qc Il résigna ses fonctions (= démissionna).

se résigner à qc Il se résigna à son sort.
se résigner à + inf. Il se résigna à retourner.
se résigner abs. Lutter ou se résigner – voilà les deux possibilités.

résister v. intr. Les assiégés ne pourront plus résister longtemps.
résister v. tr. indir.
résister à qn/qc Dans ces conditions, comment résister à l'ennemi? Fortunato Falcone ne put pas résister à la tentation.

résoudre v. tr.
résoudre qc Pouvez-vous résoudre ce problème?
résoudre de + inf. Il a résolu d'attendre.

se résoudre à qc Elle s'y est résolue après de longues tergiversations.
se résoudre à + inf. Elle s'est résolue à prendre le risque.
être résolu à + inf. Elle est résolue (= décidée) à attendre.

respect n. m.
le respect de qc le respect de la loi.
le respect de qn pour qn/pour qc le respect de mon père pour la loi; notre respect pour les juges.
manquer de respect à qn Je ne lui ai jamais manqué de respect.
présenter ses respects à qn Je présente mes respects à Madame la Comtesse.

respectueux, se adj. Veuillez agréer, Monsieur, l'expression de mes sentiments respectueux.

respectueux pour qn/envers qn Il est respectueux pour/envers ses parents.
respectueux de qc Soyez plus respectueux de vos engagements.

respirer v. intr. Il ment comme il respire (= continuellement).

respirer v. tr.
respirer qc Respirons le bon air. Il respire la santé/l'orgueil/la bonté
(= Il donne une impression de santé etc.). Ici, on respire le calme
(= on a une impression de calme).

responsabilité n. f.
la responsabilité de qc Vous aurez la responsabilité de ce suicide.

responsable adj. Le ministre responsable ne doit pas être long à
tirer les conséquences.
responsable de qc Je ne suis pas responsable de vos fautes.

ressembler v. tr. ind.
ressembler à qn/à qc Il ressemble beaucoup à son père. Qui se ressemble s'assemble [prov.]. Ce parapluie ressemble au mien.
Expr.: [fam.] Cela ne ressemble à rien (= C'est assez médiocre, en
parlant d'un tableau etc.).

ressentir v. tr.
ressentir qc En apprenant cette nouvelle, j'ai ressenti (= éprouvé) une
vive déception.

se ressentir de qc Pendant une année entière, il se ressentit de sa chute
(= il en souffrit encore).

ressortir v. intr. [conjugué comme *sortir*] Il retourne à son bureau
à deux heures, et il en ressort à six. [fig.]: Le tableau ressort (= se
détache) bien sur ce mur blanc.
il ressort [impers.] *de qc que* + *ind. ou subj.* Il ressort de l'enquête que
la victime n'avait pas d'ennemis. [cf. APPENDICE § 11]

ressortir v. tr. indir. [conjugué comme *finir*]
ressortir à qc Un crime ressortit à la Cour d'Assises (= il est de sa
compétence). L'étude des sons, comme l'étude des sens, ressortissent à la linguistique. (Jamais: *lui ressortissent).

rester v. intr. [auxil. >être<] Il est resté deux jours à Paris.
rester à + *inf.* Il restait là à me regarder. Une chose reste à faire.
Restez à déjeuner avec nous [fam.: Restez déjeuner].
il (me) reste [impers.] *à* + *inf.* Il nous reste à faire la vaisselle. Que
nous reste-t-il à manger? (ou: Qu'est-ce qu'il nous reste à manger?)
en rester à qc J'en suis resté aux usages de ma jeunesse.
en rester à + *inf.* Il en est resté à collectionner des timbres.
en rester là Puisque cela vous déplaît, restons-en là.
en rester pour qc «Les galants en étaient restés pour leurs frais»
(= leurs efforts ne leur avaient rien rapporté). (Paul Morand)

rester + attr. Après sa maladie, il est resté sourd. Depuis la guerre, il est resté capitaine.

résulter v. tr. indir. [auxil. >avoir< : action même ; auxil. >être< : état consécutif ; cf. APPENDICE § 2 C]

résulter de qc Des désordres ont aussitôt résulté de la mesure. Que de destructions en sont résultées !

il en résulte [impers.] *qc* Il en résulte des ruines.

il en résulte [impers.] *que + ind. ou subj.* Il en résulte que nous sommes ruinés. Il n'en résulte pas qu'il soit ruiné. [pour le mode cf. APPEN-DICE, § 11]

retarder v. tr.

retarder qn/qc Cela m'a retardé/a retardé mon départ.

retarder v. intr. Ma montre retarde [fam. : Je retarde] de cinq minutes.

retarder sur qc Il retarde (= Il est en arrière) sur son temps.

retenir v. tr.

retenir qn/qc Je vous retiens ? (= Je vous empêche de faire autre chose ?) Avant 1917, les troupes russes retenaient de grands effec-tifs allemands sur le front est. Il retint son haleine.

retenir qc à qn/pour qn Retenez-moi deux places/Retenez deux places pour moi dans le rapide de Paris.

retenir qn de + inf. La pitié me retient de le punir.

se retenir à qc Je me suis retenu au parapet pour ne pas tomber.

se retenir de + inf. Je n'ai pu me retenir de rire.

retirer v. tr.

retirer qc J'ai retiré mes bagages à la consigne/une grande somme à la banque/ma candidature.

retirer qc à qn On a retiré le permis de conduire à ce chauffard.

se retirer Il est temps de me retirer.

se retirer de qc Il s'est retiré des affaires/de la politique.

se retirer à un endroit Elle s'est retirée en province/dans un couvent. L'ennemi s'est retiré vers l'intérieur du pays.

retour n. m. Sur le chemin du retour, il apprit la mort de sa fille. Un billet d'aller et retour (ou: Un aller et retour).

de retour (à/en, etc.) loc. adv. et prép. Nous serons bientôt de retour (= revenus). De retour (= Une fois revenu) à Paris/en France, etc., j'ai trouvé votre lettre.

au/à mon/ton, etc. retour (de) loc. adv. et prép. Au retour/A notre retour, nous aurons moins de voitures sur la route. Au retour (= En revenant) de La Baule, nous avons déjeuné à Angers. Au retour (= Une fois revenue) de l'école, elle fait vite ses devoirs.

en retour (de qc) loc. adv. et prép. Que vas-tu lui donner en retour (de son cadeau) ?

faire un retour sur soi-même Ebloui par la lumière surnaturelle, Saül fit un retour sur lui-même (= examina sa conduite passée).

Expr.: *par retour du courrier* Il m'a répondu par retour du courrier (= immédiatement après avoir reçu ma lettre).

Expr.: *payer qn de retour* Si vous me rendez ce service, je vous paierai de retour.

retourner v. tr. [auxil >avoir<]
retourner qc Le vent a retourné mon parapluie.
retourner qc à qn Je lui ai retourné sa lettre (sans l'avoir lue).

retourner v. intr. [auxil >être<]
retourner à un endroit Vous retournerez à Biarritz l'année prochaine? Elle est retournée dans son pays natal/en Grèce.

Expr.: *retourner sur ses pas* Retournons sur nos pas (= Marchons en sens inverse).

Expr.: *savoir de quoi il retourne* [impers.] Il ne sait pas de quoi il retourne (= ce qui se passe).

se retourner Quand je l'appelai, il se retourna.
s'en retourner Il s'en retournait chez lui.
se retourner contre qn Ses intrigues se sont retournées contre lui.

retrait n. m.
retrait de qc Cette infraction peut entraîner le retrait du permis de conduire. Retrait d'emploi (quand les autorités administratives suspendent un fonctionnaire de ses fonctions). Retrait de fonds.
en retrait (de) loc. adv. et prép. Cette maison est construite en retrait (= en arrière d'une ligne déterminée)/en retrait de la route.
en retrait sur qc [sens fig.] Les propositions du Directeur au syndicat sont en retrait sur les précédentes (= vont moins loin).

retraite n. f. la retraite de Russie (de Napoléon).
être en/à la retraite Mon père est en retraite/à la retraite depuis quelques années.
Expr.: *battre en retraite* Quand on le contredit, il bat en retraite (= cesse de soutenir son opinion).

retrouver v. tr.
retrouver qc/qn Qu'il a été heureux de retrouver son porte-monnaie/ses amis. Une fois sa colère passée, il a retrouvé son calme habituel.
se retrouver Elle ne se retrouve jamais (= ne reconnaît pas son chemin) dans cette ville. Je ne m'y retrouve plus (= Je n'y comprends plus rien).
se retrouver + attr. A la mort de son mari, elle s'est retrouvée seule.

réunir v. tr.
réunir des choses/des personnes Le chirurgien réunit les lèvres d'une plaie. Nous réunissons des amis autour de nous.

réunir qc à qc Le cou réunit la tête au corps.

se réunir Nous nous sommes réunis chez Georges. Les deux armées se sont réunies à Waterloo.

réussir v. intr. Le coup n'a pas réussi.
réussir dans qc Ce garçon réussit dans tout ce qu'il entreprend.
réussir v. tr.
réussir qc Il a réussi son coup. Vous réussirez vos photos.
réussir v. tr. indir.
réussir à qc Il a réussi à ses examens.
réussir à + inf. Je réussirai à le convaincre.
réussir à qn Rien ne lui réussit. Cette glace trop froide ne lui a pas réussi (= il s'en est ressenti).
réussi, e p. pa. = adj. un tableau réussi; une réception réussie.

revanche n. f.
prendre sa revanche sur qn L'éléphant a pris sa revanche sur les enfants qui l'avaient taquiné.
en revanche loc. adv. Cet élève est nul en mathématiques, mais, en revanche, il est assez fort en langues.
à charge de revanche loc. adv. Je suis heureux de vous dépanner, mais à charge de revanche (= à condition que vous me rendrez le même service).

révéler v. tr.
révéler qc Il ne veut pas révéler ses desseins.
révéler qc à qn On avait révélé à Cicéron le complot.
se révéler Le génie de Mozart se révèle dès les compositions de l'enfant.
se révéler + adj. Mes pronostics se révélèrent exacts.

revenir v. intr. Le temps passé ne revient plus.
revenir à qn Les forces me reviennent. [fam.]: Sa tête ne me revient pas (= m'est antipathique).
revenir à qc Cela me revient à l'esprit. Expr.: Revenons à nos moutons (= à notre sujet). On revient toujours à ses premières amours. [prov.]
en revenir à qc J'en reviens à ce que vous me disiez. Pour en revenir à mon affaire, je vous dirai que . . .
revenir de Il revient de Paris. Est-il revenu de son erreur/de sa surprise?
revenir sur qc Je suis revenu sur mes pas (= retourné). Il revint sur sa promesse (= il ne la tint pas).
revenir + inf. Il reviendra nous voir.
s'en revenir Ils s'en revenaient tranquillement chez eux.

revenir v. tr. indir.

revenir à qn (= être la part légitime de qn) Les soins du ménage reviennent à ma femme. Voici la somme qui vous revient.

il revient [impers.] *à qn de* + *inf.* C'est à vous qu'il revient de prendre la parole.

revenir à qc/à tant Tous ces discours reviennent à une capitulation. Cela revient au même (= C'est la même chose). Cette table me revient à (= me coûte) 200 F. Cela revient cher. D'où l'expr.: Le prix de revient (= ce que coûte une marchandise à l'usine qui la fabrique).

revenir à + *inf.* Prêter cent francs à ce garçon, cela revient à les lui donner.

rêver v. intr. Je rêve rarement.

rêver v. tr. indir.

rêver de qc (= souhaiter ardemment) Les naufragés rêvaient d'eau potable et de fruits savoureux.

rêver de + *inf.* Il rêve de s'évader.

rêver à qc (= penser, réfléchir à qc) J'ai longtemps rêvé à ce problème sans en trouver la solution.

rêver v. tr.

rêver qc Qu'avez-vous rêvé cette nuit? J'ai le poste que j'ai rêvé.

rêver que + *ind.* J'ai rêvé qu'il était mort.

revêtir v. tr.

revêtir qc Mme Dupont revêtit des vêtements de deuil. Les modes personnels revêtent dans leurs emplois des sens très variés.

revêtir qc de qc Le certificat a été revêtu du timbre de la commune.

être revêtu de qc L'évêque était revêtu de sa mitre et de son habit pontifical.

révolter v. tr.

révolter qn Cette infamie me révolte.

se révolter contre qn/qc Il se révolte contre ses parents/toute discipline. D'où:

révolté, e adj. «L'homme révolté» (Camus)

riche adj. [avant le nom]: une riche moisson (= moisson abondante). [après le nom]: un homme riche; une langue riche.

riche en/de + *nom* La France est riche en blé et en vin. Ces dix ans d'histoire sont riches d'enseignements.

riche de + *nom/inf.* [cause] Il est riche de sa culture/d'avoir économisé.

Expr.: *être riche à millions* (= être très riche)

riche n. m. On ne prête qu'aux riches [prov.]. Un nouveau riche (= un homme nouvellement enrichi).

rien 1. pron. indéf. nég., neutre

A. avant ou après *ne* + *verbe*

Rien ne lui plaît. Il n'aime rien. Ne faut-il rien? N'y a-t-il rien? Il n'a rien vu. Il passe son temps à ne rien faire.

[renforcé] Il ne fait absolument rien/rien du tout/rien de rien.

rien de qc Il ne fait rien de ce qu'on veut. Il n'en fait rien.

rien de + *adj. ou p. pa.* Il n'y a rien de nouveau. Je ne sais rien de plus comique. Je ne sais rien d'autre (ou: rien autre). Il n'a rien de cassé.

rien à + *inf.* Il n'a rien à dire.

[double nég.]: Jamais il n'a rien dit. Personne ne sait rien de plus.

[*rien* en seconde position peut souvent être remplacé par *quelque chose*]: Je n'ai jamais vu rien/quelque chose d'aussi beau.

Expr.: Ce n'est pas rien! (= C'est beaucoup!) Comme si de rien n'était, nous nous sommes serré la main. Il n'en fut rien. Je n'ai rien contre lui.

B. après certaines prép.

de rien loc. adj. Ce n'était qu'un homme de rien.

pour rien loc. adv. J'ai travaillé pour rien.

sans rien Il est venu ici sans rien (= sans un sou). Il apprend sans rien comprendre. Un visage sans rien de remarquable.

C. après *sans que* + *subj.*

Il se fâche sans qu'on lui dise rien.

D. phrases sans verbe

Rien à faire. Rien dans les mains, rien dans les poches!

E. après une restriction dans le contexte

[Dans toutes les phrases de ce groupe, *rien* peut être remplacé par *quelque chose*.] J'étais hors d'état de rien dire/de dire quelque chose. Y a-t-il rien/quelque chose de meilleur? Si vous connaissez rien/quelque chose de meilleur ... Il est trop tard pour rien commencer/pour commencer quelque chose.

F. *rien que* (= seulement)

On est charmé rien qu'en le voyant/rien qu'à le voir. [cause]

rien que de + *inf.* «Vous aurez des bleus rien que de parler avec elle.» (Aragon)

rien 2. n. m. Il se fâchait pour un rien. «Les petits riens», œuvre du jeune Mozart.

rigueur n. f. Votre raisonnement manque de rigueur. La rigueur/les rigueurs de l'hiver russe.

à la rigueur loc. adv. A la rigueur (= S'il le faut absolument), je pourrai me passer de l'un ou de l'autre, mais pas des deux à la fois.

de rigueur loc. adj. Si le complément précède, l'accord est de rigueur (= obligatoire).

rire v. intr. Vous me faites rire. Il a ri aux éclats/aux larmes/jaune (= à contre-cœur). Rira bien qui rira le dernier. [prov.]
Expr.: *rire au nez de qn* Il m'a ri au nez (= Il s'est moqué de moi en face).
Expr.: *pour rire* Je n'ai pas dit cela pour rire (= Je l'ai dit sérieusement).
rire v. tr. indir.
rire de qn/de qc Ne riez pas de moi. Il rit de toutes les remontrances qu'on lui fait.
rire à qn La fortune lui rit.
se rire de qn/de qc Elle s'est ri de moi/de mon amour. [p. pa. invariable; mais: elle s'est moquée de moi. cf. APPENDICE § 7A]

risque n. m. En agissant ainsi, vous courez un grand risque. Si vous voulez réussir, il faut prendre un risque/des risques.
le risque de qc Evitez le risque d'incendie.
le risque de + inf. Le risque de tomber m'a retenu de vous suivre.
au risque de qc Il m'a sauvé au risque de sa vie.
au risque de + inf. Il m'a sauvé au risque de se tuer.
Expr.: *à ses risques et périls* On vous enverra le colis à vos risques et périls.
Expr.: *une assurance tous risques* (= garantissant contre tous les risques).

risquer v. tr.
risquer qc Il a risqué sa vie pour sauver l'enfant. Il a risqué le tout pour le tout.
risquer de + inf. Vous risquez de tout perdre.
risquer que + subj. Il risque qu'on l'aperçoive.
se risquer dans qc Pourquoi vous risquez-vous dans cette affaire?
se risquer à + inf. Il ne peut pas se risquer (= se hasarder) à sortir; on le reconnaîtrait.

rivaliser v. intr.
rivaliser avec qn Il peut rivaliser avec les meilleurs.
rivaliser de qc Ils rivalisent de courage/de zèle.

rompre v. tr.
rompre qc Il a rompu ses chaînes/sa parole/le silence/ses fiançailles. Ils ont rompu les relations diplomatiques.
rompre qc à qn On va lui rompre le cou.
rompre [abs.] Les deux jeunes gens ont rompu.
rompre avec qn/avec qc Elle a rompu avec lui. Il a rompu résolument avec son passé.
se rompre Son cœur battait à se rompre.
se rompre qc Vous allez vous rompre le cou.

rompu, e p.pa. Je suis rompu (= accablé de fatigue).

rompu à qc Il est rompu (= exercé) aux affaires.

rompu à + inf. «Staline était rompu par une vie de complots à masquer ses traits et son âme.» (de Gaulle)

rond, e adj. [après le nom sauf dans quelques loc.] La table ronde du roi Artus. Mais: Le Rond-Point est l'un des grands carrefours de Paris.

rond adv.

tourner rond Le moteur tourne rond. Les affaires tournent rond (= vont bien).

en rond loc. adv. «Regardez, les enfants se sont assis en rond.» (Hugo)

rouge adj. [après le nom] un vin rouge; la mer Rouge.

rouge de qc Ma mère fut rouge de honte/colère.

rouge n. m. Elle s'est mis du rouge aux pommettes. Le rouge lui a monté au visage.

rouler v. tr.

rouler qc Il roula les yeux/une cigarette/du papier. Les Bourguignons roulent leur R (= prononcent un R apical).

rouler qn [fam.] Le vendeur a essayé de me rouler (= me tromper).

rouler v. intr. La voiture roule à 150 à l'heure. Nous avons roulé toute la nuit. Le tonnerre roule. Le bateau roule au gré des flots.

rouler sur qc La conversation roulait sur le sport.

se rouler Il se roulait (= se tordait) sur son lit. [pop.: se tordre de rire]: Je me roulais en le voyant.

route n. f. La route de Paris est à gauche, celle de Nogent à droite.

en route pour + lieu de destination Il est déjà en route pour Paris.

mettre en route qc Il sait mettre en route tous les moteurs (= faire fonctionner).

se mettre en route Nous nous sommes mis en route de bonne heure. En route (= partons)!

faire route vers + lieu de destination Nous faisions route vers Orléans. Expr.: *faire fausse route* Vous faites fausse route, mon cher (= Vous vous trompez).

Expr.: Bonne route! (= Bon voyage!)

rude adj. [après le nom] un tissu rude (= dur au toucher); une ascension rude (= pénible); une voix rude (= peu agréable).

[avant le nom; valeur intensive] un rude menteur; un rude appétit; un rude adversaire (= difficile à vaincre).

rue n. f.

dans la rue loc. adv. Ne jouez pas dans la rue.

à la rue loc. adv. Son propriétaire l'a jeté à la rue. Je suis à la rue (=
sans logis).

Expr.: *l'homme de la rue* (= le premier venu, le citoyen moyen).

courir les rues La nouvelle court déjà les rues (= est très répandue).

ruiner v. tr.

ruiner qc/qn Le gel a ruiné les vignes. De terribles dettes faillirent
ruiner Balzac.

se ruiner Le château de Chinon s'est ruiné peu à peu. Notre ami se
ruina en buvant.

S

sacré, e adj. [après le nom dans un sens religieux ou respectueux]
un vase sacré; un usage sacré; un devoir sacré. Mais: le Sacré-Cœur
[expr. ancienne].

[avant le nom dans un sens injurieux] Ce sacré (= maudit) garçon
m'a abîmé mon scooter.

sacré pour qn Rien n'est sacré pour lui.

sacrer v. tr.

sacrer qn + nom attr. A Reims, Jeanne d'Arc sacra Charles VII roi de
France.

sacrifier v. tr.

sacrifier qn/qc Abraham était prêt à sacrifier Isaac. L'auteur sacrfie,
la forme au profit du fond.   fiille

sacrifier qn/qc à qn/à qc Le père Grandet sacrifie tout, même sa
à l'amour de l'argent.

sacrifier qn/qc pour qn/pour qc Il sacrifia sa vie pour sa patrie.

sacrifier qn/qc pour + inf. Je sacrifierais tout pour le sauver.

sacrifier v. tr. indir.

sacrifier à qc Il ne faut pas trop sacrifier à la mode (= s'y conformer
par snobisme).

se sacrifier La mère se sacrifia (pour sauver son enfant).

sage adj. [se place indifféremment avant ou après le nom] une sage
décision; une décision sage.

[seulement après le nom quand il s'agit d'un monosyllabe commençant par une voyelle] un homme sage; une âme sage.

●Distinguer: une *sage-femme* (= une accoucheuse) [pl.: des sages-
femmes] et une *femme sage*. Toute femme sage repoussera les avances
de ce Don Juan.

saigner v. intr. Atteint en plein visage, le boxeur saigna du nez.

saigner v. tr.

saigner qn Au XVIIe siècle, le traitement préféré des médecins, c'était de saigner les gens.

se saigner (aux quatre veines) Le Père Goriot se saigne (= s'inflige de lourdes dépenses) pour ses filles.

saisir v. tr.

saisir qn/qc Il m'a saisi (par le bras). La fièvre l'a saisi. Il a saisi le cheval par la bride. Il faut saisir l'occasion (aux cheveux). Vous avez mal saisi ce que j'ai dit. Le dernier numéro du journal a été saisi (= confisqué).

être saisi de qc Il fut saisi d'horreur/de joie. La Cour internationale de La Haye a été saisie du différend entre les deux pays (= le différend lui a été soumis).

se saisir de qc/de qn (= s'en emparer) L'armée se saisit de la ville. Le concierge et son fils se saisirent du cambrioleur.

sale adj. [après le nom] (= malpropre) du linge sale; des mains sales. [avant le nom; fig. péjor.] Une sale affaire (= une affaire désagréable). Un sale caractère. «Je t'aime bien tout de même avec ton sale caractère.» (Anouilh)

sandwich n. m. [pl.: sandwichs ou sandwiches] Nous avons mangé des sandwichs/des sandwiches.

sang n. m. une prise/une transfusion de sang; un donneur de sang; un coup de sang (= une attaque d'apoplexie); un prince du sang; un (cheval) pur-sang.
Expr.: Il est de sang noble (ou: Il a du sang bleu). Il a la musique dans le sang. Il n'a pas de sang dans les veines (= Il manque d'énergie). Les ennemis ont mis le pays à feu et à sang.

se faire du mauvais sang (ou: *de la bile*)/*se ronger les sangs* Ne te fais pas de mauvais sang (= Ne t'inquiète pas). Elle se ronge les sangs (= Elle s'inquiète beaucoup).
Bon sang! [juron]

sans prép. Il est venu sans son ami. La télégraphie sans fil (= T.S.F.). Pourquoi est-il parti sans moi? Il a fait preuve d'une audace sans égale. Ce vin est buvable, sans plus.

sans ... ni C'est un homme sans foi ni loi.

non sans Il est parvenu, non sans difficulté, à surmonter les obstacles.

sans + inf. [même sujet] Il me regarde sans rire. Il est parti sans m'emmener.
Expr.: Cela va sans dire.

sans parler de qc L'accident a fait de nombreuses victimes – sans parler de la destruction des deux maisons.

non sans + inf. Il est parti non sans nous assurer qu'il reviendrait bientôt. Il a obéi non sans rechigner.

ne pas être sans + *inf.* Vous n'êtes pas sans savoir que (= Vous savez très bien que) . . .

sans que + *subj.* loc. conj. [sujets différents] Il me regarde sans que je rie. Je partirai sans qu'il me voie.

sans adv. [fam.] «Vous emportez votre parapluie?» – «Non, je vais sortir sans.»

sans-abri n. [invar.] Il y a eu de nombreux sans-abri.

sans-gêne n. m. Le sans-gêne de ce garçon est incroyable.

santé n. f. Il a recouvré la santé. Ménagez/Ne minez pas votre santé.

à la santé de qn Nous boirons tous à votre santé/à la santé de notre ami. «A votre santé!» – «A la vôtre!»

en bonne/mauvaise santé J'espère que vous êtes en bonne santé.

satisfaire v. tr.

satisfaire qn/qc On ne peut pas satisfaire tout le monde. C'était pour satisfaire ma curiosité.

satisfaire v. tr. ind.

satisfaire à qc Je dois satisfaire à mon devoir (= le remplir). L'usine ne parvient plus à satisfaire aux demandes.

se satisfaire de qc En guise de pourboire, le serveur dut se satisfaire (= se contenter) d'un sourire.

sauf, ve adj. L'honneur est sauf. Il est sain et sauf. Votre amie est saine et sauve. Nous sommes rentrés sains et saufs. Ils ont eu la vie sauve.

sauf prép. Tout son bien fut vendu sauf une terre.

Expr.:

sauf erreur Nous étions douze, sauf erreur.

sauf imprévu Nous décollerons mardi à Orly, sauf imprévu.

sauf votre respect [vieilli] Sauf votre respect (= Sans que mon inter-vention doive être tenue pour une marque d'irrespect), vous avez fait tomber de l'œuf sur votre barbe.

sauf que + *ind.* loc. conj. [fam.] La traversée s'est bien passée sauf que Pierrot a eu le mal de mer.

sauter v. intr. [auxil. >avoir<] Il sauta par-dessus un obstacle/à bas de son lit/sur sa proie. Je lui sauterai à la gorge/au cou. Cela saute aux yeux. Le bouchon de la bouteille a sauté. Le navire ennemi a sauté.

faire sauter qc Ils ont fait sauter le navire ennemi/un pont.

sauter v. tr.

sauter qc Elle a sauté le fossé. [fig.]: Vous avez sauté (= omis) un mot/une ligne.

sauver v. tr.

sauver qn/qc On a pu sauver 12 personnes. On n'a pas pu sauver le navire. Il essaie de sauver les apparences.

sauver qn de qc Il sauva l'enfant de la noyade.

sauver qc à qn Il lui a sauvé la vie.

se sauver (= courir pour échapper à un danger) Les maraudeurs se sont sauvés quand ils ont aperçu le cultivateur. Ils se sont sauvés à toutes jambes/à la nage/en bateau. [cri de détresse] : Sauve qui peut! (= Que celui qui le peut se sauve!)

sauve-qui-peut n. m. [invar.] Après l'apparition de l'ennemi, ce fut un sauve-qui-peut général (= une panique, une déroute générale).

savoir v. tr.

SENS

1. (= avoir la connaissance de qc) Depuis longtemps, je sais la table de multiplication.

2. (= apprendre qc) Vous saurez mon arrivée par un télégramme.
● A l'imparfait, sens 1 ; au passé simple, sens 2. [cf. APPENDICE § 5]

faire savoir qc à qn (= le lui apprendre) Faites-moi savoir le résultat de l'examen.

FORMES

je ne sache pas/nous ne sachons pas que + *subj.* [formes à valeur d'ind. marquant l'incertitude] Je ne sache pas qu'il soit marié.

Expr. : *que je sache* [peut être intercalé dans une prop. nég.] Il n'est pas marié, que je sache (= à ma connaissance).

NÉGATION

La langue écrite emploie *ne* sans *pas* devant

— *savoir au cond.* signifiant ›pouvoir‹ : Je ne saurais refuser. Le moment ne saurait tarder.

— *savoir + prop. interr.* Je ne sais si je partirai/à qui m'adresser/où j'irai. [D'où : *je ne sais quoi/je ne sais qui/je ne sais où* Il a volé je ne sais quoi à je ne sais qui. Il habite je ne sais où.]

CONSTRUCTIONS

savoir qc Il sait mon nom. Je le savais.

Expr. : Il ne veut rien savoir (= Il résiste obstinément). Votre ami en sait long sur la politique.

savoir abs. Si j'avais su, je ne serais pas venu.

savoir + inf. «Ils ne savent pas tirer.» (De Gaulle après l'attentat manqué du Petit-Clamart). Il sait vivre. [D'où : *savoir-vivre* n. m. = connaissance des règles de la politesse]. Il sait faire. [D'où : *savoir-faire* n. m. = habileté].

savoir + prop. interr. Je sais qui viendra/ce qui se passera/ce que je veux.

savoir + prop. interr. à l'inf. Je ne sais où aller/que faire.

loc. pron. et adv. Elle épousera Dieu sait qui, Dieu sait quand. Allez où vous savez, vous y trouverez qui vous savez.

savoir que + ind. Nous savions que la ville était éloignée.

ne pas savoir que + ind. ou subj. [pour le mode cf. APPENDICE § 11] «Nous ne savions pas que la ville était si distante.» (Gide) Je ne savais pas que la pneumonie fût contagieuse.

savoir + prop. inf. [seulement en prop. rel., et dans la langue écrite] «Je ramenai la conversation sur des sujets que je savais l'intéresser.» (B. Constant)

savoir qn + attr. Je la savais intelligente. Je vous savais à Paris.

se savoir Cela finira par se savoir (= par être su).

à savoir loc. adv. Il montra ses papiers, à savoir (= c'est-à-dire) la carte grise, la carte verte, le permis de conduire et la vignette.

Expr.: *au vu et au su* Ils vivent ensemble au vu et au su de tout le village. [contr.: à l'insu]

savoir n. m. Le savoir s'acquiert par l'étude.

se pron. pers. réfléchi 3e pers. [représente un sujet masc. ou fém., sg. ou pl., ou neutre] [compl. d'objet – accord avec le sujet]: Elles se sont reconnues. [compl. d'attribution – accord comme avec l'auxil. >avoir<]: Elles se sont reconnu des qualités. Les qualités qu'elles se sont reconnues. Les défauts qu'elles se sont trouvés.

• *se* peut être séparé du verbe dont il dépend: Jeune étudiante, elle s'est vu *accorder* une bourse de voyage.

séance n. f.
Expr.: *séance tenante* A la demande du juge, le témoin suspect de parjure fut arrêté séance tenante (= immédiatement).

sec, sèche adj. un froid sec; le régime sec; un refus sec (= immédiat et sans ménagement).

sec adv. [invar.] Il a frappé sec. Il boit sec (= sans eau). Elle est restée sec (= n'a rien trouvé à répondre).

à sec loc. adv. Le puits est à sec. [fam.]: Je suis à sec (= sans argent).

à pied sec loc. adv. Nous avons traversé la rivière à pied sec.

en cinq sec loc, adv. Il a fait son problème en cinq sec (= très vite).

sécher v. intr. Le linge a vite séché au vent. [fam.]: Elle sèche (= se consume) de jalousie. [argot scolaire]: J'ai séché (= Je n'ai pas su répondre) en histoire.

sécher v. tr. (= faire sécher)
sécher qc Le vent a vite séché le linge. [argot scolaire]: J'ai séché un cours (= Je n'y ai pas assisté).

second, e adj. [sauf de rares exceptions (p. ex. Livre Second), se place avant le nom] en second lieu (= secondement); une seconde nature; le Second Empire; épouser une femme en secondes noces; un ouvrage de second ordre; acheter qc de seconde main; un objet de second choix.

en second loc. adv. Je commandais en second (= sous un autre).

seconde n. f. (= unité de temps) Il a couru 100 m. en 10 secondes. (= seconde classe) J'ai pris un billet de seconde. Mon fils entre en seconde (au lycée).

seconder v. tr.
seconder qn L'avocat fut secondé par son secrétaire.

secourir v. tr.
secourir qn Il faut secourir ces malheureux.

secours n. m. une roue de secours; un poste de secours.
au secours! [cri de détresse] Il a crié/appelé au secours.
porter secours à qn On a porté secours aux noyés/aux gazés.
venir/accourir au secours de qn Il est venu/accouru à mon secours.
être d'un grand/d'un faible secours Dans ce voyage, sa connaissance de l'anglais lui a été d'un grand/d'un faible secours.

secret n. m. Il m'a confié/révélé son secret.
dire qc sous le sceau du secret Il me l'a dit sous le sceau du secret.
être/mettre qn au secret On a mis le prisonnier au secret.
être dans le secret de qc Il est dans le secret (= au courant) de tout ce qui se passe ici.
en secret loc. adv. Ils se sont rencontrés en secret.

selon prép. Il devrait vivre selon ses moyens. Selon lui (= d'après son opinion), c'est la meilleure solution.
c'est selon [fam.] Croyez-vous qu'il viendra? – C'est selon (= Ça dépend).
selon que + *ind.* loc. conj. Selon que vous serez célibataire ou marié, vous serez envoyé loin ou non de chez vous.

semblant n. m. un semblant (= une apparence) de raison.
faire semblant (*de* + *inf.*) Les enfants font semblant de dormir. Ils ne dorment pas, ils font seulement semblant.

sembler v. intr.
sembler + *attr.* Elle semble triste.
sembler + *attr. à qn* Elle me semble triste. Cela me semble bon.
il me/te/lui etc. semble [impers.] + *inf.* Il me semblait rêver.
il me/te/lui etc. semble [impers.] + *attr.* + *de* + *inf.* Il me semblait prudent de partir. Il lui sembla prudent de partir.
sembler bon [ellipse de *il* dans quelques constructions anciennes] L'automobiliste s'arrête où bon lui semble/quand bon lui semble

(= où/quand il lui semble bon de s'arrêter). Faites comme bon vous semblera/ce que bon vous semblera (= comme/ce qu'il vous semblera bon de faire).

il semble [impers.] *que + subj.* [exprime le doute] Il semble qu'il soit fâché.

il semble [impers.] *que + ind.* [exprime la probabilité] Il semble qu'il est fâché.

il me/te/lui etc. semble [impers.] *que + ind./*[très rarement *+ subj.*] Il me semble que je vous ai déjà vu quelque part.

il ne semble pas/il ne me semble pas/te semble-t-il [impers.] *que + subj. ou ind.* [pour le mode cf. APPENDICE § 11] Il ne (me) semble pas qu'il nous ait/qu'il nous a vus.

que te/vous semblerait(-il) [impers.] *de + inf.* [interr. litt.] Que vous semblerait de partir?

que t'en/vous en semble si . . .? [litt.] Que t'en/vous en semblerait si nous partions?

[prop. incises] *à ce qu'il (me) semble; [litt.] me semble-t-il/ce me semble* Vous vous trompez, à ce qu'il me semble.

sens n. m. [sãs]

1. (= fonction de sensation) les cinq sens; les organes des sens (œil, oreille, etc.).

2. (= sentiment, jugement) Cela tombe sous le sens (= Cela est évident).

avoir le sens de qc Elle a le sens du ridicule/du commerce/de la conversation.

bon sens Une personne de bon sens (= raisonnable). Elle a du bon sens.

sens commun Ce discours heurte le sens commun.

en dépit du bon sens loc. adv. Cette fête a été organisée en dépit du bon sens (= de façon déraisonnable).

à mon sens loc. adv. A mon sens, vous vous trompez.

en un sens loc. adv. En un sens (= Partiellement), vous avez raison.

parler/abonder dans le sens de qn Votre frère parle/abonde dans votre sens (= est de votre avis).

3. (= signification)

à double sens loc. adv. Ces mots peuvent s'interpréter à double sens.

au (sens) propre/au (sens) figuré loc. adv. Ce mot est employé au (sens) propre/au (sens) figuré.

4. (= direction d'un mouvement) une voie à sens unique.

en tous sens/dans tous les sens loc. adv. Les fourmis courent en tous sens/dans tous les sens.

dans le sens de Je préfère être assis dans le sens de la marche. Tournez la poignée dans le sens des aiguilles d'une montre.

sens [sã] *dessus dessous* loc. adv. Evite de poser cette malle sens dessus dessous.

sens [sã] *devant derrière* loc. adv. Tu as enfilé ce pull-over sens devant derrière.

sensible adj. Elle a fait des progrès sensibles (= appréciables).
sensible à qc Elle est très sensible au froid/à la musique/à cet honneur.
sensible de qc Mon mari est sensible des pieds.

sentiment n. m.
1. (= avis, opinion)
sentiment sur qc Il n'a pas caché son sentiment sur notre projet. Quel est ton/leur sentiment sur cela/là-dessus?
avoir le sentiment que + ind. J'ai le sentiment qu'il nous cache la vérité.
mon sentiment est que + ind. Mon sentiment est qu'il n'est pas franc avec nous.

2. (= état affectif) le sentiment de la joie/de la haine, etc.; un sentiment de joie/de haine, etc.
Ce jeune homme ne m'a pas encore déclaré ses sentiments. Il a essayé de me prendre par les sentiments. Il fait du sentiment (= tente d'émouvoir par l'étalage d'un sentiment).
[formules de fin de lettre] Veuillez agréer l'expression de/Croyez à/Recevez mes sentiments distingués/dévoués/respectueux/amicaux/ très cordiaux/les meilleurs.

sentir v. tr.
sentir qc Je sens le vent/de la joie/une odeur de brûlé.
sentir + prop. inf. Je sentis trembler le plancher. J'ai senti passer une balle. La balle que j'ai senti (ou: sentie) passer. [cf. APPENDICE § 7 G]
sentir que + ind. Je sentis que le plancher tremblait.
[après principale nég. ou interr. le subj. est possible] Je ne sens pas/Sentez-vous qu'il y ait eu/qu'il y a eu une baisse de température? [pour le mode cf. APPENDICE § 11]
sentir qn + attr. On la sent heureuse.
faire sentir qc à qn Fais-lui sentir ton autorité.
ne pas pouvoir sentir qn/qc [fam.] Ma femme ne peut pas sentir mon frère/les huîtres.

sentir v. intr. (= répandre une odeur)
sentir bon/mauvais/fort Cette fleur sent très bon/mauvais/fort.
sentir + nom ou adj. substantivé Cela sent le tabac/le sale/le renfermé. Cet homme sent le pédant/son pédant. [fig.]: Ce texte sent la traduction.

se sentir qc Je me sens/Elle s'est senti une grande envie de partir.
se sentir + inf. Je me sens partir (= Je perds connaissance, j'ai le

vertige). Elle s'est senti (ou: sentie) mourir/revivre. [cf. APPEN-
DICE § 7 G]

se sentir + *adv.* Comment te sens-tu? Je me sens bien/mal/mieux.

se sentir + *adj. ou part. attr.* Elle s'est sentie triste/soulagée. Ils se sont
sentis attirés par elle.

se sentir + *pron. ou nom attr.* Il se sent quelqu'un/un autre homme/le
maître.

se faire sentir Les conséquences de la guerre se sont longtemps fait
sentir.

Expr.: [vieilli] «A ces mots, le corbeau ne se sent plus de joie» (= la
joie lui fait perdre le sens). (La Fontaine)

séparer v. tr.

séparer deux choses Les deux jardins sont séparés par un mur.

séparer qn/qc de qn/qc Dix kilomètres nous séparent encore du village.

séparer qn/qc de/d'avec qn/qc Il faut séparer les bons des mauvais/les
bons d'avec les mauvais.

série n. f. une série de casseroles/d'échecs.

en série loc. adv. Ce modèle n'est pas encore fabriqué en série.

de série loc. adj. C'est un meuble de série.

par séries loc. adj. Classe tes timbres par séries.

hors série loc. adj. Napoléon eut un destin hors série.

serment n. m.

prêter serment Il a prêté serment sur le crucifix.

faire le serment de + *inf.* Il a fait le serment de dire toute la vérité.

faire le serment que + *ind.* Il a fait le serment qu'il dira (ou: dirait)
toute la vérité.

serrer v. tr.

serrer qn/qc Il m'a serré dans ses bras/contre son cœur. Je l'ai serré à
la gorge. Le candidat serra le nœud de sa cravate.

être serré Nous étions serrés comme des sardines.

serrer qc à qn Je lui ai serré la main. Cela me serre le cœur.

serrer qn de près L'ennemi nous serre de près (= nous poursuit à très
peu de distance).

serrer une question de près Il a serré la question de près (= ne s'en est
pas écarté).

service n. m. Le service de l'Etat. Le service militaire. Le service de
la table. Nous mangerons au second service. Un service de vaisselle/
à poisson. Je suis satisfait de vos services. Les services publics (santé,
poste, transports, radiotélévision). L'escalier/La porte de service (=
réservés aux domestiques et fournisseurs).

être au service de qn Je suis au service du marquis. A votre service!

être de service Le Dr Hervé était de service à l'hôpital.

mettre qc en service De nouveaux autobus ont été mis en service.

pour votre service Qu'y a-t-il pour votre service?

prendre son service D'habitude, il prend son service à 14 heures.

rendre service à qn J'ai fait cela pour vous rendre service.

Expr.: Le service est le service. – D'où [fam.]:

être service service, ou simplement *être service* (= observer rigoureusement le règlement du service) «Moi, je suis service, je ne connais que ce qui est commandé.» (Anouilh)

servir v. tr.

servir qn Servez-nous tout de suite. «Madame est servie.» Les circonstances nous ont servis.

servir qc Il a servi sa patrie. Servez les hors-d'œuvre.

servir qc à qn Servez-nous la suite.

servir à manger/à boire etc. à qn On nous a servi à dîner vers 9 heures.

servir v. tr. indir.

servir à qn Ce livre lui a beaucoup servi.

servir à qc La civière sert au transport des malades. Cela ne sert à rien.

servir à + inf. Cet appareil sert à ouvrir les huîtres.

il ne sert à rien/à quoi sert-il [impers.] *de + inf.* Il ne sert à rien/A quoi sert-il de résister?

se servir [à table] Servez-vous copieusement.

se servir de qc Servez-vous de viande (= Prenez de la viande). Les Chinois se servent de baguettes (= ils les utilisent) pour manger le riz. Il se sert de ses relations.

se servir de qn comme Il s'est servi de moi comme prête-nom.

seul, e adj. et pron.

ATTRIBUT (= sans compagnie) Elle est seule/toute seule. Elle vit seule/toute seule. Elle est seule au monde (= sans parents).

ÉPITHÈTE 1) [après le nom] (= sans compagnie) un homme seul.

2. [avant le nom] (= unique; le seul qui existe) Mon seul frère (je n'en ai qu'un). La seule sœur de mon père. C'est le seul homme qui ...

(= suffisant pour réaliser le cas ou l'action) La seule intention de tuer est criminelle. Son seul courage l'a conduit au succès. A la seule condition que ...

3. [place variable] (= et non qn ou qc d'autre) Seul mon frère/Mon frère seul a été pris. Eux seuls m'en ont empêché. Seul un virtuose peut jouer cette sonate/Un virtuose seul peut jouer cette sonate/Un virtuose peut seul jouer cette sonate. Mais: Un seul virtuose, Paganini, peut jouer cette sonate.

(le) seul, (la) seule, (les) seuls, (les) seules à + inf. Vous êtes le seul/Vous êtes seul à pouvoir jouer cette sonate.

le seul, la seule, les seuls, les seules qui + *subj. ou ind.* [subj.: souligne la rareté; ind.: souligne la réalité] Il est le seul qui puisse jouer cette sonate. Il est le seul qui peut jouer cette sonate. [accord]: Vous êtes le seul qui puissiez/qui puisse jouer cette sonate.

seul [valeur adv.] (= sans aide) Elle a fait son devoir seule/toute seule. Ça n'ira pas tout seul.

à moi/toi/lui, etc. seul A elle seule, elle a la charge de tout l'hôtel.

seul à seul [accordé] Il essaie de parler à cette jeune fille seul à seule.

un(e) seul(e) n. m. ou f. La monarchie est le gouvernement d'un seul.

seulement adv. Le rapide vient seulement d'entrer en gare. [avant ou après un nombre]: Nous étions seulement deux/deux seulement. [modifiant une prép. ou une conj.] Il m'a renvoyé sans seulement m'entendre. Vous m'excuseriez si seulement vous vouliez m'entendre. [souhait, regret] Si seulement mes photos n'étaient pas ratées!

seulement conj. de coord. [exprimant l'opposition ou la réserve] Vous avez tout à fait raison; seulement, il faut s'attendre à la résistance du ministre.

non seulement . . . mais encore/mais aussi Il est non seulement marié, mais encore/mais aussi père de famille.

sévère adj. un père sévère; une critique sévère; une perte sévère.

sévère pour/envers/avec qn Ne soyez pas/Ne vous montrez pas trop sévère pour/envers/avec lui.

si adv. d'intensité

1. sens exclamatif

[devant un adv., un adj. ou un part. adj.] Il parle si bien! Il est si éloquent! Il est si instruit!

[remplacé ailleurs par *tant, tellement*] Il parle tant/tellement. Cette lecture m'a tellement instruit. Je suis tellement à plaindre! Nous sommes tellement à l'aise [plutôt que: si à plaindre, si à l'aise]! J'en ai tellement peur, j'ai tellement faim [plutôt que: si peur, si faim]!

2. lié à une conséquence

[après la conséquence]
Tout le monde l'aime: il est si bon. cf. **tant.**

[avant la conséquence]

si . . . que + *ind.* Il est si bon qu'il est aimé de tout le monde.

si . . . que + *subj.* [si la conséquence n'est pas atteinte; prop. principale nég.] Il n'est pas si bon qu'il soit aimé de tout le monde.

3. lié à une comparaison

[dans une prop. nég. remplace *aussi*, cf. **aussi**] Celui-ci n'est pas si bon. Ce vin n'est pas si bon que le précédent.

si . . . que + *ind.* Il n'est pas si bon que vous l'aviez dit.

[dans certains tours interrogatifs] As-tu jamais rien bu de si bon?

4. sens concessif [dev. adj. ou adv. comportant gradation]
si . . . que + *subj.* (= quelque . . . que) Si bon qu'il soit, il ne vaut pas
le précédent (mais: Tout aveugle qu'il soit/est, cf. **tout**).
si . . . + *subj. avec inv.* [litt.] Si bon soit-il, il ne vaut pas le précédent.

si adv. d'affirmation
[remplace *oui* après une question de forme nég.] «Ne viendrez-vous
pas? – Si.»
[pour corriger une affirmation nég.] «Je n'ai jamais appris cela.
– Si/Mais si, tu me l'as même récité.»
que si Il m'a répondu que si. Je vous assure que si.

si conj. de subord.
A. Interrogation et exclamation
[remplace *est-ce que* dans l'interr. et l'exclam. indir.] Je me demande
s'il viendra. Vous pensez s'il a été content!
B. Condition
Le mode et le temps sont liés à ceux de la prop. principale:
1. principale au cond.: la condition est donnée comme irréelle:
[dans le présent] Si mon père vivait encore, je lui demanderais conseil.
[dans l'avenir] Si tu m'aidais, nous finirions ce travail.
[dans le passé] Si tu m'avais aidé, nous aurions fini ce travail.
[autres combinaisons] Si j'avais pris ce billet, nous serions riches.
[litt.] Syracuse fût tombée plus vite, si Archimède ne l'eût défendue.
[plus-q.-p. du subj.]
si (seulement) + *imparf. ou plus-q.-p.* [formule de souhait ou de regret]
Si j'avais su! Si seulement mes photos n'étaient pas ratées!
2. principale à l'ind.: la condition peut être réelle, elle l'est ou l'a
été, ou a des chances de le devenir:
[dans le présent] Si vous lui faites une observation, il hausse les
épaules.
[dans l'avenir] Si vous lui faites une observation, il haussera les
épaules.
[dans le passé] Si vous lui faisiez une observation, il haussait les
épaules.
[autres combinaisons] S'il a fait cela, c'est qu'il avait peur. S'il est
venu, j'en suis heureux pour toi.
[la principale peut être à l'impér.] S'il a soif, donnez-lui du tilleul.
[la subordination par *si* exprime parfois moins la condition que le
rapprochement ou l'opposition de deux faits réels] «S'il n'est de
style, suivant Buffon, que par l'ordre et le mouvement, c'est aussi
vrai de la politique.» (de Gaulle) «Si la France n'oublie pas le passé,
elle se tourne aujourd'hui résolument vers l'avenir.» (Paris-Match)
[plusieurs constructions comportant *si* indiquent des rapports divers]

C'est tout juste s'il ne m'a pas écrasé. Il est marié si je ne me trompe. Du Guesclin, vaillant homme s'il en fut, . . .

si ce n'est loc. prép. «On ne voyait rien si ce n'est le ciel.» (Barbey d'Aurevilly) [accord possible en temps et en personne]: Il ne se rappelait plus rien si ce n'était/si ce n'étaient les noms de ses parents.

si ce n'est que + *ind.* loc. conj. Il vous ressemble, si ce n'est qu'il est plus petit. [Mais + *subj.* si le verbe principal le réclame: Je ne veux rien, si ce n'est que tu obéisses.]

si tant est que + *subj.* loc. conj. «Les manuscrits, si tant est qu'il y en eût, restaient enfermés dans la malle.» (Gide)

siècle n. m. [accord] aux XVe et XVIe siècles. [Mais on peut aussi dire ou écrire: au XVe et au XVIe siècle(s).]

[elliptiquement, quand il n'y a pas de doute] les écrivains du XVIe.

signe n. m. un signe de la tête/des yeux.

sur/à un signe de qn Sur un signe de l'agent les voitures s'arrêtent.

sous le signe de qc Je suis né sous le signe du Lion. Nous avons établi nos relations sous le signe de l'amitié.

par signes Les deux sourds se sont parlé par signes.

c'est signe de qc/c'est bon/mauvais signe C'est signe de mauvais temps. Il a demandé à boire? C'est bon/mauvais signe.

faire signe à qn (de qc) de + *inf.* Il m'a fait signe (de la main/du regard) de me taire.

faire signe à qn que oui/que non Il m'a fait signe que non.

ne pas donner signe de vie Il n'a pas donné signe de vie depuis des années.

simple adj. [après le nom] (= qui n'est pas complexe ou multiple) une méthode simple [contr.: compliquée]; une robe simple [contr.: élégante]; temps simple [contr.: composé]; une glace simple [contr.: glace double].

[avant le nom] (= rien de plus que) un simple coup de téléphone; une simple chiquenaude; un simple soldat (= sans grade); une simple pièce d'un franc.

simple de qc Il est simple d'esprit.

Expr.: *en simple* [tennis] Il a joué en simple (= seul contre un seul adversaire). – D'où:

simple n. m. La France a gagné le simple.

Expr.: *du simple au double* Nos impôts ont augmenté du simple au double.

singulier, ère adj. [après le nom] une beauté singulière; un combat singulier (= à un contre un).

[avant le nom] (= bizarre, curieux) Vous avez une singulière façon de recevoir les gens. Il roulait dans une singulière voiture de sa fabrication. Il nous fit boire un singulier apéritif.

sinon conj. [coordonnant des termes de prop.] Il ne se préoccupe de rien, sinon de manger et de boire. «Il a conscience d'être un peu sinon l'étranger, du moins la brebis infidèle.» (P. Emmanuel) [coordonnant des prop.] – Viens ici. Tu entends? Sinon (= Autrement), je vais te donner une bonne fessée.

sinon que loc. conj. Il ne répondit rien, sinon qu'il était dans son droit.

sitôt adv.

sitôt + *part.* Sitôt dit, sitôt fait. Sitôt rentré, il se mettait au travail.

sitôt + *prop. part.* Sitôt le repas terminé, il retournait au travail.

de sitôt loc. adv. On ne me reverra pas de sitôt.

sitôt que + *ind.* loc. conj. Les soldats tombaient de fatigue sitôt qu'ils s'arrêtaient.

sobre adj. Un homme sobre. Le langage de Camus est sobre [contr.: orné].

sobre de qc/en qc Cet acteur est sobre de/en gestes. Ce critique est sobre d'éloges/en éloges.

soi pron. pers. réfléchi, 3e personne [antécédent général ou indéterminé, le plus souvent singulier] [toujours après prép.] L'égoïste ne pense qu'à soi. Il ne faut pas parler toujours de soi. Charbonnier est maître chez soi. [prov.] Mais: Mme Dupuis ne pense qu'à elle-même/ne parle que d'elle-même.

soi-même [remplace ordinairement *soi* dans les fonctions directes] Il faut être soi-même. On ne commence pas par se servir soi-même.

soi-disant adj. et adv. [invar.] un soi-disant docteur; une femme soi-disant riche.

● En parlant de choses, employer *prétendu:* Je n'aime pas cette prétendue bouillabaisse.

soif n. f.

la soif de qc la soif de l'or/des honneurs.

avoir soif Je n'ai plus soif. J'ai grand-soif. [fam.]: J'ai très/si soif.

soin n. m. Ce linge est rangé avec soin. Une ouvrière sans soin. L'infirmière vient pour les soins. Les soins de beauté sont souvent onéreux.

avoir/prendre soin de qn/de qc Elle a/prend soin de moi/de la maison.

confier à qn le soin de qn/de qc Je vous confie le soin de mon perroquet.

confier qn/qc aux soins de qn Je confie mon perroquet à vos soins.

aux bons soins de M. . . . [formule invitant la personne nommée à faire suivre une lettre].

avoir/prendre soin de + *inf.* Ayez/Prenez soin de fermer les fenêtres.

confier à qn le soin de + *inf.* Je vous confie le soin de les fermer.

avoir/prendre soin que + *subj.* Ayez/Prenez soin qu'on ne vous aperçoive pas.

soir n. m. Hier soir. Demain soir. Jeudi soir. Que faites-vous ce soir? Un soir d'été, il rentra plus tard.

au soir la veille au soir; le 15 au soir.

du soir à dix heures du soir [contr.: du matin].

le soir Au bord de la mer, il fait toujours frais le soir.

soir adv. les lundis soir(s).

soirée n. f. (= partie de la journée après le repas du soir) Venez nous voir dans la soirée. Une robe de soirée.

soit conj. Trois livres à dix F, soit trente F [invar.].

soit + nom [énoncé de problème] Soit un triangle ABC. Soient deux droites XY et X'Y' ... [l'accord est préféré à l'invariabilité, qui n'est pourtant pas incorrecte: Soit deux droites ...]

soit ... soit Soit l'un, soit l'autre.

soit que ... soit que + subj. Soit qu'il parte, soit qu'il reste, je partirai.

soit que ... ou que + subj. Soit qu'il parte, ou qu'il reste, ...

soit [swa] ou [swat] interj. [exprime le consentement] Vous proposez cette solution. Eh bien, soit.

solution n. f. Il faut trouver la solution en dix minutes.

la/une solution de qc Voici la/une solution du problème.

verbe + une solution à qc Il y a une solution à toute chose. Nous cherchons une solution à ce problème.

sombrer v. intr. [auxil. >avoir<] Atteint par deux torpilles, le bateau a sombré immédiatement.

sombrer dans qc Baudelaire a sombré dans la débauche.

sommer v. tr.

sommer qn de + inf. Un citoyen nommé Thuriot somma le commandant de rendre la Bastille (= Il l'y invita impérieusement).

songer v. tr. ind.

songer à qn/à qc Elle ne songe qu'à elle/qu'à cela.

songer à + inf. Il ne songe qu'à gagner de l'argent.

songer que + ind. La marier? Songez qu'elle a seize ans!

sonner v. intr. L'horloge a sonné. Quatre heures sonnent.

sonner + adv. Cela sonne faux/juste/authentique.

sonner v. tr.

sonner qc On a sonné les cloches/le tocsin.

sonner qn As-tu sonné la femme de chambre?

sorte n. f.

toute sorte/toutes sortes de + nom Il a toute sorte/toutes sortes de dons. Toute sorte/Toutes sortes de gens *vont* à ces magasins.

une sorte de + nom Une sorte de nain, furieux, est apparu.

de la sorte Ne vous agitez pas de la sorte (= ainsi).
en quelque sorte Dans cette province, il s'est en quelque sorte enterré.
faire en sorte de + *inf.* Faites en sorte d'être prêt.
faire en sorte que + *subj.* Faites en sorte que tout soit prêt.
de sorte que/de telle sorte que + *ind.* [fait réel, conséquence] Il a beaucoup travaillé, de sorte/de telle sorte qu'il a réussi.
de sorte que/de telle sorte que + *subj.* [fait voulu, but] Parlez de sorte/de telle sorte qu'on vous comprenne.

sortir v. intr. [auxil. >être<] Il est sorti, mais il va bientôt rentrer.
sortir de qc Il vient de sortir du collège. Il est sorti (= est ancien élève) du Conservatoire d'Art dramatique.
sortir de chez qn Nous sommes sortis tard de chez les Legrand.
en sortir J'ai entrepris une tâche excessive: je n'en sors plus.

ortir v. tr. [auxil. >avoir<]
sortir qn Elle sort son enfant tous les jours. On a sorti brutalement un contradicteur qui demandait la parole.
sortir qc (de qc) Il a sorti sa voiture (du garage).

se sortir de qc Grâce à un très grand effort de volonté, les deux alpinis͏̈tes ont pu se sortir de leur situation dangereuse.
s'en sortir (= en sortir) Il n'y a pas moyen de s'en sortir.
au sortir de qc loc. prép. Au sortir de la guerre, il fallut attendre longtemps un ravitaillement normal.

souci n. m. J'ai du souci/des soucis/un souci. Elle se fait du souci à propos de tout. Nos enfants nous donnent du souci.
avoir le souci de qc Il avait toujours le souci de la justice.
avoir le souci de + *inf.* Il avait toujours le souci de mériter notre confiance.
n'avoir d'autre souci que de + *inf.* Il n'a d'autre souci que de s'enrichir.

soucieux, se adj. Vous êtes soucieux; qu'est-ce qui ne va pas?
soucieux de qc Tout Français soucieux de correction sera choqué. Il est toujours soucieux de ses propres intérêts.
soucieux de + *inf.* Il est soucieux de plaire.

souffler v. intr. Ce matin, le vent souffle de l'est. Fatigué par l'effort, l'ouvrier soufflait péniblement.

souffler v. tr.
souffler qc Avant de se coucher, il souffla (= éteignit) la chandelle.
Expr.: *ne pas souffler mot* Il n'en a pas soufflé mot (= Il n'en a rien dit du tout).
souffler qc à qn L'acteur sachant mal son rôle, il fallut le lui souffler continuellement. [fam. = ôter, enlever]: Au dernier moment, il souffla le poste à son frère aîné.

souffrir v. intr. Il faut souffrir pour être belle. [prov.]
souffrir de qc Elle souffre de la tête. Elle souffrait de la pauvreté de son logement.
souffrir de + inf. Je souffre de le voir malade.

souffrir v. tr.
ne pas pouvoir souffrir qn/qc Elle ne peut pas souffrir les enfants/le bruit.
souffrir qc [litt.] J'ai souffert le martyre/mille morts. Je ne souffrirai (= supporterai) cela de personne. Cette règle souffre (= admet) quelques exceptions.
ne pas pouvoir souffrir que + subj. Il peut rarement souffrir qu'on le contredise.
souffrir que + subj. [litt.] Il souffre très bien qu'on le contredise. Souffrez (= Permettez) que je vous dise la vérité.

souhaiter v. tr.
souhaiter qc Elle souhaitait la mort. Le peuple souhaite ardemment la paix.
souhaiter qc à qn Je lui ai souhaité la bonne année/la bienvenue.
souhaiter (de) + inf. Je souhaiterais (de) pouvoir vous aider.
souhaiter à qn de + inf. Je vous souhaite de réussir.
souhaiter que + subj. Je souhaite que vous réussissiez.
● Dans les emplois: *souhaiter qc à qn/souhaiter à qn de + inf.*, non échangeable avec *désirer*.

soûl, e adj. un homme soûl (= ivre).
soûl de qc Nous sommes soûls (= saturés) de musique moderne.

soûl n. m.
tout mon/ton/son, etc. soûl Mangez/Dormez tout votre soûl (= autant que vous voudrez).

soulager v. tr.
soulager qn/qc Ce cachet vous soulagera/soulagera votre douleur.
soulager qn de qc Le chef soulagea de son sac le soldat fatigué.
être soulagé de + inf. Je suis soulagé de vous revoir sain et sauf.
être soulagé que + subj. Je suis soulagé que vous reveniez sain et sauf.

soulever v. tr.
soulever qc/qn Louis XIV avait coutume de soulever son chapeau devant les servantes. L'effronterie de ce chauffard a soulevé l'indignation de la foule. Les révolutionnaires ont soulevé tout le peuple.
soulever qn contre qn L'effronterie du chauffard a soulevé la foule contre lui.
soulever qc à qn La nouvelle de cette infamie me soulève le cœur (= me rend malade).

soumettre v. tr.
soumettre qn Les Romains ont soumis nombre de peuples.

soumettre qn à qc Ils ont soumis ces peuples à leurs lois. La police a soumis le suspect à un interrogatoire serré.

soumettre qc à qn L'Inspecteur général va soumettre (= présenter) son rapport au Ministère de l'Education Nationale.

se soumettre à qn/à qc Les Gaulois se soumirent aux Romains. Je me soumets d'avance à son arbitrage.

soupçonner v. tr.
soupçonner qn/qc Je vous soupçonne. Je soupçonne une fraude.
soupçonner qn de qc Je vous soupçonne d'une fraude.
soupçonner qn de + inf. On le soupçonne de frauder.
soupçonner que + ind. ou subj. [pour le mode cf. APPENDICE § 11] Je soupçonne qu'il est l'auteur de ces vers. Elle ne soupçonnait pas qu'il en voulût à son argent.

sourd, e adj. [après le nom] un homme sourd; un bruit sourd [contr.: retentissant]; l's sourd [contr.: sonore].
[avant le nom] La police a découvert les sourds agissements (= secrets) de cet homme.
Expr.: *faire la sourde oreille* J'ai demandé une motocyclette à mon père, mais il a fait la sourde oreille (= il a fait semblant de ne pas avoir entendu, il n'a pas consenti).
sourd d'une oreille Il est sourd d'une oreille/de l'oreille droite.
sourd à qc [fig.] Il est/reste sourd aux supplications de sa femme.

sourire v. intr. Elle sourit machinalement.
sourire de qc Il sourit de ma maladresse.
sourire à qn Toutes les jeunes filles lui sourient. La fortune lui sourit.

sous prép.
LIEU Le chat était sous ma chaise. «Sous les toits de Paris» (film de René Clair).
Expr.: *mettre qc/être sous clef* Ma tante avait mis la confiture sous clef (= l'avait enfermée).
TEMPS Sous le règne de Louis XIV/Sous Louis XIV ...
SUBORDINATION, DÉPENDANCE Il est sous mes ordres/sous les armes. J'ai fait cela sous votre nom.
CAUSE Les feuilles sont tombées sous la gelée. Ne prenez pas de décision sous l'enthousiasme du moment. Sous l'influence de l'alcool/de l'orthographe ...
MANIÈRE J'ai du mal à voir la chose sous le même jour que vous.

souscrire v. tr. indir.
souscrire à qc Je souscris à votre suggestion. Je ne puis souscrire à la condamnation d'un innocent.

souscrire v. tr.

souscrire qc J'ai souscrit un abonnement de 6 mois au Figaro.

souscrire abs. Les personnes souscrivant maintenant bénéficieront d'un tarif réduit.

soussigné, e adj. et n. Je soussigné Marcel Dupont, domicilié à . . ., déclare/atteste que . . . «Les membres soussignés de l'Académie française désirent . . .» Le soussigné s'engage à ne pas sous-louer la chambre.

soustraire v. tr.

soustraire qc de qc [math.] Vous n'avez plus qu'à soustraire x de y.

soustraire qc à qn Un indélicat m'a soustrait mon portefeuille.

soustraire qn à qn/à qc Dans un régime intègre, on ne peut pas soustraire un accusé à ses juges naturels. Personne ne saura soustraire ce misérable à ma vengeance.

se soustraire à qc Je n'ai pas l'intention de me soustraire à mes devoirs.

soutenir v. tr.

soutenir qc/qn Le mur soutient le talus. J'ai encore mes parents à soutenir. Soutenez-vous toujours cette opinion? Quiconque veut passer dans l'enseignement supérieur doit soutenir une thèse.

soutenir que + ind. Zola soutint (= affirma) que Dreyfus était innocent.

se soutenir Le bandit blessé pouvait à peine se soutenir. La tension de cet excellent roman policier se soutient jusqu'au dénouement.

se souvenir v. pr.

se souvenir de qn/de qc Il ne se souvient plus de moi/de mon nom.

se souvenir (de) + inf. Je ne me souviens pas (d')avoir dit cela.

se souvenir que + ind. ou subj. [pour le mode cf. APPENDICE § 11] Je me souviens qu'il m'a dit cela. Je ne me souviens pas qu'il m'ait dit cela.

se souvenir + prop. interr. Je ne me souviens pas si j'ai fermé le robinet de gaz/où j'ai mis ma clef/qui a écrit ce roman. Mais: Je ne me souviens pas de ce que j'ai fait après 10 heures.

il me souvient [impers.: vieilli] de + inf. Il me souvient d'avoir lu cela quelque part.

souvenir n. m. [lettres et cartes postales]: Bon souvenir de Vendée. Je vous adresse mon amical souvenir/mon souvenir affectueux. Recevez nos meilleurs souvenirs/nos souvenirs bien cordiaux. [recommandation écrite ou orale]: Rappelez-moi au souvenir de votre ami/à son souvenir (éviter ici l'adjectif *bon* devant *souvenir*).

J'ai acheté de jolis souvenirs (= bibelots vendus aux touristes).

le souvenir de qn/de qc Le souvenir de son enfance a inspiré à J. Vallès un livre émouvant. Il évoque le souvenir de sa mère. «En souvenir d'une collaboration harmonieuse.»

souverain, e adj. [après le nom] le peuple souverain (= qui exerce un pouvoir suprême).
[avant le nom] Le souverain bien (= suprême). Le Souverain Pontife (= le Pape). Le souverain mépris (= extrême) de Bajazet exaspère Roxane.

speaker n. m. [spikœr]
fém. speakerine [spikrin] [les puristes préfèrent: annonceuse]

se spécialiser v. pr.
se spécialiser dans qc Il s'est spécialisé dans les questions de phonétique/dans les temps modernes.
se spécialiser abs. Cette science a tellement grandi qu'il faut se spécialiser.

spéculer v. intr. Son père spécula (= tenta des opérations financières lucratives) toujours sans succès.
spéculer v. tr. indir.
spéculer sur qc Il spécule sur les vins/sur les terrains à construire. Le tricheur spécula sur la crédulité du banquier. Le sage spécule (= médite, réfléchit) sur la vanité des choses humaines.

strict, e adj. Un père strict (= sévère). Le sens strict (= littéral) du mot. J'ai dit la stricte vérité. La stricte observation du jeûne. Il ne fait que le strict minimum.
strict sur qc Le Général de Gaulle est très strict sur l'étiquette (= exige qu'on s'y conforme minutieusement).
strict en qc Ce marchand est strict en affaires.
strict à l'égard de qn Mon père est très strict à notre égard.

stupéfier v. tr.
stupéfier qn Votre attitude me stupéfie. La rapidité des opérations a stupéfié le monde.
• Ne pas confondre le p. pa. *stupéfié* avec l'adj. *stupéfait*, qui le remplace après le verbe *être* (Nous en avons été stupéfiés/stupéfaits), mais non après *avoir* (Cela nous a stupéfiés).

subordonner v. tr.
subordonner qn à qn Dans les <colonies>, il fut toujours difficile de subordonner un Français à un indigène.
subordonner qc à qc Peut-on subordonner l'intérêt du malade à l'intérêt du médecin?

substituer v. tr.
substituer qc à qc/qn à qn Vous ne résolvez pas le problème en substituant un mot à un autre/un homme à un autre.
se substituer à qn Par les nationalisations, l'Etat se substitue aux grands chefs d'industrie.

• Ne pas confondre avec *subtiliser* (= dérober) : Je ne lui ai pas subtilisé son parapluie, j'ai seulement substitué le mien au sien.

succéder v. tr. indir. [auxil. >avoir<]
succéder à qn/à qc Son fils lui a succédé dans ses fonctions. La nuit succède au jour.

se succéder Les pluies se sont succédé sans interruption.

succès n. m. Un succès commercial/scolaire/sportif. Il se vante de ses succès féminins (= auprès des femmes).
avoir du succès/un grand succès (auprès de qn) Il semble avoir eu du succès/un grand succès (auprès des Polonaises).
à succès un roman/un film à succès (= qui plaît ou a des chances de plaire).

successeur n. m. [fém. : le successeur] Elisabeth II fut le successeur de Georges VI.

succomber v. intr. La dernière des victimes a succombé hier.
succomber sous qc Il a succombé sous le poids des soucis.
succomber v. tr. indir.
succomber à qc Dans la nouvelle de P. Mérimée, Fortunato succombe à la tentation de la montre argentée.

suer v. intr. Il suait à grosses gouttes.
faire suer qn [vulg.] Va-t'en ; tu me fais suer (= tu m'importunes vivement) avec tes questions.
suer v. tr.
suer qc Il sue du sang. Il a sué sang et eau (= a fait de grands efforts). [fig.] : Ce roman sue l'ennui. Ce garçon sue la prétention.

suffire v. intr. Les vivres ne suffiront pas. Ça suffit (= c'est assez).
suffire v. tr. indir.
suffire à qn Cette maison me suffit.
suffire à qc Deux hommes suffisent à la surveillance du pont. Mon salaire suffit à nos besoins.
suffire à qn pour + *inf.* Une heure leur suffira pour visiter le port.
il (me/te/lui, etc.) suffit [impers.] *de qc pour* + *inf.* Il (lui) suffit de quelques gouttes de ce poison pour tuer un homme.
il (me/te/lui, etc.) suffit [impers.] *de* + *inf.* A cette époque, il (nous) suffisait de savoir lire et écrire.
il suffit [impers.] *que* + *subj.* Il suffit que vous le disiez pour que je le croie.
se suffire Du point de vue agricole, ni l'Allemagne ni l'Angleterre ne peuvent se suffire à elles-mêmes (= se passer du concours d'autrui).

suffoquer v. intr. (= perdre l'haleine) Il suffoquait de fureur.

suffoquer v. tr.
suffoquer qn Le fou-rire faillit le suffoquer.
● Ne pas confondre le p. pr. ou le gérondif (Il gesticulait en *suffoquant*) avec l'adj. verbal *suffocant, e* (Les pompiers l'ont arraché aux fumées *suffocantes*). [cf. APPENDICE § 3]

suisse adj. et n. C'est une maison d'édition suisse.
Expr.: *boire/manger en suisse* Il a bu/mangé en suisse (= tout seul, sans y avoir invité un ami).
La procession était précédée d'un suisse (= employé chargé de la garde et de l'ordre dans les églises).
J'ai mangé un petit suisse (= petit fromage à la crème).

Suisse n. f. la Suisse alémanique/la Suisse romande/la Suisse italienne.

Suisse n. m. *Suissesse* n. f. Les Suisses sont accueillants. Notre bonne est une Suissesse. Mais: Notre bonne est suisse.

suite n. f. Le roi était accompagné de sa suite.
donner suite à qc Le tribunal ne va pas donner suite à cette plainte.
Expr.: *avoir de la suite dans les idées* Elle n'a pas de suite dans les idées (= n'a pas des idées cohérentes, bien ordonnées).
avoir des suites Cet incident n'aura pas de suites.
de suite loc. adv. Il but trois bouteilles de suite (= à la file).
tout de suite loc. adv. L'avion est en feu! Sautez tout de suite!
par la suite loc. adv. Par la suite (= plus tard), je l'ai revu.
ainsi de suite loc. adv. Prenez la première, la quatrième, la septième et ainsi de suite.
à la suite de qc loc. prép. A la suite de cette collision, l'enfant ne voulait plus aller en voiture.
par suite de qc loc. prép. Par suite de cette négligence lourde de conséquences, l'ouvrier fut licencié.

suivant prép. Agissez suivant mes conseils.
suivant que + ind. loc. conj. Vous monterez au Sancy en quinze minutes ou en deux heures, suivant que (= selon que) vous irez en téléphérique ou à pied.

suivre v. tr.
suivre qn Suivez le guide. Il la suivit.
suivre qn de qc Il la suivit des yeux.
être suivi de qn Il était suivi de son secrétaire. [cf. APPENDICE § 8]
être suivi par qn (= surveillé) Il est suivi de près par la police.
suivre qc La route suivait le cours de la rivière. «Suivez la flèche/les

flèches» [affiche pour les touristes]. Allez-vous suivre le cours de lit-térature/de phonétique?

suivre abs. Cet élève ne suit pas en classe (= n'écoute pas, ou n'arrive pas à suivre la progression des autres).

Expr.: «*faire suivre*» [sur les lettres].

être suivi La grève (= L'invitation à la grève) a été largement suivie.

suivi, e p. pa. adj. un récit suivi (= sans coupures).

Expr.: «*à suivre*» (= Vous lirez la suite dans notre prochaine édition).

il suit [impers.] *de qc que* + *ind*. Il suit de là que votre ami vous **a** menti.

sujet n. m.
un sujet de qc Les parités de salaire sont un perpétuel **sujet** de discus-sion. J'ai un sujet/Je n'ai aucun sujet de plainte.

avoir sujet de + *inf*. Nous avons sujet (= lieu) de nous plaindre.

au sujet de qn/de qc loc. prép. Nous nous sommes disputés au sujet de mon frère/de cette lettre.

sujet, te adj. un peuple sujet; une nation sujette.

sujet à qc Il est sujet à la boisson/au rhumatisme.

sujet à + *inf*. Il est sujet à boire/à mentir.

supérieur, e adj. le cours supérieur du Rhône; l'enseignement supérieur (= donné dans les facultés).

supérieur à qn/à qc Il se croit supérieur à sa femme. Son éducation fut supérieure à son instruction.

supérieur n. m. Il est bien noté auprès de ses supérieurs (= chefs).

supériorité n. f. Comment contester leur supériorité?
la supériorité de qc L'ennemi avait la supériorité de l'armement, nous avions la supériorité du courage.

la supériorité sur qn Nous avons la supériorité/une certaine supériorité sur nos adversaires.

suppléer v. tr.
suppléer qc J'ai suppléé les cent francs qui manquaient.

suppléer qn Le lieutenant-colonel supplée (= remplace) le colonel.

suppléer v. tr. indir.
suppléer à qc Son zèle suppléait au défaut d'intelligence.

supplier v. tr.
supplier qn Il m'a prié et supplié.

supplier qn de + *inf*. Je vous supplie de m'aider. Aidez-moi, je vous en supplie.

supplier que + *subj*. Il supplie qu'on veuille l'écouter.

supporter v. tr.
supporter qc Cette clef de voûte supporte (= soutient) l'arc entier.

supporter qn/qc Comment voulez-vous qu'une femme supporte cet ivrogne dégoûtant? Il supporta son malheur sans aucune plainte.

supporter que + *subj.* Il supporte mal que les enfants fassent du bruit.

supporter de + *inf.* Ce vin ne supporte pas de voyager.

supposer v. tr.

supposer qc Supposez un renversement de la situation. Toute fumée suppose (= implique) un feu.

supposer qc à qn Je lui suppose une grosse fortune.

supposer que + *ind.* (= juger vraisemblable) Je suppose que vous me comprenez. Je suppose que vous ne voulez pas rester en panne entre Paris et Orléans. [hypothèse de démonstration]: Je suppose que cet angle est droit.

supposer que + *subj.* [hypothèse présentée comme contraire à la réalité] Je suppose que vous vouliez vendre ce terrain: en avez-vous le droit?

à supposer que/en supposant que + *subj.* A supposer/En supposant qu'il vienne, nous partirons demain.

supprimer v. tr.

supprimer qc La SNCF a supprimé ce train qui était vide les trois quarts du temps.

supprimer qn Le bandit a supprimé (= tué) son complice.

supprimer qc à qn L'administration lui a supprimé son logement.

se supprimer Le bandit cerné s'est supprimé (= s'est donné la mort).

suprême adj. [après le nom] le pouvoir suprême; l'Etre suprême; le moment suprême (= de la plus grande élévation morale).

[avant le nom] Avec une suprême adresse, il sut placer la boule.

Expr.: *au suprême degré* Ce livre est intéressant au suprême (= plus haut) degré.

sur prép.

LIEU Le liège flotte sur l'eau. Ses cheveux lui tombent sur le visage. Nos fenêtres donnent sur la place. Nous piétinons sur place. [noms géogr.]: Châlons-sur-Marne, Boulogne-sur-Mer.

SUPÉRIORITÉ Il l'emporte sur moi. L'influence de l'iode sur les rhumatismes. L'effet de l'aspirine sur la migraine.

PROPORTION neuf Français sur dix (= 90 pour cent des F.).

DIRECTION Il a foncé sur moi. J'ai tiré sur un faisan. Il oblique sur la droite. Il revient sur ses pas.

DATE Il va sur ses onze ans. Je suis sur le départ. Sur le coup de onze heures.

Expr.: *sur ce/sur ces entrefaites/sur l'heure* (= sur-le-champ). Sur ce, je vais rentrer chez moi. Le jugement fut exécuté sur l'heure (= immédiatement).

BASE D'UN JUGEMENT OU D'UNE ACTION Le juge ne peut pas l'arrêter sur un simple soupçon. Ne jugez pas sur l'apparence. Sur un signe de l'agent, les autos s'arrêtaient. Je prête 50 F sur votre montre. Je jure sur l'Evangile/sur la tête de mon fils/sur l'honneur.

SUJET D'UNE ACTIVITÉ Une étude sur le jansénisme. J'ai réfléchi sur ce problème.

MANIÈRE Prenez modèle sur lui. J'ai agi sur votre exemple. Il parla sur un ton de commandement. Ne copiez pas sur votre voisin.

sûr, e adj. [après le nom] C'est un homme sûr (= à qui l'on peut faire confiance). Une cachette sûre. On a mis le malfaiteur en lieu sûr.

à coup sûr loc. adv. Avec ce cheval, vous jouerez/vous gagnerez à coup sûr.

être sûr de qn/de qc Je suis sûr de cet employé. Etes-vous sûr de son honnêteté?

être sûr de + *inf.* Je suis sûr de gagner.

être sûr que + *ind. ou subj.* [pour le mode cf. APPENDICE § 11] Je suis sûr qu'il viendra. Je ne suis pas sûr qu'il vienne/qu'il viendra.

être sûr si + *ind.* [fam.] Je ne suis pas sûr si j'ai fermé la porte.

il est sûr [impers.] *que* + *ind. ou subj.* [pour le mode cf. APPENDICE § 11] Il est sûr que la vie deviendra plus chère. Il n'est pas sûr que la vie devienne/deviendra plus chère.

bien sûr adv. d'affirmation «Avez-vous accepté? – Bien sûr (= Oui, naturellement).» Bien sûr que oui/que non.

bien sûr que + *ind.* [fam.] Bien sûr qu'il acceptera.

sûrement adv. Il le fera sûrement.

sûrement que + *ind.* Sûrement qu'il le fera.

surprenant, e adj. Il a fait des progrès surprenants.

il est surprenant [impers.] *de* + *inf.* Il est surprenant d'apprendre que tu ne l'as pas vu.

il est surprenant [impers.] *que* + *subj.* Il est surprenant que tu ne l'aies pas vu.

surprendre v. tr.

surprendre qn J'ai surpris le voleur. Cela me surprend.

surprendre qc Il a surpris mon secret dans mes yeux.

surprendre qn à + *inf.* Je l'ai surpris à voler.

être surpris de + *inf.* Je suis surpris de vous voir.

être surpris que + *subj.* Je suis surpris que vous soyez venu.

être surpris de ce que + *ind.* Je suis surpris de ce que vous êtes venu.

se surprendre à + *inf.* Il se surprit à pleurer comme un enfant.

survivre v. intr. Quand on demanda à Sieyès ce qu'il avait fait sous la Révolution, il répondit: J'ai survécu.

survivre v. tr. indir.
survivre à qn/à qc Il ne survécut à sa femme que (de) six mois. Il ne voulait pas survivre à sa gloire.

susceptible adj. Beaucoup d'artistes sont très susceptibles (= s'irritent, s'offensent facilement).
être susceptible de qc Cette loi est susceptible d'interprétations diverses (= peut être interprétée de diverses manières).
être susceptible de + inf. Ce gaz est susceptible de (= capable de) provoquer des explosions.

suspect, e adj. C'est un témoin suspect/un témoignage suspect.
suspect de qc un juge suspect de partialité.
suspect de + inf. Le blouson noir serait suspect d'avoir participé au hold-up de vendredi.

suspendre v. tr.
suspendre qc Elle avait suspendu une marmite à la crémaillère. «O temps, suspends ton vol.» (Lamartine)
suspendre qn Le préfet peut suspendre un maire.
suspendre qn de qc Le recteur a suspendu ce professeur de ses fonctions.

symbole n. m.
le/un symbole de qc La balance est le/un symbole de la Justice. [*pour* serait impossible.]
verbe + symbole pour qc Il cherche un symbole pour cette unité.

sympathiser v. intr.
sympathiser avec qn Le chef des cheminots sympathise ouvertement avec les grévistes.
sympathiser abs. – Vous croyez que ça ira? Pourtant, les deux collègues ne sympathisent pas tellement!

T

tâcher v. tr. indir.
tâcher de + inf. Tâchez d'être à l'heure.
tâcher que + subj. Tâchez surtout qu'on n'en sache rien.

taille n. f. Mon frère et moi, nous avons la même taille.
de taille loc. adj. Cette faute est de taille (= C'est une grosse faute). Pierre de taille (= Pierre qu'on taille pour la construction).
de taille à + inf. Il est de taille à (= capable de) trouver la solution lui-même.

taire v. tr.
taire qc [litt.] Il faut savoir taire un secret.

se taire Il a perdu une bonne raison de se taire.

se taire sur qc/au sujet de qc Ils se sont tus sur ce chapitre/au sujet de cette faute inadmissible.

faire taire qn Je saurai le faire taire. Il nous a fait taire.

tandis que loc. conj.

tandis que + ind. Il travaille, tandis que son fils ne fait rien. Vous êtes riche, tandis que je suis pauvre.

tant adv. d'intensité

1. sens indéfini

Il habite telle rue, numéro tant. Les copistes du moyen âge étaient payés à tant par ligne.

tant soit peu loc. adv. Si la corde se desserre tant soit peu (= si peu que ce soit), les valises tomberont.

en tant que loc. prép. Il parle en tant que représentant du roi.

2. sens exclamatif

Nous avons tant mangé! Ce jour tant désiré est enfin venu. [remplacé par *si* devant adj. ou adv.: Ce jour si beau. Il parle si bien.]

tant de Il a tant de chagrin/tant d'amis!

[après *en*] C'est un débrouillard comme il y en a tant.

3. lié à une conséquence

[après la conséquence] Il n'a plus faim, tant il a mangé de gâteaux. Il fatigue tout le monde, tant il parle. [peut se rapporter à un adj. ou un adv. s'il en est séparé par le verbe]: Il charme tout le monde, tant il est éloquent, tant il parle bien.

[avant la conséquence] *tant . . . que + ind.* Il a tant mangé qu'il n'a plus faim. Il parle tant qu'il fatigue tout le monde. Tant va la cruche à l'eau qu'à la fin elle se casse. [prov.]

4. marquant la comparaison

[dans une prop. nég., remplace souvent *autant* (cf. **autant**)] Vous avez dix amis? Je n'en ai pas tant.

ne pas tant . . . que Je n'en ai pas tant (ou: autant) que vous. Pierre n'a pas tant (ou: autant) travaillé que Paul. Je n'en ai pas tant (ou: autant) que je voudrais.

[dans une prop. positive, lorsque *tant* et *que* précèdent des termes de la même fonction]

tant . . . que Les hôtels sont complets, tant à la mer qu'à la montagne. J'aime les romans, tant anciens que modernes.

tant bien que mal loc. adv. Il a terminé son dessin tant bien que mal.

tant mieux/tant pis loc. adv. S'il n'a pas de retard, tant mieux! Si tu ne profites pas de cette chance, tant pis (pour toi)!

5. *tant que + ind.* loc. conj. Nous n'allons pas dans la montagne tant (= aussi longtemps) qu'il y a de la neige.

tantôt adv. [fam.] A tantôt (= A tout à l'heure). Je ferai cela tantôt.
tantôt . . . tantôt Tantôt triste, tantôt gai. Tantôt je suis à Londres (et)
tantôt à Paris.

taper v. intr. Voilà une abeille, ne tapez pas dessus. Pour l'encourager, je lui ai tapé sur l'épaule.
[fam.]: Il tape toujours sur les absents (= en dit du mal). [fam.]: Ce
garçon me tape sur les nerfs (= m'agace).
taper v. tr.
taper qn/qc Ne tapez pas les enfants trop fort. Il a tapé la table d'un
coup de poing. Je vais taper cette lettre (= l'écrire à la machine).
taper qn [fam.] Etant à sec, j'ai tapé mon ami (= lui ai emprunté de
l'argent).

tarder v. intr. Pourquoi tardez-vous?
tarder à + inf. Il ne tardera pas (= ne sera pas long) à venir.
il me/lui, etc. tarde [impers.] *de + inf.* Il lui tarde (= Il attend avec
impatience) de partir.
il me/lui, etc. tarde que + subj. Il lui tarde qu'elle revienne.

tarir v. intr. A cause de la sécheresse, la source a tari (= ne débite
plus d'eau). [fig.]: Ses larmes ne tarissent (= cessent) pas.
Expr.: *ne pas tarir sur qc* Il ne tarit pas sur ses prétendues maladies (=
il en parle incessamment).
tarir v. tr.
tarir qc La chaleur a tari le ruisseau.

tâter v. tr.
tâter qc (à qn) Avant de se décider, les paysans tâtaient les vaches. Le
docteur lui tâte le pouls.
Expr.: *tâter le terrain* Le chef du gouvernement est allé à Londres
pour tâter (= sonder) le terrain.
tâter qn [fam.] Je vais tâter (= sonder) votre père.
tâter v. tr. indir.
tâter de qc Il veut tâter de tout. Avant de se faire écrivain, il tâta de
(= fit l'expérience de) plusieurs métiers.

taxer v. tr.
taxer qc Le gouvernement va taxer (= prélever un impôt sur) tous
les articles de luxe.
taxer qn de qc «Les étrangers ont tort de juger sévèrement les Français
sur ce plan en les taxant de versatilité.» (Daninos)

tel, le adj.
1. sens indéfini
Il m'a donné rendez-vous tel jour, à tel endroit. Prenez tel et tel/tel
ou tel médicament.

Un tel/Une telle [remplace un nom propre] Si monsieur Un tel est le destinataire du chèque, madame Une telle ne peut pas le toucher.

2. lié à une conséquence
[après la conséquence]
Je tremble encore : vous m'avez fait une telle peur !
[avant la conséquence]
tel . . . que + *ind*. Le bruit des machines est tel qu'on ne s'entend plus.
tel . . . que + *subj*. [si la conséquence n'est pas atteinte] Le bruit n'est pas tel qu'on ne s'entende plus.
de telle façon/de telle manière/de telle sorte que + *ind*. La route est penchée de telle manière que les voitures sont déportées.
de telle façon/de telle manière/de telle sorte que + *subj*. [si la conséquence est voulue, si c'est un but] La route est penchée de telle manière que les voitures ne soient pas déportées.

3. marquant la comparaison ou l'identité
– avec ce qui précède : Telle est mon opinion. C'est un savant, du moins je le crois tel. Elle n'est pas notre fille, mais nous la traitons comme telle.
– avec ce qui suit :
tel + *nom* Sa voix claque, tel (ou : telle) un fouet. «Simenon préfère, tel Mauriac, être le complice des assassins qu'il met en scène que leur juge.» (Boisdeffre)
tel que + *nom ou pron*. On ne fait pas attendre une femme telle que moi. Il a des qualités, telles que (= par ex.) le courage et la franchise.
tel que + *ind*. Il est tel que son père était à son âge.
tel quel (= comme il est) Cette commode est vendue telle quelle (= dans l'état où vous la voyez).
tel . . . tel Tel vous l'avez connu, tel il est resté. Tel père, tel fils [prov.].
tellement adv. de quantité
[devant un adj. ou un adv. – même sens que *si*] Il est tellement éloquent ! Il parle tellement bien !
[avec un verbe ou un nom – même sens que *tant*] Il travaille tellement ! Il y a tellement de bruit !
tellement . . . que + *ind*. Il y a tellement de bruit qu'on ne s'entend plus.
tellement . . . que + *subj*. [si la conséquence n'est pas atteinte] Il n'y a pas tellement de bruit qu'on ne s'entende plus.

téléphoner v. intr. Mon fils passe son temps à téléphoner.
téléphoner à qn/chez qn [même sens] J'ai téléphoné à ta mère/chez Hatier.
téléphoner v. tr.
téléphoner qc (à qn) Je lui ai/J'ai téléphoné la bonne nouvelle.

témoigner v. intr.

témoigner en faveur de qn/pour qn/contre qn Cela témoigne en ma faveur/
pour moi/contre lui.

témoigner v. tr.

témoigner qc Cette conduite témoigne un sens profond de l'honneur.
témoigner qc à qn Il lui témoigne son ressentiment.
témoigner que + ind. Je témoigne que vous avez fait votre possible.

témoigner v. tr. indir.

témoigner de qc Il a témoigné de mon innocence.

témoin n. m. Un témoin oculaire. Un témoin à charge (= qui
dépose contre l'accusé). Un témoin à décharge. [fém.]: Elle fut le
témoin de la défense.

nom + témoin [valeur d'adj.] Avez-vous vu l'appartement témoin à
l'exposition de Paris?
être témoin de qc Vous serez témoin de mes efforts.
être témoin que + ind. Je suis témoin que l'accusé n'a pas quitté le
bureau à midi.
Expr.: *prendre qn à témoin* [invar.] Je prends ces personnes à témoin
de mon identité.
témoin [en tête avec valeur de prép.; invar.] Ils se sont vaillamment
battus, témoin leurs glorieuses blessures.

temps n. m. Le temps passe vite. Les temps sont durs (= la con-
joncture). Cela prendra du temps. Ce garçon se donne du bon temps
(= du plaisir).
Ce coureur a réalisé un bon temps, il a amélioré son temps. Nous
jouons aux cartes pour passer/pour tuer le temps: Il y a temps (= un
moment favorable) pour tout. Aujourd'hui j'ai du temps de libre.
Il a travaillé quelque temps/tout le temps/la plupart du temps.
[après *à*] au temps de Napoléon/des croisades.
à temps loc. adv. Nous sommes arrivés à temps.
au temps où + ind. loc. conj. Je l'ai connu au temps où il était déjà
malade.
[après *dans*] dans le temps (= autrefois); dans mon jeune temps (=
quand j'étais jeune).
[après *de*] De mon temps; de tout temps; de temps en temps [də-
tãzãtã]; de temps à autre. Il faut être de son temps (= suivre les
usages de son époque).
du temps de + nom du temps de Napoléon.
du temps que + ind. loc. conj. du temps que j'étais jeune.
[après *en*] en ce temps-là; en temps ordinaire; en temps utile; en
temps de paix/de guerre; en même temps.
en même temps que + ind. loc. conj. Il préparait sa trahison en même
temps qu'il me faisait ces protestations.

passer son temps à qc Il passe son temps à la chasse.

passer son temps à + *inf.* Il passe son temps à chasser.

avoir le temps de + *inf.* Je n'ai pas le temps de vous écouter.

il est temps [impers.] *de* + *inf.* Il est temps de partir.

il est temps [impers.] *que* + *subj.* Il est temps que nous partions.

il y a beau temps/un certain temps que + *ind.* Il y a beau temps/un certain temps qu'il est parti.

le temps de + *inf.* loc. prép. Le temps de me retourner, il n'était plus là.

le temps que + *subj.* loc. conj. Attendez-moi un peu, le temps que je dise quelques mots à ma femme.

tendance n. f. Il a des tendances royalistes/républicaines, etc.

tendance à qc une faible tendance à la hausse/à la baisse.

avoir tendance à + *inf.* Il a tendance à travailler trop.

avoir une tendance à + *inf.* Il a une (fâcheuse) tendance à bavarder.

tendre v. tr.

tendre qc Il faut tendre la corde, mais pas trop. Sans être pauvre, il ne fait que tendre la main.

tendre qc à qn Je lui tendis la main. Il m'a tendu un piège.

tendre v. tr. indir.

tendre à qc Ses discours tendent à cela.

tendre à + *inf.* Vos paroles ne tendent qu'à le fâcher.

tendre vers qc «Ce n'est pas d'un chef que les Français ont besoin, mais d'un but vers quoi tendre ensemble.» (Bernanos)

tenir v. tr.

tenir qn/qc Je vous tiens. La police tient le criminel (= a mis la main sur lui). Ce professeur tient bien sa classe; il la tient bien en main. Il a tenu sa promesse/sa parole; il a tenu parole. Tenez votre droite.

tenir qc de qn Tout homme tient la vie de ses parents.

tenir qn/qc pour + *nom ou adj.* Je le tiens pour un artiste/pour honnête. Je tiens cela pour vrai.

tenir qn quitte de qc Je les tiens quittes de leurs dettes.

tenir v. tr. indir.

tenir à qc/à qn Je tiens à la vie. Je tiens beaucoup à mes amis. Si vous y tenez, conservez-le.

tenir à + *inf.* Il tenait à bien remplir sa tâche.

tenir à ce que + *subj.* Je tiens à ce que (= souhaite vivement que) vous conserviez un bon souvenir.

tenir à ce que + *ind.* Ce succès tient à ce que (= est dû au fait que) vous avez travaillé régulièrement.

être tenu de + *inf.* Les visiteurs sont tenus d'ôter leur chapeau.

tenir de qn Il tient de (= ressemble à) sa mère.

tenir de qc Ce geste tient de la folie.

séance tenante loc. adv. Le témoin fut arrêté séance tenante (= immédiatement, sur-le-champ).

il tient [impers.] *à qn de* + *inf.* Il ne tient qu'à moi de vous recevoir.

il tient [impers.] *à qn que* + *subj.* Il ne tient qu'à vous que cela se fasse.

il tient [impers.] *à qc que* + *ne* + *subj.* Il tient à peu de chose que je ne la renvoie.

tenir v. intr. Ma réponse tiendra (= trouvera place) en trois mots/en dix lignes. Ce buffet ne tiendra pas dans notre cuisine.

se tenir quelque part Tenez-vous là. La réunion se tiendra au parloir.

se tenir + *adj. ou adv.* Tiens-toi droit/tranquille. Tiens-toi convenablement.

se tenir pour + *nom ou adj.* Il se tient pour un grand artiste/pour intelligent.

Expr.: *se tenir qc pour dit* Tenez-vous-le/Tenez-le-vous pour dit.

ne pas se tenir de + *inf.* Il n'a pu se tenir de crier.

s'en tenir à qc Il s'en tient à cela/s'en tient là.

tenter v. tr.

tenter qn Ne tentez pas le diable. [à table]: Qu'est-ce qui vous tente? (= Qu'est-ce que vous aimeriez manger?)

tenter qc Tentez votre chance.

tenter de + *inf.* On a tenté de porter secours aux naufragés.

être tenté par qc Je suis tenté par cette offre.

être tenté de + *inf.* Je fus tenté de lui donner un soufflet.

terme n. m.

1. (= fin) «Au terme de ces entretiens, où en sommes-nous?» (A. Doppagne)

mettre un terme à qc Mettez un terme à vos discussions.

mener qc à terme Pourrons-nous mener à terme la construction de cet édifice?

Expr.: *être à terme* Cette femme est à terme (= sur le point d'accoucher).

avant terme loc. adv. L'enfant est né avant terme (= prématurément).

2. (= mot, expression, élément) Les termes de cet article sont bien choisis.

aux termes de qc Aux termes de (= D'après) notre contrat, je peux . . .

moyen terme Il faut nous allier, ou nous combattre, il n'y a pas de moyen terme (= de solution intermédiaire).

3. *termes* n. m. pl. Nous sommes en bon termes (= rapports).

terminer v. tr.

terminer qc Il faut que je termine ce travail avant 10 heures.

Expr.: *en avoir terminé avec qn/avec qc* J'en ai terminé avec lui (= n'ai plus de relations avec lui). J'en ai terminé avec cette longue lettre.

se terminer par qc Ce mot se termine par t.

terre n. f.
sur terre/sur la terre loc. adv. Il n'y a pas de bonheur éternel sur (la) terre.
à terre loc. adv. Je l'ai jeté/posé à terre. Le pot est tombé à terre.
par terre loc. adv. ou loc. adj. Je l'ai jeté/posé par terre. Le pot est tombé par terre. Il s'est couché/Il est couché/Il est par terre. La courroie traîne par terre. – Un transport par terre/par voie de terre.
sous terre loc. adj. Le spéléologue est partout guetté par des dangers sous terre.
entre ciel et terre loc. adv. Avant de tomber, il resta un instant suspendu entre ciel et terre.
terre à terre loc. adj. Ce pauvre garçon est très terre à terre (= de vues peu élevées).
ventre à terre loc. adv. Le taureau partit ventre à terre à la poursuite de sa victime.
Expr.: *remuer ciel et terre* Elle remua ciel et terre (= usa de tous les moyens) pour obtenir le passeport.

tête n. f. Il vaut mieux une tête bien faite qu'une tête bien pleine.
locutions diverses:
à la tête Il est blessé à la tête. J'ai mal à la tête.
à la tête de qc Cet homme est à la tête d'un commerce prospère. J'étais à la tête d'une bonne équipe. Le Président de la République marchait à la tête du cortège.
à tête reposée Nous reverrons ce problème à tête reposée.
tête à tête Nous sommes restés tête à tête; nous avons dîné en tête à tête.
un tête-à-tête n. m. «Il vous faut un tête-à-tête avec le destin et la mort.» (Anouilh)
Expr.: *n'en faire qu'à sa tête* M. Jourdain n'en fait qu'à sa tête (= Il n'écoute personne).
dans la tête Voilà une drôle d'idée que vous vous êtes mise dans la tête. La balle est entrée dans la tête. J'ai une idée dans la tête (ou: en tête). Elle n'a rien dans la tête.
de tête L'éditorial est souvent l'article de tête (= le premier article) d'un journal. L'enfant calcula de tête (= mentalement).
derrière la tête Il a une idée derrière la tête/des idées de derrière la tête (= des arrière-pensées).
en tête Ils défilent musique en tête. J'ai/Il s'est mis une idée en tête (ou: dans la tête).
en tête de qc Son nom est en tête de la liste. Il faut un plus gros titre en tête de cet article. (*en-tête* n. m. Un bel en-tête).
par tête Lors de la réforme monétaire, la population toucha 40 marks par tête.

par la tête Cette idée lui a passé par la tête.

Expr.: *à tue-tête* Les deux garçons chantaient à tue-tête.

des pieds à la tête/de la tête aux pieds Ils étaient couverts de boue des pieds à la tête/de la tête aux pieds.

tête baissée Le taureau fonça tête baissée sur son adversaire.

se payer la tête de qn Vous vous payez ma tête (= Vous vous moquez de moi).

perdre la tête Elle ne perd jamais la tête.

prendre la tête de qc Il a pris la tête de la classe/du cortège.

tenir tête à qn Vous ne lui tiendrez pas tête.

tiers, tierce adj. [avant le nom] Le tiers état. Je tiens cela d'une tierce personne.

tiers n. m. J'ai mangé le tiers du melon. Les deux tiers de la ville sont détruits. La ville est détruite aux deux tiers.

timbre-poste n. m. pl.: des timbres-poste.

tirer v. tr.

tirer qc On a tiré un numéro au sort. J'ai tiré deux chèques. On tire une épreuve/un ouvrage. Il a été tiré de cet ouvrage . . . J'ai tiré un coup de revolver. Il a tiré un lièvre (= a fait feu sur lui).

tirer qn Il les tirait par les jambes.

tirer qc à qn Je lui ai tiré les oreilles (= l'ai grondé). L'élève a tiré la langue à son professeur.

Expr. *tirer son chapeau à qn* Je lui tire mon chapeau (= Je m'incline devant sa supériorité).

tirer abs. Il a tiré deux fois sur son adversaire.

tirer v. intr. Ce poêle tire bien. Je tirai sur ma chaîne. Le jour tire à sa fin. Cette couleur tire sur le vert.

Expr.: *tirer à conséquence* Cette faute tirera à conséquence (= aura des conséquences graves).

se tirer de qc Il sait se tirer d'affaire. Il s'en est bien tiré.

Expr.: *s'en tirer avec qc* L'élève s'en est tiré avec (= Pour toute punition, il s'est vu infliger) deux heures de retenue.

tolérer v. tr.

tolérer qc Il faut tolérer les défauts de son prochain.

tolérer que + subj. Je tolère qu'il vienne chez nous.

tomber v. intr. [auxil. >être<]

(à) Il est tombé à genoux/à plat/à la renverse. Ils sont tombés au champ d'honneur. La falaise tombe à pic sur la mer. Cette invitation tombe à pic (= à propos). L'enfant a laissé tomber son livre à terre.

(de) Il est tombé du ciel/des nues/de cheval. Il est tombé de haut. Je tombe de fatigue.

(*dans*) Vous êtes tombé dans un piège/dans un panneau/dans une erreur. Elle est tombée dans le malheur/dans l'oubli/dans l'excès.

(*en*) La maison tombe en ruine. Ma voiture est tombée en panne. Cet usage est tombé en désuétude. Tomber en morceaux/en syncope.

(*par*) L'élève, en courant, est tombé par terre.

(*sous*) Cet objet m'est tombé sous les yeux/sous la main. Le pays tomba sous la domination des Romains.

Expr.: *tomber sous le sens* Ces deux candidats ont triché, cela tombe sous le sens (= est évident).

(*sur*) En allant au garage, je suis tombé sur notre voisine (= je l'ai rencontrée par hasard). Mon père, furieux, est tombé sur moi (ou: m'est tombé dessus) à bras raccourcis. En ouvrant le journal, je suis tombé sur une triste nouvelle.

tomber + *adj. ou p.* Il est tombé malade/amoureux/mort/raide mort.

tomber + *adv. de manière* Vous tombez bien, nous sommes en train de déguster un Pommard 1936.

tomber + *date* Pâques tombe en avril. Ma fête tombera un jeudi.

il tombe [impers.] Il tombe de la pluie/de la neige [mais: la pluie/la neige tombe]. Il tombe des pierres.

à la nuit tombante loc. adv. L'ennemi a attaqué à la nuit tombante.

tomber v. tr. [auxil. >avoir<]

tomber qn [à la foire] Cent francs à qui tombera (= fera toucher terre à) Kid Joe.

tomber qc [fam.] Tomber la veste. Vu la chaleur, nous avions tombé la veste.

ton n. m. Il a élevé/forcé/haussé le ton. Je vais changer de ton. Ne me parlez pas sur ce ton.

donner le ton de qc Dans la haute société, les Françaises ont longtemps donné le ton de l'élégance.

Expr.: *être dans le ton* Avec cette robe longue, tu n'es plus dans le ton (= elle ne cadre plus avec le milieu où tu te trouves).

il est de bon ton [impers.] *de* + *inf.* Il est de bon ton de ne pas parler au sermon.

il est de bon ton [impers.] *que* + *subj.* Il serait de bon ton que vous parliez moins fort.

tonner v. impers. [auxil. >avoir<] Pendant l'orage, il a tonné/il tonne plusieurs fois.

tonner v. intr.

tonner contre qc Du haut de sa chaire, Calvin tonna (= tempêta) contre la licence des hommes.

tonnerre n. m.

du tonnerre [fam.] Un repas du tonnerre (= remarquable par la quantité ou la qualité). Un roman du tonnerre. Une fille du tonnerre (= épatante). Un voyage en avion, c'est du tonnerre.

tort n. m.
avoir tort Vous avez tort [contr.: avez raison], chère amie.
avoir tort de + *inf.* Vous avez tort de chercher à l'humilier.
avoir un tort [litt.] «Si le machinisme a un tort, c'est de ne pas s'être suffisamment employé à aider l'homme dans ce travail (agricole) si dur.» (Bergson)
donner tort à qn Les événements vous donnent tort [contr.: vous donnent raison].
être en tort/dans son tort C'est le chauffeur de la camionnette qui est en tort/est dans son tort puisqu'il n'a pas tenu sa droite.
faire tort à qn/[plus fréquent, dans la langue parlée] *faire du tort à qn* Il n'a pas voulu vous faire du tort. Cela m'a fait grand tort.
à tort loc. adv. On l'a accusé à tort.
à tort ou à raison loc. adv. A tort ou à raison, il prétend que ...
à tort et à travers loc. adv. Elle parle à tort et à travers (= inconsidérément).

tôt adv. Il arrive tôt/trop tôt/un peu tôt. Ce n'est pas trop tôt (= On a beaucoup attendu).
au plus tôt Il faudra réparer ce mur au plus tôt.
ne ... pas plus tôt ... que Nous n'étions pas plus tôt arrivés que le rideau se leva. Cf. **plutôt.**

toucher v. tr.
toucher qc Elle a touché mon bras. L'avion a touché le sol. Ma maison touche [ou, tr. ind.: touche à] la vôtre. Cet ouvrier touche 1 000 F par mois.
toucher qn Je l'ai touché au bras/du doigt. Il a été touché au bras. Votre lettre nous a beaucoup touchés.

toucher v. tr. indir.
toucher à qc Ne touchez pas à cela. L'année touche à sa fin. «Napoléon ni Goethe ne disent rien ... qui pourtant ne touche à l'essentiel.» (Mauriac)

toujours adv. Il veut toujours avoir raison. Il m'a toujours écrit.
pour toujours Ils se sont dit adieu pour toujours.
toujours (= encore) Après des décades passées à Paris, l'accent de Colette trahissait toujours son origine bourguignonne.
toujours est-il que + *ind.* Toujours est-il que je l'ai vu.

tour n. m. un tour d'adresse; un tour de cartes; un tour de clef.
jouer un tour/un bon/un mauvais tour à qn Il m'a joué un mauvais tour.
Le Tour de France. «Le tour du monde en 80 jours» (Verne)
faire un tour Allons faire un tour (= nous promener).

faire le tour de qc Il a plusieurs fois fait le tour du monde.

faire demi-tour Lorsqu'il nous a aperçus, il a fait demi-tour.

à double tour loc. adv. Il a fermé sa porte à double tour.

c'est mon/ton, etc. tour Allez-y, c'est votre tour.

c'est mon/ton, etc. tour de + *inf.* C'est leur tour de parler.

à mon/ton, etc. tour Chacun parlera à son tour. Ils parlaient chacun à leur tour. C'est au tour des canons maintenant.

(c'est) à mon/ton etc. tour de + *inf.* A votre tour de parler.

à tour de rôle loc. adv. Les trois enfants ont récité leurs poèmes à tour de rôle (= l'un après l'autre).

tour n. f. la tour Eiffel; la tour penchée de Pise.

tourner v. intr.

1. Elle tournait sur elle-même. Le moteur tourne rond.

tourner autour de qc/de qn La terre tourne autour du soleil. Il a longtemps tourné autour d'elle avant de se déclarer.

La tête me tourne (= J'ai le vertige).

2. (= changer de direction) Tournez à gauche/à droite. Le vent a tourné au nord/à l'est.

3. (= évoluer d'une certaine manière) Cette aventure va mal tourner. La discussion tourne à l'aigre. L'affaire tourne à la farce/au tragique.

Expr.: *tourner court* (= échouer avant terme) Notre projet de voyage a tourné court.

Le vin/Le lait a tourné (= s'est altéré, aigri).

tourner v. tr.

tourner qc Il a tourné la tête/les yeux/le dos.

Tourner la page. [aussi au fig.]: J'ai tourné la manivelle. J'ai tourné (= contourné) l'obstacle. Tourner un compliment/une lettre (= les mettre en forme). [sens techniques]: Il a tourné plusieurs films. Tourner une quille (= la fabriquer au tour).

tourner qc à qn Je lui ai tourné le dos. Ce succès lui a tourné la tête (= l'a rendu déraisonnable).

tourner qc en bien/en mal Il sait tout tourner en bien.

tourner qn/qc en ridicule Il essaie de vous tourner en ridicule (= vous ridiculiser).

se tourner vers qn/vers qc Tous les yeux se tournèrent vers lui.

se tourner contre qn Pourquoi se tourne-t-il contre son meilleur ami?

se tourner en qc Son amour se tourne en haine.

tout, e pl. **tous, toutes**

1. adj. indéfini (prononcer le *t* final et l's final seulement devant voyelle et *h* muet: tout homme [tutɔm], tous ensemble [tusɑ̃sɑ̃bl], toutes ensemble [tutzɑ̃sɑ̃bl]; mais: tous les ... [tule])

au singulier

[suivi d'un déterminant (art., adj.)] (= tout entier: totalité d'un objet) Toute la/ma/cette page est blanche. J'ai écrit toute une page. Il a neigé toute la/une/cette journée. Tout cela. Tout ce que tu veux.

[devant un nom propre sans art. (invar.)] J'ai lu tout *Andromaque*. J'ai traversé tout Nice.

[devant art. (var.)] J'ai lu toute *La femme de trente ans*. J'ai traversé toute la France (mais: tout La Haye).

[préfixe] Le Tout-Paris méprise le reste du monde.

[devant un nom sans déterminant] (= chaque: totalité des éléments d'un ensemble) Toute page est numérotée. Tout Français lui donnera raison. Tout autre que lui. A tout instant.

somme toute loc. adv. Somme toute (= En somme), vous n'avez rien appris de nouveau.

au pluriel

[suivi d'un déterminant] (= totalité des éléments d'un ensemble) Toutes les pages sont numérotées. Tous les Français lui donneront raison. J'ai lu tous mes journaux. Tous les autres.

tous (les) deux/trois Tous deux/Tous les deux sont venus.

tous les quatre/les dix Tous les quatre/Tous les dix sont venus.

[périodicité] Tous les deux jours/tous les trois mois.

[devant un nom sans déterminant, dans des loc. comme]:

à tous égards C'est un homme remarquable à tous égards (= à tous les points de vue).

à toutes fins utiles (= pour servir en toute éventualité).

[devant un nom en apposition] Il me fallait du sel, du laurier, du romarin, tous condiments que je trouvais à ma portée [litt.].

2. pron. indéf. (prononcer le *t* final devant voyelle et *h* muet; prononcer l'*s* de *tous* en toute position: tous ont couru [tusɔ̃kury], toutes ont couru [tutzɔ̃kury], tous viendront [tusvjɛ̃drɔ̃]).

au singulier

[neutre] Paul touche à tout/a tout mangé.

après tout Pourquoi ne pas y aller, après tout (= tout bien considéré)?

comme tout [superlatif] C'est amusant comme tout!

avoir tout de qn/de qc Il a tout de son père (= lui ressemble beaucoup). Sa maison a tout d'un château.

au pluriel

[m. et f.] Regardez ces arbres: tous sont en fleurs. Tous ensemble ont applaudi.

• *tous* au sens de «tous les gens» est remplacé par *tout le monde*, loc. pron.: Tout le monde sait cela.

3. n. commun masc. sg. (ne jamais prononcer le *t* final: le tout est [lətuɛ]) Ces morceaux ne font pas un tout. J'achète le tout.

le tout est de + *inf.* Vous pouvez réussir, le tout est de travailler.

au pluriel [rare] «... l'histoire universelle se réalise concrètement comme mouvement vers des touts partiels.» (Jean Lacroix)

pas du tout/plus du tout/rien du tout Je n'ai rien compris du tout.

4. adv. [invar.] (prononcer le *t* final devant voyelle et *h* muet)

tout + *adv.* tout simplement.

tout à + *nom* tout à l'heure; tout à fait.

tout de + *nom* tout de suite; tout d'un coup; tout de même; tout d'une haleine; tout d'une pièce.

tout + *nom sans déterminant* Elle est tout oreilles. Des chandails tout laine.

tout en + *gérondif* «Je voudrais moi aussi pouvoir suivre mon cours tout en restant dans mon lit.» (mot d'un étudiant regardant couler la Seine)

tout + *adj. ou p. pa.* Le mur est tout (= entièrement) blanc/tout lézardé. Les murs sont tout lézardés.

• Dans ce dernier emploi, *tout* s'accorde devant un adj. ou un part. fém.: La façade est toute blanche/toute lézardée. Les planches sont toutes disloquées. – Cet accord est facultatif devant une voyelle: La façade est tout abîmée/toute abîmée. Les planches sont tout abîmées/toutes abîmées.

tout + *adj./nom/part.* + *que* + *subj. ou ind.* [introduit des prop. concessives] Tout bachelier qu'il soit/qu'il est, il ignore ses départements.

traduire v. tr.

traduire qc Traduisez ce passage. Vous traduisez mal ma pensée.

traduire qc en une langue Traduisez ce texte en français.

traduire qc d'une langue Ce roman est traduit de l'anglais.

traduire d'une langue en une autre C'est traduit de l'anglais en français.

traduire qn en justice Bien qu'innocent, Zola fut traduit en justice (= devant un tribunal).

se traduire par qc Sa douleur se traduisit (= se manifesta) par des larmes. Cette imprudence se traduisit par (= eut pour conséquence) une rechute de bronchite.

train n. m. 1. un train rapide/train express/train omnibus; le train de Paris (= le train en direction de Paris; ou: le train en provenance de Paris/qui vient de Paris); un train de voyageurs/de marchandises.

2. (= allure)

aller son train L'affaire va son train (= suit son cours).

aller/marcher/courir bon train Notre charrette allait bon train.

en train loc. adj. Aujourd'hui, je ne suis pas en train (= en bonne forme physique).

à fond de train loc. adv. Il est parti à fond de train (= à toute vitesse).

traîner v. tr.

traîner qc/qn Le forçat traîne son boulet. Le soldat traîna la captive derrière lui.

traîner qn dans la boue Ses ennemis essayèrent de le traîner dans la boue (= le discréditer).

traîner v. intr. La robe de la fiancée traînait par terre. Il laisse traîner ses affaires partout.

traîner en longueur La guerre de tranchées traînait en longueur.

se traîner Cet homme s'est traîné à mes pieds. Nos enfants se traînent souvent par terre.

trait n. m. un cheval de trait [contr.: un cheval de selle].

d'un trait loc. adv. Il a bu/vidé son verre d'un trait (= d'un seul coup).

comme un trait loc. adv. [litt.] Il partit comme un trait (= très vite).

à grands traits/à long traits loc. adv. Il peint à grands traits. Il but à longs traits.

Expr.: *avoir trait à qc* Il collectionne tous les objets qui ont trait à (= un rapport avec) Napoléon Ier.

traiter v. tr.

traiter qn Il ne nous a pas bien traités. On le traite avec considération.

traiter qn de + nom Il m'a traité de voleur (= m'a appelé un voleur).

traiter qn/qc en + nom Nous l'avons traité en ennemi. Dans quelques régions en Allemagne le français est traité en parent pauvre.

traiter qc (avec qc) Le médecin a traité la blessure (avec de la teinture d'iode).

traiter v. tr. indir.

traiter de qc Ce livre traite de l'histoire de France.

traiter v. intr. On ne traite (= négocie) pas avec les ennemis de l'Etat.

traître, esse adj. [après le nom] [adv.: traîtreusement] un procédé traître; une insinuation traîtresse; un vin traître (= qui enivre plus aisément qu'on ne croit).

[avant le nom seulement dans] *un traître mot* Je n'en sais pas un traître mot.

trancher v. tr.

trancher qc On tranche un bifteck. [fig.]: Il faut trancher cette difficulté.

trancher qc à qn On tranche la tête à un condamné.

trancher v. tr. ind.

trancher de qc (= décider) Il tranche trop légèrement de tous les problèmes.

trancher sur qc Le papier blanc tranche (= contraste) heureusement sur le fond obscur.

trancher avec qc Le corsage rouge ne tranche (= contraste) pas assez avec la jupe orange.

transformer v. tr.

transformer qn/qc Son séjour à Caux l'a transformé. Il veut transformer son magasin.

transformer qn/qc en qn/en qc La sorcière le transforma en chevreuil. Il chercha à transformer des métaux en or.

se transformer en qn/en qc Le sauveur de la nation s'est transformé en tyran.

travailler v. intr. J'ai travaillé jusqu'à midi.

travailler à qc Elle travaille à un roman.

travailler [techn.] Cette porte ne ferme plus : le bois a travaillé.

travailler sur qn/qc Le médecin légiste travailla longtemps sur le mort. Ce médecin a travaillé sur le cancer.

travailler v. tr.

travailler qc Il faudra travailler encore les mathématiques. Maman travaille longtemps la pâte d'une tarte. Cet auteur travaille beaucoup son style. Mon père travaille le fer.

travailler qn L'inquiétude me travaille. Je me sens travaillé par l'envie de rire.

travers [constitue avec *à*, *en*, *de* des loc. prép. et adv.]

à travers Je vous ai vu à travers la palissade. Ce verre est opaque, on ne voit pas à travers. Un chemin passe à travers notre champ. Les chasseurs vont à travers champs/à travers bois.

au travers/au travers de [à peu près les mêmes sens] Je vous ai vu au travers de la palissade. Ce verre est opaque, on ne voit pas au travers. [fig.] : Je vois clair au travers de tous ses mensonges.

en travers/en travers de La route est barrée par un camion arrêté en travers. Des barres étaient mises en travers de la porte.

de travers Il doit être gris, il marche de travers. Tape-moi dans le dos, j'ai avalé de travers.

trembler v. intr.

trembler de qc Il tremblait de froid/de peur.

trembler de + inf. Il tremble de te rencontrer.

trembler que + ne + subj. Il tremblait qu'on ne le touchât.

tremper v. tr.

tremper qc Il trempe son croissant dans le café au lait. [techn.] : On trempe un métal (= On le plonge dans l'huile ou dans l'eau). De l'acier trempé. [fig.] : Un caractère bien trempé (= sans mollesse).

tremper v. intr.

tremper dans qc Les engrenages de transmission trempent dans l'huile. Ce député a trempé dans un trafic de devises (= il en a été complice).

très adv. [sens superlatif]

très + adj. ou p. adj. très célèbre; très connu.

très + adv. très lentement.

très + loc. à valeur d'adj. ou d'adv. très à l'aise; très à l'avance.

très + nom ou un groupe nominal à valeur d'adj. Il est très enfant/très soupe au lait/très collet monté.

avoir très + adj. ou adv. J'ai très froid. J'ai eu très mal.

avoir très + nom [fam.] J'ai eu très faim/très peur. J'en ai eu très envie. J'avais très envie de changer de métier.

tributaire adj.

tributaire de qc L'Yonne est tributaire de (= se jette dans) la Seine comme celle-ci l'est de la mer. Les villes sont tributaires des campagnes pour leur ravitaillement.

triompher v. intr. A la distribution des prix, mon ami triomphait toujours.

triompher v. tr. indir.

triompher de qn/de qc Il a triomphé de ses rivaux/de tous les obstacles.

triste adj. [après le nom] un film triste [contr.: un film gai]. [avant le nom] un triste film (= très médiocre).

Expr.: *avoir/faire triste mine/triste figure* Dans cette affaire, il a fait triste figure (= a produit une impression désagréable).

faire triste mine à qn Pourquoi lui avez-vous fait triste mine? (= Pourquoi vous êtes-vous montré si peu aimable à son égard?)

être triste de qc Nous sommes tristes de la mort de notre ami.

être triste de + inf. Nous sommes tristes d'apprendre qu'il est mort.

être triste que + subj. Nous sommes tristes qu'il soit mort.

il est triste [impers.] *de + inf.* Il est triste de se voir traité de la sorte.

il est triste [impers.] *que + subj.* Il est triste qu'on vous ait traité de la sorte.

tromper v. tr.

tromper qn/qc Il pleut: ce paysan ne nous a pas trompés! L'échec de Pierre a trompé notre espérance. Le gamin suçait son pouce pour tromper sa faim.

tromper qn avec qn Elle a trompé son mari (= lui a été infidèle) avec son meilleur ami.

se tromper dans qc Les météorologues se trompent souvent dans leurs pronostics. Il s'est trompé dans ses calculs.

se tromper de qc Elle s'est trompée de chemin/de porte.

se tromper sur qn Je m'étais trompé sur vous.

trompeur, euse adj. Un espoir trompeur. Les apparences sont trompeuses.

trompeur n. m. A trompeur, trompeur et demi. [prov.]

trop adv. de quantité

trop + adj. ou part. trop fameux; trop connu.

trop + verbe ou une loc. verbal Il dort trop. Il a trop dormi. J'ai trop chaud/trop faim. Trop gratter cuit, trop parler nuit. [prov.]

trop + adv. trop lentement; trop tard.

trop + groupe à valeur d'adj. ou d'adv. Il est trop sans gêne. Nous sommes trop à l'étroit.

trop + nom à valeur d'adj. Elle est trop gendarme.

trop de + nom (ou avec *en*) Il a trop d'argent. J'ai trop de cartes. J'en ai trop.

de trop [après adj. ou adv. de sens numéral, art. part. ou indéf.] Dix francs de trop. Plusieurs/quelques hommes de trop. Il a du sang de trop. Tu écris des mots de trop.

● *en trop* peut remplacer *de trop*, surtout dans les deux derniers cas.

trop/de trop/en trop peuvent être attr.: Nous sommes trop (= trop nombreux). C'est trop. C'en est trop! Nous sommes de trop/en trop (= en surnombre).

trop . . . pour/trop . . . pour que cf. **pour/pour que.**

troquer v. tr.

troquer qc contre qc Les blancs troquaient de misérables miroirs contre des défenses d'éléphant.

troquer qc [moins fréquent] Qu'as-tu fait de ta montre et de ton stylo? – Je les ai troqués.

trouver v. tr.

trouver qn/qc J'ai trouvé un ami/un appartement.

trouver qc à qn Je lui trouve de grandes qualités.

trouver à + inf. Tu trouveras à manger dans le frigidaire.

trouver à + inf. + à qc Il trouve à redire à tout. J'y ai trouvé à redire.

trouver qn/qc + attr. Je vous trouve bien indulgent. Il trouve ce livre excellent.

trouver bon/mauvais/drôle, etc. de + inf. Il a trouvé bon de s'absenter.

trouver bon/mauvais, etc. que + subj. Je trouve bon que nous allions le voir. «Quant à la bataille scolaire, je trouve fort que vous en rendiez responsable le président de la République.» (Mauriac)

se trouver La poste se trouve au bout du village.

se trouver + adj. ou part. Il s'est trouvé malade/incommodé. Elle s'est trouvée mal (= s'est évanouie).

se trouver être + nom ou adj./part. Le meilleur élève se trouve être mon voisin. Quand je suis entré, il se trouvait être couché. Le torrent se trouvait être à sec.

il se trouve [impers.] *que + ind.* Il se trouva que le train était déjà parti.

tuer v. tr.

tuer qn Il a tué sa femme d'un coup de revolver.

tuer qc Nous jouons seulement pour tuer le temps.

se tuer de qc Il se tue de travail (= travaille énormément).

se tuer à qc Il se tue au travail.

se tuer à + inf. Il se tue à travailler.

U

un, une art. indéf. [prononcer au masc. toujours [œ̃]; liaison: un homme [œ̃nɔm]]

[valeur superlative] Ce commerçant est d'une amabilité! Cette pièce est d'un triste!

un(s), une(s) pron. indéf. [ne pas faire la liaison]

emploi de l'article: Au pl., *uns* et *unes* sont toujours précédés de l'article: les uns, les unes.

Au sg., avec un nom ou pron. compl., l'art. élidé (l') est facultatif et litt.; un de mes amis/l'un de mes amis. Expr.: *de deux choses l'une* [art. obligatoire].

... *en* ... *un/une* [pas d'art.] J'en connais un/une.

Si le pron. n'a pas de compl., l'art. est obligatoire: L'un/L'une dit ceci.

un ... *autre* (cf. **autre**) L'un travaille, un autre/l'autre joue. Ils s'aident l'un l'autre.

un, une adj. et nom numéral

L'élision est impossible devant *un* employé comme nom (= maison ou autobus qui porte le numéro 1): le un de la rue Dufour; elle est facultative s'il est adj. numéral: une pièce d'un F/de un F.

(-)un – et un: vingt et un/trente et un/mille et un, etc. Mais: quatre-vingt-un/cent un/deux cent un, etc.

un – premier François I se lit et peut s'écrire: François Premier. Chapitre (Livre, Tome, etc.) I peut se lire: Chapitre Premier, ou: Chapitre un.

un – une On met *une* devant un nom fém.: trente et une pages. Mais: page trente et un. On met *une* si l'on sous-entend un nom fém.: deux heures une (= une minute); minuit une.

un, une adj. qualif. (= qui a de l'unité) «Paris résume toute la France: il est aussi divers et aussi un.» (Paul Gaultier) La République est une et indivisible.

unanime adj. [après le nom] consentement unanime/rejet unanime.

être unanime à + inf. L'Assemblée a été unanime à rejeter cette proposition (= l'a rejetée à l'unanimité, sans exception).

être unanime pour + *inf.* Les voisins ont été unanimes pour condamner cette immixtion.

unième adj. numéral [s'emploie seulement lorsqu'il est précédé d'un autre nombre] le trente-et-unième; le cent unième; le mille et unième. [pour l'emploi de *et* devant *unième*, cf. **un**, adj. numéral.]

unique adj. [avant ou après le nom] son unique espoir; son espoir unique.
[toujours après le nom dans certains groupes habituels] sens unique; fils unique; prix unique.
[toujours après le nom quand il signifie «supérieur à tous les autres»] un talent unique.
● Distinguer: Nous avons un tableau unique (= sans égal)/un unique tableau (= un seul).
unique en Ce véhicule est unique en son genre.

unir v. tr.
unir plusieurs personnes ou choses Le maire a uni les deux familles. Unissons nos ressources.
unir qn/qc à qn/qc Nous unirons notre fils à votre fille. Il unit la science à la sagesse.
s'unir Les deux familles se sont unies.
s'unir à qn C'est demain que notre fille s'unira au Comte de Ricard (= qu'elle l'épousera).
s'unir à qc Sa grâce s'unit à son esprit pour gagner tous les cœurs.
[formule de faire-part] M. et Mme Jules Vernon vous prient de vous unir d'intention à la célébration du mariage de leur fils ... (= vous n'êtes pas tenu d'assister à la cérémonie).
s'unir avec qn/avec qc Je m'unirai avec vous/avec vos actions pour atteindre ce but.
s'unir contre qn Les trois peuples se sont unis contre leur oppresseur commun.

urgence n. f. Vu l'urgence de cette affaire, j'ai décidé de prendre l'avion. Le chirurgien est appelé pour une urgence.
d'urgence loc. adv. et adj. «Accident grave. Envoyer d'urgence plusieurs médecins.» J'ai une boîte de médicaments d'urgence.

usage n. m. Quant à ce néologisme, l'usage est encore flottant.
usage de qc L'usage de ce médicament est soumis à une réglementation.
usage de qn L'usage des meilleurs écrivains est loin de se conformer à cette règle.
à l'usage de qn Ce livre est écrit/conçu à l'usage des étrangers.

user v. tr. [idée d'usure]
user qc La circulation en ville n'use pas les pneus. On use ses yeux à travailler la nuit. Mes souliers sont usés.

s'user Le coton s'use plus vite que le nylon.

user v. tr. indir. [idée d'usage]

user de qc Les policiers n'ont pas usé de leurs armes. Il usa de son influence pour obtenir le permis de chasse. Il faut user de ruse pour entrer là.

Expr.: *en user avec qn* [= se conduire; litt.] Vous en avez mal usé avec vos collègues.

usine n. f. l'usine marée-motrice de la Rance; [dans l'industrie, le pl. est usuel] les usines Renault/Michelin/Mercedes.

utile adj.

utile à qn (en qc) Les animaux utiles à l'homme. Puis-je lui être utile en quelque chose?

utile à qc des explications utiles à la compréhension du texte.

utile à + inf. C'est un homme utile à connaître.

il est utile [impers.] *de + inf.* Il est utile de mettre de gros souliers pour la marche.

il est utile [impers.] *que + subj.* Il serait utile que tu mettes de l'eau dans le radiateur.

vacant, e adj. Il y a beaucoup d'appartements vacants, mais qui sont trop chers pour une bourse moyenne. Cf. **vaquer.**

vague adj. [après le nom: l'objet désigné a des formes imprécises, peu nettes] une silhouette vague; une robe vague (= peu ajustée); un récit vague.

[avant le nom: l'objet répond mal à la définition du nom] une vague casquette (= une coiffure ressemblant à une casquette); un vague désir (= un désir faible, incertain).

vague n. m. Son récit est resté dans le vague (= dans l'imprécision).

Expr.: *avoir du vague à l'âme* J'ai du vague à l'âme (= J'éprouve de la mélancolie).

● A ne pas confondre avec *vague* n. f.: Mon radeau est soulevé par une vague.

vain, e adj. [avant le nom] de vains efforts; de vains prétextes; un vain espoir; de vaines prières.

[après le nom] un homme vain (= vaniteux).

en vain loc. adv. Tout fut en vain. [souvent avec inversion]: En vain supplia-t-elle ces hommes.

vaincre v. tr.

vaincre qn Nous allons vaincre l'ennemi.

vaincre qc Il a vaincu sa colère.

vaincre qn à qc Il m'a vaincu au golf/aux échecs.

vaincre qn en qc Vous m'avez vaincu en générosité.

vaincre abs. [à tel jeu, à telle arme] Le Suisse B. a vaincu au tir à la cible.

vainqueur n. m. et adj. M. Herzog est le vainqueur de l'Annapurna. [invar.] : Elle est sortie vainqueur de ce concours.

● Le fém. peut être marqué en recourant au nom *triomphatrice* ou à l'adj. *victorieuse :* Le ministre a décoré la triomphatrice/a félicité l'équipe victorieuse.

valoir v. intr. Combien vaut ce livre? Il vaut quinze francs. Il ne vaut rien/ne vaut pas cher.

valoir v. tr.

valoir qc Ce spectacle vaut (= légitime) le dérangement. Sa famille vaut bien (= est aussi bonne que) la vôtre. Je tiens ce renseignement du valet de chambre du ministre, et je vous le donne pour ce qu'il vaut (= sans autre garantie).

valoir qc à qn Sa vilaine conduite lui a valu des réprimandes de tous les côtés. Les réprimandes que sa conduite lui a values.

mieux vaut/il vaut mieux [impers.] + *nom ou adv. que* + *nom ou adv.* Mieux vaut la mort que l'esclavage. Mieux vaut tard que jamais. [prov.]

mieux vaut/il vaut mieux [impers.] + *inf. que (de)* + *inf.* Il vaut mieux mourir que d'/qu'être esclave.

mieux vaut/il vaut mieux [impers.] *que* + *subj.* + *(plutôt) que de* + *inf.* Il vaudrait mieux qu'il se taise/se tût (plutôt) que de parler sur ce ton.

se valoir Les deux frères se valent (= l'un est aussi bon ou mauvais garçon que l'autre).

vanter v. tr.

vanter qn/qc Il vante ses amis. Les Méridionaux ont la réputation de vanter volontiers leurs exploits.

se vanter de qc Tartarin aime se vanter de sa bravoure.

se vanter de + *inf.* Il se vante d'avoir un château/d'avoir vaincu le champion de tir à l'arc.

se vanter de + *inf. pr.* Il se vante (= se fait fort, se dit capable) de vaincre le champion.

vapeur n. f. La vapeur d'eau se condense sur la carafe.

à toute vapeur loc. adv. [fam.] J'ai couru chez lui à toute vapeur.

vapeur n. m. (= bateau à vapeur) Un vapeur fait le service du lac.

vaquer v. intr. Les tribunaux vaquent (= sont en vacances).

vaquer v. tr. indir.

vaquer à qc «Les gens reprenaient leur promenade, vaquaient à

(= s' occupaient de) leurs affaires, comme si de rien n'était.»
(Ionesco)

vaquant p. pr. En vaquant à mon travail, j'espère oublier plus vite.
[cf. APPENDICE § 3] cf. **vacant.**

varier v. tr.
varier qc Le docteur a permis au malade de varier son régime.
varier v. intr. Dans ce pays, la prononciation varie d'une province
à l'autre.
varier sur qc Les témoignages varient sur ce point.

vase n. m. (= récipient) un vase à fleurs; des vases communicants
[physique].

vase n. f. (= boue qui se dépose au fond des eaux) Nous nous en-
lisons dans la vase.

vaste adj. [en général, avant le nom] un vaste royaume; le vaste
réseau routier de France.

vedette n. f.
1. (= embarcation) Une vedette fait le service du lac.
2. (= acteur ou actrice) Jean Gabin est l'une des vedettes françaises
les plus en vue.

veille n. f.
1. (= jour précédent) Nous retrouvâmes nos compagnons de la
veille. [souvent compl. direct de temps]: Si tu veux manger une
dinde à Noël, ne la commande pas la veille.
à la veille de + *nom* à la veille de la catastrophe/de la guerre mondiale.
à la veille de + *inf.* Nous sommes à la veille de faire fortune.
2. (= veillée) Après une longue veille, on n'est pas en bonne forme.
Les bonnes sœurs se sont relayées dans les veilles auprès des malades.

veiller v. intr. Elle a veillé quatre heures à faire ce problème. Les
quatre heures qu'elle a veillé. [cf. APPENDICE § 7 F]

veiller v. tr.
veiller qn On veille un malade/un mort.

veiller v. tr. indir.
veiller sur qn/sur qc Veille sur ton frère. Veille sur les haricots qui
cuisent.
veiller à qc Il veille à vos intérêts.
veiller à + *inf.* Il veille à défendre vos intérêts.
veiller à ce que + *subj.* Veillez à ce que tout soit prêt.

veine n. f.
1. Il faut piquer dans la veine.
2. (= chance; fam.) Il a eu de la veine. Ce n'est pas de veine (=
C'est de la malchance). Va jouer 100 F si tu es en veine.

(*c'est*) *une veine/quelle veine que* + *subj.* Une veine que nous nous soyons rencontrés!

3. (= filon) Une veine d'or. [fig.]: Sa veine poétique est tarie.

être en veine de qc Aujourd'hui, il est en veine de générosité.

vélo n. m. [fam.] Nous irons à vélo (ou: en vélo).

vendeur n. m. [fém.: vendeuse, venderesse]

vendeuse n. f. [dans la langue de tous les jours] Les vendeuses (= Les employées du magasin) bavardaient sans s'occuper des clients.

venderesse n. f. [**rare**; employé seulement en droit] La venderesse devra signer le contrat en présence du notaire.

vendre v. tr.

vendre qc Quand vendrez-vous votre voiture?

vendre qc à qn Il a vendu sa maison à son beau-frère/son âme au diable.

vendre qc + *adv.* (surtout: bon marché/à bon marché/cher) Il a vendu (à) bon marché/cher ses livres. [fig.]: Il a vendu chèrement sa vie.

se vendre Les fleurs ne se vendent pas au poids.

se vendre + *indication du prix* [sans prép.] Ce journal se vend 1 F.

venger v. tr.

venger qn Rodrigue a vengé son père.

venger qc Il a vengé cet affront.

venger qc sur qn Il a vengé sur ses enfants la faute de sa femme.

se venger Ne vous trompez pas: un jour, il se vengera.

se venger de qn/de qc L'éléphant s'est vengé du garde perfide. Le prisonnier s'est vengé des nombreuses méchancetés de ses gardes.

se venger de qn pour qc Je me vengerai de lui pour cet affront.

se venger de qn/qc par qc Je me vengerai de cette insulte par une éclatante victoire.

se venger sur qn/qc Privé de gâteau, il se vengea sur les fruits.

se venger sur qn de qc Le jeune homme se vengea sur son collègue de cette calomnie.

vengeur, vengeresse n. m. et adj. une réponse vengeresse.

venir v. intr.

venir de + *lieu de provenance* Je viens de la campagne/de l'étranger. Je viens de France/d'Italie/du Brésil/du Canada.

venir à qn/vers qn Il vient à moi/vers moi.

venir + *prép.* Venez à Paris/en France/chez moi/près de moi.

venir + *inf.* Il vint me voir/me trouver. Quand viendrez-vous me chercher?

venir de + *inf.* Son train vient de partir (= est parti à l'instant).

venir à + *inf.* S'il venait à mourir (= S'il arrivait qu'il mourût), ses enfants seraient bien malheureux.

il (me/lui, etc.) vient [impers.] + *nom* Il est venu deux lettres pour vous. Il me vient une idée.

d'où vient-il que + *ind.* D'où vient-il que tu as tant d'argent?

en venir à qc Il en vint aux reproches. Ils en vinrent aux mains (= Ils se battirent).

en venir à + *inf.* Il en vint à les menacer.

à venir loc. adj. les générations/les difficultés à venir (= futures).

vent n. m. Aujourd'hui, il fait du vent/beaucoup de vent.

vent de + *point cardinal* (*indiquant l'origine*) vent du sud/nord. Mais: vent d'est/ouest.

vent de + *nom du vent* un fort vent de mistral (ou: un fort mistral).

vent + *adj.* (*distinguant le vent*) les vents alizés (ou: les alizés).

Expr.: *le vent est à* + *art.* + *nom* Le vent est à la pluie/l'orage/[fig.] au scepticisme (= la tendance est au scepticisme).

avoir vent de qc Ayant eu vent de son arrestation imminente, il est parti sans bruit.

Expr.: *avoir le vent debout* Ayant le vent debout (= contre eux), les coureurs n'ont pu donner leur mesure.

Expr.: *avoir le vent en poupe* Au dire de l'opposition, le gouvernement n'a réussi que parce qu'il avait le vent en poupe (= parce que les circonstances lui étaient favorables).

véritable adj. [après ou avant le nom] «Photographie véritable» Son véritable nom est Lefèvre.

[avant le nom, quand il indique que l'objet présente à un degré suffisant les caractères qui définissent le nom; = vrai] Un véritable ouragan. C'est une véritable mégère. Ma tante a été pour moi une véritable mère.

vérité n. f. Elle a dit la vérité.

Expr.: Je vais lui dire ses quatre vérités (= lui dire ouvertement ce que je lui reproche).

en vérité loc. adv. [litt.] Cela est, en vérité (= assurément), fort étrange.

à la vérité loc. adv. A la vérité, (= Il est vrai que) je l'ai frappé, mais il m'avait insulté. [concession]

verre n. m.

verre à + *nom* Nous n'avons pas de verres à porto.

verre de + *nom* Vous boirez/prendrez bien un verre de porto?

dans un verre Il ne boirait pas du whisky dans un verre à porto.

vers prép.

LIEU

[sans mouvement] Il habite vers (= du côté d') Orléans.

[avec mouvement] Les troupes marchent vers le nord. [fig.]: Il n'est

pas souhaitable que l'enseignement dévie vers la politique. Ce jeune auteur s'efforce vers la gloire. «Ce n'est pas d'un chef que les Français ont besoin, mais d'un but vers quoi tendre ensemble.» (Bernanos)
TEMPS
Il est arrivé/Il arrivera vers deux heures.

verser v. tr.
verser qc L'hôte a versé (= servi) du vin. Affligé à mort, il versa des larmes (= il pleura) [litt.]. Il versa le sang de (= Il tua) son frère [litt.]. Le moribond versa son sang (= se fit tuer) [litt.].
verser qc dans qc/sur qc/à qc J'ai versé du café dans un bol/de l'encre sur la nappe/une somme à un compte de chèques postaux.
verser v. intr. A cause de la tempête, la voiture a versé.
verser dans qc Son style verse parfois dans la préciosité.

vert, e adj. [régulièrement après le nom] une jupe verte; la langue verte (= l'argot).
[avant le nom pour raison de style] Sous les verts feuillages/la verte Normandie [«sens impliqué»; cf. APPENDICE § 15 III, 2]. [avec un sens particulier]: une verte réprimande (= rude); un vert vieillard (= encore vigoureux); le Vert Galant (= Henri IV).

vertu n. f. La clémence est une vertu.
en vertu de qc loc. prép. C'est en vertu de cet arrangement qu'il est devenu propriétaire.

vêtir v. tr. [est remplacé aujourd'hui par *habiller* et n'existe plus qu'à l'inf. et au p. pa.]
vêtu en/de/à Elle est vêtue en noir/de noir/à l'ancienne mode.
être bien/mal vêtu Il est toujours mal vêtu.

vexer v. tr.
vexer qn Ce refus nous a beaucoup vexés.
être vexé de qc J'ai été très vexé du refus de ma femme.
être vexé de + inf. Il est vexé de s'être trompé.
être vexé que + subj. Je suis vexé que ma femme ait refusé.

victime n. f. L'accident a fait de nombreuses victimes.
victime de qc Le docteur a été victime de son dévouement.

vide adj. La boîte est à moitié vide.
vide de qn/ds qc Le wagon était vide de voyageurs/de bagages.
vide n. m. Sa mort laisse un vide dans la famille.
à vide loc. adv. Le dernier autobus circule le plus souvent à vide. A cause du verglas, les roues tournent à vide.

vie n. f. Il a risqué sa vie. Elle a donné la vie à un enfant.
Expr.: *passer de vie à trépas* Il est passé de vie à trépas.
mener joyeuse vie Il a mené joyeuse vie.

gagner sa vie Je gagne ma vie en travaillant.

faire la vie à qn Sa femme lui fait la vie (= lui fait une vie dure).

sauver la vie à qn Ce médecin m'a sauvé la vie.

à vie loc. adj. une pension à vie (= pendant tout le temps qu'on a à vivre).

de ma etc./la vie loc. adv. Je ne l'ai jamais rencontré de ma vie. Jamais de la vie.

pour la vie loc. adv. Je suis votre ami pour la vie (= pour toujours).

toute ma/ta, etc. vie loc. adv. Il a travaillé toute sa vie.

vieillir v. intr. [auxil. >avoir<] : Ton père a beaucoup vieilli cette année. [auxil. >être<] : Notre ami est très vieilli. [cf. APPENDICE § 2 C]

vieillir v. tr.

vieillir qn (de) Cette robe la vieillit beaucoup. Cette photo le vieillit de dix ans.

vieilli, e p. pa. adj. Je l'ai trouvé très vieilli. Il est infirme et vieilli par les épreuves morales.

vieux, vieil, vieille adj. [en général avant le nom] un vieux livre; un vieil ami; de vieux amis; les vieilles gens (cf. **gens**); une vieille maison; un vieux rhume (= dont on n'arrive pas à se débarrasser). [après le nom] du vin vieux; un ami vieux. [cf. APPENDICE § 15 III]

plus vieux de + unité de temps Il est plus vieux que vous de six mois.

se faire vieux Il s'est fait vieux (= Il a pris de l'âge).

vivre vieux Je t'assure qu'elle vivra vieille.

vieux n. m. *vieille* n.f. La retraite des vieux. Une vieille était agenouillée devant la statue.

vif, vive adj. [après le nom] une haie vive; un enfant vif; l'air/le froid vif; des propos vifs. [avant le nom] de vives couleurs; de vifs reproches. [cf. APPENDICE § 15 III, 1]

de vive voix loc. adv. Je vous raconterai cela de vive voix.

être brûlé/écorché vif Jeanne d'Arc fut brûlée vive à Rouen.

vif n. m.

sur le vif loc. adv. Il faut étudier les insectes sur le vif (= dans les conditions où ils vivent). On ne peut arrêter ce voleur que si on le prend sur le vif (= au moment où il agit).

Expr.: *entrer dans le vif de la question/du sujet* Après de longs débats sur l'ordre du jour, on entra dans le vif du sujet (= le point essentiel).

ville n. f. Il y a deux théâtres dans cette ville.

à la ville loc. adv. [contr.: à la campagne] Il est plus agréable d'habiter à la ville qu'à la campagne.

en ville loc. adv. Ma mère est sortie en ville. Ce soir, nous dînons en ville.

violence n. f.
faire violence à qc Il ne faut pas faire violence à la loi/à ce texte.
se faire violence Elle s'est fait violence (= s'est maîtrisée avec peine) pour ne pas le frapper en plein visage.

virer v. intr. Ne virez pas à gauche ou à droite sans avoir fait signe. Si le temps est sec, cette fleur va virer du rose au bleu.
virer v. tr.
virer qc J'ai viré 500 F à votre compte postal.
[sens médical] Mon fils a viré sa cuti (= sa cuti-réaction a changé).

vis-à-vis loc. adv. Ils étaient assis vis-à-vis.
vis-à-vis de loc. prép. Sa conduite vis-à-vis de moi a été peu correcte.
vis-à-vis n. m. Notre appartement n'avait pas de vis-à-vis (= pas de fenêtres en face des nôtres).

viser v. tr.
viser qn/qc Il visa le lion. Cette mesure vise les propriétaires d'immeu-bles de rapport.
viser v. tr. indir.
viser à qc Cette mesure vise à la stabilisation des prix.
viser à + inf. Cette mesure vise à stabiliser les prix.

visiter v. tr.
visiter qc Avez-vous visité le musée/les curiosités de cette ville?
visiter qn [se dit seulement en parlant d'un médecin ou bien avec une nuance de charité] A l'hôpital, le docteur visite les malades deux fois par jour. Les représentants de la Croix-Rouge visitent les pri-sonnniers de guerre dans les camps.

vite adv. Viens vite. Il a vite compris.
Expr.: *avoir vite fait de + inf.* Nous aurons vite fait de laver cette vaisselle.
vite adj. [très insolite sauf dans la langue sportive] Cet élevage four-nit les chevaux les plus vites de nos écuries.

vitrail n. m. Les vitraux de Chartres sont célèbres.

vivre v. intr. Il a vécu cent ans. Les cent ans qu'il a vécu.
vivre dans + nom abstrait Les Dupont vivent dans le luxe.
vivre de qc Il vit de son travail. Nous vivons d'espoir.
vivre sur qc Il vit sur ce capital.
vivre + adj. Vous ne vivrez pas vieux.
se laisser vivre Tu te laisses vivre (= Tu ne fais pas d'efforts).
vivre v. tr.
vivre qc Il faut que chacun puisse vivre sa vie.
vivre une époque/un moment, etc. Nous vivons une époque difficile. Je n'oublierai pas la minute dramatique que j'ai vécue.

vive interj. Vive (ou: Vivent) les vacances! La sentinelle cria: «Qui vive?» (= Qui va là?).
Expr.: *être sur le qui-vive* (= en alerte).

vivres n. m. pl. Les vivres frais commencent à manquer.

voici, voilà adv. «présentatifs» [*voici* présente un objet proche ou une action future, *voilà* un objet éloigné ou une action passée; mais, le plus souvent, *voilà* est employé seul, sans nuance]

1. *voilà* emploi abs. Pourquoi je boite? Voilà: j'ai glissé dans l'escalier.

2. *voilà* + *régime direct* [nom ou pron. postposé]: Voilà mon livre; voici le tien. Voilà quelqu'un. Voilà ce que j'ai dit. [pron. antéposé]: Me voilà. Les voilà. En voilà (assez). La maison que voilà.
[prop. rel. sans antécédent] Voilà qui est admirable. Voilà comment on joue. Voilà où je suis né.
voilà que + *ind.* Voilà que ma mère apprend à conduire.

3. *voilà* + *compl. de lieu* Me voilà au sommet. La voilà chez elle. Nous y voilà (= Nous sommes au point où nous voulions arriver).

4. *voilà* + *compl. de temps* Voilà déjà quatre ans qu'ils sont mariés. Je l'ai rencontré voilà (= il y a) deux mois.

5. *voilà* + *attr.* [adj.]: Voilà mon chien malade. Le voilà malade. [p. pa.]: Le voilà guéri. Nous voilà arrivés. [prop. rel.]: Voilà Paul qui arrive. Le voilà qui pousse la grille. Voilà ma toux qui me reprend.

6. *voici venir* [litt., poét.] Voici venir l'automne.

voie n. f. une voie privée; la voie ferrée de Paris à Lyon; les voies respiratoires.
en voie de + *nom* (= en route pour) les pays en voie de développement.
en voie de + *inf.* Ce chanteur est en voie de devenir une grande vedette.
dans une voie Il faut persévérer dans cette voie/dans la même voie/dans une autre voie.
par la voie Adressez votre demande par la voie hiérarchique. Il est allé à Rome par la voie des airs/par la voie aérienne.
Expr.: *des voies de fait* Après avoir insulté l'agent, il s'est livré sur lui à des voies de fait (= des violences physiques).
sur la voie Le corps d'un homme était allongé sur la voie. Les policiers sont sur la bonne voie.

voile n. m. (= étoffe qui cache) On a jeté un voile sur cette affaire.
Expr.: *prendre le voile* Elle a pris le voile (= s'est faite religieuse).
voile n. f. les voiles blanches d'un bateau/d'un voilier.

voir v. tr.

voir qn/qc J'ai vu mon ami/un spectacle extraordinaire.

voir/[fam.] *y voir* abs. [avec ou sans adv.] Je/J'y vois bien/mal. Il ne voit plus/il n'y voit plus (= Il a perdu la vue). Je ne/n'y vois pas clair.

voir qc à qn Je lui vois un bel avenir. On lui voit beaucoup d'amis.

voir qc à qc Je vois des défauts à ce tableau. Je ne vois pas de mal à cela.

voir qn + attr. Je le vois (= trouve) bien malade. Je le vois mal parti.

voir en/dans qn/qc + nom attr. Je vois en lui un ami fidèle. Je voyais dans son silence une approbation complice.

voir + prop. inf. Je vois partir les enfants. Je les ai vus (ou : vu) partir.

voir + inf. + obj. [sans sujet] J'ai déjà vu jouer cette pièce. Je l'ai vu jouer. [cf. APPENDICE § 7 G]

voir + sujet + inf. + obj. J'ai vu ces acteurs jouer cette pièce. Je les ai vus (ou : vu)/Je leur ai vu jouer cette pièce. Je les ai vus (ou : vu) la jouer/Je la leur ai vu jouer. [cf. APPENDICE § 9]

voir à + inf. Voyez à nous loger.

voir que + ind. (= constater) Je vois que tout est prêt.

voir que + subj. (= veiller à ce que) Voyez que tout soit prêt.

se voir Elle se voit dans la glace. Ces jeunes gens se voient tous les jours. Cela se voit (= Cela arrive ; ou : Cela est évident).

se voir + attr. Elle se voit (en espoir) déjà première danseuse à l'Opéra.

se voir + inf. [*se* obj. direct] Il s'est vu réprimander devant ses collègues.

se voir + inf. [*se* compl. indir.] L'écrivain Colette s'est vu/Notre amie s'est vu reprocher d'avoir divorcé deux fois.

se voir + p. pa. «La danseuse Lola Montès se vit chassée de l'Opéra de Paris parce qu'elle avait osé s'y produire les jambes nues.» (Le Figaro)

vu p. pa. [employé comme prép. ; invar.] Vu l'heure tardive, nous n'avons pas chanté.

voiture n. f. Nous sommes montés en voiture/descendus de voiture.

voix n. f. à haute voix ; à mi-voix ; à voix basse ; d'une voix irritée. La voix active/passive. Il a eu 43 voix (aux élections).

vol n. m.

saisir qc au vol Le chien essayait de saisir le canard au vol.

à vol d'oiseau loc. adv. On évalue une distance à vol d'oiseau (= en ligne droite).

voler v. intr. Cet oiseau vole bas. Le temps vole. Il vole de Londres à Rome (en parlant d'un aviateur ou d'un avion).

voler v. tr.

voler qn Ce mercanti vole tout le monde.

voler qc Ce vagabond a volé un lapin.

voler qc à qn Il a volé une montre au bijoutier.

être volé La montre a été volée. Le bijoutier a été volé.

Expr.: *n'avoir pas volé qc* Celui-là n'a pas volé sa contravention! (= il l'a méritée).

volonté n. f. Que votre volonté soit faite. «Les Hommes de Bonne Volonté» (J. Romains). Les dernières volontés d'un mourant.

la volonté de + inf. Il a la volonté de réussir.

Expr.: *faire les quatre volontés de qn* (= obéir à tous ses caprices) Mme X fait les quatre volontés de son fils.

à volonté loc. adv. Vin rouge ou blanc à volonté (= selon votre désir). Cette banquette s'abaisse ou se relève à volonté.

voter v. intr. Hier, la Chambre n'a plus trouvé le temps de voter.

voter pour qc/contre qc La Chambre a voté contre la motion de censure.

voter ... par ... contre ... La Chambre a voté pour la motion par 230 voix contre 171.

voter à droite/à gauche La Chambre a voté à gauche.

voter + adj. Le peuple a voté indépendant/communiste, etc.

voter v. tr.

voter qc On a voté cette loi (= l'a fait passer). L'Assemblée va-t-elle voter (= adopter) la motion de censure?

votre, vôtre cf. **notre, nôtre.**

vouer v. tr.

vouer qc à qn/à qc Il a voué un temple à Jupiter/une chandelle à la Vierge/sa vie au service des lépreux.

se vouer à qn/à qc Elle s'est vouée à la Vierge/à une vie de religieuse/ à son métier/au service de la patrie.

vouloir v. tr. [impér.: veuille/veuillez (+ inf.); subj. prés.: que je veuille, ..., que nous voulions, que vous vouliez]

vouloir qc Je voudrais une auto. Il fait ce qu'il veut. Je viendrai si vous voulez/si vous le voulez.

vouloir + attr. de l'obj. Je le voudrais plus gros. [pronominal]: Que dire d'une jeunesse qui se veut intelligente et dont on ne finirait pas d'énumérer les folies?

vouloir + inf. J'ai voulu partir. Les fleurs que j'ai voulu acheter. Veuillez vous asseoir.

vouloir que + subj. Il veut qu'on lui obéisse sur-le-champ.

• Certaines formules où le sujet de *vouloir* est le sort, le hasard, la (mal)chance, admettent l'ind. dans la prop. subord. quand le fait est donné comme réel: «Le malheur veut que les spécialistes ne

savent pas toujours écrire.» (J. Green) «Le hasard voulut qu'en
quittant le Luxembourg nous nous installâmes à la terrasse d'une
brasserie voisine.» (Daniel-Rops) Dans ces cas, le subj. est également
possible.

vouloir v. tr. indir.
vouloir de qn/de qc Il n'a pas voulu de moi/du cadeau que je lui
offrais.
en vouloir à qn A qui en voulez-vous? [impér. nég.: ne m'en veux pas/
ne m'en voulez pas]
en vouloir à qn de qc Je lui en veux de son insouciance.
en vouloir à qn de + inf. Je lui en veux de n'être pas venu.

vous pron.
1. Vous êtes venu. Je vous suis. Etc.
2. [sens indéf., remplace *on* au cas régime] On méprise qui vous
flatte. «Le drame vous secoue de la nuque aux talons.» (O. Mir-
beau)
3. [compl. d'obj. ind. à valeur expressive, pour intéresser le lecteur
ou l'auditeur à l'action] «On lui lia les pieds, on vous le suspendit.»
(La Fontaine) «Elle saute sur lui, elle vous l'empoigne.» (M.
Aymé)

voyage n. m.
le voyage de + nom de ville Je n'ai jamais fait le voyage de Paris.
en voyage loc. adv. Je suis parti/Je suis en voyage.
voyage à «Voyage au bout de la nuit» (Céline)

vrai, e adj. [après ou avant le nom] une nouvelle vraie (= conforme à la vérité); des faits vrais.
[avant le nom, quand il indique que l'object désigné présente à un
degré suffisant les caractères qui définissent le nom] Un vrai désordre. Cette bonne est une vraie perle. Cette voiture est une vraie
guimbarde. Cf. **véritable.**
à vrai dire/à dire vrai loc. adv. Ce n'est pas un individu désagréable;
à vrai dire, il est plutôt sympathique.
pour de vrai loc. adv. [fam.] Ta femme est partie pour de vrai (= pour
de bon)?
il est vrai loc. concessive J'étais toujours premier en classe; j'avais, il
est vrai (= à vrai dire), un an de plus que mes camarades.
il est vrai que + ind. Il est vrai que j'avais un an de plus que mes
camarades.

vraisemblable adj.
il est vraisemblable que + ind. (rarem. *subj.*) Il est vraisemblable qu'il
viendra. Il n'est pas vraisemblable qu'il vienne/qu'il viendra. [pour
le mode cf. APPENDICE § 11]

Y

y adv. de lieu (= là) Est-il à Paris? – Oui, il y est. Il y est allé lundi dernier. Allons-y. Vous y êtes? (= Vous êtes là? ou: Vous comprenez?)
[fait ajouter un -s à l'impératif en -a ou en -e qui le précède] Vas-y. Restes-y.
[supprimé devant fut. et cond. d'*aller*] Moi, j'irai lundi prochain.

y pron. pers. (= à cela) [antécédent nom de chose] La barre est solide, je m'y cramponne.
[antécédent nom de personne, avec quelques verbes] Ce commerçant est honnête, vous pouvez vous y fier. Mais: Je veux lui parler. Je m'adresse à lui.
[antécédent verbe ou prop.] Viendrez-vous? – Oui, vous pouvez y compter. Il faudrait publier cette biographie, mais la veuve du Président s'y oppose encore.
il y a loc. impers. cf. **avoir.**
Expr.: Tu t'y prends mal. Je n'y vois plus (= J'ai la vue troublée).
ça y est Ça y est, elle est mariée.

Z

zéro adj. numéral L'Espagne mène par 4 (buts) à zéro. Dans ce trou froid, le thermomètre ne monte jamais au-dessus de zéro.
Expr.: *C'est zéro* [fam.] Ce film, c'est zéro (= très mauvais, sans aucun mérite).

zéro n. m. Le zéro joue un rôle capital dans le système décimal. Vu cette feuille vide, le professeur ne pouvait faire autrement que flanquer un zéro à ce candidat. [fig.]: Ma sœur est un zéro en maths. Le budget n'est qu'un jeu vertigineux avec des zéros.

APPENDICE

§ 1 Auxiliaires de conjugaison

AVOIR

Le verbe *avoir* est auxiliaire de TEMPS lorsque, suivi d'un participe passé, il constitue un «temps composé» du verbe. On l'emploie:
– avec *tous* les verbes TRANSITIFS;
– avec un certain nombre de verbes INTRANSITIFS.

Présent: Je lève le rideau.   Je marche.

Passé composé: J'*ai* levé le rideau.   J'*ai* marché.

ÊTRE

Le verbe *être* est auxiliaire de TEMPS:
– avec *tous* les verbes PRONOMINAUX;
– avec un certain nombre de verbes INTRANSITIFS:

     aller, arriver, décéder, demeurer, descendre, devenir, échoir, éclore, entrer, monter, mourir, naître, partir, passer, rester, retourner, sortir, tomber, venir et leurs préfixés (*redescendre, rentrer, devenir, survenir*, etc.).

Présent: Je me lève.   Je viens.

Passé composé: Je me *suis* levé.   Je *suis* venu.

Il est auxiliaire de la VOIX PASSIVE avec tous les verbes TRANSITIFS de construction directe (rares exceptions comme *avoir*, sans passif).

Présent actif: On lève le rideau à 6 heures.

Présent passif: Le rideau *est levé* à 6 heures.

REMARQUE: Pour les verbes intransitifs le choix de l'auxiliaire de temps a pour facteur principal l'«ordre de procès» (*Aktionsart*):
– L'auxiliaire *être* convient aux verbes «conclusifs», exprimant une action qui ne peut pas se prolonger:

     Je *suis* entré (je ne peux pas continuer à entrer).

     Il *est* né (c'est une fois pour toutes).

– L'auxiliaire *avoir* convient aux verbes «non conclusifs», dont l'action peut se prolonger:

     J'*ai* marché, il *a* vécu.

Un verbe de mouvement prendra donc *être* si son sens implique un «seuil» (comme un point de départ ou d'arrivée):

     Il *est* parti, il *est* venu, il *est* accouru;

il prendra *avoir* si le mouvement ne comporte pas de seuil:

     Il *a* marché, il *a* volé, il *a* couru.

Une idée de changement entraîne l'auxiliaire *être* dans «Il *est* devenu grand», et *avoir* dans «Il *a* grandi»: dans le second cas, il n'est pas dit que le changement soit achevé.

Cette règle comporte des exceptions (verbes conclusifs avec *avoir*: J'*ai* déjeuné, ils *ont* péri); certaines s'expliquent par l'analogie et par l'histoire, d'autres par des nuances de sens (voir ci-après).

§ 2 Changement d'auxiliaire en fonction du sens

Certains verbes peuvent prendre selon le sens l'auxiliaire *avoir* ou l'auxiliaire *être*.

A. Comparer: J'*ai* monté l'escalier en courant.

      Je *suis* monté en courant.

Dans la 1ère phrase, le verbe a le sens TRANSITIF: *escalier* est complément d'objet direct; dans la 2e phrase, il a le sens INTRANSITIF.

Il en est ainsi avec *(re)descendre, (r)entrer, (re)monter, repartir, passer, (re)tourner, (res)sortir*. Le verbe *tomber* prend donc l'auxiliaire *avoir* quand il reçoit dans la langue populaire un sens transitif:

  J'*ai* tombé la veste. Il *a* tombé son adversaire.

B. Comparer: Je *suis* monté à la tour Eiffel.

      Le baromètre *a* monté.

Dans les deux phrases, le verbe est INTRANSITIF. Mais dans la 1ère, l'action est conçue comme un mouvement à terme impliqué (on ne peut pas monter plus haut); dans la 2e, l'action est non conclusive (le baromètre pourrait monter plus haut). Comparer de même:

  Depuis cette opération, il *est* demeuré sourd.

  Nous *avons* demeuré 10 ans à Limoges.

C. Comparer: Notre ami *a* vieilli.

      Notre ami *est* vieilli.

Dans la 1ère phrase, on a le passé composé du verbe *vieillir* (non conclusif: il peut vieillir encore); dans la seconde, on a le verbe *être* suivi d'un attribut; les marques d'intensité rendent manifeste cette différence:

  Notre ami *a beaucoup* vieilli.

  Notre ami *est très* vieilli.

La même possibilité existe avec d'autres verbes de changement: *changer, blanchir, rougir* (verbes de couleur), *rajeunir*, etc.; ainsi s'explique la différence entre:

  Ce livre *a* paru en mai.

  Ce livre *est* paru depuis mai.

§ 3 Participe présent et adjectif verbal

Le français distingue:

– un PARTICIPE PRÉSENT invariable;

– un ADJECTIF VERBAL homonyme, mais variable en genre et en nombre.

Ainsi, il se peut qu'un peintre expose deux tableaux, intitulés : *Femme dormant*, et : *Eau dormante*. *Dormant* est ici un participe présent se rapportant au nom *femme*, sans s'accorder avec ce nom ; *dormante* est un adjectif verbal se rapportant à *eau* et s'accordant avec ce nom. Comment savoir si l'on doit faire l'accord ? L'Académie française a fondé cette distinction sur une différence de sens : le participe exprime «l'action passagère» (la femme peinte dormait momentanément) ; l'adjectif verbal exprime «la qualité adhérente» (cette eau dormait en permanence). Mais cette distinction s'efface quand il s'agit d'un verbe «non conclusif» (cf. § 1, Remarque), comme le verbe *aimer* qui exprime un sentiment susceptible de se prolonger indéfiniment ; ces verbes au participe présent n'indiquent pas une «action passagère» : les enfants *aimant l'étude* sont des enfants *studieux*, «qualité adhérente», et pourtant *aimant* ne doit pas être accordé ; c'est surtout l'entourage grammatical qui nous renseigne sur la nature du mot :

– Le PARTICIPE PRÉSENT peut être suivi d'un COMPLÉMENT D'OBJET, et non l'adjectif :

des enfants aimant *l'étude ;*

– Le participe présent peut être suivi d'un ADVERBE, et non l'adjectif :

des hommes *buvant beaucoup.*

– Le participe présent peut être suivi de CERTAINS COMPLÉMENTS CIRCONSTANCIELS que n'admet pas l'adjectif :

des chambres communiquant *par un balcon.*

– L'ADJECTIF VERBAL peut être précédé d'un adverbe, et non le participe présent :

des enfants *très aimants.*

– L'adjectif verbal peut être ATTRIBUT, et non le participe présent :

Ces enfants *sont aimants.*

L'accord n'est pas la seule difficulté ; le radical même est différent pour certains verbes :

Participe (-*quant*)	Adjectif (-*cant*)	Participe (-*ant*)	Adjectif (-*ent*)
communiquant	*communicant*	*adhérant*	*adhérent*
convainquant	*convaincant*	*coïncidant*	*coïncident*
provoquant	*provocant*	*convergeant*	*convergent*
suffoquant	*suffocant*	*différant*	*différent*
vaquant	*vacant*	*divergeant*	*divergent*
(-*guant*)	(-*gant*)	*équivalant*	*équivalent*
extravaguant	*extravagant*	*excellant*	*excellent*
fatiguant	*fatigant*	*influant*	*influent*

Participe (*-guant*)	Adjectif (*-gant*)	Participe (*-ant*)	Adjectif (*-ent*)
intriguant	*intrigant*	*négligeant*	*négligent*
naviguant	*navigant*	*précédant*	*précédent*

Les mots qui ne figurent pas dans ces listes ont la même orthographe comme participes et comme adjectifs: *affligeant, changeant, exigeant*, etc.

§ 4 Sens du participe passé seul ou avec *être*

1. Verbe intransitif

Le participe passé d'un verbe intransitif *de sens conclusif* (§ 1), comme *naître, entrer*, situe l'action *à une époque antérieure* à celle où la phrase place la pensée:

> Les jeunes gens *nés* en 1948 sont convoqués devant le conseil de révision à la mairie de leur arrondissement.

> On n'y voit plus, mais lorsque je *suis entré*, il faisait encore clair.

Le participe de la première phrase est construit comme un adjectif épithète et peut être remplacé par *qui sont nés;* il a le sens *passé* et *actif*.

Les groupes *être* + participe passé constituent les «temps composés»: PASSÉ COMPOSÉ (*je suis né, je suis entré*), PLUS-QUE-PARFAIT (*j'étais né, j'étais entré*), etc.

Le participe passé des verbes intransitifs *non conclusifs* comme *marcher, dormir*, ne se rencontre jamais seul ni après le verbe *être*.

2. Verbe transitif non conclusif

Le participe passé d'un verbe transitif *non conclusif* comme *poursuivre* ou *respecter* montre l'action *en train de se faire* à l'époque même où la phrase place la pensée:

> J'aperçois mon chat *poursuivi* par un chien.

> Cet homme *est respecté* de tous ses voisins.

Le participe de la première phrase peut être remplacé par *qui est poursuivi;* il a le sens *présent* et *passif:* l'action est *subie* par le chat. La seconde phrase est la transformation passive de «Tous ses voisins *respectent* cet homme».

Les groupes *être* + participe passé constituent la «conjugaison passive»: INDICATIF PRÉSENT (*il est poursuivi, respecté*), IMPARFAIT (*il était poursuivi, respecté*), etc.

3. Verbe transitif conclusif

Le participe passé d'un verbe transitif *de sens conclusif* comme *blesser*, *fermer*, situe l'action *à une époque antérieure* à celle où la phrase place la pensée :

Mon fils recueille tous les oiseaux *blessés*.

La porte *est fermée*.

Le participe de la première phrase peut être remplacé par *qui ont été blessés;* il a le sens *passé* et *passif :* l'action a été subie par les oiseaux. La seconde phrase est ambiguë, elle peut avoir deux sens selon le contexte :

1° Impossible d'entrer, la porte *est fermée*.

Le verbe *être* a ici son sens plein et le participe *fermée* est attribut du sujet *porte;* il a le sens *passé* et *passif*, la 2e proposition équivaut à : *On a fermé la porte*.

2° Tous les soirs, la porte *est fermée* par le concierge.

Le groupe *être* + participe passé est la forme de présent passif du verbe *fermer;* la 2e proposition équivaut à : *Le concierge ferme la porte.*

Cette ambiguïté existe en principe à tous les temps ; ainsi « A 8 h., la porte *sera fermée* » peut avoir deux sens (on *aura fermé* la porte, ou : on *fermera* la porte) ; mais la première valeur est particulièrement fréquente quand le verbe est au présent ou à l'imparfait.

§ 5 Temps concurrents dans le passé : imparfait, passé simple, passé composé

I. En français littéraire

Pour exprimer une action passée, là où l'allemand et l'anglais n'emploient qu'un temps, le « prétérit » (*ging, went*), le français littéraire dispose de l'IMPARFAIT (*venais*) et du PASSÉ SIMPLE (*vins*).

Il y a entre les deux une différence d'ASPECT (et non de « temps ») :

I L'IMPARFAIT DONNE DE L'ACTION UNE VUE « SÉCANTE ».

L'aspect « sécant » est celui d'une action « coupée » (latin *secare*) en un point de sa durée :

En 1604, Henri IV *régnait* sur la France.

(L'année 1604 est un moment plus court que le règne d'Henri IV, et qui y est contenu ; ce règne avait commencé en 1589 et devait finir en 1610.)

Cette valeur explique l'emploi de l'imparfait dans une phrase comme la suivante :

Quand la mère ouvrit la porte, les deux enfants *jouaient*.

(équivalent anglais : ... the two children *were playing;*

équivalent allemand : ... *waren* die zwei Kinder *am Spielen*.)

Toute forme verbale française peut exprimer aussi bien une action répétée qu'une action unique; cela ne change pas la valeur de l'imparfait:

A vingt ans, Paul *fumait* (= il était fumeur).

(L'aspect est le même: c'est la répétition de l'action qui est vue ici en un point de sa durée.)

Cette valeur sécante explique que l'imparfait soit employé quand on décrit des êtres et des choses dont les états ou les comportements se prolongent ou se répètent sans qu'on en voie le début ni la fin:

A quelques pieds sous le bateau, le fond de la mer se *déroulait* lentement, à mesure que nous *passions*. Nous *glissions* sur des forêts surprenantes d'herbes rousses, roses, vertes, jaunes. Au milieu d'elles, de minces poissons d'argent *filaient*, *fuyaient*, vus une seconde et disparus. (Maupassant)

La valeur sécante ne doit pas faire oublier que l'imparfait est un temps du passé; l'action est vue en train de se dérouler *à un moment passé*, et quelquefois ce passé est implicitement comparé à la situation présente, plus ou moins modifiée:

J'*espérais* parvenir à un accord; je vois qu'il n'y faut plus penser.

(L'espoir, maintenant écarté, existait à un moment passé quelconque.)

Vous savez, dit le magistrat, la sympathie dont vous jouissez dans cette maison, et non seulement parmi vos confrères dont beaucoup songeaient à vous confier, bien jeune encore, le plus haut honneur professionnel.

«Songeaient». Hervé remarqua amèrement cet imparfait et prit à nouveau la mesure du désastre. (Charles Plisnier)

2 LE PASSÉ SIMPLE DONNE DE L'ACTION UNE VUE «NON SÉCANTE».

L'aspect est «non sécant» si l'on voit l'action dans toute sa durée (du début à la fin):

Henri IV *régna* de 1589 à 1610 (ou: *régna* 21 ans).

ou du moins si l'on en voit le début:

Henri IV *régna* en 1589 (= commença à régner)

ou la fin:

Henri IV *régna* jusqu'en 1610.

Les mêmes aspects sont rendus pour une action répétée:

Pendant toutes les vacances, Paul *fuma*.

Trois fois, il *frappa* à la porte.

A 18 ans, Paul *fuma* (= commença à fumer).

Jusqu'à sa mort, il *fuma*.

Parce qu'il peut montrer l'action de son début à sa fin, le passé simple est employé pour raconter une succession de faits:

Une détonation *retentit*. La bête se *dressa*, *tourna* deux fois sur elle-même et *retomba* sur le dos. Elle *eut* plusieurs soubresauts, puis elle s'*immobilisa*, les pattes raides. (Maurice Magre)

REMARQUES: a. Un verbe de sens conclusif (§ 1) se prête mal, en principe, à une vue sécante de l'action. On emploie pourtant de tels verbes à l'imparfait, au lieu du passé simple, avec une valeur stylistique particulière (l'action est montrée en train de s'accomplir, comme si le lecteur y assistait):

Il y a cinquante ans *mourait* Guillaume Apollinaire.

Philippe siffla doucement à plusieurs reprises sur le mode convenu. Cinq minutes après, Henri *apparaissait* entre les arbres. (Moinot)

Dans cet emploi «atypique» de l'imparfait, le moment considéré est toujours indiqué avec précision par un complément qui *précède* le verbe (au contraire, on dirait: Apollinaire *mourut* il y a cinquante ans).

b. La valeur sécante de l'imparfait explique son emploi dans le DISCOURS INDIRECT pour marquer un fait qui était présent au moment de la parole ou de la pensée passée que l'on rapporte:

Il me demanda si je *voulais* danser.

On peut l'employer dans ce cas même pour énoncer une vérité permanente:

Je ne savais pas qu'il *fallait* (ou: faut) porter sur soi sa carte d'identité. (I didn't know you *had* to carry an identity card with you).

L'imparfait est préféré au présent quand la vérité énoncée est mise au compte exclusif de la personne sujet du verbe principal:

Les Anciens croyaient que la Terre *était* plate.

c. L'imparfait a un emploi où il n'a pas la valeur passée, ni obligatoirement l'aspect sécant, et ne peut entrer en concurrence avec le passé simple; c'est sa valeur *irréelle*, après *si*:

Si tu *fumais*, je t'offrirais une cigarette.

(= si tu étais fumeur: «irréel du présent»)

Si le Roi *mourait*, il n'aurait pas d'héritier.

(«irréel du futur»)

d. Dans nos exemples:

Henri IV *régna* en 1589. A 18 ans, Paul *fuma*.

le passé simple montre l'action commençant et se perpétuant indéfiniment, parce que les verbes sont de sens non conclusif (§ 1) ou répété de même dans l'exemple suivant:

Dieu dit: «Que la lumière soit», et la lumière *fut*.

Au contraire, avec les verbes de sens conclusif, l'action est vue entièrement, qu'elle soit instantanée ou plus longue:

A 8 heures, il *ouvrit* sa fenêtre. A midi, il *déjeuna*.

II. En français parlé

Le français parlé aujourd'hui ignore le passé simple, qu'il a remplacé par le *passé composé*. Celui-ci peut avoir deux sens très différents :

1. *Sens de parfait*

Il montre, au moment présent, le résultat d'une action passée (valeur du parfait en allemand littéraire, ou en anglais) :

Le sol est mouillé : il *a plu*.

2. *Sens de prétérit*

Il montre l'action dans le passé, au moment où elle s'est déroulée (valeur du prétérit allemand ou anglais) :

Dimanche, au moment où nous sortions, il *a plu*.

Henri IV *est mort* en 1610.

Dans ce second emploi, le passé composé s'oppose à l'imparfait *avec la même valeur que le passé simple*, par lequel on peut le remplacer sans incorrection (il plut, mourut), ce qu'on ne pourrait faire dans les phrases où il a la valeur de parfait.

REMARQUE : Pratiquement, la langue parlée mélange sans distinction la valeur de parfait et celle de prétérit, montrant à la fois l'action passée et son résultat présent.

Dans la langue littéraire, le passé simple et le passé composé ont respectivement la valeur de prétérit et de parfait ; il est incorrect de les coordonner (*il tomba malade et il est mort ; *il est tombé malade et il mourut). Bien entendu, le passé composé reparaît au sens prétérit dans les paroles au discours direct qui interrompent le récit :

Il *raconta* sa vie : «Je *suis né* en 1902, etc.»

§ 6 Accord des formes personnelles du verbe

En principe, le verbe s'accorde en *personne* et en *nombre* avec son sujet. Quelques cas posent des problèmes :

1. Le sujet est un groupe nominal

Après un groupe : ADVERBE de quantité + *de* + NOM ou PRONOM pluriel, le verbe est mis au pluriel, même si le nom ou pronom sujet n'est pas exprimé :

Beaucoup de gens *ont défilé*. Beaucoup *ont défilé*.

C'est le cas après *beaucoup, assez, combien, peu, plus, trop*.

L'accord est le même si le premier mot du groupe est un nom collectif comme *la plupart, une foule, un grand* (*petit*, etc.) *nombre* :

Une foule de gens m'*ont écrit*. La plupart *ont défilé*.

REMARQUES: a. Parfois le sens du premier nom domine dans la pensée et commande l'accord:

Une troupe de canards *s'allonge* en triangle. (Daudet)

Une foule de manifestants *arrêtait* la circulation.

b. L'accord en personne est plus libre que l'accord en nombre. On admet: «Beaucoup d'entre nous *ont accepté*», ou: «*avons accepté*».

2. Le sujet est le pronom *ce*

Le verbe est en principe à la 3e personne du singulier quel que soit l'antécédent de *ce*:

Mes plus chers amis, *c'est* vous deux.

La langue soignée met le verbe au pluriel quand l'attribut est un nom pluriel:

Pierre et Jean, *ce sont* (fam.: *c'est*) mes neveux.

3. Le sujet est un groupe de (pro)noms coordonnés

S'ils sont coordonnés par *et*, le verbe est au pluriel:

Pierre et Jean *sont* mes neveux.

Si les sujets sont des personnes différentes, la 1ère l'emporte sur les deux autres, la seconde sur la 3e:

Pierre et toi *êtes* mes neveux. Ta mère et moi *sommes* malades.

La langue courante en pareil cas reprend les deux sujets par un pronom choisi selon la même règle:

Pierre et toi, vous êtes mes neveux. Ta mère et moi, nous sommes malades.

Après *l'un et l'autre*, l'accord est facultatif:

L'un et l'autre m'*a* (*ont*) fait la même réponse.

Quand plusieurs noms sujets au singulier sont coordonnés par *ou* ou *ni*, le verbe est mis au pluriel si l'action peut concerner plusieurs sujets:

Jeanne ou Solange *prépareront* des sandwichs.

Il est mis au singulier si l'action n'en concerne qu'un:

Poirot ou Dubosc *sera* notre président.

Ni Poirot ni Dubosc ne *sera* notre président.

Mais si les sujets sont de personnes différentes, le verbe est toujours au pluriel à la personne voulue par la règle donnée plus haut:

Paul ou moi (nous) *serons* président.

4. Le sujet est le pronom relatif *qui*

L'accord se fait avec l'antécédent:

C'est moi qui *étais* le plus jeune.

C'est Paul ou toi qui *serez* président.

Lorsque, dans la langue littéraire, *qui* a pour antécédent un nom en apostrophe, le verbe est mis à la 2e personne:

Visiteurs qui *passez* cette porte, soyez les bienvenus.

§ 7 Accord du participe passé

Employé en fonction d'épithète, le participe passé s'accorde comme un adjectif:

Rentrés chez eux, *ils* se mirent à table.

Quand il constitue une forme verbale composée avec l'auxiliaire *être* ou *avoir*, voici la règle générale:

1. Si le verbe est conjugué avec l'auxiliaire *être*, le participe construit comme un attribut s'accorde avec le sujet:

Les enfants sont rentr*és*. La porte est ferm*ée*.

2. Si le verbe est conjugué avec l'auxiliaire *avoir*, le participe s'accorde avec le complément d'objet direct si celui-ci précède le verbe, ce qui se produit dans trois cas:

– L'objet est un pronom personnel:

Replace les photos où tu *les* as *prises*.

– L'objet est le pronom relatif *que*:

Rends-moi les photos *que* tu m'as *prises*.

– La question porte sur l'objet:

Quelles photos as-tu *prises?*

Le participe reste invariable si l'objet suit le verbe, ou s'il n'y a pas d'objet:

As-tu *pris des photos?* Elle a bien *dormi*.

Cas particuliers

A. Verbes pronominaux

Les verbes pronominaux se conjuguent tous avec l'auxiliaire *être;* ils suivent en général la règle des verbes conjugués avec *être* (accord avec le sujet):

La malade s'est *levée*. Ils se sont *tus*.

Mais lorsque le pronom réfléchi a la fonction complément d'attribution, l'accord est pratiqué comme si l'auxiliaire était *avoir:*

La jeune fille s'est *coupé* les cheveux.

(= elle a coupé à elle les cheveux)

Elle conserve les cheveux *qu'*elle s'est *coupés*.

(= ... les cheveux qu'elle a coupés à elle)

Dans les verbes *se plaire* et *se rire*, on considère que le pronom ré-

fléchi est complément d'attribution, et le participe reste invariable
parce qu'il n'y a pas d'objet direct:

Elle s'est *plu* à m'offenser. Ils se sont *ri* de nous.

La forme unique des pronoms réfléchis, qu'ils soient compléments
directs ou compléments indirects (= à soi), favorise des confusions
qui entraînent des fautes dans l'orthographe, et même pour certains verbes dans la prononciation; distinguons:

Elle s'est faite [fɛt] belle.

Elle s'est fait [fɛ] mal.

B. Verbes impersonnels

Le participe passé des verbes impersonnels ou construits imperson-
nellement est invariable:

Il est *tombé* une averse. Les soins qu'il m'a *fallu*.

C. Le complément d'objet est un pronom neutre

Il faut écrire:

La règle est plus simple que je ne *l'*avais *pensé*.

Le complément d'objet direct est ici le pronom neutre *le* élidé (on
dirait à l'imparfait: que je ne *le* pensais).

D. Le complément d'objet est l'adverbe *en*

Le participe reste invariable quand le verbe a pour complément
d'objet l'adverbe *en* qui n'a ni genre ni nombre, signifiant «de cela»:

Il y a des lapins, j'*en* ai *vu*.

E. Le complément d'objet est un groupe formé sur *combien*

On accorde le participe avec le nom si celui-ci précède, on le laisse
invariable si le nom suit:

Combien de *verres* a-t-il *bus?*

Combien a-t-il *bu* de *verres?*

Si *combien* est suivi de *en*, l'accord est facultatif:

Combien *en* a-t-il *bu* (ou *bus*)?

F. Faux compléments d'objet

Certains compléments directs ne sont pas compléments d'objet
donc n'entraînent pas l'accord du participe:

les vingt francs *que* ce livre m'a *coûté*

(complément de prix: *Combien* coûte ce livre?)

les 200 kilos *que* ce cochon a *pesé* (poids)

les 20 ans *qu'*il a *régné* (temps).

Les mêmes verbes peuvent avoir, dans d'autres sens, un complément
d'objet direct:

les poulets que j'ai *pesés*.

G. Verbes auxiliaires

Depuis l'arrêté ministériel de 1901, on peut considérer comme auxiliaires, et laisser invariables, tous les participes suivis d'un infinitif:

les mots qu'elle a *entendu* dire
les personnes que j'ai *vu* entrer
les mots qu'elle a *pu* dire
les personnes que j'ai *fait* entrer
les cheveux qu'elle a *laissé* pousser.

Il s'agit là d'une tolérance, et il n'est pas interdit de pratiquer dans certains cas, selon l'usage ancien, l'accord voulu par le sens:

les personnes que j'ai *vues* entrer
les cheveux qu'elle a *laissés* pousser.

Dans «les mots qu'elle a *entendu* dire», *entendu* ne peut être mis au pluriel, car le pronom *que* est complément d'objet de *dire*.

§ 8 Complément d'agent du verbe passif

Le complément d'agent du verbe passif est le mot qui serait sujet si la phrase était tournée à l'actif; il est construit avec *par* ou *de*:

Phrases actives: Paul a écrit cette lettre. Sa femme le suivait.
Phrases passives: Cette lettre a été écrite *par* Paul. Il était suivi *de* sa femme.

L'agent construit avec *de* peut être remplacé par *dont* ou *en*:

Sa femme, *dont* il était suivi . . . – Il *en* était suivi.

La construction avec *par* est toujours possible (Il est suivi *par* sa femme).

La construction avec *de* se rencontre:

– avec les verbes de SENTIMENT: *aimer, approuver, chérir, détester, estimer, mépriser*:

Il est respecté *de* tous.

– avec les verbes comme *envahir, gagner, pénétrer, saisir*, exprimant L'EMPRISE D'UNE ÉMOTION, d'un sentiment:

Je fus envahi *d'*une profonde pitié.

– avec les verbes D'ACTIVITÉ MENTALE comme *croire, connaître, ignorer, oublier*:

Il n'a pas été *cru* de ses camarades.

avec *connaître*, on emploie aussi un pronom au datif:

Cet homme ne *m'*est pas connu.

– avec des verbes de VOISINAGE comme *accompagner, border, entourer, flanquer, précéder, suivre*:

M. Dupont était flanqué *de* sa femme et *de* sa fille aînée.

– au sens d'un complément de MOYEN:

Le sol était couvert *de* graviers (on dirait à l'actif: Des gravires couvrent le sol; ou: On a couvert le sol de graviers). Il fut blessé *d*'une balle dans la jambe. Le spectacle se compose *de* danses folkloriques.

– au sens d'un complément de CAUSE:

un pull-over mangé *des* mites; un bahut piqué *des* vers; une serrure rongée *de* rouille; un mendiant transi *de* froid; je suis surpris *de* votre attitude.

9 Objet-agent

Les verbes *faire, laisser, voir, regarder, entendre, écouter* peuvent régir un infinitif: *faire entrer, voir venir.*

La personne ou la chose qui fait l'action exprimée à l'infinitif est désignée

– soit par un pronom atone placé *avant le premier verbe:*

Je *le* fais entrer. Je *les* vois venir.

– soit par un nom ou pronom placé *après l'infinitif:*

Je fais entrer *le client.*   J'entends siffler *le vent.*

– soit par un nom ou pronom placé *avant l'infinitif* (sauf si le verbe recteur est *faire*):

Je laisse *le client* entrer. J'entends *le vent* siffler.

(Mais on ne dit pas: *Je fais le client entrer.)

Ce nom ou pronom, qui a la forme d'un complément d'objet (se rapportant au groupe verbe + infinitif *laisse entrer, entends siffler*) exprime en même temps l'agent de l'action énoncée par l'infinitif (le client entre, le vent siffle); il a la fonction «objet-agent».

Dans les exemples précédents, le verbe à l'infinitif était INTRANSITIF, mais il peut être aussi TRANSITIF, et recevoir un complément d'objet qui lui est propre:

Tu le laisses piétiner *la pelouse?* J'entendais ma mère chanter *une berceuse.*

Dans ce cas, il est impossible de placer l'objet-agent après l'infinitif: le français évite le rapprochement (ambigu) de deux noms de construction directe (*Tu laisses piétiner la pelouse ce gamin?). L'objet-agent (sauf pour les verbes *regarder* et *écouter*) est alors construit avec *à* ou *par*:

Tu laisses piétiner la pelouse *à* (ou *par*) ce gamin? J'ai entendu chanter cette berceuse *par* ma mère.

On choisit *à* ou *par* de manière à éviter toute ambiguïté; ainsi, dans le dernier exemple, *à ma mère* (au lieu de *par ma mère*) prêterait à confusion.

La construction avec *à* entraîne la possibilité de remplacer le pronom atone *le* par *lui*:

Tu *lui* laisses piétiner la pelouse?

Avec *faire*, cette forme est la plus employée:

Je *lui* fais tondre ma pelouse.

Quand les deux compléments sont des pronoms personnels, on met l'objet-agent à la forme *le* (*la*, *les*) s'il est séparé de l'autre objet par le verbe:

Je *le* laisse *la* piétiner.

On le met à la forme *lui* (*leur*) si les deux objets précèdent l'infinitif:

Je *la lui* laisse piétiner.

§ 10 Portée de la négation

La négation *ne* . . . *pas* encadre le verbe de la phrase, et peut porter sur ce verbe et sur tous les mots qui s'y rapportent; exemple:

Tu ne chantes pas une chanson gaie.

Cette phrase peut signifier que l'action de *chanter* n'a pas lieu, ou que la chanson chantée n'est pas *gaie*.

Souvent la négation porte sur le mot *tout*, même s'il appartient au groupe sujet: «Tout n'est pas réglé» (= certains points sont réglés, mais pas *tous*). Pour faire porter la négation sur la totalité de l'ensemble désigné, il faudrait dire: «Rien n'est réglé». Donc l'inscription suivante, lue à l'entrée d'un terrain de camping:

«Tout campeur sale n'est pas digne d'être reçu ici.»

est incorrecte: elle signifie proprement que certains campeurs sales sont dignes d'être reçus, mais non *tous*. Il faudrait écrire:

Tout campeur sale est *indigne* d'être reçu ici.

Un problème se pose lorsqu'un verbe dépend d'un autre verbe; comparons:

Je ne crains pas de partir (ou: Il ne craint pas que je parte).

Je crains de ne pas partir (ou: Il craint que je ne parte pas).

La 1ère phrase nie l'existence d'une crainte: la négation encadre très logiquement le verbe *craindre;* la seconde affirme une crainte, celle d'une absence de départ: la négation précède donc ou encadre le verbe *partir*. De même, la place de la négation s'explique très logiquement dans ces phrases:

Le président sortant ne peut pas se représenter.

Le président sortant peut ne pas se représenter.

Mais puisque la négation encadrant un verbe peut porter sur une dépendance de ce verbe, on en est venu dans bien des cas à encadrer un verbe recteur alors que la négation porte sur un verbe régi; c'est toujours le cas avec les verbes *falloir*, *devoir*, *vouloir*.

Il ne faut pas qu'il parte (= Il faut qu'il ne parte pas).

Je ne veux pas qu'il vienne (= Je veux qu'il ne vienne pas).

Ordinairement, c'est le sens général qui fait deviner la portée de la négation:

Je ne demande pas que vous m'aidiez (mais j'en serais bien heureux: la négation porte sur *demande*).

Je ne souhaite pas que vous m'aidiez (= je souhaite que vous ne m'aidiez pas).

La locution *n'avoir garde de* fait toujours porter la négation sur le verbe régi:

Je n'avais garde de salir mon beau costume (Je faisais bien attention de ne pas le salir).

11 Mode dans les subordonnées complétives introduites par *que*

Quand un verbe d'opinion ou de déclaration régit une proposition subordonnée commençant par *que*, cette proposition peut être à l'indicatif ou au subjonctif:

Je crois qu'il *est venu*. Je doute qu'il *soit venu*.

Le conditionnel convient aux mêmes verbes que l'indicatif:

Je crois qu'il *viendrait* si je l'invitais.

■

Quand le verbe recteur (ici *crois, doute*) est à la forme affirmative, il commande le mode du verbe régi en vertu de règles que l'on trouve au lexique; il serait incorrect de dire: *Je crois qu'il soit venu; ou: *Je doute qu'il est venu. Mais si la réalité de l'action exprimée par le verbe recteur est niée (*je ne crois pas, je ne doute pas*), ou mise en question (*Crois-tu? Est-ce que tu crois?*) ou seulement restreinte par un *si* hypothétique (*Si tu crois* . . .), le verbe régi peut admettre un mode ou l'autre en fonction de différents facteurs:

1. Portée de la restriction (cf. § 10)

Sa mère ne croit pas qu'il *ait* volé (= Selon sa mère, il n'a pas volé).

Sa mère ne croit pas qu'il *a* volé (= Il a volé, mais sa mère ne veut pas le croire).

Il ne pense pas que je *sois* malade (= Il pense que je ne suis pas malade).

Il ne pense pas que je *suis* malade (= Je suis malade, et il n'y pense pas).

Pensez-vous que l'enfant *ait* été tué? (Est-il mort? voilà la question).

Pensez-vous que l'enfant *a été* emmené loin de *Paris?* (Il a été emmené, la question ne porte que sur la distance).

2. Besoin d'exprimer le futur

Le subjonctif n'ayant pas de futur, on recourt plus volontiers à l'in-

dicatif s'il faut situer l'action dans l'avenir :
> Croyez-vous que ses successeurs *seront* moins intransigeants que lui ? (L'Express).

3. Besoin d'exprimer l'imparfait

Le subjonctif imparfait ayant disparu de l'usage, on recourt à l'indicatif pour le remplacer :
> Je ne crois pas qu'il *chantait* souvent à ce cabaret (pour *chantât*).

4. Besoin d'exprimer le conditionnel

La nuance d'irréel que note le conditionnel n'a pas d'expression au subjonctif, si ce n'est le subjonctif imparfait – sorti de l'usage ; c'est la raison pour laquelle le subjonctif est évité dans des phrases comme la suivante :
> Je ne pense pas que Kennedy *accepterait* un marché pareil (pour *acceptât*).

5. Désir d'opposer fortement deux idées

> Je ne crois pas que les Russes *veulent* vraiment la guerre, je crois qu'ils veulent seulement profiter de nos faiblesses.

(L'indicatif est employé dans la première proposition comme si de Gaulle, qui la prononce, avait déjà dans l'esprit la seconde.)

Ces facteurs jouent plus ou moins selon les verbes considérés, et l'on peut parler de probabilités plutôt que de règles.

Des flottements semblables s'observent, avec le jeu des mêmes facteurs, dans les propositions régimes d'un verbe ou d'une locution impersonnels, même en l'absence de toute restriction :
> Il ne semble pas que le conducteur *connaissait* la route (pour *connût*).

> Il est possible que cette démarche officielle *forcera* l'Amérique à choisir (expression du futur).

> Il n'est pas vrai que vous *soyez* rentré chez vous (vous n'y êtes pas rentré).

> Il n'est pas vrai que vous *êtes* rentré à onze heures (vous êtes rentré, mais pas à onze heures).

Un facteur de style s'ajoute à tous ceux que nous avons notés : le subjonctif est plus fréquent dans la langue littéraire, l'indicatif dans la langue familière ; que l'on compare :
> Nul doute qu'il *ne* l'*ait* entendu.
> Nul doute qu'il l'*a* entendu.

Le caractère littéraire de la 1ère phrase est attesté par l'emploi de *ne* expressif.

2 Subordination inverse

Normalement une proposition subordonnée se reconnaît à la conjonction ou au pronom relatif qui l'introduit. La subordination formelle recouvre une dépendance sur le plan de la pensée:

J'étais malade *quand* il est venu.

Le fait essentiel, qui fait l'objet de l'information, est exprimé dans la principale, et la subordonnée n'exprime qu'une circonstance (un nom suffirait à jouer ce rôle: *lors de sa venue*).

Or la langue familière peut exprimer ainsi le même rapport d'idées:

Il est venu *que* j'étais malade.

Cette fois l'information essentielle est contenue dans la subordonnée, la principale n'exprimant qu'une circonstance accessoire; on dit qu'il y a SUBORDINATION INVERSE.

C'est un tour populaire ou simplement familier. La langue littéraire elle-même exprime un rapport de temps par la subordination inverse dans les constructions suivantes:

Il était à peine (ou: A peine était-il) sorti *qu'*elle éclata de rire.

Je passais rue Dufour *quand* (*lorsque*) un bruit me fit retourner.

La langue familière ou littéraire exprime un rapport de condition par l'association du conditionnel à la subordination inverse:

Un plébiscite aurait été organisé parmi les montagnards *que* les mêmes noms seraient sortis (M. Herzog, parlant de la composition de l'équipe française qui, en 1950, a fait l'Annapurna).

Et je vous promettrais mille fois le contraire,
Que je ne serais pas en pouvoir de le faire. (Molière)

Dans ces deux exemples, la première proposition a le sens d'une subordonnée introduite par *même si:*

Même si un plébiscite avait été organisé ...

Même si je vous promettais ...

Comme une conjonction de coordination, la conjonction de subordination inverse (*que, quand, lorsque*) peut être supprimée sans que le rapport (de temps, de condition) entre les deux propositions cesse d'être sensible. Cette simple juxtaposition est fréquente dans la langue familière.

3 Infinitif ou subordonnée

1. Verbes comme *pouvoir*

Certains verbes comme *pouvoir*, *devoir*, ont pour complément d'objet un verbe à l'infinitif, mais non une proposition conjonctive; on dit:

Je peux *partir*.

On ne dit pas:
    *Je peux qu'il parte.   *Il peut que je parte.

2. Verbes comme *affirmer*

Certains verbes comme *affirmer, croire, promettre* admettent pour complément d'objct soit un verbe à l'infinitif (direct ou indirect), soit
une proposition conjonctive à l'indicatif:

    J'affirme *être innocent.*   Je promets *de venir.*
    J'affirme *que je suis innocent.*   Je promets *que je viendrai.*
    J'affirme *qu'il est innocent.*   Je promets *qu'il viendra.*

L'action exprimée par l'infinitif doit avoir le même sujet que le
verbe principal (tu affirmes être innocent, il affirme être innocent...); au contraire, l'emploi d'une proposition conjonctive est
toujours possible, quel que soit son sujet.

3. Verbes comme *vouloir*

Certains verbes comme *vouloir, regretter*, admettent pour complément
d'objet soit un verbe à l'infinitif, soit une proposition conjonctive
au subjonctif:

    Je veux *partir.*   Je regrette *de partir.*
    Je veux *qu'il parte.*   Je regrette *qu'il parte.*

Le choix n'est jamais libre entre l'infinitif et la proposition conjonctive: L'INFINITIF est *obligatoire* si les deux verbes *ont le même sujet*, LA
PROPOSITION est *obligatoire dans le cas contraire;* on ne peut donc pas
dire: *Je veux que je parte, *tu veux que tu partes, etc.

4. Verbes comme *empêcher, ordonner*

Certains verbes comme *empêcher, ordonner, défendre*, admettent pour
complément d'objet:

– soit un verbe à l'infinitif; en ce cas, ils sont accompagnés d'un
complément direct ou indirect indiquant la personne qui doit faire
ou ne pas faire l'action:

    J'empêche *mon fils de partir.* Je l'empêche *de partir.*
    J'ordonne *à mon fils de partir.* Je lui défends *de partir.*

– soit une proposition subordonnée au subjonctif dont le sujet est
différent de celui du verbe principal:

    J'ordonne *que mon fils (ou: qu'il) parte.*   Je défends *que mon fils*
    (ne) *parte.*

Avec les verbes impersonnels, la proposition est toujours possible:

    Il faut *que je parte.* Il est difficile *que nous partions.*

aussi bien que l'infinitif:

    Il me faut *partir.* Il nous est difficile *de partir.*

Sans complément d'attribution, le sujet est indéterminé:

    Il faut *partir* (= Il faut qu'on parte).

Ordre des mots de la proposition

Ne disposant pas, comme le latin, l'allemand ou le russe, de déclinaison et de terminaisons distinguant les diverses fonctions, la langue française marque celles-ci surtout par un ordre des mots immuable:

SUJET	VERBE	COMPLÉMENT (OU ATTRIBUT)
Le chasseur	tue	le tigre

Le sens de l'exemple est inversé si l'on inverse l'ordre des termes:

Le tigre tue le chasseur.

Bien entendu, le sujet et le complément d'objet peuvent être des groupes de mots.

Les compléments peuvent être plus d'un; en ce cas, le complément direct ne précède pas forcément le complément indirect:

Offre { un hortensia à ta mère.
       { à ta mère un hortensia.

Ces règles générales présentent beaucoup d'exceptions. Les unes sont réglées par la grammaire, comme l'inversion interrogative (*Où vas-tu?*) et l'antéposition des pronoms et adverbes atones régimes (voir les tableaux p. 408).

D'autres exceptions sont facultatives et ont une valeur de style; elles sont fréquentes en poésie, où l'inversion est recherchée pour son archaïsme à moins qu'elle ne soit imposée par la versification (*Laissez-moi carpe devenir*). En dehors des infractions conservées dans des formules archaïques (comme le proverbe: *A beau mentir qui vient de loin*), ou qui tiennent à la nature pronominale des termes, à la modalité interrogative ou à la tradition poétique, voici quelques facteurs de choix ou de modification à l'ordre normal:

1. Inversion mécanique

On peut appeler INVERSIONS MÉCANIQUES les inversions qui se produisent, en français comme en allemand, lorsqu'un terme de la phrase autre que le sujet est placé en tête de la phrase pour une raison ou une autre; la «chaîne» rigoureuse est inversée:

Ainsi parlait Zarathoustra (Complément de manière-Verbe-Sujet)
Telle est mon intention (Attribut-Verbe-Sujet)
(les vers) *qu'*écrivit Musset (Complément d'objet-Verbe-Sujet)
(la ville) *où* naquit Musset (Complément de lieu-Verbe-Sujet)

Toutes ces inversions, qui remontent à un usage ancien, appartiennent à la langue *littéraire*, où elles sont d'ailleurs *facultatives*. En particulier, l'inversion est entraînée par:

– certains adverbes, souvent de sens restrictif: *peut-être, à peine, en vain*, etc.:

A peine me connaît-*il. En vain* l'ai-*je* prévenu.   (suite p. 409)

PLACE DES PRONOMS ET ADVERBES ATONES

I ORDRE NORMAL

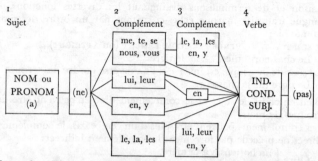

Exemples: Pierre me le donne.   Il les leur donne.
            Personne ne leur en donne.   Je l'y conduis.

(a) Certains pronoms de la 1e ou de la 2e personne sont incompatibles avec la même personne à un autre nombre; on ne dit pas: *nous me ..., *vous te ..., *tu vous ...; on dit, mais rarement: *je nous ...* (ex.: *Je nous crois capables de faire mieux*).

II PHRASES À L'IMPÉRATIF POSITIF

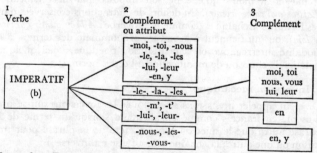

Exemples: Donne-le-moi.   Procurez-les-vous.
            Donne-m'en.   Conduisez-nous-y.

(b) Défense à l'impératif: premier tableau, sans sujet; exemple: *Ne le regarde pas.*

• Toute phrase n'entrant pas dans les cadres de ces tableaux est suspecte; on ne dira pas: *Il me lui présente, *Adressez-vous-leur, *Conduis-m'y, *Tire-l'en, mais on remplacera *lui, leur, y, en* par des mots toniques: *Il me présente à lui/à elle. Adressez-vous à eux/à elles, Conduis-moi là. Tire-le de là.*

– certaines conjonctions de coordination : *aussi* (= c'est pourquoi),
encore, du moins, etc. :

> *Aussi* a-t-*il* accepté. *Du moins* le croyons-*nous*.

– certaines conjonctions de subordination : *quand, tant que, comme,
que* :

> Tu attendras *que* vienne t'ouvrir *l'ermite* qui habite là. (Thierry
> Sandre)

2. Volume des termes

Pour qu'une phrase soit bien comprise, il ne faut pas que le volume
excessif d'un membre du début ou du milieu fasse oublier la construction. Si la phrase a deux compléments de volume différent, le
plus long sera placé de préférence le dernier :

> J'ai posé le vase *sur la table de la salle à manger.*
> J'ai posé sur la table *le vase où tu as mis les fleurs.*

Cet usage (qui n'est pas une règle) entraîne souvent l'inversion du
sujet dans les propositions relatives commençant par un pronom
complément :

> Tandis qu'il est chez nous une nécessité, le gouvernement est pour
> la France un luxe que peuvent lui permettre de s'offrir trois,
> quatre ou cinq fois par an la solidité de son administration, et
> aussi ce fameux Bon Sens, grâce auquel cette admirable nation
> peut, sans perdre l'équilibre, s'engager dans les plus damnés
> chemins. (P. Daninos)

La même raison explique que les informations officielles, les exposés
scientifiques placent souvent un verbe en tête d'une longue série de
sujets, pour indiquer immédiatement de quoi il s'agit :

> Sont déclarés admissibles aux épreuves orales : MM. Chrétien,
> Rougier, Pigot, Courville, Lepoutre, Valentin, Colbert.

3. Ambiguïtés

> Paul a vu l'incendie *de sa maison.*

Cette phrase peut signifier :

> Paul a vu brûler sa maison.
> Paul a vu *de sa maison* l'incendie.

Selon le sens on choisira la seconde ou la troisième formulation,
plutôt que la première, ambiguë.

4. Insolite expressif

La langue littéraire cherche souvent dans un ordre inhabituel des
termes un effet d'insolite qui souligne le sens des mots déplacés :

> *Surnage* en moi le sentiment de quelque chose d'indicible. (M.
> Jouhandeau)
> *Maudit soit* à jamais le rêveur inutile . . . (Baudelaire)

5. Dislocation

La langue parlée ne pratique pas l'inversion comme la langue littéraire, mais elle obtient des effets semblables par la DISLOCATION,
qui permet de laisser à leur place les termes essentiels, sous forme
de pronoms ou d'adverbes atones dont le sens est éclairé par des
mots en apposition placés avant ou après :

   Cette loi sainte, il faut s'*y* conformer. (Hugo)

   Tu y crois donc vraiment, *toi*, *à cet enterrement* dans les règles?
   (Anouilh)

§ 15 Place de l'adjectif épithète

En français, tout adjectif épithète peut être *détaché*, c'est-à-dire séparé du nom par une pause que marque généralement une virgule;
l'adjectif détaché peut précéder ou suivre le groupe nominal, à
distance plus ou moins grande :

   Puis il palpa le bras dont *la main* pendait, *inerte* encore. (M. du
   Gard)

   Dans la paisible demeure où s'est, *méditatif*, retiré *le poète* apparaissent deux figures pâles. (A. Fontainas)

L'épithète non détachée suit ou précède immédiatement le nom,
sans pause intermédiaire, et la place avant ou après le nom est pour
tous ceux qui apprennent le français un problème difficile. Tout
adjectif *peut* être placé *après le nom* (un ciel *noir*, un vin *bon*, un arbre
grand), mais pour beaucoup cette place est facultative, et pour un
certain nombre exceptionnelle. Donnons d'ores et déjà quelques listes:

I. Adjectifs normalement postposés

– ADJECTIFS DE COULEUR : du linge blanc, une flamme bleue.
– ADJECTIFS TIRÉS DE PARTICIPES PASSÉS: une robe démodée, des
cheveux bouclés, une boisson sucrée, un mot vieilli, un arbre tordu.
– ADJECTIFS GÉOGRAPHIQUES: les ports français, le costume breton,
les magasins lyonnais.
– CERTAINS ADJECTIFS QUALIFICATIFS (après chaque adjectif, nous in-
diquons le pourcentage de postposition résultant des statistiques de
M. Glatigny, *Le français dans le monde*, avril-mai 1965) : creux, net,
neuf (100%), rond, sec (97%), laid (92%), plat (67%), gras (63%),
frais (61 %), sourd (55%).

II. Adjectifs souvent antéposés

grand (97%), petit (96%), beau (90%), gros (74%), faux (56%),
large (45%), bon, mauvais, joli, gentil, vaste, long, court, bref,
haut, bas, vieux, jeune (les 12 derniers ne figurent pas dans les
statistiques de M. Glatigny).

III. Adjectifs changeant de sens selon la place

Certains adjectifs ont un sens différent selon qu'ils sont placés avant
ou après le nom (nuances indiquées au Dictionnaire) ; exemples :

    un vieil ami (ami depuis longtemps)
    un ami vieux (âgé)
    un brave homme (honnête, sympathique)
    un homme brave (courageux)
    un grand homme (remarquable, célèbre)
    un homme grand (de haute taille).

Facteurs de la place

Les différences de place, pour les adjectifs cités plus haut et pour
les autres, résultent du jeu d'un certain nombre de facteurs plus ou
moins clairs, dont nous allons indiquer les principaux.

1. Portée de la caractérisation

L'énoncé d'un nom commun, comme *cavalier*, en dehors de tout
emploi particulier dans une phrase, évoque différents caractères que
l'on peut appeler sa «constante notionnelle», et que l'on peut ana-
lyser par un groupe de mots : «homme montant à cheval». L'épithète précédant le nom applique son sens à cette constante notionnelle, comme un adverbe caractérise un adjectif placé après lui ;
un *bon cavalier*, c'est un «homme montant *bien* à cheval». De même,
un *gros mangeur* est un «homme mangeant en *grosse quantité*», un *grand
malade* est un «homme *grandement* malade».

Employé dans une phrase précédé d'un déterminant comme l'article défini ou indéfini, le nom désigne un ou plusieurs élément(s)
particulier(s) d'un ensemble ; *un cavalier* est *un individu* appartenant
à l'ensemble défini par la propriété «cavalier». Cet individu peut
être caractérisé par des traits qui le distinguent en tant qu'homme
et non plus en tant que cavalier ; c'est ce qu'on fait quand on dit
un cavalier bon. Ici, l'adjectif *bon* a son sens plein, le même qu'il
aurait dans *un peintre bon*, *un mendiant bon*, etc. De même, *un mangeur
gros* est un homme gros qui mange peut-être peu, *un malade grand* est
un homme grand qui n'est pas forcément très malade. Un *vieil ami*
n'est pas forcément *un ami vieux*, une *franche canaille* est franchement
une canaille, et non *une canaille franche*.

Ces considérations expliquent pourquoi M. Blinkenberg, dans son
étude bien connue de *L'Ordre des mots en français moderne*, II, p. 100,
peut écrire : «Plus le sens de l'adjectif antéposé se rapproche des sens
de *bon-mauvais*, *grand-petit*, plus ordinaire et partant plus naturelle
sera l'antéposition». En réalité, de tels adjectifs n'ont souvent de
sens que relativement aux constantes notionnelles des noms qui
suivent : les mêmes qualités ne sont pas requises pour être un *bon
cavalier*, un *bon peintre*, un *bon client*, un *bon conseiller;* un *grand chien*

est petit à côté d'un cheval, comme un *grand cheval* à côté d'un éléphant. Au contraire, un adjectif comme *vert* présente un sens à peu près identique quand on dit *une table verte, une robe verte, une feuille verte :* de là la postposition habituelle des adjectifs de couleur.

2. Sens distinctif ou impliqué

Un passage étroit   Une étroite cellule

Il y a des passages non étroits; l'adjectif *étroit* est DISTINCTIF pour le nom *passage*. Au contraire, toute cellule est étroite : la qualité «étroite» est IMPLIQUÉE par le nom *cellule*. D'une manière générale, l'adjectif à sens impliqué est placé avant le nom, l'adjectif à sens distinctif après le nom.

L'antéposition de l'épithète impliquée explique des groupes comme : *la blanche neige, la sombre nuit, les verts feuillages, «la molle et bleue flamme de gaz»* (Duhamel) où les adjectifs de couleur précèdent le nom; elle explique : *son glorieux uniforme, d'affreux cauchemars, de lâches machinations, son décevant refus, le stoïque Corneille et le tendre Racine* (mais l'épithète est distinctive quand Maurois écrit : Rien n'était plus touchant qu'*Odile gaie, heureuse de vivre*).

La valeur distinctive de l'épithète explique sa postposition dans les phrases où elle a une valeur PRÉDICATIVE, c'est-à-dire où elle apporte l'élément essentiel d'information :

Son visage a pris une expression *tragique* (au contraire, le sens est impliqué dans «Ce *tragique* événement nous a vivement impressionnés»).

Alain avait un chien *féroce.* Nous habitions une maison *confortable.* Ces phrases seraient inutiles si toutes les expressions étaient tragiques, tous les chiens féroces, toutes les maisons confortables. La valeur distinctive explique aussi la postposition de tous les adjectifs qui expriment non une «qualité», mais une «relation».

les études *cornéliennes* (sur Corneille), la navigation *fluviale* (sur les fleuves), les classes *enfantines* (d'enfants);

les adjectifs géographiques (cf. plus haut) sont de ce type.

3. Volume des mots

Selon M. Glatigny, l'adjectif et le nom sont placés dans la majorité des cas par masses croissantes ou égales :

grand/seigneur, nez/trop long, front/bas, sa figure/un peu maigre.

En tout cas, la postposition est d'usage quand l'adjectif est suivi d'un complément :

un jardin *grand comme la main;*

ou quand plusieurs adjectifs sont coordonnés :

des dents *petites et blanches,* un cri *long et déchirant.*

Mais ces règles de volume souffrent de très nombreuses infractions :

un *tout petit*/homme, un *bien vilain*/temps, une *étroite et sincère*/union d'esprit (Régnier), cette *vaste et encore informe*/ville (Gide).